21 世纪全国应用型本科电子商务与信息管理系列实用规划教材

网络金融与电子支付(第 2 版)

主　编　李蔚田　孙学军

编　委　董艳丽　李勤玲　娄本宁

曲亚琳　周常宝

主　审　闫丽霞

北京大学出版社
PEKING UNIVERSITY PRESS

内 容 简 介

本书的编写本着科学性、理论性和实用性相结合，现实性和前瞻性相结合的原则，尽可能将国外的先进理论、方法和实践经验与我国的实际需要紧密联系起来。本书针对经管信息类人才的培养目标，系统介绍了电子支付与网络金融、互联网金融的理论构架，包括它的涵义、性质、特点、职能、基本内容、形成发展、环境因素、基本原理、基础理论、应用和实践等问题，同时阐述了网络支付与结算技术的核心问题。内容以专业的实践性、应用性和普及性为主，学术性为辅，集实践与理论于一体。

本书可作为金融、投资、电子商务、市场营销、工商管理、旅游管理、会计电算化、国际贸易、信息管理与信息系统、计算机网络等专业的教材，还可作为企业培训和相关从业人员的参考书。

图书在版编目(CIP)数据

网络金融与电子支付/李蔚田，孙学军主编. —2版. —北京：北京大学出版社，2015.1
（21世纪全国应用型本科电子商务与信息管理系列实用规划教材）
ISBN 978-7-301-24930-7

Ⅰ. ①网… Ⅱ. ①李…②孙… Ⅲ. ①金融网络—高等学校—教材②电子商务—支付方式—高等学校—教材 Ⅳ. ①F830.49②F713.36

中国版本图书馆CIP数据核字(2014)第226923号

书　　名	网络金融与电子支付（第2版）
著作责任者	李蔚田　孙学军　主编
责任编辑	翟　源
标准书号	ISBN 978-7-301-24930-7
出版发行	北京大学出版社
地　　址	北京市海淀区成府路205号　100871
网　　址	http://www.pup.cn　新浪微博：@北京大学出版社
电子信箱	pup_6@163.com
电　　话	邮购部62752015　发行部62750672　编辑部62750667
印 刷 者	北京富生印刷厂
经 销 者	新华书店
	787毫米×1092毫米　16开本　22.25印张　524千字
	2009年9月第1版
	2015年1月第2版　2019年7月第6次印刷
定　　价	45.00元

第 2 版前言

本书的编写是从国内的实际情况出发，选择典型范例，并尽可能将国外的先进理论、方法和实践经验与我国的实际需要紧密联系起来。

在本书编写过程中，编者按照理论与应用相结合的方针，始终以技能培养为编写的主线，根据应用型教学的特点，内容上以实用、够用为原则，做到理论教学和应用相结合。为了逐步推广高等教育应用型教学，既要求突出重要的理论又要求注重实际的应用技术，故将本书定位为技术应用型教材。

目前，网络金融与电子支付的理论还处在探索阶段，尤其是互联网金融的理论还没有形成，一些网络热点仍处于探讨与争议之中。书中大部分理论是国内外实践中已取得的成果，我们对一些理论与实务方面的内容进行了长期的探索、整合、编排，但是依然会有一些自己的构想和设计。

本书的编者有着丰富的教育工作和技术工作的经历，在多年的教学和科研工作中取得了丰硕的研究成果。本书由李蔚田、孙学军担任主编，编写分工具体如下：李蔚田撰写第 10 章并负责设计全书的体系构架以及总纂和统稿工作，孙学军撰写第 6 章，曲亚琳撰写第 2 章、第 9 章，周常宝撰写第 7 章和第 8 章的第 1 节、第 2 节，董艳丽撰写第 1 章和第 5 章的第 1 节、第 2 节，李勤玲撰写第 3 章和第 5 章的第 3 节，娄本宁撰写第 4 章和第 8 章的第 3 节、第 4 节。本书的主审由闫丽霞教授担任。

网络金融与电子支付是一门新兴的学科，成熟且完善的教材不多。在教材编写过程中，编者参考和借鉴了国内外众多专家学者的著述或研究成果、相关理论依据，在此一并致谢。

由于编者水平所限，书中难免有遗漏和不当之处，恳请专家和广大读者批评指正。

本书的教学资源可在北京大学出版社第六事业部网站(http://www.pup6.cn)上下载。

李蔚田

2014 年 10 月

目　　录

第1章 绪　　论

学习目标

通过本章学习，了解网络经济和网络金融的发展历史以及国内外研究的现状，掌握网络经济与网络金融管理的相关理论和不同发展阶段的特点，研究中国网络经济的特色，更好地发挥网络经济与网络金融在经济发展和社会进步中的作用。

教学要求

知识要点	能力要求	相关知识
国内外网络经济的发展与实践	(1) 了解网络经济发展的历史 (2) 理解网络经济的基本概念、特点和新定律 (3) 掌握网络经济与传统经济的区别与联系 (4) 了解网络营销与传统营销的区别与联系	(1) 中国网络经济的特色 (2) 国内外网络经济的历史发展阶段、特点及未来的发展趋势
网络金融的发展趋势及管理的变化	(1) 熟悉网络金融应用的基本体系与功能 (2) 了解网络经济与网络金融、电子商务的关系，掌握基本知识点	(1) 网络金融的相关内容 (2) 网络金融与电子支付相关知识

引例

"微小差异"

在混沌经济中，一个系统的发展轨迹是由所谓的"吸引子"决定的。个人或企业的价值观和处世的基本原则就是这种吸引子。

比尔·盖茨之所以能在短短的二三十年内从默默无闻一跃成为世界首富，首先是由于他在观念上一直处于领先地位。只有观念领先的人，才善于捕捉机会，善于制造有利于自己的"微小差异"，最终来一个"赢者通吃"。例如，比尔·盖茨大学没有毕业就忙于创业，是因为他看到了个人电脑发展的最佳机会。又如，比尔·盖茨把创新放在第一位，并降低产品价格，使自己在软件行业始终处于领导地位，充分利用了计算机和网络产业发展带来的巨大机会。再如，比尔·盖茨在中国免费培训大量的软件人员，实际上是为自己创造了一个更加广阔的市场。观念上的领先，就是微软与其他企业之间的"微小差异"。正是这个"微小差异"，逐步演变为微软与其他企业之间存在的巨大鸿沟。

章前导读

网络经济是指以 Internet 为代表的网络体系在经济领域中的一般活动，是信息资源、Internet 作为主要生产、管理与服务工具的经济形态。网络经济的应用有不同于传统经济的运行规则。网络经济应用的一般基础，包括网络经济应用的内在条件(如计算机和 Internet 用户的规模、域名、WWW 站点和出口带宽增长等)和外在因素(如 Internet 与内联网的结合、国民经济和社会信息化等)。网络经济应用的三大内容与一国的国民经济和社会信息化程度相联系，如企业信息化进程、电子商务的发展和网络金融应用普及等。网络经济产生的社会背景是以"贸易自由化、金融一体化和生产经营跨国化"等为主要内容的经济全球化趋势，网络经济的应用与经济全球化趋势有直接联系。

所谓网络金融，又称电子金融(e-finance)，是指在 Internet 上实现的金融活动，包括网络金融机构、网络金融交易、网络金融市场和网络金融监管等方面。它不同于传统的以物理形态存在的金融活动，是存在于电子空间中的金融活动，其存在形态是虚拟化的，运行方式是网络化的。它是信息技术特别是互联网技术飞速发展的产物，是适应电子商务(e-commerce)发展需要而产生的网络时代的金融运行模式。

1.1 网络经济概述

在世界经济发展进程中，每个时代的经济都有自己的运行轨迹和发展特色。网络经济是 20 世纪末在以信息技术为主要标志的新技术革命的推动下迅速发展起来的全新的经济形态，它引发了一场产业革命和社会变革，对当今世界的经济与社会生活产生了并且仍在继续产生着深刻的影响。客观分析、把握网络经济的特征，对于我国的工业化与信息化良性互动、调整经济发展战略、顺应世界经济全球化的潮流，有着重大的意义。

1.1.1 网络经济的概念

互联网是信息资源最重要的载体和通道。互联网和信息资源是网络经济应用中最能反映时代特征的生产力。从生产力发展的变化看，19 世纪是火车与铁路的时代，20 世纪是汽车与高速公路的时代，21 世纪是计算机与网络的时代。在世界经济的发展进程中，有以土地为主要资源的农业经济，有以资本和生产要素为主要资源的工业经济，也有正在形成的以信息网络为主要资源的信息经济。随着信息网络技术的不断发展，社会经济信息化的社会正在逐渐形成。社会经济信息化的基础是经济网络化，经济网络化离不开互联网的普及与信息资源的扩展，离不开信息经济社会中的网络经济应用。网络经济的产生，从行业发展来看是一种必然，是工业经济的继续，但它又不同于工业经济。网络经济的应用与因特网的发展、信息资源的作用密不可分，电子商务和网络金融服务是网络经济应用的具体化和产业基础，是经济网络化影响下的经济交易活动。

网络经济的概念分为两个方面：从广义上说，网络经济是指以互联网为代表的网络体系在经济领域中的普遍应用，导致信息资源、因特网作为生产与服务的工具在经济中占主导地位，并逐渐成为生产力的核心资源的经济形态；从狭义上说，网络经济就是与网络、信息相关的产业及其服务的活动，是经济社会信息化的具体内容和产业基础。

网络经济的运行，是利用现代网络技术手段，在信息资源的传递、服务、开发、共享、处理等条件下进行的经济活动，它是现代社会经济发展的微观进程。网络经济包括的内容：网络基础建设与应用领域，网络产品的生产与服务，网络市场管理与网络消费，电子商务发展与网络金融应用，网络产业和服务对经济社会的贡献等。

进一步说，网络经济应用的内涵是由其 3 个层面的特征决定的。从经济形态这一最高层面看，网络经济以 Internet、信息资源为其最重要的物质基础；从产业发展的层面看，网络经济应用就是企业信息化、电子商务发展、网络金融应用等经济活动，具体包括网络营销、网上银行、网络证券、网上支付、电子商务与网上购物及其他商务性的网络经济活动；从网络消费的层面看，网络经济应用是一个新兴的、大型的虚拟市场，是一个不同于传统经济的网络交易与服务市场。

从网络经济对人类现在的影响和将来的发展趋势来看，它已经超越行业经济的概念，它不属于工业社会中的经济范畴。网络经济是信息技术，特别是网络技术的经济产物。网络经济发展的一个主要因素是技术推动。

1.1.2 网络经济的特征

由生产力水平状况决定，能代表生产力水平的经济最能反映时代特征。农业经济社会、工业经济社会和信息经济社会，都具有代表时代特征的生产力水平。网络经济是知识经济的一种具体形态，这种新的经济形态正以极快的速度影响着社会经济与人们的生活。网络经济与传统经济相比，具有以下显著的特征。

1. 快捷性

消除时空差距是互联网使世界发生的根本性变化之一。首先，互联网突破了传统的国家、地区界限，被网络连为一体，使整个世界紧密联系起来，把地球变成为一个“村落”。在网络上，不分种族、民族、国家、职业和社会地位，人们可以自由地交流、漫游，以此来沟通信息，人们对空间的依附性大大减小。其次，信息、网络突破了时间的约束，使人们的信息传输、经济往来可以在更小的时间跨度上进行。

2. 高渗透性

迅速发展的信息技术、网络技术，具有极高的渗透性功能，使得信息服务业迅速地向第一、第二产业扩张，使三大产业之间的界限模糊，出现了第一、第二和第三产业相互融合的趋势。三大产业分类法也受到了挑战。为此，学术界提出了“第四产业”的概念，用以涵盖广义的信息产业。对于诸如商业、银行业、传媒业、制造业等传统产业来说，迅速利用信息技术、网络技术，实现产业内部的升级改造，以迎接网络经济带来的机遇和挑战，是一种必然选择。不仅如此，信息技术的高渗透性还催生了一些新兴的“边缘产业”，如光学电子产业、医疗电子器械产业、航空电子产业、汽车电子产业等。

3. 边际效益递增性

边际效益随着生产规模的扩大会显现出不同的增减趋势。在工业社会物质产品生产过程中，边际效益递减是普遍规律，因为传统的生产要素——土地、资本、劳动都具有边际成本递增和边际效益递减的特征；与此相反，网络经济却显现出明显的边际效益递增性。

1) 网络经济边际成本递减

信息网络成本主要由 3 部分构成：一是网络建设成本，二是信息传递成本，三是信息的收集、处理和制作成本。由于信息网络可以长期使用，并且其建设费用与信息传递成本及入网人数无关，所以前两部分的边际成本为零，平均成本都有明显递减趋势。只有第三种成本与入网人数相关，即入网人数越多，所需信息收集、处理、制作的信息也就越多，这部分成本就会随之增大，但其平均成本和边际成本都呈下降趋势。因此，信息网络的平均成本随着入网人数的增加而明显递减，其边际成本则随之缓慢递减，但网络的收益却随入网人数的增加而同比例增加；网络规模越大，总收益和边际收益就越大。

2) 网络经济具有累积增值性

在网络经济中，对信息的投资不仅可以获得一般的投资报酬，还可以获得信息累积的增值报酬。这是由于一方面信息网络能够发挥特殊功能，把零散而无序的大量资料、数据、信息按照使用者的要求进行加工、处理、分析、综合，从而形成有序的高质量的信息资源，为经济决策提供科学依据。同时，信息使用具有传递效应。信息的使用会带来不断增加的报酬。举例来说，一条技术信息能以任意的规模在生产中加以运用。这就是说，在信息成本几乎没有增加的情况下，信息使用规模的不断扩大可以带来不断增加的收益。这种传递效应也使网络经济呈现边际收益递增的趋势。

4. 外部经济性

一般的市场交易是买卖双方根据各自独立的决策缔结的一种契约，这种契约只对缔约双方有约束力而并不涉及或影响其他市场主体的利益。但在某些情况下，契约履行产生的后果却往往会影响到缔约双方以外的第三方(个体或群体)。这些与契约无关的却又受到影响的经济主体，可统称为外部，它们所受到的影响就被称为外部效应。契约履行所产生的外部效应可好可坏，分别称为外部经济性和外部非经济性。通常情况下，工业经济带来的主要是外部非经济性，如工业“三废”，而网络经济则主要表现为外部经济性。正如凯文·凯利提出的“级数比加法重要”的法则一样，网络形成的是自我增强的虚拟循环，增加了成员就增加了价值，反过来又吸引更多的成员，形成螺旋型优势。

5. 可持续性

网络经济是一种特定信息网络经济或信息网络经济学，它与信息经济或信息经济学有着密切关系，这种关系是特殊与一般、局部与整体的关系，从这种意义上讲，网络经济是知识经济的一种具体形态，知识、信息同样是支撑网络经济的主要资源。美国未来学家托夫勒指出，“知识已成为所有创造财富所必需的资源中最为宝贵的要素，……知识正在成为一切有形资源的最终替代，”正是知识与信息的特性使网络经济具有了可持续性。信息与知识具有可分享性，这一特点与实物显然不同。一般实物商品交易后，出售者就失去了实物，而信息、知识交易后，出售信息的人并没有失去信息，而是形成出售者和购买者共享信息与知识的局面。现在，特别是在录音、录像、复制、电子计算机、网络传统技术迅速发展的情况下，信息的再生能力很强，这就为信息资源的共享创造了更便利的条件。更为重要的是，在知识产品的生产过程中，作为主要资源的知识与信息具有零消耗的特点，正如托夫勒指出的“土地、劳动、原材料，或许还有资本，可以看作是有限资源，而知识实际上是不可穷尽的，”“新信息技术把产品多样化的成本推向零，并且降低了曾经是至关重要的规模经济的重要性。”网络经济在很大程度上能有效杜绝传统工业生产对有形资源、能源的过度消耗，造成环境污染、生态恶化等危害，实现了社会经济的可持续发展。

6. 自我膨胀性

网络经济的自我膨胀性突出表现在四大定律上。

(1) 摩尔定律(Moore's Law)。这一定律是以英特尔公司创始人之一戈登·摩尔命名的。1965 年，摩尔预测到单片硅芯片的运算处理能力，每 18 个月就会翻一番，而与此同时，价格则减半。实践证明，30 多年来，这一预测一直比较准确，预计在未来仍有较长时间的适用期。

(2) 梅特卡夫法则(Metcalf Law)。按照此法则，网络经济的价值等于网络节点数的平方，这说明网络产生和带来的效益将随着网络用户的增加而呈指数形式增长。从目前的趋势来看，互联网的用户大约每隔半年就会增加一倍，而互联网的通信每隔 100 天就会翻一番。这种大爆炸性的持续增长必然会带来网络价值的飞涨。这正是凯文·凯利所说的“传真效应”，即“在网络经济中，东西越充足，价值就越大”。

(3) 马太效应(Matthew's Effect)。在网络经济中，由于人们的心理反应和行为惯性，在一定条件下，优势或劣势一旦出现并达到一定程度，就会导致不断加剧而自行强化，出现“强者更强，弱者更弱”的垄断局面。马太效应反映了网络经济时代企业竞争中的一个重要因素——主流化。非摩擦的基本规律其实很简单——占领的市场份额越大，获利就越多，也就是说，富者越富。Compuserve 和 AOL 是美国的两家联机服务供应商，1995 年之前，Compuserve 占有市场较大份额，在相互竞争中占有优势。而从 1995 年开始，AOL 采取主流化策略，向消费者赠送数百万份 PC 桌面软件，闪电般地占领了市场，迅速赶超了 Compuserve 公司。

(4) 吉尔德定律(Gilder's Law)。据美国激进的技术理论家乔治·吉尔德预测，在可预见的未来(未来 10 年)，通信系统的总带宽将以每年 3 倍的速度增长。随着通信能力的不断提高，吉尔德断言，每比特传输价格朝着免费的方向下跃，费用的走势呈现出“渐进曲线(Asympototic Curve)”的规律，价格点无限接近于零。

网络经济的四大定律不仅展示了网络经济自我膨胀的规模与速度，而且提示了其内在的规律。

7. 直接性

由于网络的发展，经济组织结构趋向扁平化，处于网络端点的生产者与消费者可直接联系，降低了传统的中间商层次存在的必要性，从而显著降低了交易成本，提高了经济效益。为解释网络经济带来的诸多传统经济理论不能解释的经济现象，有专家提出了“直接经济”理论。他们认为，如果说物物交换是最原始的直接经济，那么，当今的新经济则是建立在网络上的更高层次的直接经济，从经济发展的历史来看，它是经济形态的一次回归，即农业经济(直接经济)—工业经济(迂回经济)—网络经济(直接经济)。直接经济理论主张网络经济应将工业经济中迂回曲折的各种路径重新拉直，缩短中间环节。信息网络化在发展过程中会不断突破传统流程模式，逐步完成对经济存量的重新分割和增量分配原则的初步构建，并对信息流、物流、资本流之间的关系进行历史性重建，压缩甚至取消不必要的中间环节。

1.1.3 网络经济的应用

理论上，经济全球化和社会经济信息化推动了信息产业和互联网的迅速发展，推动了电子商务和网络经济应用的扩大。Internet 是传输信息和共享信息的载体，信息借助于 Internet 才真正成为社会经济中的核心资源，这是网络经济形成与应用的两大要素。网络经济应用是信息经济的具体化，是其产业基础，是以网络技术及相关产业发展为支柱展开的经济活动的总称。概念上，网络经济的一般基础有两个主要内容：一是信息网络技术的发展和网络经济应用的内在条件；二是 Internet 在经济中的应用与互联网的融合、国民经济和社会信息化等外在因素。

网络经济应用的两大要素是信息资源和 Internet。信息是生产与服务的资源，信息劳动、信息服务等生产、服务、管理形式日益在经济社会中占主要地位。在现代经济社会中，信息运行的一般公式表述为 $Y=BH$(Y 是信息国民收入、B 是信息数量、H 是信息速率)。网络金融应用中的信息劳动和信息服务包括利用因特网、信息技术提供的一切金融业务活动。网络金融应用的核心问题是配置网络与信息资源，以实现网络金融业务的效益最大化、网络消费与市场的规范化、网络产品和服务市场化等。

1. 网络经济应用运行规则

网络经济应用有自己的一般规律、具体特征和运行规则，它包括以下几个方面。

(1) 全天候的经济运行。网络经济应用是全天候和全球化运行的经济服务。Internet 每天 24 小时都在运转，很少受时间因素的制约，经济交易活动可以全天候连续进行。

(2) 直接经济与虚拟经济。网络经济应用是以直接经济和虚拟经济为主要特征的。一方面，由于网络社会化，经济交易与服务活动中的中间层次和中介机构的作用相对减弱，生产者与消费者、服务者与接受服务者可直接联系或交易。另一方面，虚拟经济(Fictitious Economy)是相对实体经济而言的，是经济虚拟化的必然产物。广义地讲，虚拟经济除了目前研究较为集中的金融业、房地产业，还包括体育经济、博彩业、收藏业等。

(3) 经济运行的速度与创新。网络经济应用，体现了经济交易活动中的速度和创新。现代信息网络技术可用光速同时传输不同的、众多的信息。人们与企业以最快的速度收集、处理和应用大量的信息，经济生产和人们生活的节奏大大加快。在企业竞争中，市场变化加快，产品结构需不断优化和调整，产品与服务水平要求不断提高，创新周期在缩短，竞争越来越成为一种时间上的竞争。网络与信息的利用，使企业与人们既注重经济的速度与扩张，又注重经济的质量与内涵。如商业银行通过创新，不断推出网上银行产品，提高现代服务水平，增强银行竞争力。

2. 网络经济的应用不同于传统经济

网络经济应用不同于传统经济，表 1-1 具体反映出两者概念上的对比。

表 1-1 网络经济与传统经济的概念对比

传统经济	网络经济	传统经济	网络经济
企业	虚拟企业	经济管理	知识管理
空间	虚拟空间	竞争	网络竞争
营销	网络营销	贫富差距	数字鸿沟
制造	灵活制造	大规模生产	定制、个人化、特定化
规模经济	供求双方规模经济	劳动生产率	知识生产率
劳动分工	知识分工	劳动价值	知识价值
无	注意力经济	无	学习曲线

网络经济与传统经济的异同主要表现在以下几个方面。

(1) 应用基础不同。传统经济以物质和能源为产业发展的基础，网络经济应用以信息资源与网络为产业服务的基础，见表 1-2。目前，以物质和能源为基础的传统经济转向以信息和知识为基础的信息网络经济的变化趋势，加快了世界产业结构的调整步伐，成为推动当今世界产业结构朝着现代化方向发展的决定性因素。事实上，传统工业是指在第一次工业革命期间和之后发展与成长起来的工业。这些工业部门包括最早发展起来的纺织、冶金和采矿业等部门以及稍后发展起来的钢铁、煤、机械制造、化工、能源、汽车制造、造船、铁路运输等部门。以微电子技术为基础的信息网络技术与传统的机械、自动化等技术相比，具有更深刻的内容和更广泛的影响。它带来的产业结构变化，使信息产业和网络产业成为一国或一个地区经济增长的主导产业。如网络金融交易与服务的基础是网上银行，不需要面对面的服务，而传统银行业务就需要在物理的银行柜台前提供金融服务。

表 1-2　网络经济与传统经济的原理对比

传统经济	网络经济	传统经济	网络经济
物质资源起决定性作用	信息资源起决定性作用	边际成本递增	边际成本递减
产品和服务分离，生产者和消费者分离，企业与企业分离	产品和服务的边界模糊，生产者和消费者的边界模糊，企业与企业的边界模糊	负反馈起主要作用	正反馈起主要作用
供给不足	需求不足	边际成本递增	边际成本递减
以供给为中心	以需求为中心	规模收益经历递增、不变、递减 3 个阶段	规模收益递增
稳定均衡	不稳定均衡	供给方规模经济起主要作用	需求方规模经济起主要作用
边际效用递减	边际效用递增	负反馈起主要作用	正反馈起主要作用
边际效用递减	边际效用递增	垄断受到限制	垄断是竞争的结果
边际收益递减	边际收益递增	垄断会降低社会福利	垄断会提高社会福利
产品竞争是主要的竞争形式	网络竞争是主要的竞争形式	有形资产是企业的主要资产	无形资产是企业的主要资产

(2) 发展阶段不同。传统产业的发展已达到一定阶段，信息产业和网络产业的发展方兴未艾。目前，一些国家经济发展所面临的现状是传统产业在衰退，但还具有很大规模；信息产业快速发展，但尚未取代传统产业的地位。现在，信息资源与信息产业的作用越来越大，突出表现为工业化时期的机械化延伸了人类的肌肉和力量，而信息经济社会信息技术则延伸了人类的智力和智慧。人造卫星、微型汽车等由于采用微电子技术而减小了体积，增加了智能，变得更为实用，同时节约了能源和原材料的消耗，降低了产品成本。信息技术不仅把更多的知识和信息运用于生产环节，而且适用于企业经营与管理、服务与消费、产品与市场等环节。如在金融业的各项业务中，以我国商业银行个人银行业务为例，网上银行业务替代率逐渐提高到接近银行业务的 30%。

(3) 两者优势互补。传统经济与产业有自己的优势，网络经济与产业也有自己的特征，两者相互补充，适应经济全球化的大趋势。一些国家和地区正在推行社会信息化，利用信息技术改造传统产业的生产组织模式和管理模式；利用信息技术改造企业的生产过程、运营模式，实现产品创新和管理创新等。社会信息化的基础是企业信息化，它离不开互联网的影响，离不开全球经济一体化的影响。如 Internet 可以使企业迅速跨越国界传递信息，使企业跨国经营的信息与管理成本大大降低；网络金融和电子商务在对传统的交易方式进行彻底改造的同时，也大大降低了企业跨国经营的交易成本。

1.2 网络经济产生的社会背景

20 世纪 90 年代以来，各国或地区的经济活动不仅变得越来越国际化，而且变得越来越全球化。经济全球化是比经济国际化更新的现象，在范围越来越广的经济活动中，不断地影响着网络经济及相关产业的发展。

1.2.1 经济全球化的趋势

经济全球化是当前世界经济发展的基本趋势，它的本质是以投资、贸易、金融、技术、人才自由活动与合理配置，推动生产力快速发展。

1. 经济全球化的内涵

在概念上，经济全球化是指在市场经济的基础上，生产要素在全世界范围内的自由流动和合理配置，使各国经济相互渗透、相互影响、相互依存，并逐渐消除各种经济壁垒，从而把世界变成一个整体的过程。经济全球化是一个历史进程，在这个历史进程中，一方面，在世界范围内各国或地区的经济活动相互交织、相互影响，融合成统一的整体，形成全球统一市场；另一方面，在世界经济范围内建立了规范的行为规则和运行规则，逐步实现生产要素自由活动和合理配置。经济全球化并非一种孤立现象，它的影响很大，并推动着许多国家和地区的经济社会信息化发展，与信息资源、互联网的发展及其网络经济应用有着密切关系。经济全球化是不以人们的意志为转移的规律趋向，它正席卷着全球的每一个角落。各国贸易、金融、服务通过国际互联网越来越紧密地联系在一起，成为一个不可分割的整体。

2. 经济全球化的主要特征

经济全球化，实际上是一个市场经济全球化的运行过程。也就是说，市场经济已经发展到必须超越一国范围，并在全球范围内确保生产要素自由流动和合理配置，追求全球范围内的生产要素效益最大化。

1) 生产经营全球化

生产经营全球化主要表现为传统的国际分工正在演变成为世界性的分工。它包括以下几个方面。

(1) 国际分工的内容发生变化。国际分工从传统的以自然资源为基础的分工逐步发展成为以现代工艺、技术为基础的分工；从产业各部门间的分工发展到各个产业部门内部的和以产品专业化为基础的分工；从沿着产品界限进行的分工发展到沿着生产要素界限进行的分工；从生产领域分工发展到服务部门分工。

(2) 国际分工的形成机制发生变化。即由市场自发力量决定的分工，向由企业(主要是由跨国公司)经营的分工和由地区经贸集团成员组织的分工发展，并出现了协议性分工。

(3) 水平型分工成为国际分工的主要形式，其内容为产品型号的分工，产品零、部件的分工和产品工艺流程的分工。世界性的国际分工使各国成为世界生产的一部分，成为商品价值链中的一个环节。它有利于世界各国充分发挥优势，节约社会劳动，使生产要素达到合理配置，提高经济效益，促进世界经济的发展。

2) 世界多边贸易体制形成

(1) 国际贸易对世界经济拉动作用增强。它表现为国际贸易增长率大大高于世界经济增长率。进入21世纪以来，世界货物出口值指数、世界生产指数上升快，世界贸易出口量年均增长率为6%；同期世界各国国内生产总值年均增长率为1%。

(2) 服务贸易发展迅速和国际货物贸易交换品种多样化。近年来世界服务贸易额迅速增加，在国际大贸易(货物与服务)中的比重同期从163%上升到188%。

(3) 发达国家同类货物相互交换增加，主要的经济贸易大国一般既是某类商品的主要出口国，也是该类商品的主要进口国。

(4) 国际贸易趋同化。它表现为电子化贸易手段普遍使用，EDI(电子数据交换)已在国际贸易中广泛使用，其他如电子商务(EC)、电子合同与支票、电子资金转账(ETF)等已在许多国家开始使用，ISO 9000系列成为国际贸易商品的共同标准；贸易合同已达到标准化。

(5) 多边贸易体制正式确立。1995年1月1日诞生的世界贸易组织，标志着世界贸易进一步规范化，世界贸易体制开始形成。作为世界多边贸易体制组织和法律基础的世界贸易组织，以其法人地位对所有成员方都有严格的法律约束力。因此，世界贸易组织的建立，标志着一个以贸易自由化为中心，囊括当今世界贸易诸多领域的多边贸易体制大框架已经构筑起来。

3) 各国金融日益融合

(1) 金融国际化进程加快。20世纪90年代以来，发达国家的大银行根据《巴塞尔协议》的要求，开始了大规模合并、收购活动，以提高效益。如法国里昂信贷银行买下了大通曼哈顿银行在比利时和荷兰的附属机构；德意志银行、巴克莱银行和国民西敏寺银行也吞并了一些欧洲其他国家的小银行，以扩大在欧洲的网络。为了提高本国银行的竞争力，很多国家对于大银行的合并表示了支持的态度，近年来，在世界排名200名之内的大银行之间发生过近30次合并。

(2) 地区性经贸集团的金融业出现一体化。欧盟统一大市场建立后，银行、证券公司和投资基金等金融机构可在欧盟内经营不受国界限制的保险和投资业务；美国和日本的银行则可通过收购、兼并等形式加紧渗透欧洲市场，欧洲的金融市场将演变为真正的国际金融市场。

(3) 金融市场迅猛扩大。随着科学技术的进步，特别是国际信息的网络化，外汇市场的资金交易正以“光的速度”从一个市场转移到另一个市场。

4) 全球性投资活动增加

经济全球化进程中，全球性投资活动的主要特点是：投资成为经济发展和增长的新支点。国际直接投资额年均额与年均国际贸易额的比例在缩小，国际直接投资额年均增长率高于国际贸易额年均增长率。国际对外直接投资与吸收外国直接投资主体多元化。发达国家对外直接投资额增长的同时，发展中国家投资总额也在增长，许多国家对外直接投资与吸收外国直接投资并行。投资自由化成为各国国际直接投资政策的目标，国际直接投资协议安排提上日程。

1.2.2 跨国公司的强力推动

跨国公司是世界经济发展到一定历史阶段的产物。20 世纪 90 年代以来，贸易、投资、金融自由化和信息网络化进程大大加快，跨国公司的作用进一步加强。统计显示，发展中国家和转轨国家拥有的跨国公司虽有所增加，但最大的跨国公司却几乎集中在主要发达资本主义国家。现阶段跨国公司的主要特点如下。

1. 跨国公司的竞争力与影响力

在美国，三大汽车公司基本上控制了国内汽车业，三大网站控制了该行业市场的 66%，五大公司已经垄断了美国的军工行业。同时，跨国公司对世界各国经济发展的影响也越来越大。目前，世界上 100 个最大经济实体中，五十多个是跨国公司。

目前全球有 6.5 万余家跨国公司。它们大约控制着世界生产总值的 30%、世界贸易的 60%、技术研究开发及技术转移的 80%，以及海外直接投资的 90%。由此可见，跨国公司在世界贸易中占有举足轻重的地位，并且成为世界各国经济共同发展的最好形式，同时为经济全球化提供了强有力的载体，支配着世界各国经济的发展。

2. 跨国公司拥有强大的科技创新能力

经济全球化的发展推动了技术研发的全球化。跨国公司的核心竞争力来自其强大的科技创新能力，各公司都有自己的研究与开发机构。跨国公司在母国以外的东道国的研发活动对东道国技术能力的提升有重大的影响。同时在全球化环境下，后发国家和地区的企业如何提升自身的技术能力？这些都是需要我们详细研究的问题。

跨国公司由于其庞大的资产和抗风险能力，能够进行大量的研究开发投资，通过率先技术创新，从而形成技术领先与技术垄断，如拥有优于竞争对手的专利权、专利技术、生产诀窍、新产品开发能力等。

知识产权已成为跨国公司控制世界经济的重要手段之一，特别是信息化、电脑化及各种电子通信手段，正在起着增强跨国公司权利的作用，“信息技术革命”已经成为强化跨国公司影响力的新手段。

3. 跨国公司成为全球投资贸易主角

跨国公司是与对外直接投资同时出现和同步发展的。全球战略优势指跨国公司为降低成本、实现利润最大化而在全球范围内统筹安排生产经营活动所产生的组织效率。对外直接投资和日益发展的战略联盟是跨国公司全球战略的主要表现形式。跨国公司通过建立独资企业、合资企业、战略联盟及其他合作形式，几乎渗透到各个国家和地区的所有产业领域和部门，其影响已遍及全球生产、流通和消费等各个领域。

在网络经济中，跨国企业组织与外部环境之间不存在明确的边界，个人或组织可通过网络穿过组织边界，与它们的环境相联系，这种边界的模糊性使企业内的任何组织和个体成为社会经济网络的结点，从而为组织和个人提供了实现更大发展的契机。

事实上，发达国家的网络经济结构的成长遵循从以信息工业为主的阶段(初级阶段)到以信息服务业为主的阶段(中级阶段)再到以信息开发业为主的阶段(高级阶段)，这一结构性演变过程反映了网络经济发展的内在规律。

1.3 网络金融的产生和发展

网络金融应用运行的轨迹，依赖于网络产业服务商、网络金融服务企业、金融管理机构、网络用户消费群和网络金融服务市场等。网络经济应用的规律特征，是一般经济规律在现代经济社会的延伸和扬弃，其规律现象包括摩尔定律、整体大于部分之和、信息增值公式等，其一般理论包括降低交易成本、效应回报递增和网络经济乘数等。

1.3.1 网络金融的产生

随着计算机网络的广泛应用，金融活动也都开始在网上实现，进而形成了网上金融。它不同于传统的以物理形态存在的金融活动，是存在于电子空间中的金融活动，其存在形态是虚拟化的、运行方式是网络化的。它是网络信息技术与现代金融相结合的产物，是适应电子商务发展需要而产生的网络时代的金融运行模式；网络金融是未来金融业发展的一个重要方向。

1. 产生的条件

1) 网络和信息技术为网络金融提供了技术基础

计算机技术、网络技术和信息技术的飞速发展，以及网络的安全保密技术不断完善，使上网越来越快捷、方便，从而给网络金融机构提供了生存和不断发展的空间，同时也为金融服务业带来更加激烈的竞争，为了在竞争中谋求生存与发展，金融机构纷纷推出了网上服务品种。

随着信息技术的发展，用户对在线的、实时的网上金融服务要求越来越强烈。而对于金融机构来讲，为客户提供网上服务一方面意味着客户的学习能力在不断增强，这使得金融机构推行新的金融服务品种更加容易；另一方面也是金融业面对激烈市场竞争的需要，网上金融机构可以为客户提供更快捷、更方便的服务，以避免自己的客户被竞争对手吸引走。

2) 网络经济的深化和电子商务的发展催生了网上银行

网络经济的发展催生了网上银行，进而产生网络金融和网络经济的深化与电子商务的发展。既要求银行为之提供相互配套的网上支付系统，也要求网上银行提供与之相适应的虚拟金融服务，从而向传统银行支付体系提出了严峻的挑战，极大地推动了金融创新。

(1) 随着网络经济的来临，商业银行面临着由于新技术的发展和运用而带来的技术性“脱媒”危机。众多有实力的公司开始向曾经被银行垄断的支付体系进军，以崭新的运行模式挑战传统商业银行支付中介地位。

(2) 随着电子商务具有的实时交易特征，要求高效率的支付服务，甚至实现零时差的实时资金清算。

(3) 电子商务突破了空间的限制，因特网的触角几乎延伸到世界的每一个角落，如何安全、高效地实现跨国界资金划拨和清算将是网络经济时代向传统银行支付体系面临的挑战。

在商务交易中，资金的支付是完成交易的重要环节，电子商务强调支付过程和支付手段的电子化与网络化处理。

3) 银行等金融机构自身的长足发展，为网络银行的产生奠定了基础

近些年来，伴随着信息技术的迅猛发展，银行风险金融机构也得到了长足的发展，这也为网络银行的发展奠定了基础，创造了条件。

2. 网络金融业务的界定

现代金融业依赖信息传递的先天特征，决定了金融机构具有跟踪技术进步和升级换代的迫切需求。所以，因特网及网络经济活动出现以后，银行、证券、保险、期货、投资咨询等所有金融部门都表现了充分的热情，进行了较为深入的实践，从而形成了一个松散的网络金融业务群落。

网络金融业务包括由传统金融机构和部分金融软件商通过因特网等公共信息网络提供的各种传统或创新的银行业务、证券业务、保险业务、期货经纪业务及投资理财咨询等其他附加性的全部金融服务。

3. 网络金融业务的性质

对一个提供综合信息服务的网站来说，其形象设计、网站构造、反馈机制等网络性因素是决定其成败的关键；而对一个纯商务网站来说，后台资源的整合调配能力、销售定位的准确度以及融资能力则成为衡量其优劣的主要标准。

网络金融业务毫无疑问地属于后者。网络性业务偏重的是对注意力的营销，是感官的集结；而交易性业务看重的是忠诚度。金融交易是金融机构的核心业务和特许业务，以此为中心，去判断网络金融服务各部分和各环节的价值，才能有一个准确的模式定位。网络金融服务的特色可以简单地概括为 3A 服务方式，即在任何时间(Anytime)、任何地点(Anywhere)提供任何方式(Anyhow)的金融服务。

4. 网络金融涉及的业务和涵盖的领域

网络金融的内容是网络金融活动所涉及的业务和涵盖的领域。网络金融是网络与金融相结合的产物，但它不是两者的简单相加。从狭义上来说，网络金融是金融与网络技术全面发展的产物，包括网上银行、网上证券、网上保险、网上支付、网上结算以及网络期货等相关的金融业务内容；从广义上说，网络金融包括网络金融活动涉及的所有业务和领域，见表 1-3。

表 1-3　网络银行系统的一般性功能

一、公共信息服务	二、企业客户业务	三、个人客户业务
公用信息发布 银行业务介绍存款利率发布 贷款利率发布 外汇牌价发布 外汇利率发布 外汇买卖牌价 分行或营业所分布情况 ATM 分布情况 银行特约商户 国债情况 最新经济快递 客户信箱服务	1．客户查询业务 账户信息查询 查询账户余额 查询账户近期进出账汇总信息 查询账户当日进出账情况 支票信息查询 支票使用信息查询	1．个人业务查询 金融卡个人理财业务 金融卡个人理财业务查询 查询账户基本信息 查询某存款子账户信息 查询所有存款子账户信息 查询贷款子账户利账 下载对账单
	2．客户转账业务 客户内部转账 客户贷款部分还款 客户贷款还清 客户转出记账	2．储蓄理财转账业务 活期转定期 活期转整整 活期转零整 活期转存本 活期转零整续存 定期转活期 整整转活期 零整转活期 存本转活期 活期还贷款 申请贷款转活期 口头挂失 修改密码
	3．客户金融咨询服务	3．金融卡理财业务代收代缴业务 申办代缴各种费用 代缴各种费用
	4．客户其他业务 网上支票核查 网上修改电话银行密码 提取大额现金预告 转收大额现金预告 上传代缴税费数据	4．个人储蓄业务 个人储蓄业务查询 查询存款账户信息 查询未登折信息 查询存款账户历史明细信息 查询贷款账户信息 修改账户密码 账户挂失与解除挂失
	5．银行其他业务 贷款催收预告 汇票预告	5．公积金贷款业务
	6．客户意见反馈服务	6．金融卡消费业务
		7．客户金融咨询服务
		8．客户意见反馈服务

网络经济时代对金融服务的要求可以简单概括为在任何时间、任何地点以任何方式提供全方位的金融服务。显然，这种要求只能在网络上实现，而且这种服务需求也促使传统金融业的大规模调整，主要表现在更大范围内、更高程度上运用和依托网络拓展金融业务，而且这种金融业务必须是全方位的，覆盖银行、证券、保险、理财等各个领域的“大金融”服务。具体来看，网络金融活动包括以下几个方面。

(1) 金融服务。网上银行服务、网上支付、个人财务管理、财务会计管理。

(2) 保险业。保险代理服务、网上报价、理财管理。

(3) 投资理财业。网上证券与期货交易、委托投资、网上投资、财产管理。

(4) 金融信息服务业。发布与统计信息、咨询、评估与论证管理。

1.3.2 网络金融的发展过程

20 世纪，信息技术应用于金融业大体经历了 3 个发展阶段，即辅助金融机构业务和管理阶段、金融机构电子化阶段和网络金融最初发展阶段。

1. 辅助金融机构业务和管理阶段

信息技术在金融业的推广是从计算机的单机应用开始的。传统的金融业是采用手工操作，20 世纪 50 年代计算机开始应用于金融业务的处理和管理。金融机构业务中的记账、结算等环节，使用计算机作为辅助手段，可以提高速度、减轻人力负担、少出差错、改进工作效率。到了 20 世纪 60 年代，计算机应用又从单机处理发展到联机系统，该系统向纵横延伸，金融机构对内在总部与分支机构、营业站点之间发展了存、贷、汇等联机业务，对外在不同金融机构之间实行了通存通贷等联行业务。特别是进入 20 世纪 80 年代后，出现了水平式金融信息传输网络，电子资金转账(EFT)系统也逐步发展起来，票据处理速度、支付效率和资金管理质量大大提高，节省了开支、减少了意外损失。

2. 金融机构电子化阶段

从 20 世纪 80 年代后期到 90 年代中后期，金融业的主体——银行逐渐实现了电子化。这个阶段的发展与个人计算机、信用卡、电子货币等新型信息化手段的普及有关。银行陆续推出了以自助方式为主的 PC 银行(即在线银行服务)、自动柜员机(ATM)、销售终端系统(POS)、企业银行(FB)、家庭银行(HB)等电子网络金融服务的多种方式。这些服务方式的功能越来越多样化。例如，ATM 技术最初只有存取现金、查询储蓄余额等少数几种功能，后来发展到处理股票交易、共同基金投资、代办保险业务等多种功能。在银行电子化过程中还出现了高技术智能金融卡以及用电子信息形式进行现金支付和票据转账的电子货币结算系统。

3. 网络金融的初级发展阶段

互联网商业性应用的发展，促使了网络金融诞生的。从 20 世纪 90 年代中期开始，传统金融开始向网络金融转变。以银行为例，世界上第一家网络银行——美国安全第一网络银行(Security First Network Bank)于 1995 年在美国亚特兰大开业之后，欧洲、日本、新加坡、中国香港、中国台湾等地也陆续兴起了网络金融。

网络金融发展的初级阶段，单纯由传统的金融机构或高新技术公司开展网络金融业务需要一定的过程，甚至存在一定的行业壁垒。所以，网络金融界出现了传统的金融机构和高新技术公司创办的纯虚拟金融机构合作开展网络金融服务。例如，美国安全第一网络银行，在 1998 年 10 月成为加拿大皇家银行财务集团的一员，安全第一网络银行从此开始与传统银行共同发展网络金融。这种优势互补、合作发展的趋势促进了网络金融的发展。随着网络金融服务商在技术和金融领域的日益成熟、强大和信息网络技术的普及推广，网络金融必然会成为金融发展的主要趋势。

4. 发展网络金融的必然性

网络金融的发展有其必然性，即网络金融的发展是由网络经济和电子商务发展的内在规律所决定的，可以从以下 3 个方面加以分析。

(1) 在电子商务体系中网络金融是必不可少的一个环节。完整的电子商务活动一般包括商务信息、资金支付和商品配送 3 个阶段，表现为信息流、物流和资金流 3 个方面。银行能够在网上提供电子支付服务是电子商务中的最关键要素和最高层次，起着连接买卖双方纽带的作用。可见，网络金融将是未来金融业的主要运行模式。

(2) 电子商务的发展改变了金融市场的竞争格局，从而促使金融业走向网络化。电子商务使网上交易摆脱了时间和空间的限制，获得信息的成本比传统商务运行方式大大降低，表现在金融市场上直接融资的活动比以前大大增加，金融的资金中介作用被削弱，出现了脱媒现象。电子商务的出现动摇了传统金融行为在价值链中的地位，使传统金融机构失去了在市场竞争中所具有的信息优势。

(3) 降低成本，是网络金融的巨大吸引力。建立一个金融网站，可以做到每天应对数以万计的用户查询和交易业务而不降低服务质量，同时使交易成本大大降低。电子商务的发展使金融机构大大降低了经营成本，提高了经营效率，这是网络金融得以出现并迅速发展的最主要原因。

1.4 网络金融的特点和作用

网络金融开启了金融服务的新时代。无论是生产者还是消费者，商家还是客户，都明显感受到了网络金融所带来的效率、效益和便利。网络金融的主体是银行，网络金融的先行者也是银行，银行在网络金融的发展中一直起着主导作用。但同时，网络证券、网络保险和网络期货等其他网络金融形式也对网络金融内容的丰富和水平的提高起着积极的推动作用。

1.4.1 网络金融的特点

汇丰银行青岛分行曾对用户做了一个专项调查，结果显示，客户对网络银行服务的满意程度大大超过了传统银行。调查中假设对传统银行的金融服务满意指数为 100，则电话银行服务的满意指数为 120，自动柜员机服务的满意指数为 200，网络银行服务的满意指数则在 210 之上。同时，汇丰银行的调查还显示了网络金融服务方面两个要特别注意的问题：

一是客户普遍认为安全问题是网络金融交易的第一要素；二是网络金融业务客户的忠诚度高过传统金融业务的客户，因为网络金融业务的客户一旦认可了他们接受的网络机构，习惯了网上操作程序，就不会轻易变动。因此，网络金融机构的品牌形象和服务质量十分重要。从整体的角度考察，网络金融主要具有以下特点。

1. 金融活动不受时空限制

这是网络金融最突出，也是给金融客户和金融机构从业人员感受最直接的特点。在网络金融的条件下，个人无需在特定的金融场所、用特定的金融票据、持特定和有形的金融钱币进行交易，只要手持一个电子终端(手机、掌上电脑、移动笔记本电脑等)，无论是天涯海角，还是白天黑夜，只要按几下按钮，交易即可完成。具体地说，在电子技术、计算机技术、网络信息技术的基础上，金融活动可以通过网络在世界范围内以光速运行。无论是对内的金融管理，还是对外的金融业务，或者是客户之间的资金交割，或者是客户本身的金融信息查询及资金调动，均可以在大街上，郊野外，也可以在足不出户的情况下，几分钟甚至几秒钟就可以完成。“3A 金融”、“日不落金融”就是对网络金融不受时空限制这一突出特点的形象概括。

2. 金融业务处理高效化

网络金融由于其运作手段的系统化、电子化、自动化，业务处理效率极高。传统银行业务、传统证券业务要经过柜台排队、填单以及营业员手工操作等烦琐冗长的人工处理，而网络金融在任何时间、任何地点均可以将金融业务变成电子脉冲以光速在网络上进行，其效率之高，令人叹为观止。从业务处理的类型上讲，无论是 B to B(商户对商户)，还是 B to C(商户对客户)，或是 C to C(客户对客户)、B in B(商户内部业务管理)、C in C(客户内部查询及业务处理)等，网络金融都是十分高效的。例如，美国富国银行办理网上房屋贷款批复业务只需 50 秒；而美国第一银行更宣称，其网上贷款业务 25 秒钟即可办妥。在网络证券业务中，任何客户均可在几秒钟内完成一单股票的交易和资金交割；而任何一位客户也可在一分钟之内完成一单银行存款与证券保证金之间的调动。至于网络银行的余额查询业务，那就更简单快捷了，用手机登录并输入密码即可完成。正因为网络金融业务处理的高效，以前传统金融支付业务中所谓的“在途资金”(交付过程中的资金)已不存在。

3. 金融品种多样化

网络金融由于不受时空限制、运行高效，又具有创新的本质特征，和电子技术、网络技术的不断更新发展结合，使金融品种呈现出特别丰富和不断推陈出新的状态。例如，从银行业来讲，以前提供给个人的服务品种不外乎是存、取、贷几种，存款服务也不过是定、活、定活两便 3 种，而网络银行的个人服务品种目前国内已达到 30 多种，国外如美国富国银行网上业务已达到 41 种之多。美国花旗银行的全部金融品种包括网络金融品种已高达 400 多种。其他五花八门的金融服务品种还在层出不穷，如招商银行与广东移动公司及某些商场合作，推出了商场购物手机支付金融服务，大到买电器，小到买一瓶可乐，均可即时支付结算。

金融品种多样化发展方兴未艾，并出现了一种促使金融机构“服务全能化”或“混业化”的趋势。这在国外金融界更加明显。如国外的银行不仅有传统的存、贷、汇、兑业务，还有证券包销、证券经纪、财务顾问、企业并购、基金管理、信托投资、租赁、保险甚至商品采购、产品销售等业务。美国底特律联合证券公司的经营执照上甚至还明文写着“除了为结婚举行宗教仪式和在教堂举行宗教礼拜仪式之外，可做一切事情”。国内银行在这方面也有新的表现，如汇款过去是邮局的业务，现在银行也做；在银行做电子汇款业务，既快又省钱。同时，各种家庭理财，日常缴费，金融机构都有相应的代劳服务。这种金融品种多样化的特点，导致了“金融百货商店”和“金融超市”概念的产生。

4. 金融服务低成本化

网络金融由于是在网上处理业务，所以不需要豪华的办公场所，不需要很多的员工，也不需要遍布街巷的分支机构或营业网点，这样，就大大节约了金融机构的投资成本、营业成本、人力成本和管理成本。例如在美国，网络银行的开办费只是传统银行的1/20甚至1/40；美国传统银行开设一个分支机构，平均需200万美元成本，而一家叫“Nfront”的网络服务公司的公开开价却是：收费5万美元即可为任何商业银行建立一个网络银行。另外，统计资料还显示，网络银行的业务成本为传统银行的1/12；在业务成本占收入的比例上，网络银行只是传统银行的1/3至1/4。

5. 金融服务个性化

服务个性化在网络金融信息服务领域更加突出。如网络银行用户可以根据个人或本企业的需要订阅货币存贷利率浮动信息、投资信息及金融动态等；网络证券用户也可因人而异各取所需地从网上搜索个股信息、各种股市指数、股市交易即时数据和股市新闻等。网络金融的业务个性化也很普遍，如网络保险就可为个人或家庭量身定做，保险方案做得既迅速又准确；网络期货可以根据客户需要设计各种运作计划。同时，金融服务的个性化与金融品种的多样化是相辅相成，互相促进的；品种的多样化推动服务的个性化，而服务的个性化则要求并促进品种的进一步多样化。

6. 金融交易直接化

在传统的金融活动中，金融机构常常充当中介和桥梁的角色来开展金融业务，但在网络金融中，金融机构的这种中介作用逐渐失去了用场。如企业的融资，就无需金融机构的参与，融资者和投资者双方可在网络上直接进行；又如企业之间的经济来往和金融结算，也无需通过银行来办理，双方在网上直接过账就行了，包括现在很多的个人购物和缴费业务，如信用卡购物、网上购物、手机通信缴费等。

7. 金融活动全球化

经济全球化或贸易全球化是金融全球化的社会基础，而网络技术则是金融全球化的支撑条件。现在，利用互联网可以将金融业务延伸至全世界每个角落。具体地说，金融活动全球化主要表现在以下几个方面。

(1) 客户的全球化。国际的经济合作与贸易产生了分布全球的金融客户。

(2) 业务的全球化。经济上的国际业务导致了金融上的国际业务。

(3) 交易的全球化。由于网络金融没有时空限制，网络货币也不受国境(海关)限制，所以只要有网络和电脑，甚至只要有手机，交易就可在全球任何一个地方进行。

(4) 利润的全球化。由于客户、业务和交易是全球化的，利润来源自然也会形成全球化的结构。

(5) 运作模式的全球化。因为网络金融在全世界都是一个新事物，各国的差别不大，国际模式容易通行，因此网络金融在运作方式、经营理念和管理体制等方面全球化特征比较突出。

8. 金融行业之间的界限日趋模糊化

网络金融的方便、高效，自动化程度高和不受时空限制，使得金融机构、金融行业之间的界限日趋模糊。传统的金融机构如银行、证券公司、保险公司、基金公司、信托公司等是界限分明的，业务开展也是各行其道，但在网络金融的条件下，金融机构的界限及其业务范围已相互渗透、相互交叉或相互混合。如网络银行既可以搞存、贷、结算，也可以做保险、做基金、做信托。反过来也一样。1999 年 11 月 4 日，美国国会正式通过了《金融服务现代化法》，接受现实中金融机构混业经营的做法，并从立法基础上推动金融服务的综合性。现在，在国外，甚至企业也可以组建金融机构，如日本的索尼公司在 2001 年就成立了网络专业银行，专门开展个人金融业务；而富士通、东京电力和日本寿险也成立组建了网络银行，从而使得传统概念上的金融机构在网络金融条件下界限不清；金融机构之间，以及金融机构与企业的面貌也因为网络的介入而变得模糊起来，成了“你中有我，我中有你”。网络时代的英雄，微软公司的比尔•盖茨 1996 年曾指出：由于互联网的发展，银行业务虽然需要，但传统的“恐龙式”的银行就不一定需要了，因为银行能做的事其他机构或公司也能做，也许还做得更好、更快、更省。比尔 • 盖茨的这番话实际上是网络时代金融机构形象逐渐模糊化的一种注解。

9. 金融信息公开化

在以往的金融活动中，由于银行、证券公司等金融机构的柜台式作业和充满神秘气氛的营业环境，客户对相关金融信息的了解(例如贷款额度、拆借利率、外汇政策、股情披露、股市状态、保险责任、理赔程序、期货指数以及各种金融业务品种交易信息等)，都是知之不多或知之甚少，有些则是一知半解。但在网络金融条件下就不一样了。无论是网络银行、网络证券，还是网络保险、网络期货，或其他网络金融机构与网络金融市场，其信息的披露都是全面公开的，银行的信息化可以分为 5 个层次，如图 1.1 所示。

网络银行的业务信息十分全面，账户查询、按揭程序与知识，存贷品种、人民币汇率、服务指南等一应俱全。网上证券的信息更是海阔天空，从即时行情到个股分析、K 线图、均线图、“黑马”“白马”分析、业绩报告、专家咨询、投资组合技巧等，券商使尽浑身解数，提供广泛信息，提高服务质量，以吸引客户入市交易。总之，凡接触过网络金融的人都有深刻感触，网络金融的信息是公开和充足的，对所有上网的客户来说也是公正和公平的，从交易操作来说又是透明的；同时，对金融机构和金融客户来讲又基本上是对称的。由此可得出如下结论：金融信息公开化是网络金融一个十分重要的特点，而网络金融的崛起则是金融业乃至整个经济运作的一次划时代的进步。

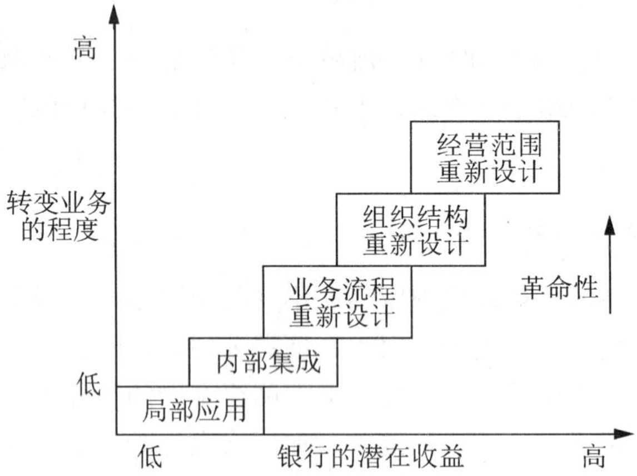

图 1.1　银行再造的层次

10. 金融管理的风险

网络金融方便、高效，不受时空限制，但同时网络的电子化和虚拟性也带来了安全隐患和业务风险。网络金融的风险可分为两类：一是网络系统安全风险(与股市“系统风险”不是同一个概念)，二是网络金融业务运作风险。从网络系统安全风险性上讲，首先是网络系统的技术稳定性风险，如处理器的安全性、保密设计技术的安全性、硬件系统的安全性、软件系统的安全性以及系统停机、抗磁盘列阵崩溃、抗病毒侵袭等都是有风险的。特别是处理器技术，许多国家包括我国都是从美国进口的，这就十分被动，随时都可能“受制于人”。因此，开发有自主知识产权的芯片确实具有重要的战略意义。另外，来自金融机构内部及外部的数字攻击问题也比较突出。网络金融机构的内部人员以及网络金融机构外部的黑客(Hacker)作案技术和手段越来越高明，其破坏性和攻击力也越来越强。因此，网络金融犯罪屡禁不止，防不胜防，从而使网络金融的安全性受到严重质疑。IBM 公司曾对网络银行做了一次问卷调查，结果发现，网络金融的安全问题是客户担心的首要问题，也是客户最不满意的问题。网络系统安全风险的第二个方面是网络系统的技术选择性风险，如主机系统与客户终端软件的兼容性问题，又如主机系统本身是否技术落后、不合时宜的问题。目前国内外网络金融都设置了分层安全管理，其管理模型如图 1.2 所示。

网络业务运作类风险内容更广泛，如网络金融交易的信用风险(身份、交易的真实性验证)，网络金融的结算风险(网络中的任何故障都影响结算)，网络金融的资金风险(电子货币的兑换性、流动性等)以及网络金融的法律风险(交易的合法性、规范性等)。这些风险都是很现实的，也是急需认真解决的。

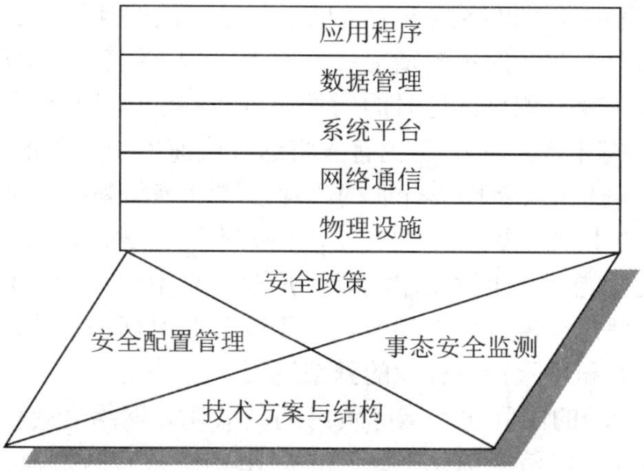

图 1.2 网络金融分层安全管理模型

1.4.2 网络金融对经济系统的作用

网络金融是网络经济的组成部分，也是网络经济活动的核心和中枢。同时，对整个经济系统来说，网络金融也有着巨大的作用和深刻的影响。

1. 网络金融是经济运行的加速器

网络金融最突出的特点是高效化和不受时空限制。因此，网络金融与经济活动结合，使得经济运行大大提速。具体地说，这种加速现象主要表现为以下几个方面。

(1) 投融资决策时间缩短，效率提高。在网络金融的条件下，相关投融资决策的宏观和微观信息的收集、选择、比较、反馈等环节的运作速度大大加快。过去需要几天、几周甚至几个月才能完成的事情，在网络金融系统中也许几个小时甚至几分钟就可完成。

(2) 资金流通速度提高。任何经济运行都离不开物资流、资金流和信息流，对现代经济运行来说，资金流和信息流的地位尤其突出和重要。受网络金融支持的经济运行，其资金流通速度就不仅仅是“一日千里”，而是“一秒 30 万公里”(光速或电子速度)。网络金融能以令人瞠目结舌的高速度，将经济活动中的资金调拨、划转、交割、清算等业务瞬时完成。

(3) 资金周转速度加快。以前一笔资金一个月或一年才使用一次，而网络金融中的资金一个月或一年可以周转或回笼十次甚至几十次，真正达到并超越了“货(币)如轮转”的良性循环状态。

(4) 商业的繁荣。对于商家来说，网络金融，特别是电子货币系统(信用卡、智能卡、POS、ATM 等)在日常生活领域中使用范围的不断扩大，促使衣、食、住、行、玩的商机和业务量大大增加，市场繁荣红火。

(5) 消费更加便利，刺激和扩大了社会需求。对于广大消费者来说，由于网络金融创造了非常便利的购物结算手段，消费者不仅可以不带钱而用卡(各种信用卡、消费卡、积分卡等)消费，而且可用 PC 端或手机端的结算方式(消费)购物，免除了以前挤车颠簸或排队交费的烦恼，这无疑大大刺激了人们的消费欲望，增加了商品的销售量和流通量。

(6) 推动了电子商务和以网络技术为基础的新经济的快速增长。随着网络金融的推广和上网企业、商家和个人数量的不断增加，以网上采购、销售或消费为主要形式的电子商务也快速增长。据有关专家测算，这时的增长速度达到了以往传统经济成熟阶段增长速度的6倍，是“网上一年等于地上6年”；也有人将这种快速增长形象地比喻为“火箭化增长”。

(7) 促进了高新科技和风险投资行业的高速发展。高新科技产业的产生与成长，离不开灵活、高效和较大规模的金融市场的支持，也离不开灵敏、开拓性强的风险投资业的支撑。而网络金融则是最能满足上述要求的金融形式。它不但灵活、高效，而且信息掌握全面，搜索信息和反馈信息速度都出奇地快，便于高效和灵活的操作，由此提高投资决策效率，推动高新科技产业和风险投资行业的繁荣发展。

(8) 加速了经济活动的国际化和国际贸易的高效化。网络金融的“无国界性”有史以来第一次真正地实现了“经济全球化”或“市场国际化”。有网络金融的支撑，任何商家都可以足不出户即可同全世界做生意、谈项目、搞合作，而且均可以即时成交，由此从全世界受益。网络金融对世界经济一体化和高效化的贡献，怎么说也不会过分。

2. 网络金融促进了经济结构的优化

信息技术和现代金融的结合与创新产生了网络金融。网络金融不仅是新经济的一部分，也是整个经济发展的一个新元素。这一经济新元素对经济结构产生了积极的作用，带来了积极的变化。这些变化主要表现在以下5个方面。

(1) 产业结构。网络金融大大促进了商业、服务业等第三产业部门的发展，使第三产业在整个国民经济总量中所占比重越来越大。如前所述，不但网络金融的四大行业本身，即网络银行、网络证券、网络保险、网络期货的产业份额在不断扩大，而且与网络金融相关的电子商务和日常消费行业的经济规模也在快速扩大。

(2) 技术结构。网络金融及其相关的电子商务和信息产业都是高新技术密集的行业，而且这些高新技术还在不断发展、创新和扩张。由此使得经济结构中高新技术的比例持续增大，即越来越高新技术化。

(3) 产品结构。网络金融促进了各产业产品向智力型、知识型和服务型方向升级。一方面，网络金融本身就是智力型、知识型的产业，网络金融服务就是智力型、知识型的服务。另一方面，与网络金融密切相关的电子商务、信息产业和生物、医药、新材料、新能源等高新技术产业也是智力型、知识型的产物。这些产业的发展和扩张，无疑改进以往物质型和实体型为主的产品结构。

(4) 就业结构。网络金融及其相关产业的发展，大大增加了新的知识型和服务型的就业岗位，包括研发工作岗位等，这又显著地改善了以往第一、第二产业唱主角，或蓝领工作者为主流的就业结构。现在，网络金融和电子商务机构中的白领和金领工作者的数量，已大大超过了蓝领人员。

(5) 消费结构。网络金融还明显改变了商品的交换结构和居民的消费结构。从商品的交换结构角度说，以网络金融为代表的各类现代金融产品(包括服务)，及其相关网络产品、通信产品、娱乐产品、文化产品等，在社会商品零售额中的比重越来越大，如智能手机的普及等。

3. 网络金融加快了经济现代化进程

人类社会的基本活动是经济活动，而经济活动则有不同的时代特征和发展进程。在当前经济活动的现代化进程中，网络金融无疑起到了积极的推动作用。这主要表现在以下几个方面。

(1) 网络金融促进了经济活动的信息化、知识化和数字化。网络金融本身就是网络化、信息化、知识化和数字化的代表。在传统银行业务、证券业务、保险业务和期货业务中需要消耗人力、物力或形成物质流的地方，网络金融大都可以通过网络，以信息流的方式加以解决。不但如此，网络金融的这种功能和特性直接带动了相关产业和服务业的现代化，如电子商务、网络医疗、网络拍卖、网络学校、网络图书馆等。

(2) 网络金融加强了经济活动的阳光化和透明化。如前所述，网络金融的重要特点就是金融信息的公开化，这也是网络金融的基础和基本运作条件。不管是做银行还是做证券，做保险还是做期货，上网信息都必须真实、平等地对待所有网络客户，否则就运作不了。也就是说，网络金融的这种信息化特点积极地和客观地催生了整个经济活动的阳光化和透明化。

(3) 网络金融推动了经济活动的节能化和环保化。根据网络金融最发达的美国的统计资料，在网络金融和网络经济兴起后的 1997 年至 1998 年，美国的 GDP 增长了 4%，但同期的能源消耗却几乎没有增长。美国专家研究分析后得出的结论是网络包括网络金融提高了效率，节约了时间，减少了物流，节约了能源。网络金融及其相关产业(如电子商务)没有废气、废水、废渣等破坏环境的副产品，因此，网络金融对环境保护和生态平衡的贡献也是显而易见的。

(4) 网络金融加快了发展中国家追赶发达国家的速度。在传统经济中，发展中国家与发达国家的差距是累积形成的，通常情况下，追赶也是循序渐进的。例如传统经济中的铁路运输产业，就是从蒸汽时代到内燃时代一直到现在的电力时代，或从单线时代到复线时代等。而网络金融在发展中国家和经济发达国家之间的起步时间差并不大。如中国的网络银行比美国只差一年半，中国的网络证券也只比美国晚两年多一点。

因此，可以说，网络金融时代几乎同时降临发展中国家和发达国家。虽然发达国家由于资金雄厚、技术基础好、科技力量强，先行了一小步，但相对于传统经济中双方的差距来说，这个差距已大大缩小。

4. 网络金融为宏观调控提供了新的手段和杠杆

宏观经济调控主要使用计划、财政和金融等方法或手段，而网络金融作为金融的现代形式，无疑对宏观经济调控具有相当大的作用。这种作用主要表现在以下 5 个方面。

(1) 通过网络金融中的网络银行(货币市场)、网络证券(证券市场)、网络期货(期货市场)、网络保险(保险市场)以及网络产权市场、网络技术市场，现对投、融资活动的及时了解和调控。

(2) 通过网络金融中电子货币流量以及支付形式和支付方式的调节、控制，实现对投、融资和社会需求的调控。

(3) 通过网络金融中电子货币总供给量的收放控制，实施对居民消费和储蓄的调节。

(4) 通过网络金融的运作机制，加强对财税资金管理和资金运行的效率化和科学调配。

(5) 利用网络金融中电子货币流通快、功能强的特点，增加全社会的电子货币持有量，减少传统货币的发行量，发挥对通货膨胀的抑制作用。

5. 网络金融提高了企业的素质和经营效益

网络金融是新技术的产物，它与企业的结合，使企业运作的效率、效益和企业的素质得以明显提高。其主要表现如下。

(1) 网络金融推动了企业的业务创新。据不完全统计，自网络金融问世以来，网络银行、网络证券、网络保险、网络期货等推出适应市场的新业务超过 300 种，受到了社会的普遍欢迎。美国 500 强中的制造业老大——美国通用电气公司，以前是机电设备制造业旗舰。但在网络经济发展的新形势下毅然开拓网络金融服务，推出大量新的网络理财服务，结果成功地实现了现代化转型。

(2) 网络金融促进了企业的体制创新和管理创新。网络金融使得企业的资金和财务管理变得相对简便和明晰，企业的产销运作相对机敏和直接。由此，也就促使企业，特别是有一定规模的企业，其管理体制产生相应的变革，使原来官僚化的、烦琐的多层次管理体制变成操控简明、高效的具有现代特色的“扁平化”管理体制，使决策层与操作层的垂直距离大大缩短，从而提高了企业效益。这是从企业内部的促进作用讲。而从企业外部或企业之间的促进作用讲，网络金融高平面分布的“横向革命性”联系功能，使得企业合并动力增加，其原因之一就在于网络金融能节省人力、物力和财力，减小管理层。在体制创新和管理创新方面最典型的例子就是戴尔公司。美国的戴尔计算机公司利用网络金融及其配套的电子商务手段，创造了“大规模定制”的新型管理模式，实现了“零库存”。结果使戴尔公司在激烈的 IT 行业竞争中胜出，企业得到了可持续的高速发展。

(3) 网络金融能大幅度地降低企业经营成本。这在金融企业尤其明显。例如，银行业普遍要用一半的管理费来管理现金(清点、运输、保管等)，但如果充分发挥网络金融和电子货币的功能，无疑能大大降低此项成本。又如网络金融业务的直接成本也比传统方式节约得多。再如在工商企业中，网络金融以及电子商务的运用，也可大大减少中间环节，节约可观的中间耗费和管理费用。因此网络金融能有效地扩大客户范围，提高经营效益。网络金融的“3A”特性以及方便快捷、低成本的优势，不但对迅速扩张金融业务、吸引金融客户起到了巨大的推动作用，就是对制造业、商业、贸易业客户范围的扩大，人数的增加也起到了显著的促进作用。前面提到的美国通用电气公司和戴尔公司就是很有代表性的例子。概括起来可以这么说，网络金融帮助拓展了企业的产品市场，提高了企业的科技含量，加强了企业的现代化管理，用活了企业的运营资本。

1.5 网络金融业的发展现状

网络金融的发展现状主要是指网络金融发展过程中第三阶段，即“网络化阶段”的现实状况。时间界限自 1995 年起，以美国安全第一网络银行的诞生为标志。

网络银行、网络证券、网络保险和网络期货是网络金融的四大具体行业，网络金融的现状可以从这几个具体行业的考察中得以了解。

1.5.1 网络银行发展与创新

所谓网络银行，英文为 Internet Bank 或 Net work Bank，有的还称为 Web Bank，中文叫做网上银行或在线银行。它是指一种依托信息技术和 Internet 的发展，主要基于 Internet 平台提供和开展各种金融服务的新型银行机构与服务形式。也可以说，网络银行是银行利用公用信息网 Internet 将客户的电脑终端连接到银行网站，将银行的金融服务直接送到客户办公室、家中和手中的金融服务系统。

随着 Internet 的广泛应用，1995 年在美国诞生了第一家网络银行 SFNB，这是世界上第一家将其所有银行业务都通过 Internet 交易处理的开放性银行。受其影响，欧美其他商业银行纷纷做出积极反应，绝大部分有影响的商业银行都陆续建立了自己的网络银行。

目前，发达国家的商业银行纷纷为自己的网络银行展开广告攻势和宣传攻势，争夺网上交易份额，争抢新的客户源。在业务范围上，发达国家的网络银行服务面更为广泛，业务品种更为齐全；在业务处理上，网络银行交易信息采用网上传输，计算机系统实时自动处理，方便、迅捷、安全，深受企业和个人用户的欢迎。

随着中国经济的快速发展，中国大陆银行业也在积极利用先进的信息网络技术工具在经营理念上与国际接轨，这为网络银行在中国的快速发展奠定了基础。到现在为止，中国网络银行在发展环境、水平等方面均有了显著的提高，在面临挑战的同时也拥有很好的机遇。

1.5.2 网络证券业务的拓展

网络证券，又称网上证券，它是通过互联网进行的各种证券信息服务和证券交易活动的总称，包括股市行情、相关市场资讯、股票投资咨询、网上交易委托等。从时间上讲，由于网络证券和网络银行的技术基础都是互联网，因此，两者的诞生基本上是同时的。特别是就网络银行和网络证券的信息服务业务的开办来说更是如此。但若要从业务机构的成立或第一笔交易的实现来讲，两者时间上又有较短的前后差异。一般来说，网络银行的交易业务和机构成立要比网络证券稍稍早些，因为网络证券交易业务的开展依赖于网络银行网上转账和网上结算的开通。

1994 年，美国的查尔斯 • 斯沃伯公司开始办理网上证券经纪业务。美国是网上证券交易最发达、规模最大的国家。在我国，网络证券起步比国外稍晚，1997 年 3 月，广东湛江的中国华融信托公司湛江营业部率先推出视聆通网络交易系统，标志着我国网上证券的出现。但由于 Internet 的迅猛发展，网上证券推出后的发展速度很快。刚推出网上交易的前 3 年，国外网上证券交易量的增长速度超过 100%，中国则是 126%。以后几年，每年的增长速度也在 50%以上。

网络证券业务是围绕着证券交易这一中心环节来展开的，开通网上证券交易的券商除了都能提供网上证券信息服务外，还能提供从行情查询、买卖委托、交易撮合到成交回报、清算交割等网上证券交易服务。这些程序目的只有一个，即实现网上交易。因此，网络证券的业务比较集中，主业突出。

1.5.3 网络保险方兴未艾

网络保险是新兴的一种以计算机网络为媒介的保险营销模式，有别于传统的保险代理人营销模式。

网络保险的产生和发展是一种历史趋势，它代表了国际保险业的发展方向。目前国内的保险网站大致可分为两大类：第一类是保险公司的自建网站，主要推销自家险种，如平安保险的“PA18”，泰康人寿保险的“泰康在线”等；第二类是独立的第三方保险网站，是由专业的互联网服务供应商(ISP)出资成立的保险网站，不属于任何保险公司，但也提供保险服务，如易保、网险等。很明显，以上这两大类网站代表了中国网络保险的发展水平，当对它们的实施策略及市场运作方式进行理性、客观的研究分析后，就能深刻地把握中国网络保险的发展状况。

网络保险的核心概念是指保险机构以互联网为操作平台，向客户提供保险业务的各种服务活动，其中包括保险信息咨询、保险计划书设计、投保签单、在线交费、承保、核保、理赔、保单查询、保金变更、退保、续保及投诉等。边缘一点或广义的概念还包括保险机构本身的网络化管理，如内部资料收集、统计分析、经营管理、业务培训，与银行和其他业务单位的交易，与保监会和工商税务等行政部门的联系与交流。一般来说，网络保险主要是指前者。美国是发展互联网的先驱，也是网络保险的先行者。20 世纪 90 年代初，美国的保险公司就开始提供网上保险咨询。1995 年 2 月，美籍埃及人侯赛因•安南在美国加州的红杉城与人合办了世界上第一个，也是目前全美最大的网络保险专业网站，为保险公司和客户提供网上交易平台。1996 年，美国国民第一证券银行首创网上保险直销，前 10 个月，保费收入就达 1500 万美元。同年，全球最大的保险及资产管理公司法国安盛集团也紧随其后推出了网上保险业务。1997 年 11 月 28 日，中国保险学会和北京维信投资顾问公司合作，正式开通了我国第一家保险信息网站，即中国保险网，并在当天就收到了国内客户的第一份网上投保意向书。1999 年 3 月，国内专门从事网络保险的网站——“东方网险”也推出。随后，同年 8 月，中国太平洋保险公司、泰康人寿保险公司分别创建了“太保网”和“泰康在线”。自此，我国保险业开始逐步走进网络保险时代。

网络保险是一项巨大的社会系统工程，涉及银行、电信等多个行业，这一工程的完善需要较长的时间。网络黑客的袭击使目前计算机网络系统的自身安全缺乏保障，网络保险存在安全隐患；而网络保险由于保险当事人之间的人为因素与深刻复杂的背景及利益关系，使得网上投诉、理赔容易滋生欺诈行为。因此，仅仅依靠网上运作还难以支撑网络保险。如何禁止和惩处利用网络保险进行保险欺诈的行为，如何实行网上核保与网上理赔及支付，网络保险在我国仍有很长的一段路要走。

1.5.4 网络期货逐步发展

网络期货是指在互联网上进行期货信息交流和期货交易的经济活动。从理论上讲，所有可用传统方式交易的期货都可借助网络来进行，但实际情况下有个逐步开发和推进的过程。期货品种较多，一般可分为金融期货和商品期货两大类。金融期货中有股票期货、外汇期汇、债券期货、利率期货、指数期货、股票期货等；商品期货中有农产品期货、金属期货、燃料期货等。而农产品期货又可细分为作物品种期货，如大豆、玉米、小麦、绿豆、花生仁等；燃料期货可分为石油、煤炭、天然气等品种；金属期货可分为黑色金属、有色金属两小类，往下黑色金属又可分为钢、铁两品种，有色金属可分为铜、铝等品种。

网络期货在欧美发达国家较早兴起。1994 年，美国纽约两家最大的期货交易所——纽约商业交易所和纽约商品期货交易所合并，随后推出了网上期货行情查询和部分品种的网上期货交易。不久，芝加哥期货交易商协会推出了世界上第一个网上交易网站。1998 年，德国期货交易所和瑞士期权与金融期货交易所合并，创建了欧洲期货交易所，也开始做网上期货业务。日本在 20 世纪 90 年代中期就有不少期货公司和金融机构利用公司网站提供网上期货服务，如东京大众、太阳大众和软银金融。2000 年 9 月，这 3 家公司又共同出资 7 亿日元联合成立了日本第一家专门的网络期货交易公司。目前，国外期货交易所和期货公司 90%以上能提供网络交易服务，网络期货交易量超过了总交易量的 30%。

虽然电子交易系统完整记录了投资者交易的过程及结果，但由于电子交易数据存储介质的特殊性，因此，对于期货经纪公司而言，为便于管理和固定交易结果，仍应在交易的过程中定期让投资者签署确认交易报告书；交易结束后，在办理账户清结手续时，与投资者签订书面的文件，就交易的过程和结果进行最终确定。

对于电子交易数据的保存，应当保持其完整性、原始性——任何对于交易系统或者交易设备的检修或改造，都不应改变这一点，否则，就有可能因交易数据的真实性而出现问题。另外，在诉讼发生时，有必要调取电子交易数据作为证据使用时，为了使这一证据具有更充分的证明力，应该将这一调取的过程给予公证证明——证明调取的交易数据是原始的交易数据，符合证据的真实性的法律要求。

目前，国内网络期货业务的运作模式主要有两种：一是期货信息增值服务模式。这种模式的运作是期货经纪公司通过网站向期货投资者提供各种期货行情和网上交易辅助系统，或辅助通道。期货投资者在确定投资意向后，在经纪公司的网站下单，再由经纪公司与交易所通过网络实现交易。这种模式在目前的国内网络期货业务中占绝大多数。二是网上直接交易模式，即期货投资者通过网站或其他渠道获知期货信息并确定投资意向后，直接在网上向交易所的交易厅下单。这种模式效率更高，也是发展的方向。但目前受各种客观条件和主观观念的限制，所占比例还比较小，大约占网络期货交易总量的 10%～20%。

网络金融行业除了上述网络银行、网络证券、网络保险和网络期货外，还有一些正在兴起或成长的边缘性网络产业，如网上产权市场、网上技术市场、网上投资中心、网上拍卖中心、网上集邮市场等。它们建立的网站目前已有几十个，不少也可进行网上交易，有些还具有相当的影响和知名度，如中国产权交易网(www.cnpre.com)、中华投资网(www.zhtzw.com)等。这些网上交易市场与网络金融有关，但算不算网络金融的组成部分，是不是网络金融新的成长因素，都还有待进一步研究和思考。

本 章 小 结

本章重点介绍了网络经济以及应用的概念，网络经济产生的社会背景。通过对网络金融应用的产生与发展和网络金融产生的社会背景的介绍，详细阐述了金融网络体系化和金融通信网络化是网络金融产生与发展技术基础的理论，金融业务处理自动化和金融业务全球化是网络金融产生的业务基础。同时还简要论述了网络金融形成与发展的物质基础，金融制度创新、网络金融应用与金融业发展的趋势，使读者能正确地了解银行的智能化和虚拟化，证券发行与交易网络化，金融业务综合化与全能化及金融机构和商业银行的集中化、大型化趋势等，使网络金融业务的界限模糊、金融市场透明、开放性与安全性并重和加强网络金融监管等重要特征。

关键术语和概念

网络经济　网络经济应用　电子商务　内联网　跨国公司　跨国生产经营　经济全球化　金融市场全球化　网络银行　网络证券　网络保险　网络期货

综合练习题

一、单项选择题

1．与“知识经济”、“信息经济”、“数字经济”和“网络经济”等相比，“(　　)”一词所揭示的，并不是新经济中的本质特征。

A．信息经济　　B．后工业经济

C．注意力经济　　D．网络经济

2．下列哪个属于在网络经济下，注意力也成为竞争目标的原因？(　　)

A．网络经济是全球化经济

B．网络经济是中间层次作用减弱的“直接”经济

C．工业文明形成生产过剩导致竞争目标转移

D．网络经济是全天候运作的经济

3．经济学界认为，(　　)实际上是“网络经济学”的一个分支，甚至更有人把它作为通信经济学的分支加以考虑。

A．网络产业经济学　　B．网络经济学

C．Internet 经济学　　D．信息基础结构经济学

4．目前在经济学中出现了用(　　)取代 Internet 经济学的新趋势。

A．网络产业经济学　　B．网络经济学

C．Internet 经济学　　D．信息基础结构经济学

二、多项选择题

1．新的经济是凭借高速度的网络运行的，而这些网络都建立在什么的基础上？(　　)

A．Internet 协议(IP 协议)　　B．Internet 应用

C．新的市场　　D．商业工具

E．电子媒介

2. 网络经济的新特点有哪些？(　　)
   A. 网络经济是全天候运作的经济
   B. 网络经济是全球化经济
   C. 网络经济是中间层次作用减弱的“直接”经济
   D. 网络经济是虚拟经济
   E. 网络经济是竞争与合作并存的经济
   F. 网络经济是速度型经济
   G. 网络经济是创新型经济
3. 下列说法正确的有(　　)。
   A. 网络经济时代需要重建一个全新的经济学系统，旧的经济学要受到时代的完全抛弃
   B. 电子商务经济学的主要内容是对一个买卖双方、产品和交易过程都发生了本质性改变的市场进行的微观经济分析
   C. “网络(产业)经济学”主要研究与有限资源的最优配置相关的经济学问题及相关政策的制定
   D. Qwerty 键盘的推广是路径依赖的结果
   E. 中国的渐进式的改革也是路径依赖的结果
4. 下面的说法不合事实的是(　　)。
   A. 网络经济时代需要重建一个全新的经济学系统，旧的经济学要受到时代的完全抛弃
   B. 电子商务经济学的主要内容是对一个买卖双方、产品和交易过程都发生了本质性改变的市场进行的微观经济分析
   C. 网络(产业)经济学”主要研究与有限资源的最优配置相关的经济学问题及相关政策的制定
   D. Qwerty 键盘的推广是路径依赖的结果
   E. 网络外部性是网络经济中正反馈的主要原因，这一事实足可以说明网络外部性一定会带来正反馈的出现
5. 下列经济形态中，哪些是出现在后工业经济之后的？(　　)
   A. 农业经济　　B. 工业经济
   C. 网络经济　　D. 数字经济
   E. 信息经济　　F. 注意力经济

三、简述题

1. 简述网络经济的特点。
2. 简述网络经济的新定律。
3. 简述电子商务的构成。
4. 简述 EDI 系统的构成要素。

四、思考题

1．信息化时代的基本特征是什么？你的体会是什么？
2．如何正确理解网络经济的新定律？
3．怎样理解金融电子化的成因？谈谈你对金融电子化的展望。
4．试述网络经济应用的具体特征。
5．试述网络经济应用社会基础的内在条件和外在因素。
6．分析经济全球化对网络经济应用的影响。

五、实训题

1．浏览某企业网站、政府网站、院校网站，思考经济社会信息化的问题。
2．结合实际和综合网站国际经济新闻的内容，分析经济全球化的发展变化。
3．查阅若干个我国网络银行网站，熟悉其一般内容和特征。
4．采用电子文档完成作业，并用电子邮件的形式呈交作业。

第2章 网络银行

学习目标

通过对本章内容的学习，要了解网络银行的产生与发展，熟悉网络银行的特点、功能与现状，掌握网络银行管理上的一些风险及可采用的手段与原则，以及网络银行在支付结算中的作用。

教学要求

知识要点	能力要求	相关知识
网络银行概述	(1) 理解网络银行的基本概念、特点和创新性 (2) 掌握网络银行与传统银行的区别与联系 (3) 了解网络银行特点、业务流程	(1) 网上支付功能 (2) 账户交易数据
网络银行的建设、服务与管理	(1) 了解网络银行的主要内容 (2) 了解网络银行、电子商务的关系，掌握基本知识点	(1) 网络银行两种建立模式 (2) 网络银行运行系统结构

引例

招商银行“一卡通”

“2005中国消费者(用户)十大满意品牌调查”揭晓，招商银行“一卡通”榜上有名，它同时还获得“中国银行卡服务市场消费者(用户)最喜爱最受欢迎品牌”。这是招商银行“一卡通”在发行10周年之际获得的又一殊荣。此次市场调查，是由人民日报社市场信息中心主办、100多家权威行业协会协办，人民网、搜狐网等权威网站予以网上调查的大型公益活动。本次市场调查涉及全国30多个省、自治区、直辖市。除招商银行外，中国人寿、中国邮政(EMS)、海尔、青岛港、宝钢、联想、中国联通、中国石化和五粮液等企业也在“2005中国消费者(用户)十大满意品牌”名单中。

招商银行是我国首家推出电子支付的银行，也是我国第一家经监管当局正式批准开展在线服务的商业银行。2000年2月，招商银行又推出“移动银行”服务，成为国内首家真正实现通过手机短信息平台向全球通手机用户提供综合性个人银行理财服务的银行。

章前导读

近年来，随着计算机技术、网络通信技术的迅猛发展，信息的交流与传播在社会经济活动中担负起越来越重要的责任。小到个人的衣食住行，大到单位、组织、国际的商贸与合作，信息正成为经济生活中最活跃的因素。有人形象地比喻说：“我们正步入一个崭新的信息经济时代。”Internet作为一种全球性的、开放式的数字信息交换载体，它的拓展建设和普及应用，特别是对人们传统行为观念的冲击和影响正日益受到广泛关注。伴随着Internet应用环境的日趋成熟，电子商务(E-Commerce)、电子服务(E-Services)等新型商务模式的种类和规模得到了迅速的发展，并逐渐得到大多数人的接受和认可，互联网市场正在成为全球发展最快、规模最大、前景最美好的经济领域。远程教学、远程医疗、网上购物、网上理财等所有这些互联网交易和服务行为的发展，都要求传统的商业银行或金融机构提供一种基于Internet技术的开放的支付结算服务，也就是说，提供网上银行服务。

2.1 网络银行概述

网络银行是指商业银行通过互联网为客户提供金融产品与金融服务的经营方式。它有依附于传统商业银行和纯虚拟银行的两种经营模式。网络银行“低成本和高回报的优势、信用的重要性、提供‘3A’服务”等基本特征是其生存及发展的条件。

2.1.1 网络银行的概念

网络银行，在美国诞生时叫做E-bank，直译为电子银行，它是银行、网络和计算机的三位一体，是网络上的虚拟银行柜台。理论上用户可以不受时间和空间的限制，只需用一台计算机和一根网线或电话线，就可以享受全天候的网上金融服务。

1. 网络银行的界定

网络银行从初级简单的电话银行，发展到PC银行，再到现在的WAP银行和目前正在被信息界、金融界广泛讨论的应用“蓝牙”技术的银行，是一个不断成长、完善的过程。因此，在认识网络银行时，必须运用不断发展的眼光看待问题，而不能局限于某一技术阶段形成的某种特定的银行形式。

实际上，今天人们对网络银行的认识仍在深化，并不存在一个最终的、统一规范的网络银行的定义。现有的关于网络银行的定义，是出于对网络银行管理和研究的需要，因而不同国家定义之间存在着一些差异，涵盖的范围也不相同，形成了广义的网络银行和狭义的网络银行两种概念。

广义的网络银行，简单说就是那些利用电子网络为客户提供产品与服务的银行，如图2.1所示。这里的“电子网络”包括电信网、内部封闭式网络和开放型网络；这里的“产品与服务”包括3个层次，一般的信息和通信服务、简单的银行交易和所有银行业务。

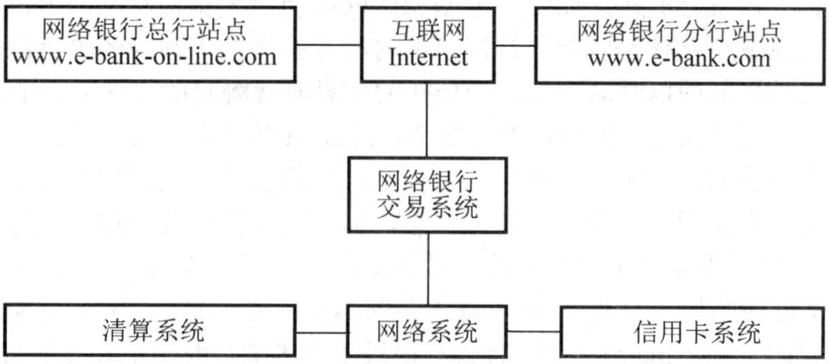

图2.1 广义的网络银行运行结构简图

狭义的网络银行，是指利用网络，为通过使用计算机、网络电视、机顶盒及其他一些个人数字设备连接上网的消费者，提供一类或几类银行实质性业务的银行。这里的“网络”一般指开放性网络。网络银行又可以称为网上银行、在线银行、电子银行、虚拟银行，它实际上是银行业务在网络上的延伸。

撇开不同概念之间差异的表象，可以认清网络银行的一些基本属性。这些属性包括电子虚拟的服务方式、业务运行环境的开放、业务时空界限的模糊、交易实时处理、交易费用与物理地点非相关等。

从这些属性中可以看出，网络银行不只是将现有银行业务移植网上那样简单，它是金融创新与科技创新相结合的产物，是一种新的银行产业组织形式和银行制度。

2. 网络银行的特点

(1) “3A”式的服务。网络银行突破了时间、空间的限制，它利用网络技术将自己和客户连接起来。在各种安全机制的保护下，客户可以随时随地在不同的计算机终端登录互联网办理各项银行业务。所谓的“3A”就是在任何时间(Anytime)、任何地点(Anywhere)以任何方式(Anyhow)提供金融服务。

(2) 打破了传统商业银行的结构和运行模式。信息技术是任何规模的银行都可采用的经营工具，可以使任何规模的银行运用较少的投资购置最好的计算机系统，使用最先进的银行应用软件连接到用户，并以此向传统的巨无霸型的大型商业银行挑战。过去银行聚集廉价存款的分支机构正变成耗资巨大的包袱，银行必须由粗放型经营走向依靠科技进步的集约型经营。

3. 网络银行的类型

根据不同的划分依据，网络银行可以分为不同的类型，如按照服务对象可以分为个人银行与企业银行；按业务种类可以分为零售银行和批发银行；按建立模式可以分为负担银行(即分支型银行)和直接银行(也称纯网络银行和虚拟银行)等。本书针对按建立模式的分类方式来进一步阐述。

网络银行一般有两种建立模式：一种是以互联网为背景的由传统银行开拓的网上银行，即原有的负担银行(Incumbent Bank)，它分支机构密集，人员众多，在提供传统银行服务的同时推出网上银行系统，形成营业网点、ATM、POS机、电话银行、网上银行的综合服务体系。目前，无论从全球还是我国的情况看，这种形态占网上银行的绝大比例；另外一种是在传统银行之外兴起的以互联网技术为依托的信息时代崛起的直接银行(Direct Bank)，它分支机构少甚至没有，人员少而精，采用电话、Internet等高科技服务手段与客户建立密切的联系，提供全方位的金融服务，如图 2.2 所示。还有就是传统的银行在互联网上设立网站，介绍银行的自身情况，发布有关金融信息，但在网上没有开设银行业务，充其量只能算做“上网银行”，而不是真正意义上的“网络银行”。目前，全球在Internet上设立的网络银行，美国占了近90%以上，其中25家进入美国100家资产最大的银行之列。这说明网络银行不是大银行的专利，Internet为所有银行提供了平等的经营契机和发展机遇。

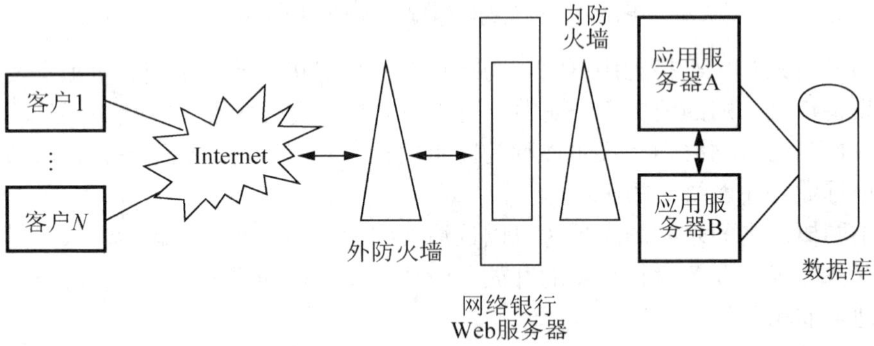

图 2.2 中等规模的网络银行结构图

1) 负担银行

这类银行是在现有的商业银行的基础上发展起来的，是传统银行业务的网上实现，传统银行开设新的电子服务窗口，即所谓传统业务的外挂电子银行系统。

负担银行的典型代表Wells Fargo是美国第七大银行，资产总额218亿美元，拥有5925个分支机构，资本收益率高达34%。目前，它被认为是美国银行业提供网上银行服务的优秀代表，在网上银行客户中，15%是由网上银行服务带来的新客户。

到目前为止，我国开办的网上银行业务都属于这一种类型。由于整个系统是依靠传统银行系统的基础，利用互联网开展银行的相关业务，所以也称之为网络银行服务。

传统银行开展网上银行一般可以采用以下两类模式。

一类是传统银行建立的一个网上分支机构，该机构并不独立，但是却配备最强的人力和财力资源，往往拥有特别的突破原有体制框架的授权去开展业务。富国银行(Wells Fargo)采取了这种模式，它的网上银行客户数量据称已经超过数百万，在 Smart Money.com 公布的对美国 13 家最大的零售银行的网络银行和 6 家虚拟银行的评比和排名中，该银行排在第三位。

另一类模式，即建立一个独立的机构经营网上业务，称作纯网络银行，这个机构可以有独立的品牌、独立的经营目标，甚至可以与传统银行自身展开竞争。花旗银行采取了这种模式，建立了独立的电子花旗(E-Citi)，在 Smart Money.com 的评比中排名第二。全美总资产排在第五位的第一银行(Bank One Corp)走得更远，1999 年 6 月推出了与第一银行品牌完全不同的网上银行 Wingspan Bank.com，独立开展网络银行业务。

两种模式各有优劣势，网上分支机构可以依靠母体银行的客户群来开展业务，但却要受到母体银行原有体制框架、技术框架的约束限制。纯网络银行则不受这些限制，不用考虑如何与母体银行庞大而迥异的计算机系统进行费力的联结和结合，自己独立的品牌也不受客户对母体银行印象好坏的影响，并可提供出比母体银行更多的产品和服务。值得注意的是，网络银行的劣势是由它的另一项优势造成的，它没有自己的营业网点，因而只能通过邮寄和 ATM 接受存款或提供现金，这会给客户带来很多不便。

2) 直接银行

直接银行是完全依赖 Internet 发展起来的全新的电子银行，此类银行所有的交易和业务都要依赖于 Internet 进行，比如世界第一家安全交易型网络银行——美国安全第一网络银行(SFNB)，如图 2.3 所示。

图 2.3　SFNB 标识

SFNB 于 1995 年在 Internet 上建立，它不同于以往的银行，它没有营业网点，整个银行的员工人数也大大少于通常所说的银行。它采用一种全新的服务手段，用户只要键入其网址，屏幕上就显示出类似普通银行营业大厅的画面，上面有“开户”、“个人财务”、“咨询台”、“行长”等柜台，还有一名保安。客户只需单击所需柜台并按给定的指示操作，即可进入自己想进的区域。所以，客户足不出户便可以进行存款、转账、付账等业务操作。客户完全通过因特网与银行建立服务联系，实现了24小时全天候服务，方便、可靠、快速。

SFNB从1995年10月开始试营业，每天都接到大量新储户的开户申请。开户时，客户只需要在该行网业屏幕上填写一张电子开户表，键入自己的姓名、地址、联系电话和开户金额等基本信息，然后发往银行；同时，用打印机打印出开户申请表，签上名字，连同支票一起寄给银行。几天后，客户就可以收到该电子银行寄来的银行卡。客户用这张银行卡就可以进行网上交易了。

SFNB是第一个在Internet上提供全部业务交易和安全金融服务的金融机构，除此之外，还有许多因素使得SFNB与其他金融机构有所不同。首先，SFNB主要存在于互联网上，网上银行业务是其重点之所在，而其他金融机构正尝试把互联网业务作为一项增值服务来提供。SFNB给客户提供一个安全的环境，使得他们能够在此环境中学习、接受和掌握这种全新的银行服务方式。SFNB预计，在这种最有效的营销渠道方式下，经过一段时间并达到一定数量规模后会使得经营成本大幅度下降。这种情况类似于通过电话提供服务的共同基金金融服务公司。传统的金融机构使用最昂贵的销售渠道，单位资产的成本大约为350个基本点。与此相比，网上银行单位资产的成本大约为100个基本点，这给金融机构本身带来了更高的利润空间，也能给客户带来有形的收益。

如果网络银行等金融机构要取得像传统金融机构那样的固定边际，那么应该让客户节省2%～3%的边际成本。金融机构可以向存款人提供高于基准利率2到3个百分点的存款利率，也可以把贷款利率降低2到3个百分点。通过提供多种免费服务和较高的存款利率，SFNB把降低了的经营成本部分转移给客户，使客户得到了有形的收益。例如，在大额存单和货币市场账户方面，SFNB所提供的利率一直是全美最高的之一。反过来，SFNB也得到了回报，因为这些措施吸引了更多的存款和客户。

直接银行的典型代表是德国的Entrium Direct Bankers。它作为Quelle邮购公司的一部分在1990年成立于德国，最初通过电话线路为顾客提供金融服务，1998年开通网上银行系统。目前已经成为德国，乃至欧洲最大的直接银行之一，控制德国直接银行界30%的存款和39%的消费贷款。

这种网络银行是一种虚拟银行，它没有分支机构，借助于互联网就可将业务拓展到世界各地，极大地减少了银行的管理费用，只占通常情况下的1/3。根据美国博思管理顾问公司1996年8月的调查报告，这种网络银行的经营成本只占经营收入的15%～20%，而传统银行的经营成本则相当于经营收入的60%。此外，在美国开办一个网络银行所需费用是100万美元；而建立一个传统银行的分行所需的费用高至150万～200万美元，每年还需要附加经营费用35万～50万美元。国外的统计资料还显示(如图2.4所示)，银行通过各种服务手段完成每笔交易的成本费用。从该图中数据可以看出，网络银行的服务费仅及柜员服务的1/10。

直接银行的优势很明显，它可以树立自己的品牌，以极低廉的交易费用实时处理各种交易，提供一系列的投资、抵押和保险综合业务。由于客户服务成本很低，银行还可以向客户提供更优惠的存贷款利率。

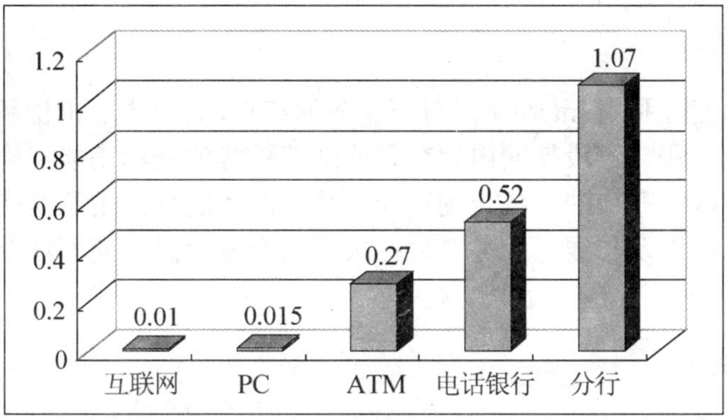

图 2.4 传统银行与网行支付成本对比

但与传统墙砖式银行相比，直接银行也存在一些难以克服的缺点。例如，无法收付现金，加重了对第三方发展的依赖性；改变了以往银行保存交易记录的方式，需要法律和客户方面的不断确认；缺乏客户基础，需要培养新的银行客户的信任度和忠诚度；银行技术的前期投入非常大等。

2.1.2 网络银行的主要内容

随着 Internet 技术的不断发展创新，网络银行提供的服务种类、服务深度都在不断地丰富、提高和完善。从总体上讲，网络银行提供的服务一般包括两类：一类是传统商业银行的业务品种的网上实现。这类业务基本上在网络银行建设的初期占据了主导地位，传统商业银行把网络银行作为自身业务品种的一个新兴的分销渠道来对待；另一类是完全针对互联网的多媒体互动的特性来设计提供的创新的业务品种。同时，在组织机构和业务管理模式上也从根本上打破了传统商业银行的各种条条框框，成为真正意义上的网络银行。从业务品种细分的角度来讲，网络银行一般包括以下几个方面的内容。

1. 公共信息的发布

网络银行通过 Internet 发布的公共信息，一般包括银行的历史背景、经营范围、机构设置、网点分布、业务品种、利率和外汇牌价、金融法规、经营状况及国外金融新闻等。通过公共信息的发布，网络银行向客户提供了有价值的金融信息，同时起到了广告宣传的作用。通过公共信息的发布，客户可以很方便地认识银行、了解银行的业务品种情况以及业务运行规则，为客户进一步办理各项业务提供了方便。

2. 客户的咨询投诉

网络银行一般以 E-mail，BBS 为主要手段，向客户提供业务疑难咨询以及投诉服务，并以此为基础建立网上银行的市场动态分析反馈系统。通过收集、整理、归纳、分析客户的各式各样的问题、意见以及客户结构，及时地了解客户关注的焦点以及市场的需求走向，为决策层的判断提供依据，便于银行及时调整或设计创新的经营方式和业务品种，更加体贴周到地为客户服务，并进一步扩大市场份额，获取更大的收益。

3. 账务的查询

网络银行可以充分利用 Internet 门对门服务的特点，向企事业单位和个人客户提供其账户状态、账户余额、账户一段期间内的交易明细清单等的查询功能。同时，为企业集团提供所属单位的跨地区多账户的账务查询功能。这类服务的特点主要是客户通过查询来获得在银行账户的信息，以及与银行业务有直接关系的金融信息，而不涉及客户的资金交易或账务变动。

4. 申请和挂失

主要包括存款账户、信用卡的开户、电子现金、空白支票申领、企业财务报表、国际收支申报的报送、各种贷款、信用证开证的申请、预约服务的申请、账户挂失、预约服务撤销等。客户通过网络银行清楚地了解有关业务的章程条款，并在线直接填写、提交各种银行表格，简化了手续，方便了客户。

5. 网络支付功能

网络支付功能主要向客户提供互联网上的资金实时结算功能，是保证电子商务正常开展的关键性的基础功能，也是网络银行的一个标志性功能，没有网上支付的银行站点，充其量只能算作一个金融信息网站，或称作上网银行。网上支付按交易双方客户的性质分为 B to B，B to C 两种交易模式，目前，由于从法律环境和技术安全性方面考虑，在 B to C 功能的提供方面，各家银行比较一致，B to B 交易功能的提供尚处在不断摸索和完善之中。

1) 内部转账功能

客户可以在自己名下的各个账户之间进行资金划转，一般表现为定期转活期、活期转定期、汇兑、外汇买卖等不同币种、不同期限资金之间的转换，主要目的是为了方便客户对所属资金的灵活运用和进行账户管理。

2) 转账和支付中介业务

客户可以根据自身需要，在网络银行办理网上转账、网上汇款等资金实时划转业务，该业务为网上各项交易的实现提供了支付平台。客户可以办理转账结算、缴纳公共收费(煤、水、电、房、电话、收视费等)、发放工资、银证转账、证券资金清算等以及包括商户对顾客(B to C)商务模式下的购物、订票、证券买卖等零售交易，也包括商户对商户(B to B)商务模式下的网上采购等批发交易，这类服务真正地实现了不同客户之间的资金收付划转功能。

6. 金融创新

基于 Internet 多媒体信息传递的全面性、迅速性和互动性，网络银行可以针对 Internet 特点，针对不同客户的需求开辟更多便捷的智能化、个性化的服务，提供传统商业银行在当前业务模式下难以实现的功能。比如针对企业集团客户，提供通过网络银行查询各子公司的账户余额和交易信息，并在签订多边协议的基础上实现集团内部的资金调度与划拨，提高集团整体的资金使用效率，为客户改善内部经营管理、财务管理提供有力的支持。在提供金融信息咨询的基础上，以资金托管、账户托管为手段，为客户的资金使用安排提供周到的专业化的理财建议和顾问方案。采取信用证等业务的操作方式，为客户间的商务交易提供信用支付的中介服务，从而在信用体制不尽完善合理的情况下，积极促进商务贸易的正常开展。建立健全企业和个人的信用等级评定制度，实现社会资源的共享。根据存贷款的期限，向客户提前发送转存、还贷或归还信用卡透支金额等提示信息。

由此看来，网络银行利用 Internet 技术，把银行的服务触角通过科技手段延伸到了社会经济生活的方方面面，延伸到了每一个客户的面前，无论这个客户是在单位或是家中，他都可以便捷地使用网络银行的各项新颖、周到的服务。随着 Internet 和电子商务的普及与发展，网络银行可提供的服务势必越来越广泛，越来越完善。不久的将来，包括个人、企事业单位、行政机构在内的多种交易主体，可以通过 PC 连接互联网，通过有线电视、手机或掌上计算机、ATM 以及其他缤纷多样的数字终端设备，使用基于比特技术的数字化的网络银行的各项服务功能，真正做到足不出户而心想事成。

2.2 网络银行的发展

网络银行的产生对金融界特别是银行业也带了相当大的震动，银行业如何面对它，则是今后银行业发展的重要话题。对于它的出现，专家们认为这是银行业百年不遇的机遇和挑战，要认真对待，这才是银行业适应发展新形势的方向。

2.2.1 网络银行的产生

1995 年 10 月 18 日，全球首家以网络银行冠名的金融组织——安全第一网络银行打开了它的“虚拟之门”，从此一种新的银行模式诞生了，它对 300 多年来的传统金融业产生了前所未有的冲击。网络银行的发展经历了以下 4 个阶段。

1. 第一阶段——银行上网

在这个阶段里(计算机辅助银行管理阶段)，银行通常在 Internet 上设立自己的站点，宣传自己的经营理念，介绍银行的背景知识以及所开办的业务介绍，旨在通过互联网这个信息传播媒体树立自己的形象，拓展社会影响力，更广泛地吸引市场资源。

20 世纪 60 年代，金融电子化开始从脱机处理发展为联机系统，使各银行之间的存、贷、汇等业务实现电子化联机管理，并且建立起较为快速的通信系统，以满足银行之间汇兑业务发展的需要。20 世纪 70 年代，发达国家的国内银行与其分行或营业网点之间的联机业务，逐渐扩大为国内不同银行之间的计算机网络化金融服务交易系统，国内各家银行之间出现通存通兑业务。20 世纪 80 年代前期，发达国家的主要商业银行基本实现了处理和办公业务的电子自动化。在这期间，商业银行出现了两次联机高潮，一次是在 20 世纪 60 年代，使各商业银行的活期存款可以直接经过计算机处理传输到总行，加强了商业银行的内部纵向管理；一次是在 20 世纪 80 年代，实现了水平式的金融信息传输出网络，电子资金转账网络成为全球水平式金融信息传输网络的基本框架之一。

20 世纪 60 年代末兴起的电子资金转账 EFT(Electronic Funds Transfer)技术及网络，为网上银行的发展奠定了技术基础。所谓电子资金转账系统，是指使用主计算机、终端机、磁带、电话和电信网络等电子通信设备及技术手段进行快速、高效的资金传递方式。根据服务对象的不同与支付金额的大小，EFT 可以分为零售(Retail)电子资金划拨系统(又称小额电子资金划拨系统)与批发(Wholesale)电子资金划拨系统(又称为大额电子资金划拨系统)。零售电子资金划拨系统的服务对象主要是广大消费者个人。这些交易活动的特点是交易发生频繁，但交易金额相对较小。其法律关系主要是银行客户与银行的关系。批发电子资金划拨的法律关系除了银行客户与银行的关系外，还有银行间的关系，银行与批发电子资金划拨系统的关系。

20 世纪 70 年代末，电话银行在北欧国家兴起，到 20 世纪 80 年代中后期得到迅速发展。电话银行的出现，与金融创新产品的发展和金融管制有着密切的联系有所不同，电话银行的出现基本上与政府的金融管制无关，它是基于电话通信技术的发展而出现的金融服务品种的创新结果。然而，电话银行服务存在着其自身难以克服的缺陷，最大的缺陷之一是迄今依然主要依靠语音识别、记录系统提供金融服务，这给电话银行服务的客户带来了诸多不便。因为与文字记录不同，在金融服务通信中客户交易时隐含着差错、误解或矛盾的隐患。目前流行的针对重大金融服务交易的传真复核确认制度过于烦琐和复杂。这种制度一方面降低了电话银行的经营效率，另一方面增加了双方(主要是客户端)的交易成本。

2. 第二阶段——上网银行

在这个阶段(银行电子化或金融信息化阶段)，商业银行往往将已开办的传统业务移植到互联网上，将互联网作为银行业务的网上分销渠道，同时通过互联网提高传统业务的工作效率，降低经营成本，以便为客户提供更加方便周到的服务，进一步将培育客户对银行的忠诚度作为目的。

电话银行的一些缺陷影响了其发展范围和速度，随着计算机普及率的提高，商业银行逐渐将发展的重点从电话银行调整为 PC 银行，即以个人电脑为基础的电子银行业务。20 世纪 80 年代，在国内不同银行之间的网络化金融服务系统基础上，形成了不同国家之间不同银行之间的电子信息网络，进而形成了全球金融通信网络。在此基础上，出现了各种新型的电子网络服务，如以自助方式为主的在线银行(PC 银行)，自动柜员机系统(ATM)，销售终端系统(POS)，家庭银行系统(HB)和企业银行系统(FB)等。

银行电子化使传统银行提供的金融服务变成了全天候、全方位和开放性的金融服务，电子货币成为电子化银行的未来货币形式。随着信息技术的进步，银行电子化水平也在逐步提高。家庭银行是银行电子化的重要内容。在 20 世纪 80 年代中期，欧美的一些银行就开始想起为主要客户提供通过计算机进入自己账户的网上银行服务、家庭银行服务(Home finance)。

3. 第三阶段——网上银行

在这个阶段(全面开展网络业务阶段)，银行往往针对互联网的特点，建立新型的金融服务体系，创新业务品种，摆脱传统业务模式的束缚。同时，在提供标准化服务的基础上逐步建立以客户为中心的经营管理模式，更深入分析市场与客户的需求，以提供智能化的财务管理手段为依托，建立起面向客户的个性化服务模式，使银行的经营管理向着高技术含量、高知识含量的集约化经营模式转变。

20 世纪 90 年代中期以来，网上银行的出现使银行服务完成了从传统银行到现代银行的一次变革，网上银行摆脱了传统银行业务模式的束缚，建立了新型的金融服务体系并创新业务品种，为顾客提供多品种全方位的服务。

网上银行的第一个基本功能就是方便了电子商务交易活动中的支付，其功能和工作机理如图 2.5 所示；这就使得网上消费真正变为现实，如订票、购物等，只有形成快捷、安全、稳定的网上支付系统，网络消费才能真正地顺利进行。因此，电子商务活动顺利开展的一个必备条件是开办网上银行。网上银行与传统银行相竞争的最突出的优势是成本优势，在所有成本优势中，最突出的优势是交易成本优势；在所有服务优势中，最突出的是便捷的全天候 24 小时服务。因此，有人预言，21 世纪银行业的目标是以“3A”特点为客户提供服务。

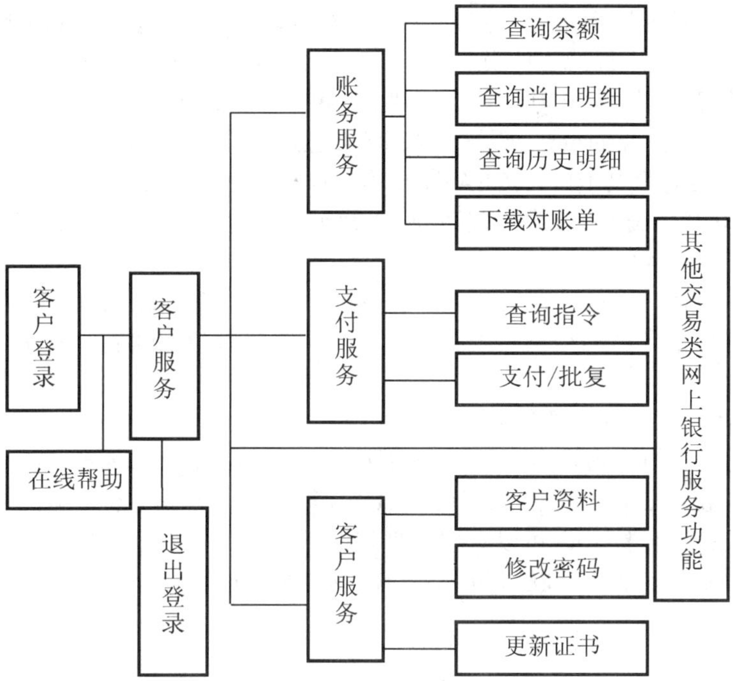

图 2.5 网上银行操作系统所提供的功能

4. 第四阶段——网银集团

在这个阶段(金融系统网络化阶段)，建立以网络银行为核心，业务经营范围涉及保险、证券、期货等金融行业以及商贸、工业等其他相关产业的企业集团。在互联网经济市场充分发展的背景下，树立起以网络银行为中枢神经和核心纽带的虚拟的互联网企业，逐步以数字技术为手段，控制并管理现实的各种社会经济成分。

随着网上银行的不断发展，现代银行业将建立起以网上银行为核心，业务和经营范围涉及保险、证券、期货等金融行业以及商贸、工业等其他相关产业的企业集团，在国际互联网充分发展的前提下，逐步会形成以网上银行为中枢神经和核心的虚拟的互联网托拉斯集团。

2.2.2 国内外网络银行的发展概况

国外网上银行发展市随着信息技术与互联网的发展，国际银行业在经历自动提款机、无人银行、电话银行之后，网络银行业务获得了快速的发展。

1. 国外网上银行的发展

1985 年，英国出现了第一个全自动化银行，苏格兰拉斯哥银行的 TSB 分行。1989 年 10 月，英国米兰银行开创了电话银行业务，出现了世界上第一家电话银行。随后英国又出现了类似巴克莱银行和西敏寺银行等的全自动化银行，英国的劳合银行还在伦敦的牛当大街创办了未来银行。

1995 年 10 月，全球第一家真正意义上的网上银行在美国诞生。这家银行没有建筑物，没有地址，只有网址和网上银行站点，一幅幅网页画面构成了银行交易的营业接口，所有的交易都通过 Internet 进行。它的员工只有 19 人，银行的管理维护通过员工的远程控制进行，该行 1996 年存款为 1400 万美元，但到了 1997 年就发展到了 4 万亿美元。同年，美国花旗银行紧随其后，在 Internet 上设置了资金的站点，美国提供电子交易服务的金融机构超过 200 家。据美国消费电子协会(CEA)发布的半年度产业预测显示，2012 年美国消费电子销售额将超过 2060 亿美元，首次突破 2000 亿美元大关。销售额增长预计将持续到 2013 年，届时产业预计将增长 4.5%达 2158 亿美元。

根据方便性、客户信任、在线资源、服务和成本等，Gomez Advisors 曾对提供网上银行服务的银行进行了排名，结果，美国安全第一网络银行位居榜首，富国银行位列第二，Net.Bank 位居第三。

IBM 公司就网上银行服务的质量和功能也进行了一项调查研究。结果发现：在前 10 名之中，欧洲的金融机构占了 7 家。其中瑞典 3 家(Forenings Sparbanken 第二位，Merita Nordbanken 第三位，SEB 第四位)、瑞士 2 家(UBS 第五位，CS 第九位)、英国 2 家(Prudential's Egg 第八位，HSBC 第十位)。可以看出，斯堪的那维亚地区网上银行业务的发展在欧洲处于领先地位，因为在该地区互联网和手机的市场普及率很高。

2. 国内网络银行的发展与现状

1996 年 2 月，中国银行在国际互联网上建立了主页，首先在互联网上发布信息。目前，工商银行、农业银行、建设银行、中信实业银行、民生银行、招商银行、太平洋保险公司、中国人寿保险公司等金融机构都已经在国际互联网上设立了网站。

1) 中国银行

1998 年 3 月，中国银行正式开通了该行首家国内虚拟银行，办理了国内第一笔网上支付业务。从 1996 年 6 月起，中国银行正式推出了“企业在线理财”、“个人在线理财”和“支付网上行”等网络银行的系列化产品。“企业在线理财”主要为企业，特别是集团企业客户提供资金管理服务；“个人在线理财”主要为个人、家庭提供理财服务；“支付网上行”主要为持卡人、商家提供 B to C 网上安全支付的手段，它是以长城电子借记卡为平台，通过 SET(安全电子交易)协议和 CA(安全认证中心)以及支付网关，在充分保障客户资金安全的同时实现网上支付的功能。客户只要拥有一张长城借记卡，再从网上下载中国银行提供的电子钱包软件，就可在网上实现购物结算。

2) 招商银行

1997 年 4 月，招商银行建立网上银行“一网通”并推出网上个人银行。1998 年 4 月，率先在国内推出网上企业银行，开通网上支付功能，成为国内首家提供网上支付服务的银行。截止到 1999 年年底，招商银行已形成了以“一网通”为品牌的国内著名金融证券网站。其功能包括“企业银行”、“个人银行”、“网上证券”、“网上商城”和“网上支付”5 个系统。目前，全国 13 家分行开通了网上银行服务，在全国已有约 480 家企业和 70 万人次经由招商银行的网上银行进行交易活动或接受服务。招商银行的网上用户已超过 3000 余万，网上交易额达 150 多亿元。

3) 中国建设银行

1999 年 8 月，中国建设银行在北京和广州相继推出了网上虚拟银行业务，其业务处理能力为日处理 130 万笔业务，并允许 5 万客户同时进行银行网站的访问和交易，初期的功能以对私人业务为主，主要有对私人的信息服务和交易服务。2000 年 1 月，中国建设银行北京分行正式开通网上个人理财业务，提供个人投资分析、个人储蓄、债券、个人住房贷款、汽车消费信贷、个人小额质押贷款、个人助学贷款、个人住房装修贷款等个人理财服务。网上银行的签约客户还可以根据理财建议直接进入网上银行进行资金的划转和支付。随后，建设银行为了丰富网络银行业务的品种，又推出了网上银证转账业务，股民客户可以通过网络银行查询账户余额、明细和转账等其他服务品种，实时掌握和控制银证转账银行账户的资金状况。整个交易数据传输由建行网络银行的 CA 证书体制、加密措施、身份认证及密码控制手段整合后对安全性进行控制和保证，确保投资者的合法利益。

4) 中国工商银行

中国工商银行网上银行，即中国工商银行(ICBC，简称工行)的网上银行，含个人金融服务、企业金融服务、电子银行(分个人和企业)、网上理财和网上商城。2000 年 2 月，中国工商银行开通对公网上银行业务，随后又推出 B to B 企业在线支付，信用卡 B to C 在线支付业务，同期推出的还有个人网上银行业务，包括储蓄账户和牡丹卡账户的余额查询、转账、缴费等功能，开通个人网上银证转账业务，形成了涵盖集团理财、个人金融及 B to B、B to C 在线支付等系列产品的完整功能体系。不久，还陆续开通基于灵通卡的 B to C 网上支付业务。凡在工行开立本地工银财富卡、理财金账户、工银灵通卡、牡丹信用卡、活期存折等账户且信誉良好的个人客户，均可申请成为个人网上银行注册客户。

5) 香港特区的银行

1998 年 11 月，花旗银行在香港特区率先推出首家网上银行。随后永隆及浙江第一银行也推出“永隆网上银行”及“CFWeb banking”。其后，汇丰、恒生、永亨、道亨、运通、东亚、美洲银行也相继推出类似服务，所提供的网上银行服务包括：理财服务、投资、购物、股票买卖、贸易融资、商贸解决方案、按揭、保险、基金销售以及其他网上贷款等。

香港的各大银行是较早进行网络化的银行，香港银行利用 Internet 技术，通过 Internet 向客户提供开户、查询、对账、行内转账、跨行转账、信贷、网上证券、投资理财等传统服务项目，使港民可以足不出户就能够安全便捷地管理活期和定期存款、支票、信用卡及网上股票买卖交易个人投资，联合提供网上银行及财富管理服务。

2.3　网络银行的功能与特点

企业银行与家庭银行的发展在互联网出现之前，称之为电子银行，即银行通过专线、专用软件和企业、个人的电脑终端，为企业和个人提供多种银行服务，特别是转账、结算以及内部资金调拨、个人理财服务等。现在网上银行是以服务对象区分为企业银行与个人银行，即对公业务和对私业务。

2.3.1　网络银行系统功能

网上企业银行是银企双方共同为适应“e”时代的市场环境，银行根据企业客户实际需要，专门为其设计的一套企业自助金融服务系统，网络银行运行数据结构如图 2.6 所示。它通过采用先进的网络通信技术将银行的计算机管理系统通过各种工具延伸到企业，形成将银行服务直接送到客户办公室的服务系统。同时通过计算机安全防范技术保证在提供充分业务方便性的同时，更有效地保障了企业资金的安全。

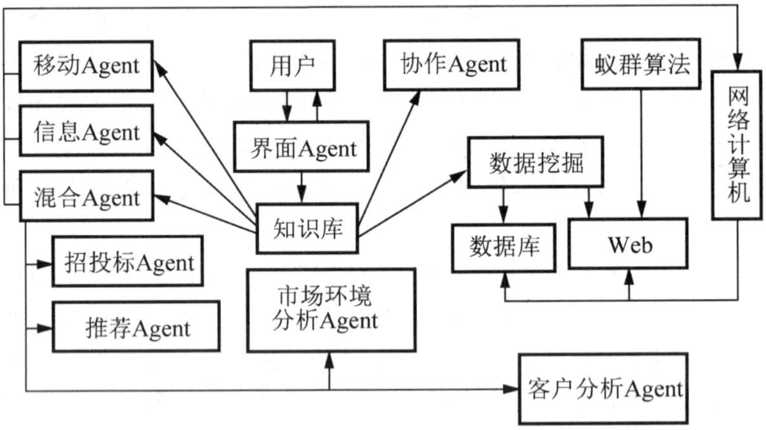

图 2.6　数据结构图(多 Agent 的知识获取结构)

1．网上企业银行的主要功能

1) 客户端功能

(1) 操作员管理。签到(IC 卡+口令)、签退、修改密码、查询操作员日志退出系统。

(2) 查询打印。查询打印存款户、贷款户余额(含集团子户)；查询打印存款户、贷款户交易明细(含集团子户)；查询打印存贷利率；查询打印牌价；查询打印客户委托交易(含集团子户)备注：对于一些大型集团企业，系统提供了总公司对子公司的财务监控功能。

(3) 联机交易。包括以下几点。

① 同城支付。包括同行系统付款和跨行付款。

② 异地支付。包括同行系统内汇款、跨行汇款和委托银行开出银行汇票。

③ 还贷还息。处理客户主动归还银行借款本金和利息业务。

④ 集团内部转账。处理集团内部账户间资金划拨。

⑤ 代发工资。处理客户代发工资资金的转出，代发工资数据的传输。

⑥ 代收业务。处理委托银行代收费数据的传输。

⑦ 备注。企业在签发交易时，系统对企业操作员的权限有严格的控制，企业开户注册操作时，将账号赋予了操作员，而且对账号的交易权限、限额有严格的控制。

企业在发送交易时，对操作员的管理要求比较严格，系统要求至少两个人以上对交易进行复核授权，系统具有的多人复核授权的授权管理模式更加适应现代集团大企业的财务运作管理模式，可以根据企业开户时自主设定的多人授权关系根据交易的金额自动识别，通过网络批量授权。

对于一些企业交易量较大的情况，系统能够对交易自动编押(计算支付密码)，大大降低了企业操作人员的劳动强度。

(4) 凭证号管理。

① 申领。主办行按凭证使用量由操作员办理，主管授权。

② 销号。客户发出一笔交易，该笔电子凭证自动销号。确保电子凭证号不能重复使用。

2) 银行端管理功能

(1) 操作员管理。操作员签到、操作员签退、查询操作员、注册操作员、注销操作员、操作员更密、修改操作员。

(2) 客户管理。查看客户终端、增加客户终端。开户时企业必须提供完整的申请单、营业执照复印件、银企协议。同时任何银行开户操作必须在两人相互监督下完成。

删除客户终端、修改客户终端名、查看账号、增加账号、删除账号、修改账号名、查询交易类型限制、设置交易类型限制。

对客户终端可设定有权限查询或交易的账号，对账号设定可做交易的类型，对交易类型设定是否定向操作，若定向则设定定向关系——账号和限额，若不定向只设定限额。这样符合众多客户的不同需求。

(3) 企业 IC 卡发放管理。初始化读写器、初始化 IC 卡、企业操作员管理、企业操作员账号管理、IC 卡挂失、注销。

(4) 业务管理。业务打印(包含报表、票据)、反交易、查询操作员日志、查看交易日志、查看交易流水、查看凭证号、计费设定。

(5) 数据与交换行管理。利率牌价数据管理、交换行管理、系统日志的清理(操作员日志、交易日志)。

2. 银行端监控功能

实时监控系统发生的交易，包括交易的统计信息和明细信息。金融行业属于国家重点安全防范单位，过去银行一直采用模拟监控产品，随着安防技术的发展，网络视频监控技术已经逐渐成熟，建立一套完善的银行网络视频监控系统已经势在必行。监控系统作为金融部门不可或缺的安全防范技术手段，在各金融部门的安全保卫工作中起到了重要作用。

2.3.2 网络银行的特点

一些商业银行网上银行的系统升级工作已经全面完成投入使用，网上银行的网络支付系统不再只是纸上谈兵，网上购物、网上结算、网上交易业务逐渐增加。可以说，网络金融业务伴随着信息化趋势已形成一定的规模，同时还形成了自身业务的特点。

1. 网上企业银行系统特点

网上企业银行系统是一套完整的、全新观念的银行应用系统，标志着银行对大客户的服务手段得到了提高，最大限度地方便了客户各项结算业务的办理，加强了内部资金管理和运营，增强了市场竞争实力。随着该系统功能的不断完善和加强，其作为银行吸引大客户、服务大客户的重要手段，必将发挥越来越大的作用。

1) 个性化

各大银行可根据自己的市场定位和市场创意，将网上企业银行量身定制成具有自我特色的为大、中客户服务的网上企业银行，使其在竞争日益激烈的各大商业银行中独树一帜，增强竞争力，提高银行效益。

(1) 根据企业的运作模式，设置账号操作模式和操作流程。

(2) 根据企业的财务经营管理模式，包括跨地市的管理和监控，尤其针对集团企业，进行操作员权限和账户操作权限控制。

2) 高安全性

(1) 网络安全。

① 系统基于银行内部的 Internet，与 Internet 公网完全隔离，提高了网络安全性。

② 系统采用一级防火墙，将外部网络与银行内部网隔离。

③ 系统采用二级防火墙，将银行内部网与账务主机之间进行网络隔离。

④ 系统还采用硬件防火墙进行实时入侵检测，对检测到的入侵，可报警或直接与路由器联动，阻挡入侵者。

(2) 通信安全。举例如下。

① 信雅达 SSL 安全代理是利用通过公安部认证的信雅达 SSL 安全代理作为 Web 服务器和客户端浏览器之间的安全保障。SSL 在客户端起 HTTP 协议代理和安全加密的作用，查看 Server 端证书，保证了 Web 内容的验证。

② 信雅达 SSL 安全网关运行于 Web Server 的前端，只识别企业电子银行系统 CA 签发的证书。安全网关还提供审计功能，对每次连接进行记录，以备事后查询。

(3) 数据安全。

① 系统中操作员密码、客户密钥等关键数据加密存放。

② 数据库设置了口令和用户权限。

(4) 支付安全。例如，信雅达通过国密委员会认证的支付密码器系统一方面以电子印鉴的方式保证客户的资金的安全，另一方面，由于支付密码器产生的支付密码具有不可抵赖性，这样也保证了银行的正当权益。

(5) 业务安全。

① 系统控制。控制系统的开通、关闭，能启动、切断各种连接；通过参数控制系统办理业务时间，可实现 24 小时连续开通；可实现银行强制签退企业交易子系统。

② 权限控制。银行和企业分别设置多级操作权限，利用 IC 卡系统保障操作员的操作

权限控制，避免因有意、无意原因对系统造成破坏。

③ 交易安全。网上企业银行交易账号控制：企业在企业电子银行系统中允许做交易的账号；账户业务范围控制：每个交易账号允许做的业务范围；账户限额控制：交易账户的当天转账最大限额；操作员权限控制：对操作员可操作的账号、单笔转账的最大金额、每天转账的最大金额进行控制。

3) 工作日志直接打印

对操作员进行的任何操作自动记录系统日志，根据管理的需要可以随时进行查询与检查，也可直接打印。

4) 高扩展性

(1) 系统具有强大的网络扩展性和业务扩展性。

(2) 支持多种软硬件平台，能有效地适应不同银行的不同需要。

(3) 为企业提供多种财务数据文件格式。

(4) 系统采用模版化配置，针对不同银行的需要，提供一整套的银行交易和服务的应用模块。

(5) 支持多种支付密码系统接口。

5) 集团企业的有效资金管理

网上企业银行服务采用智能化网络授权模式，使集团客户可以灵活地监控和调动下属机构间的资金，实现集团企业“收支两条线”，“资金集中调配”等企业内部财务管理，加强了集团企业内部控制，提高了资金利用率。

6) 零维护、零培训

系统基于 Web 方式，网上银行的客户端采用公共浏览器，不需要银行去维护和升级，可大大节省银行的客户维护和培训费用。

网上企业银行是银行根据企业客户实际需要，专门为其设计的一套企业自助金融服务系统。它通过采用先进的网络通信技术将银行的计算机管理系统通过各种工具延伸到企业，形成将银行服务直接送到客户办公室的服务系统。它拉近了客户与银行的距离，使客户不再受限于银行的地理环境、空间距离和物体媒介的限制，足不出户就可以享受到银行的服务。同时通过计算机安全防范技术保证在提供充分业务方便性的同时，更有效地保障了企业资金的安全。

2. 网上个人银行系统的特点

随着我国市场经济的不断发展和个人信用制度的逐步建立，个人银行业务迅猛发展，正逐步成为商业银行最主要的业务领域和效益来源。

(1) 产品服务个性化。随着电子信息技术的迅猛发展，银行的经营策略逐步转向客户细分基础上的差别化、个性化服务，根据客户的收入和财富状况、行为偏好、需求变化，提供量体裁衣的服务，以求充分挖掘客户使用银行产品和服务的最大潜力。

(2) 分销渠道网络化。零售业务的分销渠道已由过去单纯的物理网点发展成为包括物理网点、自助终端、电话银行、网上银行等多种形式在内的网络化、立体化分销渠道。

(3) 支付工具卡片化。当代银行业务电子化的基本特征之一，就是传统货币逐步转向以现代电脑技术和通信手段为基础、以银行卡为载体的电子货币，银行业务从传统的手工操作转变为高科技的电子作业。

(4) 竞争格局并存化。银行业务的电子化和网络化促使大型商业银行零售业务迅速扩展，超大规模的银行合并使全能型的银行不断涌现。但由于经济发展和金融深化的不平衡，各种类型的小型零售银行仍有其存在和发展的空间，尤其是在交通不便、居住分散、偏远的地区和农村，小型零售银行有其生存发展的独特条件。因此，在今后相当长一段时间内，零售银行领域大银行与小银行、实体银行与虚拟银行将长期并存。

(5) 个人银行业务国际化。金融的全球化趋势和跨国银行的发展，家庭消费行为和经济活动范围的国际延伸，以及对金融服务需求向国际领域的扩展，必然促进零售业务的国际化发展。

(6) 市场份额逐渐扩大。20 世纪 90 年代以来，随着电子信息革命与网络技术的发展，银行业务大量运用 ATM、POS 等设备，电话银行、网上银行的开通，改变了银行单纯以增设分行为手段的高成本业务扩展方式，为客户提供了价格低廉、快捷、方便的新的金融产品，促使零售业务的销售额和利润迅速增长，使零售业务成为银行的主要盈利业务。

(7) 网上个人银行的主要业务。个人电子银行业务与其他普通商业银行既有相同之处，也有很大的区别，主要包括下列内容。

① 信用卡业务。网上银行有别于其他银行的是，它有极强的利率竞争优势。在英国，网上银行的信用卡利率一般在 9%～10%之间，而其他商业银行则在 12%～15%，上下相差 6%；此外，网上银行保证赔偿客户的信用卡诈骗损失。

② 存款账户。存款业务通常只开设储蓄存款账户，而不办理活期存款账户。其原因是，西方国家的活期存款是一种交易账户，流动性极强，管理成本太高。然而，网上银行的客户可通过 Internet 或电话在不同银行的账户之间进行资金划拨。

③ 消费信贷。网上银行的消费贷款一般都设定最高限额，如最高不能超过 15000 元等，其目的是控制信用风险。

④ 其他银行业务服务。包括查看账户余额及咨询、房屋抵押贷款、购买保险和网上购物；开设活期存款账户；网上进行投资如股票交易、购买单位信托基金等；通过数码技术与电视联网，提供电视银行业务服务。网上银行“无线运用协定”技术，即将使 Internet 与电视及移动电话联网。在不远的将来，人们只要通过小小的移动电话屏幕，就能在任何地点、任何时间进行银行业务交易。

2.4 网络银行的建设、服务和管理

随着互联网技术的不断发展和广泛的应用，各行各业将面临全新的“较量”。特别是对金融业而言，在今后的几年里，国内外金融业的竞争将更加激烈，网络银行将在金融竞争中扮演重要的角色。国内外各金融机构都在为网络银行的建设和发展寻找突破口，积极迎接入世的竞争和挑战。因此，加快建设和发展网络银行，才能使金融业在市场经济中立于不败之地，同时它也是金融业参与市场竞争和寻求发展的一条新途径。

2.4.1 网络银行的建设

从宏观角度看，网络银行作为一种更加便捷、高效、低成本的运行方式，给用户、银行以及商家同时带来了便利和效益，并将在未来成为人们的重要理财工具，网络银行的发展已经成为金融业不可阻挡的趋势。网络银行的建设和发展，将扩大金融业在居民个人中的影响，以带有经济效益的方式来宣传网络银行，还能让更多的人知道网络银行，了解网络银行，提高金融业的信誉度，从而树立金融业的良好形象。同时将使金融业逐步从“实体经营”向“网络经营”转变，突破传统的经营模式和服务方式，为居民个人提供不受空间和时间限制的全天候的金融服务。网络银行在对传统业务产生全面而深刻影响的同时，也给自身带来了很好的发展机遇。

从微观角度看，可以大大降低运营成本。由于开办一个网络银行，所需的成本只是硬件、软件及少量智能资本，不仅减少了员工工资的开支，也不用支付储蓄网点建设和维护的费用，而在传统方式下开办储蓄网点则需要大量的资金和人力，所以相比之下可以使金融运营成本大大降低，对企业增收节支和扭亏为盈具有深远的意义。

另外，网络银行将为居民个人提供全新的服务方式，依靠便捷的服务吸引客户，把利润更多地转向中间业务，为金融业带来新的利润增长点，有利于加强金融市场竞争能力，同时对企业扭亏为盈起到强有力的推动作用。

建设和发展网络银行，应从人才和技术两方面入手：一方面建设和发展网络银行需要一批高技术、高水平及思想素质高的人才，不但要精通技术，而且对于邮政金融业务要非常熟悉，它们将在建设和发展网络银行中起主导作用；另一方面，要以技术为支撑点，保证网络银行运行的安全和高效。

1. 网络银行系统建设的原则

建设网上银行系统应遵循以下几个原则。

(1) 系统的可扩展性。随着业务的发展，系统应具有调整和扩充系统功能的能力，同时保持应用和数据的一致性，适应不同应用环境和不同应用水平的需要。

(2) 系统的可管理性。金融服务体系的建设，要能对结构复杂、分布广泛、计算机应用水平各异的所有用户和所有系统进行统一、安全的管理，确保业务的正常运行和系统的安全稳定。

(3) 系统的安全性。系统的安全性主要涉及加密和解密、安全和认证，防止非法侵入和病毒干扰。系统安全主要包括：业务数据的安全管理，结算处理的安全控制，数据传输的加密解密和数据完整性控制，交易过程中的安全认证等。

(4) 集成性原则。确保网上银行系统与现有电子银行业务信息系统实现有机的集成，以便为客户提供全天候、全方位和个性化的银行综合服务。集成性原则还应体现在业务服务、经营管理和客户服务三者的集成。

2. 网络银行系统建设的基本结构

下面以建设银行为例，介绍网上银行的构成体系，1999 年年初，中国建设银行总行与合作公司在北京进行了建行网上银行业务的需求分析和软件开发。于 1999 年推出建行网上银行服务系统，为个人客户和企业客户都提供了基于互联网的银行服务，网址为 www.ccb.com.cn。其主页如图 2.7 所示。

中国建设银行主页建行网络银行的服务理念如下。

建设银行网上银行——OnLineBank：实时在线的银行；

OnLineBank：不排队的银行。

图 2.7　建设银行网上服务系统

中国建设银行网上银行力求以客户的需求为依据，突出以客户为中心。近期目标是方便客户，满足客户日益增长的随时随地的金融服务需求，帮助客户更新理财观念，享受到先进的信息技术在金融行业中的切实应用；远期目标则是采用新型的金融服务方式，以遍布全国的城市综合业务网络系统为基础，以 24 小时到账的清算系统、全国大中城市联网的龙卡系统为依托，支持实时网上结算、网上购物、网上订房、网上订票等电子商务行为，为客户提供全方位、全天候的金融服务，进而促进电子商务在中国的发展。

3. 网络银行运行系统结构

中国建设银行网上银行运行系统由总行网站、分行网站、北京网络中心、总行 CA 中心、成员行业务主机系统、成员行签约柜台 6 个部分组成，总行网络银行系统采取总行/网银中心/分行三层体系结构，提供信息服务、客户服务、账务查询和实时交易等功能。其中，由总行指定部门从全行范围规划、运作和管理，网银中心具体实现账务查询和实时交易功能，分行实现业务主机系统与网银中心实时连接，如图 2.8 所示。

图中的分行网站，主要是信息宣传，网络银行业务通过链接到网银中心实现。网银中心有两个 Internet 网站，分别是申请网站和交易服务器。申请网站的工作是接受客户申请。交易服务器的工作是网络银行交易过程采用基于 SSL 的 HTTPS 协议，只接受有建行 CA 中心发放的数字证书的客户的交易请求，其他客户不能访问，该服务器接受客户的交易请求，转发至相应的成员行业务主机系统进行处理，并将处理结果反馈客户。

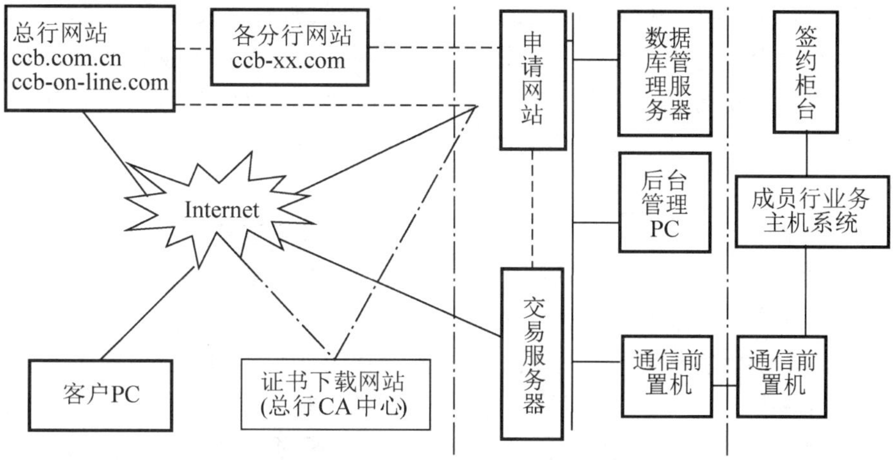

图 2.8 中国建设银行网上银行系统的构成

总行 CA 中心是建行唯一的证书生成、发放和管理机构，该系统完全离线工作，通过电子邮件方式接受网银中心传送的经过审核的客户申请资料，生成的证书每日批量人工放置到专门的证书下载网站上，同时给申请人发通知邮件。

成员行业务处理系统是处理网银中心传送来的交易请求，并将处理结果返回网银中心。

签约柜台是验证已申请 CA 证书的客户的网络银行交易账号的有效性。

4. 建行网上银行系统的安全设计

1) 系统层的安全措施

(1) 交易服务器。网银中心的交易服务器是一个建立在符合 B1 级安全标准的可信操作系统 VVOS(Virtual Vault O S)之上的安全的 Web 服务器，此服务器可与客户端建立 SSL 连接，并校验客户端证书的合法性。该服务器作为网络银行的 Web 访问服务器和交易服务器将内部网络和客户请求到达的外部网络分开，当从外部区域接收到用户请求后，VVOS 会进行一系列的安全检查。只有在完全确认一切正常后，才会将用户的交易请求通过特定的代理程序送至运行在系统内部区域的应用服务器进行后续处理。

(2) ISS 安全监控系统。建设银行为保证网络银行系统的整体安全，对网络银行系统的运行情况还运用了 ISS 系统漏洞扫描和实时入侵监控。ISS 安全监控工作站用于对进出网银中心的各种信息进行网络监控，为安全管理员提供可疑信息的“报警、记录、回放”等功能，并提供相应的报告；还可用于对网银中心的各种服务器进行网络层安全漏洞检测，根据提示修补漏洞，从而最大程度上降低安全风险，保护企业网络的系统安全。

(3) 加密算法加密和数字签名。银行网银中心与商户间的信息运用标准加密算法加密和数字签名，采用 SSL 安全套接层协议保护从客户端到 Web Server 之间的数据传输安全，防止数据在 Internet 传输过程中被窃听和截取。

(4) 数字证书。建设银行的 CA 中心向每个网络银行的客户(包括商户)发放数字证书以校验客户的身份，该证书在客户网上申请时实施下载。客户的身份认证依靠基于“RSA 公钥密码体制”的加密机制，网络银行服务器上会安装建设银行签发的服务器端证书。同样，客户端必须装有建设银行的有效数字证书，才能与网络银行服务器进行通信，而数字证书是建设银行用户在互联网上的身份证，上面存储个人信息使系统有效进行通信的身份识别。参与通信的双方各自有其自己的电子证书，对其身份不容抵赖。

2) 应用层的安全措施

建设银行网络银行系统除了在网络和主机等系统方面采取技术防范措施外，软件应用层也有安全控制。客户在建设银行的网上银行进行交易时，能够体会到建设银行在安全方面从各个层次、各个方面采取的各种安全措施。

(1) 检测证书 UID 并核对登录密码。通报系统访问次数当用户登录时，系统不但会要求用户提供建行签发的数字证书，而且还要从用户证书中摘出 UID，与用户在登录页面中输入的 UID 相比较。UID 比较通过后，再比较用户在登录页面中输入的密码与系统预留值是否一致。只有当两次比较都通过后，系统才会进入下一步处理。每当用户登录成功后，系统都会首先向用户通报该用户共访问了网上银行多少次以及上一次访问是在什么时间，以便用户及时核对。

(2) 设置交易密码。当用户进行转账类交易时，系统会要求用户再次输入一个密码，以提高系统的安全性。用户的初始登录密码和交易密码都由网银中心生成，但为了保护用户的利益，密码同 ATM 卡一样，当用户首次登录时，系统会强制性要求用户修改这些密码。

为了进一步加强网上银行系统用户的安全信心和防范内部安全威胁，所有用户的系统登录密码都不是真正的密码，而是经加密处理后的乱码。用户登录或进行交易时输入的密码，都会由系统进行加密处理，再将加密处理后得到的乱码与网银中心存放的乱码比较。如一致，则认为所输入密码正确。

(3) 设置会话密码，审核用户交易请求。考虑到 HTTP 协议的无连接特点，网银系统将使用会话密码来保证上一个页面的请求和下一个页面请求是由同一个人发出的。当用户登录时，系统会提示用户输入登录密码，核对无误后系统会自动生成一个会话密码，并将其嵌入返回给用户的页面。当系统收到下一个页面时，将首先检查页面中内含的会话密码是否与系统保存值一致。只有通过这项检查，系统才会进行后续处理。当客户操作完毕将交易请求送到网银中心后，网银系统会首先审核其请求是否合法。系统在审核时充分考虑到了 HTTP 协议和 HTML 语言的特点，会全方位地进行审核，如账户是否签约、服务是否登记等。

2.4.2 网络银行系统建设特点

21 世纪的金融业将是建立在网络技术高度发达的基础上的，网络的不断发展将改变金融业传统的经营观念、服务方式、推销方式及交易方式。因此，网络银行的建设和发展要力求为客户提供全新的财经信息、邮政金融产品信息和个人理财服务，逐步实现网上查询、转账、网上代付业务。实现全国范围内的个人资金融通，并结合实际提供个人信息查询、个人账户之间转账、代付业务、个人理财咨询服务等全方位的金融“套餐”。

1. 建立了公钥证书安全体系，保障应用级安全

网上银行系统建立了目前最为严密的128位SSL加密的公钥证书、1024位证书认证安全体系，保证以下安全要素。

(1) 客户身份认证。个人网上银行通过发放特约商户证书和银行证书并采用128位SSL协议的方式，确保了商户、客户的网上银行密码及加密密钥在网上的加密传送，客户的每一笔交易都将按照机密性和完整性的要求记录，在方便客户的前提下最大限度地确保了客户网上交易和支付安全。企业网上银行的客户必须持有银行签发的证书才能进行各种交易活动。证书存放在IC卡中，其公、私秘钥长度为1024位，利用证书来验证客户身份，以确保该客户为银行真正的客户，防止非法用户的入侵。

(2) 可靠性及不可抵赖性。在无纸化的网络环境中，传统的通过手写签名和印章进行交易鉴别的方法已经行不通了。因此，网上银行在确认客户的每一笔支付交易中，都会具有客户签署的电子签名。由于电子签名是由客户的私钥生成的，别人不可能仿制，因此电子签名可以作为每一笔交易的不可抵赖的凭据。

(3) 信息的完整性、机密性。由于电子商务建立在互联网这个开放的网络环境上，因此保证商城、客户、银行三方交易信息的完整性及机密性将是银行的首要承诺。

网络银行通过128位SSL通道保证商城给银行的交易信息、客户确认的支付信息以及银行给商城(包括收款方)的信息都是加密传输的，并且用信息摘要技术保证完整性效验。比如在BtoB交易完成后，银行将发给商城及供贷方交易确认信息，每一笔信息都附有银行私钥签名后的信息摘要，商城只需持有银行的公钥证书就可以验证这笔信息的可靠性，确保是银行发出的正确信息。对于个人网上银行的支付系统，客户在付款成功后，银行将实时地把交易信息和银行自有信息发送给商户，商户每晚将这些信息组成对账单文件经加密签名后重新传送给银行方，经银行方对账程序自动对账后，将对账成功的交易信息反馈给商户，这样保证每笔交易经银行方和商户方双方确认，避免了黑客仿冒银行或商户进行交易的恶性行为。

(4) 交易的审计。对于客户的每一笔交易，网上银行系统都会按照完整性和机密性的要求对交易信息进行记录，以作为交易的审计备案。

(5) 个人网上业务转账交易的安全设计。对于个人客户发起的每一笔转账交易，系统要求客户两次输入转出账号，同时输入网上银行使用的支付密码(非登录密码)，避免了客户由于失误造成的转账错误，也避免了他人冒用客户身份登录网上银行或客户未退出系统而被他人冒用的情况。

(6) 企业网上业务转账交易的安全设计。为了降低网上交易的风险，企业网上业务的实时交易只限于账务信息的查询。而对于转账支付交易，则通过客户在网上提交指令，再由后台业务人员手工处理的方式，增加了后台业务人员的把关及系统自动加押、后台手工核押的第二道防护；同时客户在登录网上银行时需要安全证书，在提交支付(支付指令、BtoB支付和批量支付)时会提示客户进行电子签名，以保证交易的唯一性和不可否认性；并可以

根据支付指令的付款限额支持多级授权，保证客户交易的安全；客户还可以随时通过查询指令来跟踪指令的审批和执行情况。

(7) 数据库内数据的加密存放。客户使用的密码都经过不可逆加密算法存放在数据库中，即使黑客入侵数据库系统，得到密码字段，也无法破译原密码。

2. 利用防火墙等技术，保障网络级安全

在整个系统的网络框架上，银行采取了以总行站点作为入口的方式，以便于系统的安全监控及总行的统一管理。在总行的入口处，设立了两道防火墙及一个安全代理服务器以防止非法入侵；此外，防火墙及安全代理服务器上都有完整的信息审计记录，再辅之以完善的人为监控，可以最大限度地保证网络级的安全。

3. 建立动态安全监控系统，保障系统级安全

采用国际领先的网络安全产品建立站点的实时监控系统和扫描系统。实时监控系统能够24小时监控到系统的所有服务活动，并能根据监控模版配置发出相应的反应。利用扫描系统分别在防火墙内部和外部有针对性地对服务器操作系统进行扫描，可以及时发现和补救系统安全漏洞。

4. 利用多层授权机制，保障业务安全处理

企业客户在进行BtoB等网上支付交易时，可根据金额大小选择是否需经过企业财务主管进行多层授权。企业客户(财务人员)与财务主管分别持有一个证书，超过规定限额的交易必须由企业主管持有其证书进行确认才能成交。每个企业客户的授权限额可由企业在开户时自行确定。

5. 健全的内部柜员操作管理机制

网上银行内部管理系统使用浏览器/服务器结构，通过内网向全行提供内部管理的功能。系统内部从总行、省行到市行建立七级柜员制度，逐级管理。对于客户管理、柜员管理等重要功能，采用多重柜员审核的机制，保证这些操作不能被单有一柜员独立完成。同时，柜员在内部管理系统上的所有操作都记入操作日志中，以后随时进行组合查询。

6. 与CFCA认证系统的紧密结合

CFCA将是我国权威的认证机构，由它提供的Non-SET CA证书和SET CA证书是我国网上银行、电子商务CA安全证书的应用标准。

目前，企业网上银行子系统已经将CFCA的Non-SET证书中的企业高级证书作为工行网上银行的企业客户证书和商户证书，并即将在全国推广；同时SET证书也将用于我国的B to C网上购物电子商务应用中。

2.4.3 网络银行的服务

美国安全第一网络银行是世界上第一家也是目前最成功的一家网络银行。它从1996年就开始了网上金融服务，尽管在发展的过程中并非一帆风顺，但是它确实代表着一种全新的业务模式和未来的发展方向。从美国安全第一网络银行的情况看，网上银行提供的服务可以分为三大类：一是提供即时资讯，如查询结存的余额、外币报价、黄金及金币买卖报价、定期存款利率的资料等；二是办理银行一般交易，如客户往来、储蓄、定期账户间的转账、新做定期存款及更改存款的到期指示、申领支票簿等；三是为在线交易的买卖双方办理交割手续。

以美国安全第一网络银行为例，网络银行具体的服务项目有以下几种。

(1) 基本支票业务。在SFNB开立基本支票账户只需预先存入100美元。在前半年试用期内，对支票签发实行免费无限制服务，每月可以使用20次免费电子支付、10次免费自动柜员机取款服务和免费POS交易服务，90天内免费提供支票清算查询服务。半年以后，如果客户的存款金额达不到银行的要求，则每月收取30美元的费用。对于支票退票或止付，银行收取25美元的手续费。

(2) 利息支票账户。要开立这样的账户同样只需要100美元。这种账户是在基本支票账户的基础上，加上利息收益和电子票据支付服务。这个账户中必须维持月余额不得低于500美元。如果在某一个月的任何一天，余额少于500美元，则该月就没有利息。利息支票账户的手续费为每月4.95美元，可以最多使用35次电子票据支付服务。如果账户的日均余额超过5000美元，则免除所有手续费。

(3) 信用卡服务。SFNB发行VISA卡，分普通卡和金卡两种。SFNB的信用卡不收年费，但如果每年使用次数少于6次，则收取25美元的费用。要申请信用卡，必须首先开立一个账户。

(4) 基本储蓄账户。基本储蓄账户的月手续费为5美元，但如果平均日余额超过200美元，则可以免收手续费。每月可以免费存取款3次，第四次到第六次存款每次收费3美元，第七次起每次收费15美元。

(5) 货币市场账户。一次存入2500美元就可以开立这样的账户了，同时，必须维持每月余额超过2500美元。

(6) 存单业务。存单业务最小金额为1500美元。对提前支取者，半年及一年期的收取3个月的利息，对两年期的收取6个月的利息。

(7) 宏观市场金融信息服务。SFNB为客户提供全面的金融分析服务，及时向客户提供各种市场信息和新闻。

2.4.4 网络银行的管理

随着Internet网络的飞速发展和普及，除了带来人们金融消费观念的转变和潜在的巨大客户群之外，银行也面临着日益加剧的竞争压力。银行要想在将来生存和盈利，Internet网络成为必然的选择。而要保证为客户提供高质量的服务，就必须保证银行业务系统 7×24 小时持续、高效、稳定运行。据专家预测，在未来几年内传统的分支机构数量会大幅度下降，自动柜员机的增长会减缓，最具生命力和前途的将是网上银行，这样银行业对高效的网络管理系统的需求也会越来越迫切。

下面介绍网络银行所面临的风险。

网络银行的出现，拓宽了传统的银行业务经营方式，商业银行与客户之间的法律关系较传统业务下的法律关系有所改变。依据现有民事法律规定，商业银行在开展网上银行业务时，将有可能对客户承担下列民事责任。

1) 技术风险

网络银行最大的优点在于虚拟性，它无需考虑银行的物理结构，只需设置虚拟的互联网站点。整个交易过程几乎全部在网上完成，突破了时间和地域的限制。但是，这种虚拟性的达成依赖于自动化程度较高的技术和设备。而这些复杂的技术和设备又不可能绝对不出问题。因此，和传统的银行相比较，技术风险成为网络银行所面临的最大、最特殊的风险，在具体的网络银行业务中，常常会转化为法律风险，并使商业银行承担相应的民事责任。

(1) 网络银行硬件系统出现问题给客户造成损失应承担的民事责任。硬件系统是网络银行存在的物质基础，如果银行由于硬件系统出现技术故障而对客户的利益造成了损失，那么商业银行对客户的损失负有赔偿责任。这就要求商业银行在采购硬件系统时应对硬件系统的质量给予充分的注意。如果硬件系统供应商提供的硬件设备确有质量问题，商业银行可以向供应商行使追索权，但这不影响商业银行对客户的损失负全部赔偿责任。

(2) 网络银行的技术软件原因对客户造成损失应承担的民事责任。商业银行在决定使用某软件系统时，应对该技术软件的整体技术能力做深入的调查，以确保对客户的服务质量。如果网络技术能力不足以支持网络银行的运作，导致支付、结算等业务出现过错而给客户造成损失或影响到服务质量的，商业银行有义务赔偿客户的损失，客户有权要求商业银行履行赔偿责任，即使该软件不是商业银行自行开发设计的，也应推定商业银行在软件及软件技术的选择上存在过错。

(3) 因客户操作上的失误产生损失而使商业银行承担民事责任。所有的硬件系统、软件系统都是商业银行提供的，所以商业银行应向客户详细说明有关软件、硬件的操作方法。否则，如果由客户操作上失误并带来损失的，商业银行应对客户的损失依据过错的大小承担一定的赔偿责任，而且这也将影响到网络银行的信誉和客户的信心。

2) 安全系统运行风险

这里所说的网络银行安全系统造成的客户损失包括以下几个方面。

(1) 由于安全认证系统出现故障而给客户造成的损失。因为网络的虚拟性，交易双方都无法确保对方身份的真实性，尤其是在当事人仅仅通过互联网交流时。在这种情况下，要建立交易双方的信用感和安全感非常困难。于是，人们在实践中发展出一种切实有效的方法来解决这个问题，电子认证应运而生。简而言之，电子认证是以特定的机构对电子签名及其签署者的真实性进行验证的具有法律意义的服务。在电子认证过程中，有一个把电子签名和特定的人或者实体加以联系的管理机构，即认证机构(CA)。如果安全认证系统出现故障，商业银行将与提供认证服务的一方一起承担民事法律责任。因为银行负有维护网络安全的义务，违反了这种义务，即应承担一定范围内的民事法律责任。

(2) 黑客、病毒的侵袭而给客户造成的损失。在中国，几乎所有的网上银行服务协议中都约定了遇到不可抗力或者其他不可归因于银行的情况时，银行如没有执行客户的指令，可以不承担任何责任。而根据《合同法》的规定，因不可抗力不能履行合同的，根据不可抗力的影响，部分或全部免除责任。由此可见，在发生不可抗力的情况下，不能履约的一方并不一定能够全部地免除责任。

另外，服务协议里约定的不可抗力均未具体指明什么情况发生时可以视作发生不可抗力。在网络银行业务这样的新型服务模式中，出现了许多新的情况，例如，银行计算机系统遭到网络黑客、病毒的袭击，致使银行无法完成客户的指令时，是否可以视作不可抗力？

在黑客、病毒侵袭网络银行的情况下，如果银行方面能够证明自身在系统方面采取了应尽的防范义务，是可以视为不可抗力的，但现在银行想证明这一点很困难，因为中国目前还没有关于网络银行安全标准和技术标准的法律规定。即使银行无过错，但根据民法有关无过错责任的归责原则，银行也应对客户负责，分担客户的部分损失，以充分保护作为相对弱小方的客户的利益。另外，出现了不可抗力的情况，银行应及时通知客户，以减轻客户的损失，否则会因延误通知使自己承担民事责任。

(3) 管理风险。中国的网络银行是传统银行与高新电子技术相结合的产物，面对复杂的网络技术，网络银行的管理能否适应？这就存在着对复杂技术、复杂系统的管理风险，商业银行在计算机系统的日常维护管理及客户商业资料的保密方面未尽到认真和谨慎义务的，给客户造成损失的，商业银行是要承担民事责任的。另外，还存在着网络银行管理人员和操作人员的道德风险。

2.4.5 网络银行的监管

由于网络银行的虚拟性，必需对其实施风险监管。我国目前的网络银行监管制度中存在诸多不足之处，需要借鉴发达国家先进经验，从监管体系的构建、市场准入条件的完备、银行内部监控制度的强化等方面完善网络银行监管法律制度。

1. 网络银行的监管遵循的基本原则

(1) 网络银行监管的国际性标准、国际合作日益重要，过分强调一国金融业的特殊性，有可能成为全球金融一体化外的“孤岛”，而在竞争中失败。

(2) 网络银行监管离不开网络经济的协调发展和有关立法的完善。

(3) 传统银行监管的审慎性原则，同样适用于网络银行的监管。

(4) 在存款人利益得到有效保护的情况下，适当降低银行开展网络金融业务的市场准入要求，有益于金融机构降低成本、改善服务，实现银行间资源共享，成本分担。

(5) 信息的有效收集、分析和共享，是网络银行日常监管的关键。

(6) 严格控制网络银行已办业务的终止和市场退出。

(7) 监管的有效实施依赖于综合性人才的培养与使用。

2. 网络银行的管理可采用的手段

为了避免或减少承担网络银行业务中可能产生的民事责任，商业银行应加强网上银行业务的风险管理。

(1) 商业银行开展网上银行业务，应遵守国家有关计算机信息系统安全、商用密码管理、消费者权利保护等方面的法律、法规、规章；应采用合适的加密技术和措施，以确认网上银行用户的身份和授权，保证网上交易数据传输的保密性、真实性；应实施积极有效的措施，确保网上银行业务交易系统不受计算机病毒的侵袭和黑客的入侵，并根据银行业务发展的需要，及时更新系统安全保障技术和设备。

(2) 商业银行应以适当的方式向客户说明和公开各种网上银行业务品种的交易规则，应在客户申请某项网上银行业务时，向客户说明该品种的交易风险及其在具体交易中的权利和义务。

(3) 商业银行开展网上银行业务，应根据有关法律、法规制定和实施全面、综合、系统的业务管理规章，加强对管理人员、业务操作人员的业务、法律知识培训，建立网上银行业务专业监管机构，配备专门的网上银行业务审计人员，定期对网上银行业务进行审计。

3. 网络银行开发管理的安全建议

为了提高商业银行开展网上银行业务的能力，规避一些不必要的安全风险，作为网上银行的管理者可以适当地参考业界人士的一些建议。例如，江民科技研发部的专家对网络银行的开发者和管理者提出如下安全建议。

(1) 从硬件和软件两方面重视网络银行的安全性，特别是软件。

(2) 不能迷信国外的防杀病毒软件，国产防杀病毒软件有得天独厚的优势，相信国产杀毒软件的实力。

(3) 树立安全意识。网上交易的安全不仅仅是网络银行的自身安全就足够，用户个体的安全与否直接关系到整个网上交易安全体系，要树立全网安全的概念。

(4) 重视网络银行用户的信息反馈。

(5) 倾听国内反病毒专业公司关于反病毒方面的具体意见，加强技术合作与沟通渠道的建设，建立畅通的信息通报与交流机制。

(6) 各网络银行之间应该加强互相沟通，互通有无。

(7) 绝对的安全是没有的，积极关注病毒等相关安全领域的发展动向，追踪最新的发展技术，联合相关厂商提出合理的安全运行体制。

(8) 建立相应的安全事件的应急处理预案与机制。

(9) 成立专门的包括反病毒的安全小组，处理日常的与安全有关的事务。

(10) 组织人员进行安全知识培训，特别是防病毒知识的培训。

本章重点论述了广义网络银行的基本理论和一般应用过程，网络银行中的其他模式，如自助银行和电话银行等将在其他章节中专门讲述。

本 章 小 结

本章主要介绍了网络银行的概念，网络银行的基本知识，详细叙述了网络银行的主要内容，网络银行的产生和国内外的发展现状。阐述了网络银行的主要特点、功能、作用。深刻分析它依附于传统商业银行和纯虚拟银行的两种经营模式和低成本和高回报的优势以及信用的重要性、提供‘3A’服务”等基本特性，网络银行生存及发展的条件等。

在金融电子化建设基础上，我国网络银行的金融服务，由银行电子化形成的金融服务和银行自身网络系统与互联网形成的金融服务两个品种构成，并根据不同的方式对网络银行的分类、网络银行系统，电子商务的优势，通过实例介绍了网络银行的一般应用过程。

本章介绍传统支付与网上支付的手段及特点，重点阐述了网络银行管理上的一些风险及可采用的手段与原则，以及网络银行在网上支付中的作用。

关键术语和概念

网上银行　纯虚拟网络银行　网上金融产品　网上金融服务　网上企业银行　网上个人银行　负担银行　直接银行　“3A”式的服务

综合练习题

一、单项选择题

1. 网络性业务偏重的是对注意力的营销，是感官的集结；而交易性业务看重的是(　　)是理智的选择。

A. 忠诚度　　B. 灵活性　　C. 效益性　　D. 关联性

2. 网上银行的其他风险有(　　)。

A. 流动性风险　　B. 利率风险　　C. 市场风险　　D. 以上全是

3. 网上银行还面临(　　)等其他方面的法律风险。

A. 洗钱　　B. 客户隐私权　　C. 网络交易　　D. 以上全是

4. 保险电子商务的最终目标是实现(　　)，即通过网络实现投保、核保、理赔、给付。

A. 电子交易　　B. 实现投保　　C. 实现理赔　　D. 实现支付

5. 网上保险是电子商务环境中保险业(　　)的产物。

A. 衍生　　B. 创新　　C. 改革　　D. 竞争

6．信用证业务中主要法律风险的防范内容是(　　)。

A．无真实贸易背景问题　　B．担保问题

C．法院裁定冻结、支付问题　　C．货物和货款控制问题

E．以上全是

二、多项选择题

1．数字化时代的四大特征是(　　)

A．分散权力　　B．全球化　　C．追求和谐　　D．赋予权力

2．网络时代金融服务的特点可以简单概括为(　　)。

A．任何时间(Anytime)　　B．任何地点(Anywhere)

C．任何方式(Any how)　　D．任何人(Anybody)

3．电子商务的特征是(　　)。

A．交易虚拟化　　B．交易成本低

C．交易效率高　　D．交易透明化

4．网络金融业务应该包括由传统金融机构和部分金融软件商通过因特网等公共信息网络提供的各种传统或创新的(　　)。

A．银行业务　　B．证券业务

C．保险业务　　D．期货经纪业务

E．投资理财咨询服务

5．随着网上银行的发展，网上银行卡业务开始融入网上银行整体框架之内，其结构体系主要有(　　)。

A．支付认证体系　　B．网上银行卡业务应用系统

C．网上特约商户　　D．客户数据系统

6．网上银行提供的金融服务可以分为(　　)。

A．静态信息　　B．动态信息

C．账户信息　　D．在线交易

7．网络金融产品定价的策略有(　　)。

A．成本定价策略　　B.需求定价策略

C．竞争定价策略　　D．个性化定价策略

三、简述题

1．简述网上银行的业务功能。

2．简述网上银行的组织体制。

3．简述网络金融的发展趋势。

四、分析题

1．分析网上银行的成本。
2．分析网络经济时代，金融“游戏”新规则。
3．分析网络经济时代的银行再造。

五、思考题

1．举例分析网络金融应用的低交易成本。
2．结合经济学，进一步认识边际效用递增规律。

第3章

自助银行与电话银行

学习目标

通过本章学习，了解网上支付工具的各种类型、特点、功能与现状，熟悉自助银行、移动银行和电话银行的一般运行方式和基本结构，熟练使用、掌握这3类银行的基本操作过程；准确识记本章的基本概念，掌握基本知识点。

教学要求

知识要点	能力要求	相关知识
网上银行的各种类型	(1) 各种网上支付工具的概念 (2) 了解不同模型手机银行的特点、功能与现状 (3) 了解自助银行的特点、功能与现状 (4) 了解电话银行的特点、功能与现状	(1) ATM和CDM的工作原理 (2) 外挂的自助设备 (如ATM、CDM、CRS、POS)
自助银行的概念移动支付的使用电话银行的业务流程	(1) 熟悉自助银行、移动银行和电话银行应用的基本体系与功能 (2) 移动银行系统的基本结构 (3) 掌握基本知识点	(1) 自助银行相关知识 (2) 电子银行安全监控系统

引例

消费记录随你查

刘小姐前几日在ATM机取款时发现自己龙卡账户的余额少了2000多元，可自己实在想不起来什么时候消费过这笔钱了。联想到最近无数的报纸正报道信用卡被坏人盗用、多刷，心里不禁一阵后怕。巧的是边上那台自助终端能即时根据刘小姐的要求把龙卡最近的消费记录打印出来，时间、地点、消费金额、余额等要素清清楚楚，帮刘小姐查到了“遗忘的消费”。据信用卡专家介绍，除了刘小姐这样的情况，还有很多客户为了吃上贷记卡的“免息大餐”，也需要时不时地查一下自己的消费记录。无疑，银行提供的自助终端成了最好的帮手。

章前导读

20世纪90年代兴起的电子商务，实现了商务活动向Internet的转移。诸多成功的B to B、B to C范式，把网络经济的作用发挥到了极致。网络银行兴起之后，自助银行从两个方面成为网上银行的重要组成部分：一是作为现金存取的途径，成为网络银行的资金流动循环中不可缺少的补充环节；二是将自助设备与互联网连接，提供给广大客户作为进入网络银行系统的重要通道。另外，自助银行的范围也有了新的发展，一些公共电信终端如多媒体电话也成为自助银行的一个形式。

3.1 自助银行

自助银行(Self-service Banking)又称“无人银行”、“电子银行”，它属于银行业务处理电子化和自动化的一部分，是近年在国外兴起的一种现代化的银行服务方式。它利用现代通信和计算机技术，为客户提供智能化程度高、不受银行营业时间限制的全天候金融服务，全部业务流程在没有银行人员协助的情况下完全由客户自己完成。

国外的商业银行经过多年的建设，已建立了先进的计算机网络系统。自助银行的建设起点也比较高，利用现代科技手段向客户提供自动化程度高、方便、安全、周到、全天候的金融服务，功能也比较全面。

3.1.1 自助银行概述

自助银行基本上可以描述为使银行客户以自助形式去处理传统营业网点的柜台作业交易，通过金融电子化设备来提供金融服务。银行客户于一天24小时内，在没有银行人员协助的情况下，随时能以自助方式来完成某些柜台交易。在自助银行中，处理银行交易与推销银行服务并重，除了处理传统营业网点的业务之外，还能开拓其他的新型业务，是一个全功能的银行业务网点。

1. 自助银行的产生与类型

传统的银行业务是通过柜员操作来进行的，随着银行业务的不断发展和扩大，这种操作模式越来越不适应人们的生活节奏了。在此情况下，各银行都致力于推进金融电子化的进程，通过使用先进的金融设备和经营方式来提供更好的服务，以扩大影响、提高形象。自从我国引入 ATM(自动柜员机)以来，银行自助化进程逐步发展起来，在很大程度上扩大了银行的服务范围、延长了银行的营业时间。但是，零星的 ATM 只能提供有限的服务，无法在客户中产生深刻的印象，业务范围也只能局限在一定领域。随着各种先进设备的成功开发和投入使用，自助银行这一新颖的服务模式应运而生了。

1) 自助银行应运而生

20 世纪 60 年代，自助银行首先在国外得到广泛应用。应用的原因很简单，当时银行客户和业务不断增多，柜台客户流量变得越来越大，不少人排很长的队伍仅仅是为了办理小额存取款及查询等简单的业务，办理业务可能只需要 2～3 分钟的时间，但排队却可能要花费很长的时间，客户怨声连连。

当时的银行认为，客户增多会使得银行柜台人员疲于应付，因此降低了对优质客户的高端服务的能力，于是便想通过增加营业网点来分散客户，但是增加人员势必大幅度提高成本开支。基于这些情况，银行产生了引入自助取款机的念头，技术供应商也积极响应。于是，自助取款机应运而生，接着又扩展到自助存款机、外币兑换机、夜间金库、自助保管箱、存折补登机、信息查询机等一系列自助银行设备。

这些设备的出现，从时间和空间上延伸了银行的服务，很快便得到了客户的青睐。银行业也意识到这些设备不应只存活于银行的营业网点内，而是应该散布在公共场所，作为银行网点的一种延伸。

2) 自助银行的两种类型

案 例

市内资金任你划

家住上海徐汇区的王先生，其父母因急用向其借用 50000 元，自己远在宝山忙着公司项目抽不出空，父母一把年纪要自己来取又不放心。同事小刘提醒王先生试用银行的自助银行去划款。午间休息时，王先生在某银行宝山支行的一台自助终端上刷卡、输入转入账号、金额。友好的人机交流界面让王先生不到一分钟就搞定一切。人刚回到公司，母亲的电话就跟过来告诉他已经在该银行徐汇支行提到了现金。

目前国外流行两种不同形式的自助银行营业网点，即混合式自助银行和隔离式(全自动化)自助银行。

所谓的混合式自助银行，指的是在现有的银行分支机构的营业大厅内划分出一个区域，放置各种自助式电子设备，提供 24 小时的自助银行服务。该区域在日常营业时间内，能够分担这些网点的部分银行业务，缓解柜台压力；在柜台营业时间以外，营业大厅关门，该区域被人为地与营业大厅隔离，又变成了独立的自助银行。它也可以作为独立的自助银行营业网点，银行客户通过自行操作这些设备，获得所需的金融服务。

隔离式自动银行又称全自动自助银行，这种形式的自助银行与银行分支机构和营业网点完全独立，一般设立在商业中心、人口密集区或高级住宅区内，也是全天候开放。自助银行的独立网点不仅能有效节省银行开设人工网点的成本，还能迅速扩大其影响和服务领域。由于不受时间限制、能良好地保护个人隐私等特点，自助银行有效地吸引高收入阶层人士办理存款业务，以固定的营运成本争取更多的储蓄存款。

自助银行属于银行柜台业务处理电子化、自动化和网络化的范畴，是商业银行为满足客户的交易而进行的金融创新成果，一般由电子保安、ATM、CDM、外汇兑换机、存折补登机、夜间金库、多媒体查询、自动保管箱等系统组成，自助银行系统管理机工作原理如图 3.1 所示。目前国外各大银行都已推出了不同规模层次的自助银行，无需银行工作人员临柜操作，在一天 24 小时内都可完成现有银行柜台作业的交易。客户可以凭借本行或联网的其他银行的金融卡，开启门禁系统，然后利用银行提供的电子设备，进行现金存取款、外币兑换、存折补登、对账单打印、公共服务缴费、金融信息查询、财物保管等方面的自助服务。自助银行已逐渐成为衡量商业银行现代化水平的重要标志之一，它的推广必然大大加快银行的金融电子化与网络化建设的步伐。

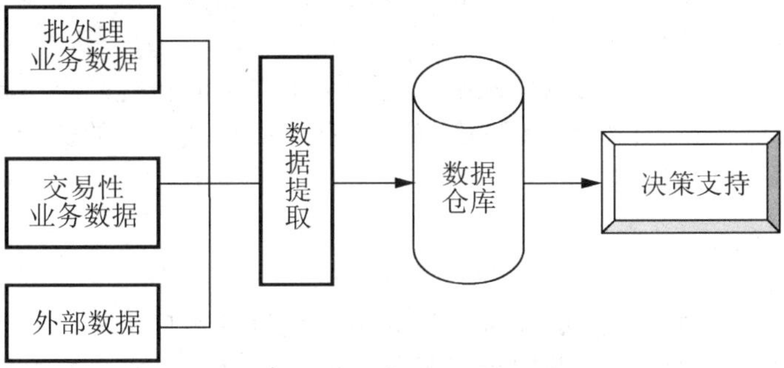

图 3.1 自助银行系统管理机工作原理简图

2. 自助银行的功能

ATM 机是自助银行的初始模样，现在属于自助银行设备中的一部分。从理论上讲，ATM 应该算是自助银行的一种模式——设备不齐全的自助银行。走进任何一家自助银行，都会发现里面至少有 5 台机器，一般来讲是自动提款机、自动存款机、多媒体查询机、存折补登机、外币兑换机等。大部分银行的自助银行设备和功能也都只局限于这几种，主要功能是自动提款、自动存款、存折补登、多媒体查询、外币兑换、外汇买卖、银证转账、缴纳公用事业费、自助贷款、分流银行业务等。

3. 新型模式自助银行的特色

根据个人零售业务以客户为导向的营销理念，充分考虑到不同消费者的消费需求，一些新型的服务网点模式应运而生。

(1) 社区模式。在居民区、厂矿企业、办公楼及其附近提供银行服务的分行模式，强化中间业务服务及营销，是一种类型的“自助银行增强型”设计，即以自助设备为主，并不定时地配合必要的人工服务，以期同时达到高效率服务和业务推广的双重业务目标。

(2) 商业区模式。在商业区、闹市区提供快速现金服务的自助银行，强化快速取现服务和卡发行，以自助银行或自助银行增强型为主。

(3) 校园模式。在校园及其附近提供简单存取款服务，其交易特征为“频率高、单次交易额小”，以特殊形式自助银行为主，如网吧银行、书吧银行等。

(4) 店中银行模式。在便利店、机场、加油站、商场、酒店等其他行业的营业厅内提供银行服务。这些营业场所也是银行客户最常光顾的场所，在这些场所提供银行服务显然给银行储户提供了最大的方便。可以结合所在营业场所的具体情况设计成咖啡吧银行、超市银行、专卖店银行等。

(5) 顾问银行模式。顾问银行模式又称 VIP 分行，一种专门为其附近的 VIP 客户提供专业理财服务的网点。与传统的网点不同，这些新型模式的网点具有更强的针对性、更贴近普通社会大众的生活，可以根据目标客户群的不同采用完全不同的风格设计，以满足目标客户群的心理情感上的需求，这些将是未来银行网点发展的主要形式。

不同城市有不同的消费特点，相同城市不同区域的市民也有着不同的消费要求，相同区域的客户又会因为收入、职业等情况的不同分为若干个不同的客户群，在一个城市区域范围内，往往需要采用多种网点的整合布局以达到最大服务覆盖、又能有区别地为不同的客户提供不同服务方式的目的。

最终的城市区域银行服务网点体系必将是一个由重构的传统网点、各种新型分行模式和单独布放的自助服务设备(如 ATM 等)组成，这些不同模式网点的数量及分布则应完全根据整合营销策略要素进行确定。

3.1.2 自助银行的设计

建设自助银行不是目的，发展业务、最大限度地争夺客户份额、留存忠诚客户才是银行业务渠道建设的真正目的，自助银行只是其中的工具之一。在进行自助银行系统功能的整体方案设计和营销渠道整合布局时，最先应该考虑的是如何通过结构重建充分发挥现有网点的作用。是否需要建设自助服务网点，则应根据目标客户群的特征进行正确分析。

1. 自助银行的设计原则

自助银行整体方案的设计和规划，是依据金融机构和客户的具体需求来进行的。为了吸引更多的客户光顾自助银行、开设账户，最大范围地开展各项业务、树立银行形象，应该从不同的层面上进行统筹规划，并遵守以下多项原则。

(1) 产品成熟性。所选择的设备应具有成熟稳定的技术、先进的功能，并采用整合式设计的产品。

(2) 符合工业化标准。硬件设备应遵循工业化标准，并具有开放式体系结构，以便支持符合标准的软、硬件。

(3) 良好的通信性能。自助银行的各个组成设备都应具有良好的通信能力，支持局域网和广域网的连接。

(4) 模块化设计。系统采用模块化设计，具有良好的可维护性和可扩充性。

(5) 安全性能好。系统在软、硬件方面都要提供安全措施，重要的自助服务设备应具有自动报警和监控功能。

2. 系统功能设计

自助柜员系统从功能上划分为以下 3 个部分。

(1) 银行业务主机。银行业务主机主要负责处理前置机转来的账户交易，完成各相关账户的更改、登记及处理结果的反馈等。主机通信程序员负责通信链路的建立、管理、监控、维护以及通信设备和前置机的管理。

(2) 前置机系统。前置机系统的设置，除了减轻防火墙和主机负担外，更重要的是为了以最大的带宽接收现金循环控制的所有信息并记入相应的库表，并由前置机系统生成发往主机的信息包。这样即使主机更换应用系统，也无需修改现金循环控制系统的应用程序，只需对前置机进行调整，从而减轻了科技人员开发和维护的工作量。前置机系统主要具有以下功能。

① 接收、处理和转发 CRS 交易并进行加密和解密处理。

② 处理并记录交易日志和 CRS 的例外信息。

③ 管理 CRS 密钥，提供维护人员对 CRS 设备状态和交易情况的统计和查询报告。

④ 监控 CRS 设备的运行状况。

⑤ 提供操作员对 CRS 设备增加、修改和删除的管理。

⑥ 通信及环境参数的设置与管理。

(3) 现金循环控制系统。现金循环控制系统主要具有以下功能。

① 硬件管理。主要完成对串口、识别模块、凭条打印机、日志打印机、出钞口、入钞口等配置；对读卡器、功能键、钞票暂存器等硬件模块的检测和初始化；在运行过程中对识别模块、打印机、存取款钞箱、通信状态、传感器、传送带等进行实时检测；对检测到的异常状况，及时写入电子日志，并进行处理；提供所有硬件设备的自诊断功能等。

② 插卡检查。对客户磁卡进行检查，对无效卡拒绝插入，不提供操作，同时对系统认可的、不同性质的卡种，提供不同的服务。

③ 交易管理。完成客户交易请求的提交和交易结果的返回处理及操作员管理交易的提交和交易结果的返回处理。客户主要交易流程有现金取款、取款冲正、现金联机存款、现金脱机存款、存款补发、账户查询、修改密码、转账交易。管理交易流程有清钞、清钞确认、装钞、装钞确认、对账请求、线路检测、主机换密钥通知。CRS Logon、CRS Logoff、主机要求 CRS Logon 等交易。

④ 异常处理。异常处理主要是对客户操作不当或系统内部其他原因而产生的非正常现象的处理。通常客户的操作间隔均有时间限制，若客户在规定时间内未完成相应的操作，如客户忘记取出磁卡、未在规定时间内拿出出钞口的现金、连续 3 次输错密码等，从保护客户利益出发，系统会根据产生异常的不同原因，自动选择不同的处理，如收回磁卡或现金或暂停服务等。

3. 银行自助服务的主要设备

(1) 自动柜员机(Automatic Teller Machine，ATM)。ATM 是最普遍的自助银行设备，提供最基本的银行服务之一，即出钞交易，有些全功能的产品还可以提供信封存款业务。在

ATM 上也可以对账户进行查询、改密的业务。作为自助式金融服务终端，除了提供金融业务功能之外，ATM 还具有维护、测试、事件报告、监控和管理等多种功能。

(2) 自动存款机(Cash Deposit Machine，CDM)。自动存款机能实时将客户的现金存入账户，消除客户信封存款的疑虑。在存款过程中，CDM 能接受多种货币，识别面值并判断真伪，不需要人工核查、清点。客户存款能实时入账，并可以马上查询到交易处理结果，不必担心交易过程中出现意外问题。

(3) 存折补登机(Automatic Passbook Update Machine，APUM)。存折补登机是一种方便客户存折更新需要的自助服务终端设备，通过存折感受器和页码读取设备的配合，实现自动打印和向前、向后自动翻页。客户将存折放入补登机后，设备自动从存折上的条码和磁条中读取客户的账户信息，然后将业务主机中的客户信息打印到存折上，打印结束后设备发出声音提示客户取走存折。整个过程自动完成，操作简便、打印迅速。

(4) 外币兑换机(Foreign Exchange Machine，FEM)。外币兑换机适用于机场、旅游区、闹市区等地，主要服务对象为外国游客和有侨汇收入的居民。FEM 能识别多种不同的货币，在兑换过程中自动累计总数，然后按照汇率进行兑换。

(5) 自动发卡机。银行多功能自助发卡机为银行解决柜台压力，满足客户在自助银行开户的业务需求，解决新开户在自助银行的发展的瓶颈，扩展客户数量的自助发卡设备在银行大堂和自助银行的运用，极大地缓解了新开户排队难的问题。

银行多功能自助发卡机通过对第一代、第二代身份证的识别，支持开户发卡，实现在自助设备上客户就可以持证自助开户，同时该项设备还继承了传统银行自助设备的功能，如查询余额、查询明细、转账、修改密码和各种中间业务；其发卡功能是补卡、换卡和持存折开卡。

(6) 多媒体虚拟柜员系统。虚拟柜员是指与 DCC(银行数据集中工程)系统相连、外挂的自助设备(如 ATM、CDM、CRS、POS 等)及电子系统(如 Callcenter)，需要注意的是，虚拟柜员不能提供柜台服务，主要是查询与调拨。实体柜员是在各种机构内具体经办会计、储蓄、信贷、财务、银行卡业务的人员，分为 a 级主管、b 级主管、现金柜员和普通柜员。无论何种实体柜员均能够对外营业，且都能够携带现金钱箱，办理现金收付，但不同属性柜员其授权权限及业务权限不同。

(7) 多媒体查询机。多媒体查询机利用触摸屏技术提供设备说明、操作指导、金融信息、业务查询等多种服务。精心设计的简洁、直观的画面可以引导客户轻松操作，进行账户余额、近期交易的查询，对账单打印，并可修改密码，获得业务咨询、客户理财设计等多种信息服务。

(8) 大屏幕信息显示屏。大屏幕信息显示屏是通过主机控制的液晶显示屏，采用 LED 矩阵，显示内容丰富多彩、灵活善变，克服了数码管显示方式单调、项目固定的缺陷。屏幕可以滚动显示利率、汇率，并可显示业务指南、广告等大量信息。通过修改主机上的应用程序，可以方便地更改显示内容和显示方式。

(9) 夜间金库。夜间金库(又名银行自助金库)可以进行大额现金、贵重物品的寄存，它是自动柜员机的一种延伸产品，解决了普通存款机巨额存款的烦琐和银行营业柜台网点夜间无法进行交易的矛盾，还增加了夜间贵重物品保管的功能，减少了用户在夜间现金和贵重物品的携带量，保证用户的安全，积极推进了银行的业务扩展，适于安放在繁华商业旺地，也可单独面向大额存款的企事业单位(如收费站，加油站，超市等)。

(10) 自动保管箱。客户事先向银行申请办理租箱手续，领取箱号钥匙和专用磁卡。客户持专用磁卡插入读写器并输入密码进入检物室，在检物室内按语音提示，输入箱号和密码，系统核对无误后由机械手将客户租用的保管箱传送到客户身边；若有必要，客户可通过对讲系统与控制中心人员联络。客户用钥匙打开保管箱，可提存物品，操作结束锁好保管箱按返回键，系统自动将保管箱放回原处。客户离开时，必须使用保管箱钥匙才能开启检物室房门，以防止客户将钥匙遗留在检物室内。

(11) IC 卡圈存/圈取机。帮助客户实现储蓄账户、IC 卡账户(电子存折)、电子钱包间的相互转账。

(12) 其他辅助设施。包括电话、点钞机、伪钞识别机、UPS、书写台等设备。

4. 自助银行安全监控系统

由于自助银行的无人值守性质，其安全防范就极为重要。为此，必须设计出入管理、安全防范、火灾监视、设备控制等系统于一体的现场综合安全管理系统。

1) 系统功能

(1) 出入管理功能。只有持有指定卡的人员方可进入该场所，并同时提供在防范异常、火灾等情况发生时的自动锁定和开启功能。

(2) 安全防范功能。利用传感器监视各种非法入侵和破坏活动，一旦发生，迅速报警并启动 CCTV 系统监视或录像。

(3) CCTV 监视功能。利用该系统监视重要的设备和区域，当异常情况发生时自动启动，实现监视或录像。

(4) 火灾检测报警功能。发生火灾时发出报警、关闭空调、打开出入口。

2) 设备管理功能

有人进入时，自动打开照明和空调，退出后关闭。

3) 显示和报警功能

显示系统工作状态，有异常情况发生时，发出声光报警。联网报警监视无人场所发生的异常可以通过公用电话回线转报到控制中心，实现了联网。

3.2 移动金融服务与应用

随着计算机技术和移动技术日益完善的结合，新型的移动计算的概念影响到了社会各个领域和阶层，移动商务已经成为当今广义互联网领域炙手可热的话题之一。

本章所提及的移动金融服务、移动银行、手机银行等概念，是指通过移动通信网络将客户的移动电话连接至银行，实现通过手机界面直接完成各种金融业务的服务系统，是将货币电子化与移动通信业务相结合的一种服务方式，并非是真正意义的金融业务。支付机构只有在银行卡收单业务上全面运行了互联网接入，形成了金融支付系统才能称之为具有实际意义的互联网金融与服务(参见本书第 10 章)。

3.2.1 移动金融服务的应用模式

移动电子商务和移动银行业务会随着手机使用者的不断增加和手机终端的高速替换而呈现高速增长态势。相信在不久的将来，手机可以成为接入广义互联网的基础性设备。

通过移动设备的随身携带、无线接入，实现随时随地处理银行业务这一趋势得到了业界的广泛认同。专家们预计无线银行服务将成为今后银行业的必备服务内容，就像现在ATM业务是银行不可或缺的服务一样。不过，手机银行服务乃至手机支付的重要性还不仅限于开创一项成长空间巨大的新业务这么简单。一方面，如何吸引手机支付的上下游服务提供商，形成有利益的增值链；另一方面，降低银行的服务成本，丰富客户服务手段，提高客户服务质量已成为银行竞争的关键。特别是如何更好地吸引和服务优秀客户，成为银行能否更好发展的重中之重。

1. 概念与定义

移动银行(Mobile Banking Service)也可称为手机银行，是指银行按照客户通过手机发送的短信指令，为客户办理查询、转账、汇款、捐款、消费、缴费等业务，并将交易结果以短信方式通知客户的金融服务方式。

1) 信息无线应用(SMS)

短信服务(Short Messaging Services，SMS)是一种在移动网络上传送简短信息的无线应用，是一种信息在移动网络上储存和转寄的过程。世界上第一条短信息是1992年在英国Vodafone的GSM网络上通过PC向移动电话发送成功的。与话音传输及传真一样，短信服务同为GSM数字蜂窝移动通信网络提供的主要电信业务，它通过无线控制信道进行传输，经短信息业务中心完成存储和前转功能，每个短信息的信息量限制为140个八位组。从发送方发送出来的信息(纯文本)被储存在短信息中心(SMS)，然后再转发到目的用户终端。这就意味着即使接收方终端由于关机或其他原因而不能及时接收信息，系统仍然可以保存信息并在适当的时候重新发送。

2) 用户识别系统(STK)

STK是Sim Tool Kit的英文缩写，即“用户识别应用开发工具”。它包含一组指令用于手机与SIM卡的交互，这样可以使SIM卡运行卡内的小应用程序，实现增值服务的目的。之所以称小应用程序，是因为受SIM卡空间的限制，STK卡中的应用程序都不大，而且功能简单易用。目前市场提供的主流STK卡主要有16K、32K和64K卡。STK卡与普通SIM卡的区别在于，在STK卡中固化了应用程序，通过软件激活提供给用户一个文字菜单界面。这个文字菜单界面允许用户通过简单的按键操作就可实现信息检索，甚至交易。STK卡可以有选择性的和PKI结合使用，通过在卡内实现的R.S.A算法来进行签名验证，从而使利用手机从事移动商务活动不再是纸上谈兵。

3) 移动通信/分组无线服务(GSM/GPRS)

GPRS(General Packet Radio Service)，中文含义为通用分组无线服务，它是利用“包交换”(Packet-switched)的概念所发展出的一套无线传输方式。所谓的包交换就是将Date封装成许多独立的封包，再将这些封包一个一个传送出去。GPRS是一种新的GSM数据业务，它在移动用户和数据网络之间提供一种连接，给移动用户提供高速无线 IP 和 X.25 分组数据接入服务。GPRS 采用分组交换技术，它可以让多个用户共享某些固定的信道资源。

4) 无线应用协议(WAP)

WAP 是无线 Internet 的标准，由多家大厂商合作开发，它定义了一个分层的、可扩展的体系结构，为无线 Internet 提供了全面的解决方案。WAP 协议开发的原则之一是要独立于空中接口，所谓独立于空中接口是指 WAP 应用能够运行于各种无线承载网络之上，如 TDMA、CDMA、GSM、GPRS、SMS 等。

5) 移动通信/交互式数据业务(GSM/USSD)

USSD(Unstructured Supplementary Service Data)即非结构化补充数据业务，是一种基于 GSM 网络的新型交互式数据业务，它是在 GSM 的短信息系统技术基础上推出的新业务。USSD 业务主要包括结构补充业务(如呼叫禁止、呼叫转移)和非结构补充业务(如证券交易、信息查询、移动银行业务)两类。

6) 无线 Java 业务(K-Java)

无线 Java 业务是一种新的移动数据业务的增值服务，开辟了移动互联网新的应用环境，能更好地为用户提供全新图形化、动态化的移动增值服务。用户使用支持 Java 功能的手机终端，通过 GPRS 方式接入中国移动无线 Java 服务平台，能方便地享受类似于 Internet 上的各种服务，如下载各种游戏、动漫画、小小说等，也可进行各种在线应用，如联网游戏、收发邮件、证券炒股、信息查询等。无线 Java 业务使得手机终端的功能类似于可移动上网的个人电脑，可以充分利用用户的固定互联网使用习惯以及固定互联网应用资源，提供高性能、多方位的移动互联网使用体验。

7) 无限扩频通信技术/无线二进制运行环境(CDMA/BREW)

Qualcomm 从芯片出发设计了 BREW 平台。BREW 并不仅仅是为 PC 或 PDA 开发的产品的缩减版本，它比其他应用程序平台或成熟的操作系统小许多倍。BREW 平台位于芯片系统软件之上，启用了快速 C/C++本地应用程序以及浏览器与基于 Java&#8482 技术和扩展的虚拟机(例如游戏引擎和音乐播放器)的简易集成。除本地 C/C++以外，BREW 还支持其他多种语言，包括 Java、可扩展标识语言(XML)、Flash 等执行环境。而且，由于它可以驻留在采用 Palm 等任何移动操作系统(OS)的智能手机上，因而可使用 BREW 发布系统(BDS)无线下载为这些 OS 编写的应用程序，并像 BREW 应用程序一样使之商品化。BREW 对基本的电话和无线网络运行提供保护。

2. 主要功能与支付方式

(1) 功能。通过特殊技术(主要是 NFC 近距离通信技术)实现手机支付的手机，可支持电子支付和数据下载等多种功能。未来手机将集成公交卡、银行卡和钥匙等功能，支付部分日常生活服务，方便市民出行购物，这一技术在日本已经十分成熟。这将大大提高公众的生活质量，使出行更加方便。

手机支付的技术实现整个移动支付价值链包括移动运营商、移动支付技术实现方案主要有五种：双界面 JAVA card，SIM Pass，RFID-SIM，NFC 和智能 SD 卡。

手机支付是指通过手机对银行卡账户进行支付操作，包括手机话费查询和缴纳、银行卡余额查询、银行卡账户信息变动通知、公用事业费缴纳、彩票投注等，同时利用二维码技术可实现航空订票、电子折扣券、礼品券等增值服务。

(2) 支付方式。手机支付有如下所述的三种方式

① 费用通过手机账单收取，用户在支付其手机账单的同时支付了这一费用，在这种方式中，移动运营商为用户提供了信用，但这种代收费的方式使得电信运营商有超范围经营金融业务之嫌，因此其范围仅限于下载手机铃声等有限业务，交易额度受限(手机话费支付方式)。

② 费用从用户开通的电话银行账户(即借记账户)或信用卡账户中扣除，在该方式中，手机只是一个简单的信息通道，将用户的银行账号或信用卡号与其手机号连接起来，如果更换手机号则需要到开户行做变更(指定绑定银行支付)。

③ 无绑定手机支付，个人用户无需在银行开通手机支付功能，即可实现各种带有银联标识的借记卡进行支付，采用双信道通讯方式进行通讯，非同步传输，更加安全快捷，相对而言此种方式最为简单，方便，快捷(即称：银联快捷支付)。

3. 手机支付的基本原理

手机支付的基本原理是将用户手机SIM卡与用户本人的银行卡账号建立一种一一对应的关系，用户通过发送短信的方式，在系统短信指令的引导下完成交易支付请求，操作简单，可以随时随地进行交易。用户还可以通过WAP和客户端两种方式进行支付，无需任何绑定，用户在短信引导下完成交易，仅需要输入银行卡号和密码即可，银联结算。

手机支付这项个性化增值服务，可以实现众多支付功能，此项服务强调了移动缴费和消费。当我们在自动售货机前为找不到硬币而着急时，手机支付可以很容易地解决这个问题。当客户身处外地，或者是移动运营商的营业厅下班以后，为了缴话费四处找人，四处寻找手机充值卡，而耗费精力时，手机支付将真正让手机成为随身携带的电子钱包。

整个移动支付价值链包括移动运营商、支付服务商(比如银行，银联等)、应用提供商(公交、校园、公共事业等)、设备提供商(终端厂商，卡供应商，芯片提供商等)、系统集成商、商家和终端用户。

4. 手机银行的应用模式

手机移动银行是以互联网为网络支持，以移动电话为接口设备，以IC卡为安全控制工具和交易手段，为客户提供更为方便、快捷的服务。手机银行分3种基本模式。

1) STK智能卡模式

在电信商提供给手机用户的STK智能卡上，加上银行的增值服务项目，即由手机、GSM短信息中心和银行系统构成。手机与短信中心通过GSM网络连接，而短信中心与银行之间的通信可以通过网络连接。由于手机短信息服务资源有限，有不能与多个银行在同一张STK卡上合作、不能随时更新应用菜单、银行依赖电信商等缺点。

2) 无线应用协议模式

使用WAP(无线应用协议)手机可以直接与互联网连接，利用银行提供的各种网上银行服务，摆脱电信商对银行增值服务的控制，但此种方式对客户来说，使用成本高，安全性不高。

3) IC卡上网交易模式

通过双卡手机，使用符合ISO国际标准的银行IC卡，银行可以开发更加广泛的业务，客户不仅可以使用不同银行的IC卡上网交易，而且使用成本降低，安全性提高。

近年来，手机银行迅速兴起。在欧洲，手机上网已经成为开展移动商务的重要手段，因而手机银行也日益流行。在亚太地区，个人电脑不够普遍、互联网发展较晚，网上电子商务发展较慢；而由于手机具有便宜、便捷、个人拥有的特点，手机用户增长速度超过个人电脑增长速度，因此手机银行业务有着广阔的发展空间和市场潜力。香港的许多银行都相继推出手机银行流动理财服务，如大通银行、运通银行、汇丰银行、恒生银行、东亚银行、花旗银行、道亨银行、泰富银行。

5. 手机支付开放平台

手机支付开放平台主要包括开发者管理、API(应用程序编程接口)管理、应用管理、安全管理、计费管理等模块。主要是将手机支付的核心能力(包括支付、缴话费、营销工具等)输送出去，从而吸引、聚拢庞大社会力量，利用众包的模式来推动业务、应用、产品的创新和发展。

手机支付开放平台在对自身特点、现今开放平台的状况以及未来的发展方向进行深入分析之后，决定以基础能力、支付能力、营销能力等几大类能力模块的发展方向。

6. 银联手机支付的应用

1) 中国银联手机支付SD模式简介

中国银联开发出了多种业务形态的手机支付业务模式，包括深度黏合运营商的SimPass模式(贴膜模式)、双界面卡模式、贴卡模式(手机背面直接粘贴银行卡)、同时支持远程和现场的SD模式等，并在全国范围内不同省市开展多种模式的银联手机支付业务的推广试点。在综合分析上述模式优劣势，结合实际试点情况，最终中国银联总公司将SD模式作为主要推广模式，在全国范围内铺开。就上述业务模式比较而言，SD模式主要优点如下。

(1) SD模式中作为金融账户承载载体的金融智能卡内嵌金融IC芯片，具备近场支付功能及向PBOC IC卡转化的潜质，先天便具备了兼容远程与现场、融合磁条与IC的优势。

(2) SD模式采用的金融智能卡具备优良的加解密机制及防破解机能，能够为使用者提供较为可靠的安全防护。

(3) SD模式能较好解决金融账户承载权归属金融智能卡投入一方的主要矛盾，与银行业金融机构坚持账户控制的核心诉求保持一致，能够代表广大银行业金融机构的利益。

SD模式使商业银行能借助银联及其合作伙伴拓展的移动商圈，为本行手机银行提供更多的功能扩展性，提升银行客户服务的内涵和价值，增强客户粘性。

2) SD卡模式的性能

(1) 银联手机支付技术。中国银联新一代手机支付CUP Mobile是通过将传统银行卡磁道信息通过专用机具IC化并封装到金融SD卡内，在手机上安装软件，使用无线网络进行金融支付。

① 渠道建设方。负责中国银联手机支付业务用户发展工作，拓展办理网点并完成用户

业务开通工作，承担金融智能 SD 卡采购费用、发卡费用、售后服务费用。

② 内容引入方。负责将企业(商户)的产品或服务按照中国银联手机支付运营平台的技术要求接入运营平台，承担引入内容的技术开发和业务应用所需费用。

③ 平台运营方。中国银联授权的手机支付运营商，为银联手机支付用户提供技术支持、运营接入、客户服务。

④ 内容提供方。通过在中国银联手机支付运营平台交易产品、服务、资源等内容，并获得交易利润的的企业或商户，承担交易手续费和提供交易佣金。

⑤ 用户。使用中国银联手机支付业务的个人，负担银联手机支付业务服务费。

(2) 银联手机支付费用及分配方式。

银联手机支付费用由商户手续费(传统银行卡交易手续费)、销售佣金(额外向移动支付业务商户收取的超过手续费的销售利润返佣)、用户服务费(用户使用手机支付服务缴纳的费用)和移动支付品牌服务费四部分组成。相关分配方式为以下几种。

① 交易手续费。与传统银行卡交易手续费分配相同，发卡、转接和收单三方按照 7∶1∶X 进行分配。

② 销售佣金。按照发卡渠道方 50%，内容引入方 30%，平台运营方 20%的比例分配。

③ 服务费。用户拓展方、系统运营方按照 3∶7 的比例分配。

3) 银联手机支付的安全机制

银联手机支付系统采用点对点通信的安全加密、对称密钥的传输加解密保障信息交互的私密性、安全性、完整性和不可抵赖性；通过对存储密钥的两次加解密保障银行卡磁道信息在手机支付的整个生命周期都处于安全保密状态；同时，银联将 CUPMobile 手机支付平台部署在上信机房，保证了系统物理环境的安全，并采用与 CUPS 系统同样的技术方式设计安全的应用系统构架。

另外，虽然智能存储卡支付模式采用第三方提供客户端软件的形式交互，但该软件均按照银联提供的接口规范进行开发，并经过银联的测试认证，所以安全可靠性得以保障。

4) 银联手机支付的升级与挂失

银联手机支付客户端版本按月进行更新，目前采用自助升级的方式：每月月底系统后台将本月新增应用叠加到客户端软件中，并上传至升级平台；手机支付用户登录客户端时，可通过客户端左软键菜单中“自动更新”选项完成客户端升级。下一步即将推出的客户端 2.0 版本中，采用 App Store 理念，搭建了基于银联多渠道平台及 CUPMobile 平台的“UP Store”(手机支付应用商城)，届时银联手机支付各新增应用都将通过上传应用功能到 UP Store 的形式实现，客户端更新仍将延续自助升级的方式：用户预装在手机上的是银联手机支付产品引擎，用户可通过引擎登录 UP Store，点选自己适用的应用功能下载到引擎中，成为最适合自己使用的个性化客户端。

银联手机支付挂失流程参照银行卡挂失流程执行：用户拨打银联客服热线(或银联手机支付运营中心客服热线)获取人工服务，向工作人员说明需挂失银联手机支付业务绑定的手机号码，由工作人员根据系统后台记录完成匹配，根据用户预留的相关身份验证信息完成身份审验后，工作人员在后台将挂失用户金融智能卡片序列号 CSN 录入后台黑名单进行冻结，在逻辑上拒绝挂失 SD 卡发起的任意交易，以确保用户账户安全；用户事后找到已冻结SD卡，可拨打客服热线进行解冻操作；用户若需完全废弃之前冻结的SD卡，可拨打客服热线完成注销操作，注销完成后，用户可重新申办新的金融智能卡并完成开卡操作，重新使用银联手机支付业务。

7. 联通手机支付应用示例

手机支付就是允许移动用户使用其移动终端(通常是手机)对所消费的商品或服务进行账务支付的一种服务方式。下面，我们通过联通手机支付应用示例，阐释手机支付的应用方案。

(1) 支付业务目标。建立基于移动通信网络和互联网络技术，利用手机，通过短信息(SMS)、WEB/WAP、语音(IVR)、POS 机等方式，通过手机积分、手机话费、联通充值卡以及中间账户进行消费、充值、转账、查询等操作并进行管理的综合性手机支付业务，如图3.2所示。

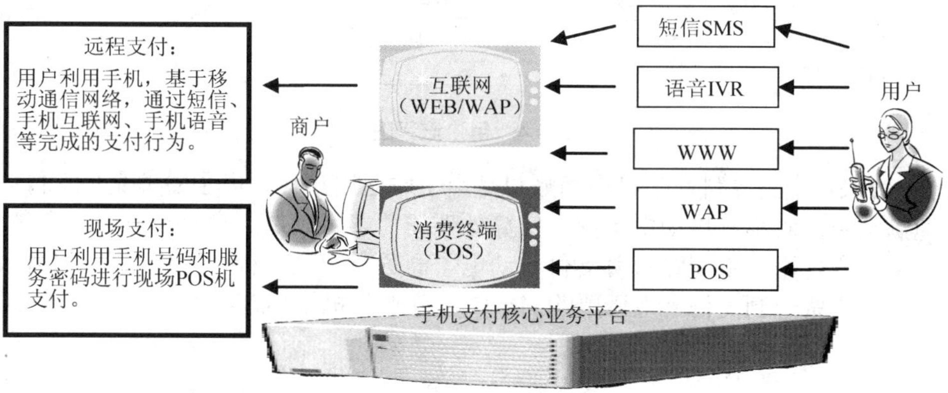

图3.2 联通支付流程图

(2) 支付范围。联通手机支付范围如图3.3所示。

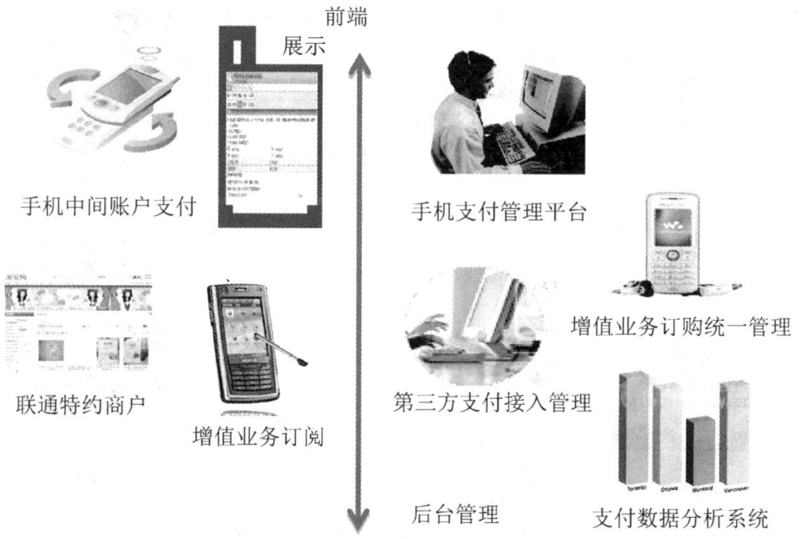

图3.3 支付管理流程图

(3) 用户流程。用户使用手机支付的流程详见图 3.4。

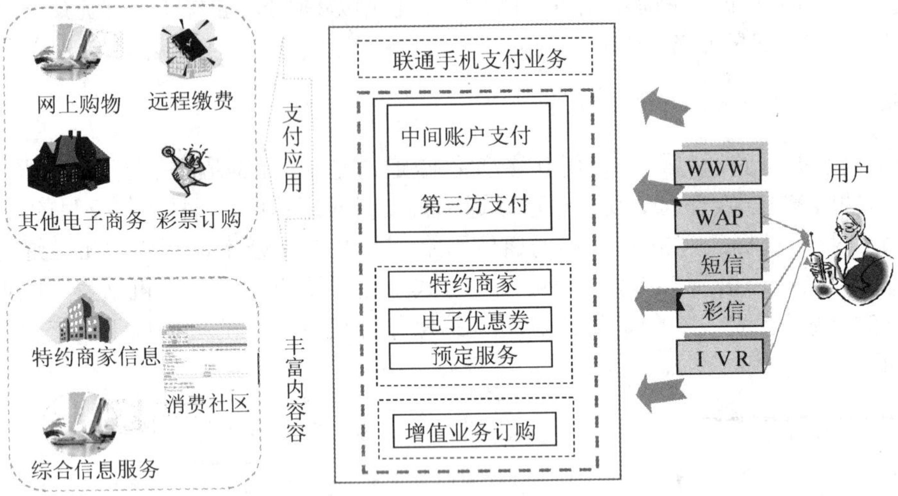

图 3.4　用户流程图

(4) 中间账户交易支付。手机中间账户是用于联通用户移动电子商务交易支付的账户，可更好地满足用户对小额移动电子商务结算处理的需求、满足商户对小额商品交易管理的需求，方便用户使用。中间账户可支付移动电子商务付费类多种个性化服务，具体包括购买数字点卡、彩票定制支付、电影票购买、Q 币兑换、机票预订等多项业务，详见图 3.5。

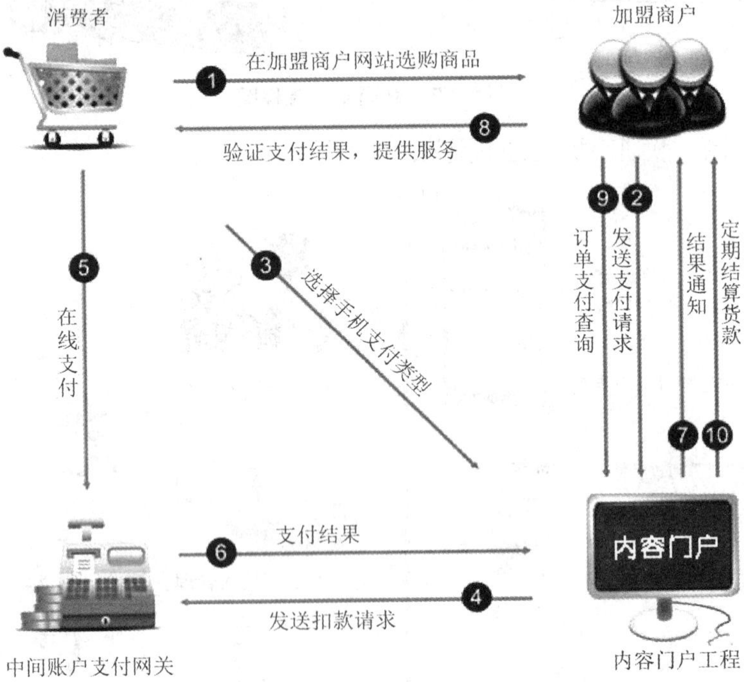

图 3.5　中间账户交易支付流程

资料来源：http://iservice.10010.com/guideToNew.html

(4) 增值业务系统支付业务。手机支付平台将针对增值业务服务商提供中间账户支付接口，同时整合账户管理功能，各增值业务服务商可以通过系统进行交易记录查询，并根据系统产生的记录进行对账(详见图 3.6)。

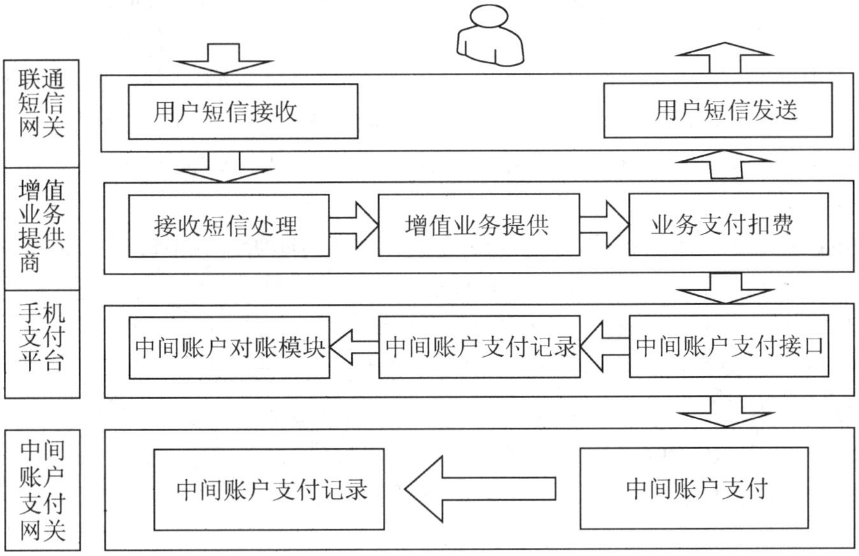

图 3.6　增值业务系统支付流程

(5) 应用场景。应用场景将根据业务的不断拓展慢慢接入与丰富，系统将提供可扩展的接口方式，为系统接入其他业务奠定基础，如全国性网上购物、订阅手机报等(见图 3.7)，其核心模式就是在不断丰富内容门户业务的同时，拓展增值业务服务，针对签约商户收取交易服务费。

图 3.7　应用场景

3.2.2　手机银行技术基础

手机在人们生活中扮演的角色不断丰富，客户在任何时候、任何地方使用任何可用的方式都可以得到任何想要金融服务的强烈需求有机会以金融业务与移动 IT 的结合而实现，金融业务形成一种新的趋势——移动金融服务。

1. USSD/SMS/WAP

(1) 尽管目前USSD、SMS和WAP都属于电路承载型的业务，但它们所使用的电路信道各不相同：通话状态下，USSD和SMS使用相同的信令信道即SDCCH，数据传输速率大约为600bps；而非通话状态下，USSD使用FACCH信令信道，数据传输速率大约为1Kbps，比SMS传输速率高。目前，用户只能在非通话状态下使用WAP，数据通过话音信道TCH进行交换，其传输速率大约为9.6Kbps；随着GPRS、3G等移动通信技术的发展和成熟，WAP将演变为分组交换型业务，其数据传输速率也将达到115.2Kbps(GPRS 的一般速率)，甚至达到2Mbps。

(2) USSD在会话过程中一直保持无线连接，提供透明管道，不进行存储转发；而SMS在物理承载层没有会话通道，只是一个存储转发系统，用户完成一次查询需要进行多次会话过程。因此，USSD每次信息发送不需要重新建立信道，就响应时间而言，USSD比短信息的响应速度快。WAP与USSD类似，交互中保持一个会话过程，但由于WAP服务器和Internet速度等因素的影响，其目前的响应速度比SMS还慢。

(3) USSD和WAP都可以在服务器端对服务内容进行相应的调整，尤其是USSD可以在服务器端方便地修改菜单，使运营商可以迅速针对市场需求情况的变化做出反应；而以SMS平台为基础的STK卡则无法随时修改菜单选项，在业务开拓方面要稍微麻烦一些。

随着USSD应用的进一步推广和日渐成熟，运营商可充分利用当前的GSM网络资源，整理建设思路，并可以将USSD和SMS、WAP等集成在一起，提供满足各种用户需求的移动数据业务。

2. K-Java/BREW

K-Java和BREW在交互方式、交易速度、界面表达能力方面均有较强的优势，BREW在安全性上更完善，而K-Java则在用户群和开发商方面更有优势。

据悉，在中国移动强推“百宝箱”业务时，中国联通也即将支持Java业务，而美国高通公司业务将在CDMA芯片中同时支持BREW和Java平台。

3.2.3 手机银行的应用

国内一些商业银行在最近几年陆续推出了“手机银行”服务业务，使得手机不只是一个通信工具，但主要模式都是基于STK的手机银行，最近随着无线通信技术的发展，出现了基于手机的不同通信模式的应用，使手机银行的模式越来越多。下面主要对几种主要模式作一些比较。

1. 基于SMS的应用模式

该技术是基于手机短信提供银行服务的一种新的手机银行模式，客户和银行通过手机短信交互信息。

(1) 技术基础成熟。现有的所有手机均支持这种方式，对用户来说不需要任何设备更新。

(2) 成本不确定。不论交易者在何地，(中国地区)每次交互需 0.1 元/次，也有的移动通信系统低于 0.1 元/次。

(3) 面向非连接的存储——转发方式。只能实现请求——响应的非实时业务。

(4) 无法实现交互流程。不同的业务需要使用不同的代码完成。

(5) 信息量少。由于该系统是简单的存储转发模式，致命缺陷是交互性差、响应时间不确定。

2. 基于 STK 卡的手机银行模式

该模式是使用银行提供的 STK 卡替换客户的 SIM 卡，事先在 STK 卡中灌注银行的应用前端程序和客户基本信息，客户使用该卡完成银行业务。STK 卡的应用特点如下。

(1) 内置银行密钥。内置银行密钥，可实现端到端的安全。

(2) 基于 STK 卡。STK 卡可以解决菜单、密钥和个人信息存放，有较少支持 WAP。

(3) 有特定的运营商限制。该模式有其运营商限制，在国内仅限于中国移动或中国联通。

(4) 有手机型号限定。该模式对部分手机型号进行了限定，这主要是为了支持 STK 卡操作。

(5) 业务扩展较难。新增服务或客户信息变更时需要重新写卡，业务的交互流程限制在卡内，无法方便实现银行对用户调整定制的服务。

(6) 推广成本高。STK 卡和配套设备有固定的支持与兼容系统，用户需要更换 STK 卡，或更换支持 STK 卡的手机。

(7) 技术标准不统一。它受处理器技术发展的限制，技术发展空间小。

(8) 32K STK 卡的兼容性差。该卡的容量决定了在一张卡上只能使用一家银行的服务。

3. WAP 模式

WAP 是全球性的工业标准，支持动态伸缩的数据装载，不受服务种类限制，联机方式、应用存在手机上，使用特定的终端设备。因终端特性和开发难度而导致目前无大规模应用。特性如下。

(1) 面向连接的浏览器方式，可实现交互性较强业务，可实现网上银行的全部功能。

(2) 终端设置较复杂。

(3) 客户可能需要更换终端设备。

(4) 交易成本高，不适合频繁小额支付。

4. GSM/USSD 模式

GSM 系统网络是我国当前最为普遍的手机操作服务平台，在发达国家已经逐渐被 CDMA 等新型环保的服务模式所取代。

USSD 是实时互动的全新移动增值业务平台，为最终用户提供交互式对话菜单服务，支持现有 GSM 系统网络及普通手机，提供接近 GPRS 的互动数据服务功能。该模式主要优势有以下几点。

(1) 传输速度较 SMS 快。

(2) 面向连接，提供透明的交互式会话，容易实现银行为不同客户定制的交互流程。

(3) 交易成本低，可以以接近 SMS 的价格实现接近 WAP 的业务功能。

(4) 手机无需作任何设置。

(5) 相对于 SMS，其信息量较大。

(6) 不支持 USSD 交互的手机，可通过类似 SMS 的功能代码方式交易。

(7) 不是所有地区的移动服务商都支持此模式，但可以漫游。

(8) USSD 应用接口协议是 SMPP。SMPP 协议是无线数据市场上使用最广泛的信息协议，SMPP 的使用为 USSD 使用现有的应用(如 SMS)提供了可能。USSD 服务器提供了对 SMPP 应用开发的一系列支持，开发包支持 Windows 和主要 UNIX 版本的 C 语言开发库。

5. BREW/K-Java 模式

该模式有 6 个主要特点。

(1) 图形化界面，可以和用户有良好的交流。

(2) 提供透明通道，实时通信，响应迅速。

(3) 支持的终端较少。

(4) 安全机制较完善，适合电子商务运作。

(5) 需为不同终端编译不同的版本支持。

(6) 功能更新需客户下载新版本。

6. 手机钱包和手机理财

1) 手机钱包

利用手机进行支付的金融产品是指客户将手机号码与银行卡支付账户进行绑定，通过手机短信、语音、WAP、K-Java、USSD 等操作方式，使用手机缴费、电子商务付费、账户查询等个性化的金融服务。

随着客户对移动电子商务要求的不断变化，“手机钱包”的功能也将不断扩展和加强。“手机钱包”是中国移动、中国银联、联动优势科技有限公司联合各大银行共同推出的一项全新的个人移动金融服务。

2) 手机理财

利用手机对银行账户进行理财的金融产品，具有账户查询、理财通知、自助缴费/充值三大功能。

手机银行可以依托的手机技术也朝着客户界面日益友好、交易速度越来越快、安全性逐渐增强的方向发展。因此建立手机银行的解决方案不应追逐或拘泥于某种接入技术、某个特定的通信服务器提供商，而应在提供强大的向后兼容的基础上，注重银行业务在移动通信渠道上的集成，无论接入技术如何变化，不变的是银行业务本身的逻辑。

3.2.4 手机银行系统

手机银行作为一个实时在线、交互性强的交易渠道，首先它是基于银行账户的交易，而不是基于手机话费的交易，因此需要客户将手机和其银行账户对应绑定。其次，一方面银行将有大量金融产品通过该渠道发布，需要将银行的金融产品解释成手机银行渠道的业务流程；另一方面，由于其贴近客户的特定，而且由于手机这种移动终端的界面表达能力的限制，不可能把所有的功能一次性全部展示在客户面前，需要为不同客户提供不同的定制服务。最后，手机银行系统需要支持多通信服务提供商和多接入技术，手机银行系统网络如图 3.8 所示。

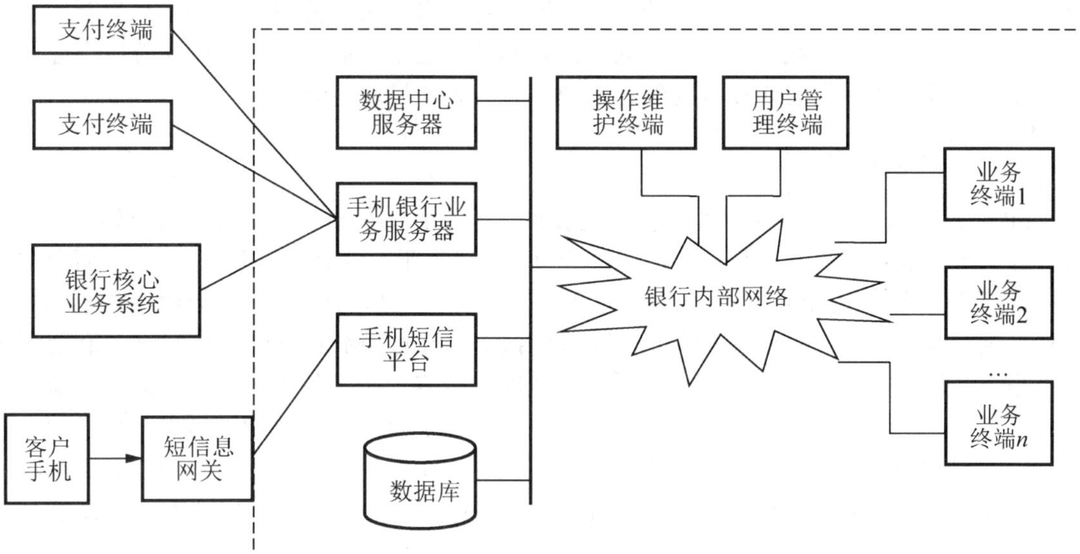

图 3.8　手机银行系统网络拓扑结构示意图

因此在设计系统时，结合信息系统实际情况，通过手机银行系统的建设，需要集中签约系统、交互流程控制、业务集成系统相互协调，共同完成手机银行完整业务。

手机银行系统主要由 3 个部分组成。

1. 集中签约(个性化设置)系统

集中签约(个性化设置)系统，通过集中签约系统，实现客户信息的集中共享，为以客户为中心的服务模式提供基础；通过多渠道签约，方便客户完成签约过程，降低营销成本。目前，手机银行的集中签约系统主要实现以下功能。

(1) 客户信息集中管理。实现了客户信息的最大化利用。

(2) 提供客户定制的个性化的信息。初步体现了客户的差别化服务。

(3) 产品管理功能。提供了抽象的产品要素和交互流程管理，提供了同样的产品在不同渠道上的一致表现。

(4) 统一的渠道属性管理。包括渠道信息维护管理、统一的渠道交易状态控制、统一的渠道交互安全控制、渠道产品控制和客户渠道产品的签约控制。

(5) 统一的产品计费管理。按客户需要提供相应功能的统一机制，针对不同客户进行针对性定价和优惠策略，为客户提供套餐、优惠等计费服务，集中签约系统中记录了客户定制的所有渠道、产品信息，可在此基础上实现统一的产品计费管理。

2. 业务集成系统

由于手机银行本身仅为一个交易渠道，真正的银行商业逻辑由核心产品层的功能组件提供，而这些功能组件往往不是直接面向客户的产品，因此，业务集成系统主要包含两个方面的能力：对于可单独提供产品能力的服务将其通过配置进行发布；对于需组合使用的服务，提供封装服务，以达到通过配置使其以新的产品服务形态表现的目的。同时，业务集成系统根据客户预先定制签约系统中的定制信息，自动组织并完成核心产品需要的交易信息。这样，同样的金融功能由于不同客户定制信息的不同而对不同客户体现出个性化特性。业务集成系统提供面向技术的配置化的产品—服务封装功能。

3. 交互流程控制

SP 前置交易交互流程控制系统实际包括两个部分：一是对具体渠道的协议转换；二是对签约系统中制定的产品要素流程的具体交互控制。由于 USSD 接入模式的特性(面向实时连接)和手机终端表达能力的限制，客户在手机上对每个产品的每个交互步骤的控制均由 SP 前置系统控制。在设计和实施中除去与移动 USSD 平台的 SMPP 协议转换部分，SP 前置实际上是一个通用的交易交互流程控制系统，能够保持客户在具体渠道终端上的交易流程状态，并交互式在向渠道终端提供交易序列。SP 前置的交互流程控制通过与不同渠道的内容管理组件的配合，可以提供基于文本、语音、图形、图像等不同表现形式的业务流程，可以方便地将业务集成系统包装的产品实现在多媒体终端、电话银行、电视银行等渠道上。

3.2.5 手机银行风险控制

手机银行系统安全与风险控制，由于 USSD/SMS 移动接入模式的限制，整个系统的安全建立在移动 GSM 网的安全基础上，手机银行无法提供端到端的安全，因此无法在技术上实现系统的抗抵赖，只能通过与移动服务商的协议，约束其必须提供真实有效的交易信息。鉴于这个原因，在系统安全控制上除与移动服务商通过协议约束其必须提供安全可靠的接入服务外，系统还提供了大量的风险控制手段，主要有以下几个控制机制。

(1) 访问控制。基于签约系统提供产品的访问控制，限制客户访问自己定制的产品和服务，当某些产品和服务存在一定的风险或者是不安全因素时，客户有权根据自己的选择不使用该项产品和服务，以保护自身的利益，同时避免银行与客户的纠纷。

(2) 记录发送的信息。记录所有移动 USSD 平台发送的信息，供事后安全审计使用。

(3) 专用渠道密码。在手机银行渠道上使用与客户账户、卡密码不同的专用渠道密码，防止客户账户、卡密码的泄漏。

(4) 提供高粒度的客户风险控制手段。客户在系统最大允许范围内，可以在产品和渠道一级分别自行定制其能够承受风险的周期交易最大交易额度和交易次数。

(5) 身份认证。在第一次签约验证用户有效身份证件，手机银行渠道签约时用户提供的手机号码发送随机确认码验证客户身份，并为手机银行渠道单独设置一个支付密码。需要通过手机银行渠道发生账务事件时，客户必须每次提供该密码以确认其身份。

(6) 访问控制的目的。访问控制的目的在于限制客户访问允许访问的产品和服务，在该项产品和服务存在一定的风险或者是不安全因素时，客户有权根据自己的选择不使用该项产品和服务，以保护自身的利益，同时避免银行与客户的纠纷。访问控制功能由集中签约系统统一提供，其力度应当到渠道和产品级，即客户可以选择只在指定的渠道(可以是多种)享受或者不享受该行提供的某一种或者多种产品和服务。

(7) 抗抵赖。由于通过 USSD/SMS 方式的手机银行无法提供端到端的安全，因此无法在技术上实现系统的抗抵赖，只能通过与移动服务商的协议，约束其必须提供真实有效交易信息，而客户的抗抵赖由移动服务商平台上的安全机制完成(使用手机置于手机 SIM 卡上的 IMSL 码对交易信息进行签名)。

当人们把手机银行乃至手机支付的商业模式小心翼翼地推向市场时，可以预见，手机移动支付很可能是手机作为一种移动通信终端，从单纯的语音传输工具向数据传输工具跨越的又一个推动力量，而且也是金融业务开始向移动金融服务大举进军的推动力量。随着移动通信技术的日趋完善，手机银行将打造一个全新的价值链，手机银行将给银行增加的中间业务收入并使银行卡增值，同时作为一种优质高效、低成本的交易渠道，其替代银行柜面这一高交易成本渠道业务的替代效益也不可小视，大大降低经营成本。除了获得实在的利益外，银行还可以通过为客户提供新的价值来提升客户的忠诚。

这场即将到来的战役中，中国移动与中国联通联合各自的力量，在力拼短信、彩信和彩 e 的同时，又分别推出了无线 Java 和 BREW。作为移动通信数据业务平台，无线 Java 和 BREW 的推出，标志着手机银行数据业务的开发与应用进入了新阶段。而银行方面，如果不能迅速开发并占领市场，那么“银联”和通信服务提供商的联合将使银行方面“脱媒”。巨大的商机将吸引各种力量，无论市场最终选择了任何模式，手机支付的时代已经来临。

手机证券业务是移动通信企业的自有业务，通过基于无限通信网络的证券综合平台为全国移动数据用户提供全新模式的证券应用服务，内容包括实时行情、股市资讯、在线交易以及专业的股评资讯等业务服务，该业务体现了手机信息化、多用化的发展思想。手机移动保险、手机移动期货随之应运而生，既满足了客户的需求又为手机业务增添了新的一族。

3.3 电 话 银 行

电话银行是近年来国外日益兴起的一种高新技术，它是实现银行现代化经营与管理的基础。它通过电话这种现代化的通信工具把用户与银行紧密相连，使用户不必去银行，无论何时何地，只要通过拨打电话银行的电话号码，就能够得到电话银行提供的其他服务(往来交易查询、申请技术、利率查询等)。当银行安装这种系统以后，可使银行提高服务质量，增加客户，为银行带来更好的经济效益。

3.3.1 电话银行的功能和服务内容

和近年来兴起的自助银行一样，电话银行也是银行扩展业务、增强客户服务的重要手段之一。电话银行的接入方式方便，通过大多数人都具有的终端——电话，用户能够在任何地方、任何地点获得服务。为适应这一发展需求，全国各大专业银行相继开通客户统一服务电话来提高银行服务形象。

1. 账户管理

客户可以通过电话银行实现对本人的银行借记卡、活期一本通、定期一本通账户的管理。

(1) 账户信息查询。可以查询活期余额、定期账户明细及各账户余额。

(2) 电话银行密码修改。可以通过电话修改本人电话银行密码。

(3) 交易明细查询。查询当日或历史账户变动明细，并可传真对应明细。

(4) 账户口头挂失。当客户的银行卡遗失时，可以在第一时间通过电话办理账户的挂失，降低账户资金被他人盗用的风险。

2. 汇款与转账

1) 汇款

客户通过网点柜台签约，即可通过电话银行人工或IVR自助交易办理向任意账户人民币汇款转账服务，提供向同城、异地、本行、他行账户汇款，实时通过银行大小额支付系统汇出。

(1) 指定账户汇款。客户可办理向预先签约指定的收款账户汇款。

(2) 非指定账户汇款。客户使用签约手机接收验证短信，验证身份通过后，办理向任意账户汇款。

(3) 定时定额汇款。客户可申请按照固定时间、固定金额向某指定账户汇款，由银行按照时间及金额约定为客户汇出款项。

电话汇款的特点是便捷性、安全性和时效性。

① 便捷性，即随时随地拨打电话即可办理个人汇款业务，提供人工口述交易。

② 安全性，即4项指定安全措施，保证账户资金安全。

③ 时效性，即大小额支付系统，汇款资金到账快。

2) 转账

客户通过电话银行自助交易可以办理本人同一客户号下不同账户以及同一账户定活之间的转账，资金实时到账。

(1) 同一客户号下账户间转账。同一客户在银行开立的账户之间可以通过电话银行办理转账业务，资金实时到账，包括卡卡转账、卡折互转。

(2) 同一账户下定活互转。客户通过电话银行可以办理银行借记卡内活期转定期、定期转活期，资金实时到账。

3. 缴费支付

1) 代缴费

客户通过电话银行自助语音可办理各类水电煤、有线宽带、报名考试费等费用的缴纳。通过与水电气等公用事业单位合作，依托电话银行服务平台，客户无论何时、何地，只要使用身边的电话，拨打电话银行的电话便可自助办理各类公用事业费缴费。

代客缴费功能可以使客户足不出户交纳各种费用，免去银行排队，缴费变得更轻松。7×24 小时随时随地缴费，解决客户与生活息息相关的缴费难的问题。

2) 订单支付业务

“订单”是收款人(商户)和付款人(个人客户)之间达成商品或服务等交易意向后，对应生成一条带有特定编号的交易信息，记录双方的交易金额、品种、编号等信息。

订单支付业务是银行为开展电子商务的商户和客户之间提供的经双方确认后的订单所记录的资金结算处理。客户在银行合作商户订购商品或服务，生成订单后，持银行卡通过银行各种电子渠道及柜面，向银行发出支付指令，银行负责将该笔资金清算至对应商户账户中，完成订单所对应资金的支付结算。

4. 电话理财

1) 外汇买卖

电话银行外汇买卖为客户提供即时外汇交易、挂单外汇交易、汇率查询、历史交易查询和外汇两得利试算等功能。

为客户的外汇理财提供简便、顺畅的通道，客户无需去外汇交易市场和我行营业网点，随时随地即可方便、快捷地查询所有外汇行情，即时进行外汇交易。

(1) 便捷性。7×24 小时随时随地使用电话办理外汇投资。

(2) 即时性。实时掌握外汇行情，捕捉投资机会，提高外汇资金收益性。

2) 电子国债

客户可通过人工或电话自助语音交易办理财政部发行的凭证式国债购买、查询等业务。

(1) 国债信息查询。查询代售国债信息，包括年限、利率等。

(2) 国债购买。办理不同期次、不同年限凭证式国债购买。

(3) 国债账户查询。查询客户卡内国债账户信息。

该项业务有如下特点。

① 便捷性。国债发行期间即可拨打电话办理国债业务，提供人工服务和自助交易。

② 风险低。国债投资风险低，有稳定的投资收益。

③ 电子凭证自动兑付。卡内电子国债账户到期自动兑付转入活期。

3) 电话在线理财

客户可通过电话办理银行外币理财产品的咨询、在线预约，保留产品的额度，方便客户筹集资金购买到满意的产品。

其特点如下。

(1) 便捷性。为客户提供理财产品咨询、预约、购买一站式服务。

(2) 专业性。由理财专员在线咨询，并及时为客户提供理财产品资讯，成为客户贴身家庭理财秘书。

4) 开放式基金

电话银行可以为客户提供开放式基金在线咨询和基金人工交易、IVR 自助交易服务。主要服务内容见表 3-1。

表 3-1 开放式基金服务内容

业务类型	服务内容			
委托业务	基金认购	申购	赎回	撤单
查询业务	基金委托	成交	净值	账户查询
特殊业务	基金开户	变更分红方式	定时定投	

这项业务的特点是如下。

① 全天候轻松投资。7×24 小时基金投资电话在线咨询、交易。

② 投资一站式。提供基金产品开户、购买、查询等一站式服务。

③ 人工交易更便捷。客户可通过人工服务办理基金交易，投资更轻松。

5．增值服务

1) 电子客票

为持卡客户提供出行方面的增值服务，客户拨打银行指定的订票电话即可享受航班查询、机票查询、机票预订、在线付款等一站式服务，满足客户出行之需。

特点是支持国内国外机票预订、明折明扣和最低折扣；提供电子客票服务、无需送票、随时随地提供预订；特定的电子客票电话号码方便记忆，支持银行借记卡在线支付或送票上门付款。

2) 贵宾预约服务

贵宾客户通过贵宾电话专员可以预约办理银行的贵宾服务，为客户的出行、就医、休闲提供更加优质高效的服务。

(1) 机场贵宾预约。为贵宾客户办理机场绿色通道预约服务，客户享受机场贵宾厅候机、专人陪同安检、登机等特色服务。

(2) 医疗通道服务。受理贵宾客户医疗通道预约，客户可享受名院名医预约挂号、专人导医、优先就诊、贵宾厅休息、优惠体检等特色服务。

(3) 俱乐部服务。受理客户预约银行特定的休闲娱乐俱乐部为贵宾，提供全面的休闲服务，享受更多尊贵服务。

3.3.2 电话银行系统网络结构与服务流程图

图 3.3 模拟中继电话线为 16 线，直接与电话银行的 CTI 服务器的外线接线盒相连，座席耳机电话接在 CTI 服务器的座席盒上。座席 PC 上安装 Windows 版的人工座席软件，用于座席员签到、签退、监视业务流水、统计报表等工作。数据库服务器用于存放客户信息数据、业务咨询资料、座席咨询投诉流水等数据。数据量较大时，独立设置一台数据库服务器；数据量较小时，可以指定某一台座席 PC 兼作数据库服务器使用。必须保证座席 PC、CTI 服务器、数据库服务器、银行业务主机的网络畅通。

客户利用电话或者传真机拨打银行提供的客户服务热线电话，首先通过中继线接入到电话银行的 CTI 服务器中，CTI 服务器集成有交换机(PBX)、自动语音应答(IVR)、传真服务器(FAX)、人工座席(Agent)、录音服务器(Record)的全部功能。系统自动应答并给客户播放提示语音。中继线的数量多少直接反映系统能同时提供服务的客户数量。客户选择自助服务后，系统根据客户的操作要求直接与银行业务主机通讯交易获取数据，利用语音报给客户结果，或通过传真方式给客户发传真。当客户选择人工服务后，系统自动给空闲的座席电话发振铃。待座席员接起电话后，系统把客户电话与座席员电话接通。这样座席员可以直接为客户提供全面的服务，如业务咨询、受理投诉、信息查询等。同时系统还可以实时对客户与座席的通话进行录音，以备今后使用。服务结束后自动拆线。

使用电话银行时，客户在每一级操作前均有语音提示，但可以省略，直接按键操作，即进入。

客户在选择服务项目和输入菜单时，按“#”键返回上一级菜单，按“9”键返回第一级菜单，按“0”键转人工服务。如果输入小数(金额、汇率)，按“*”键代表输入小数点；当客户操作出现错误时，先提示输入错误，然后重新播放输入提示。

下面是电话银行系统网络结构、功能与部分服务流程图，其内容均由图形表示，不再做文字表述。

1. 电话银行网络结构图

电话银行网络结构图，如图3.9所示。

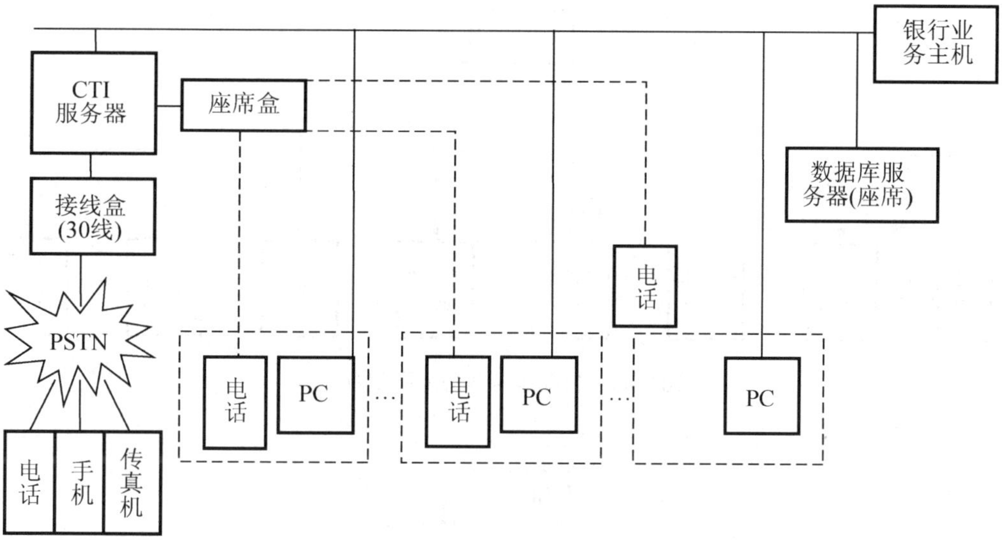

图3.9 电话银行网络结构示意图

2. 电话银行功能结构图

1) 电话银行功能菜单

电话银行功能菜单如图3.10所示。

2) 自助服务业务流程图

自助服务业务流程图，如图3.11所示。

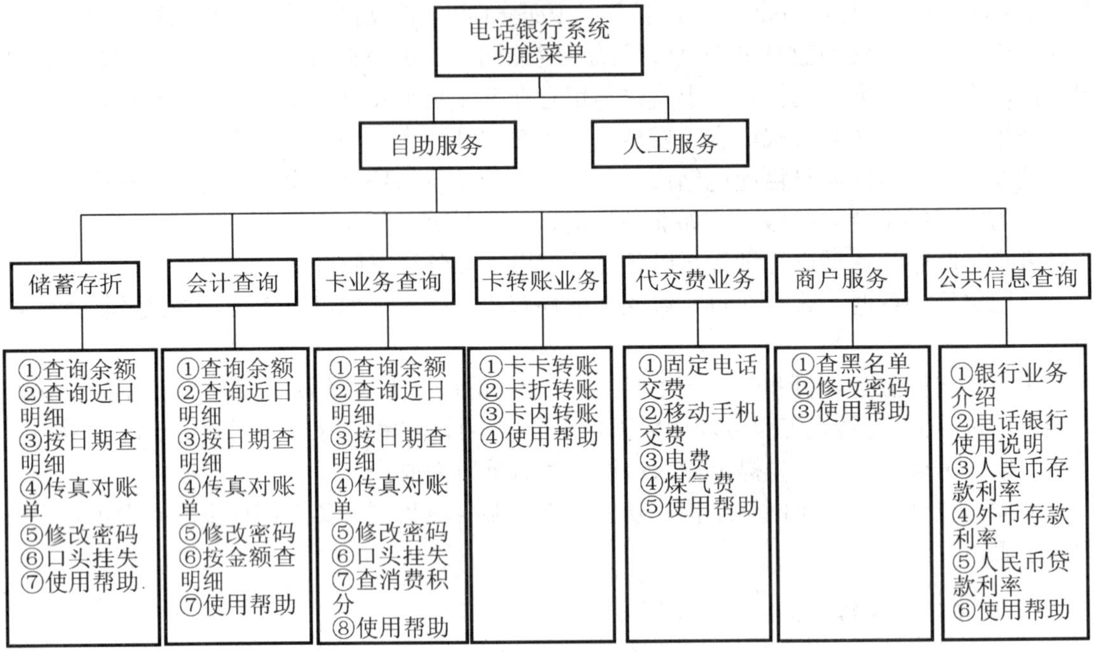

图 3.10　电话银行功能菜单

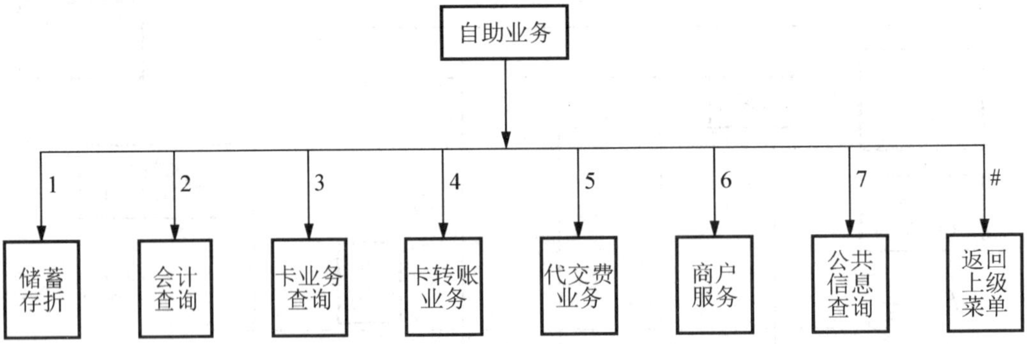

图 3.11　自助服务业务流程示意图

(1) 储蓄存折，其功能如图 3.12 所示。

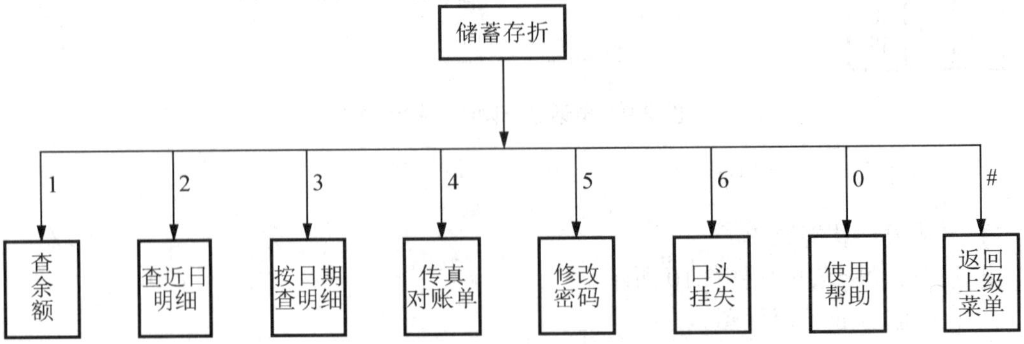

图 3.12　电话银行储蓄存折功能图

(2) 会计查询，其内容如图 3.13 所示。

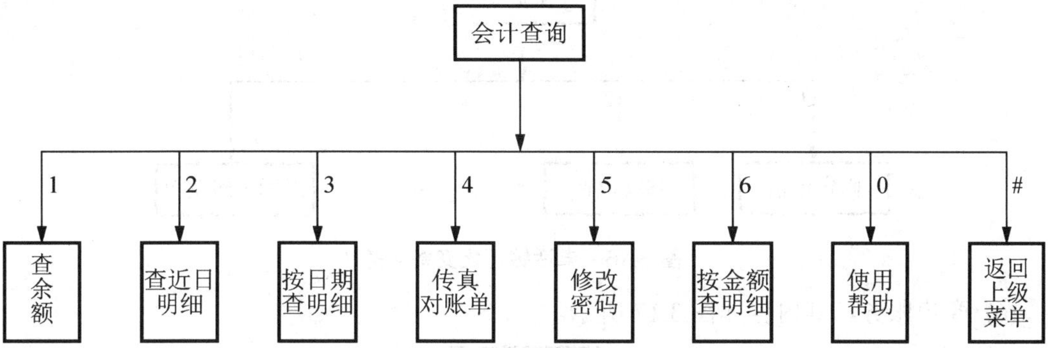

图 3.13 会计查询的内容

(3) 银行卡业务查询，其内容如图 3.14 所示。

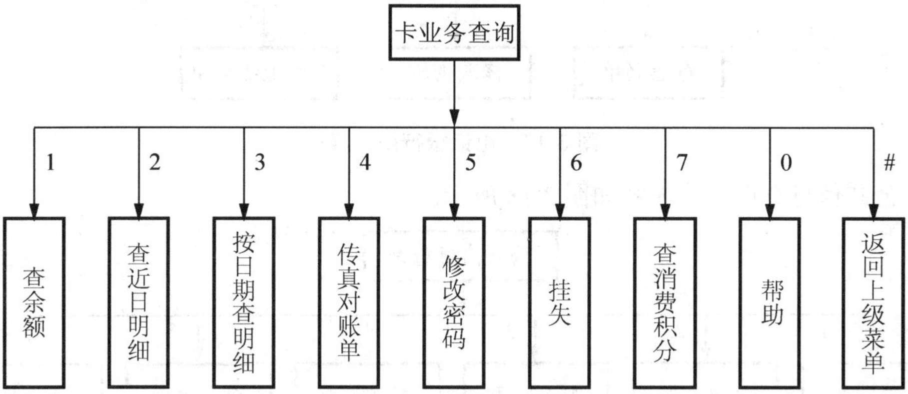

图 3.14 银行卡业务查询

(4) 银行卡转账业务，其内容如图 3.15 所示。

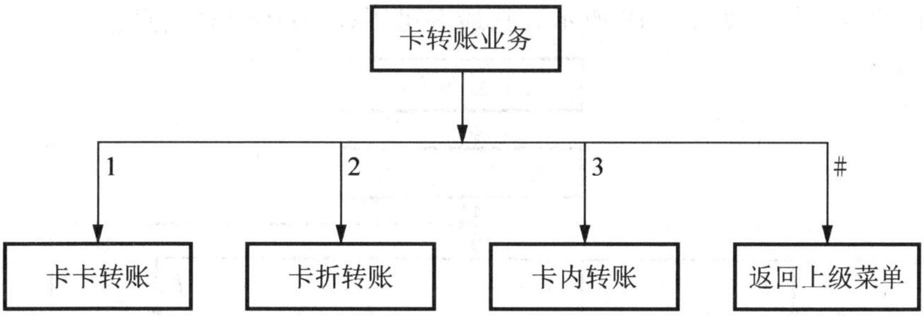

图 3.15 银行卡转账业务

(5) 代交费业务，其内容如图 3.16 所示。

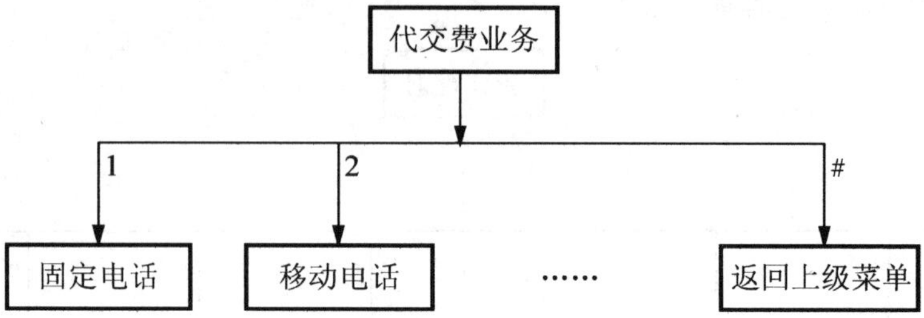

图 3.16　电话银行代交费业务

(6) 商户服务，其内容如图 3.17 所示。

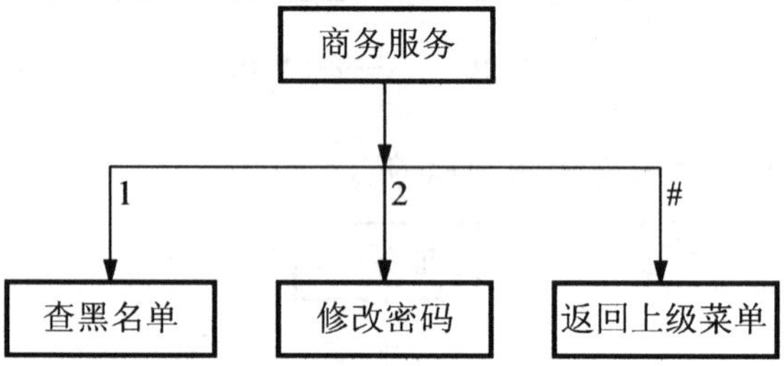

图 3.17　电话银行商户服务

(7) 公共信息查询，其内容如图 3.18 所示。

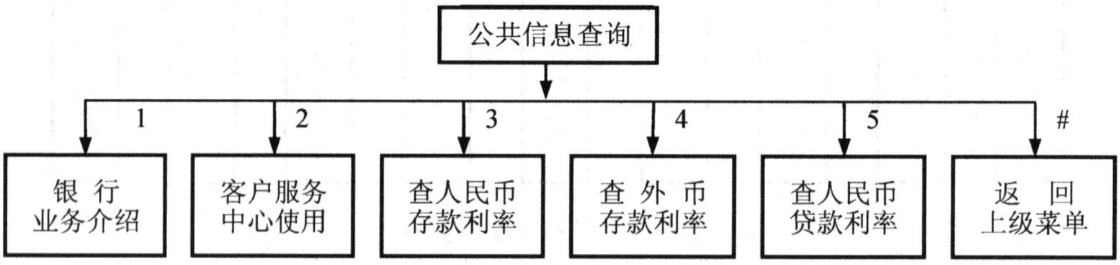

图 3.18　电话银行公共信息查询

① 银行业务介绍，如图 3.19 所示。它最多可预存 10 条语音信息。

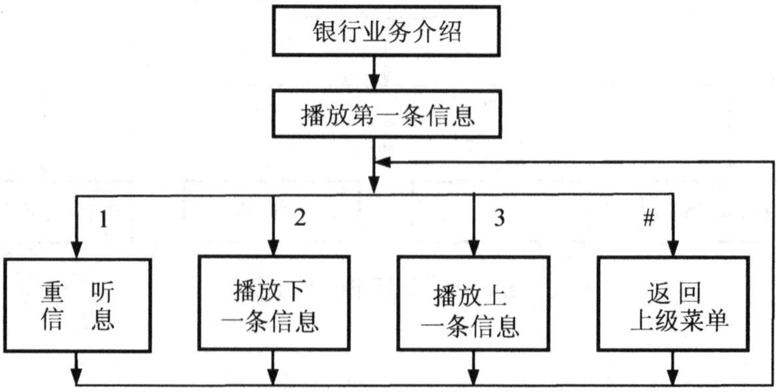

图 3.19　电话银行语音信息

② 客户服务中心使用说明，如图 3.20 所示。它只有一条语音。

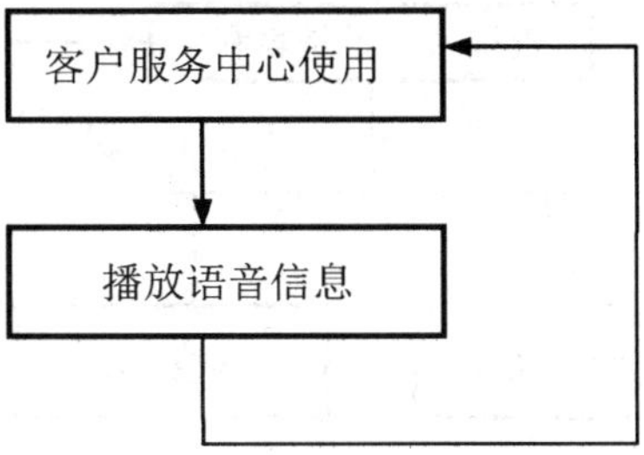

图 3.20　电话银行语音使用说明

③ 查人民币存款利率，其内容如图 3.21 所示。

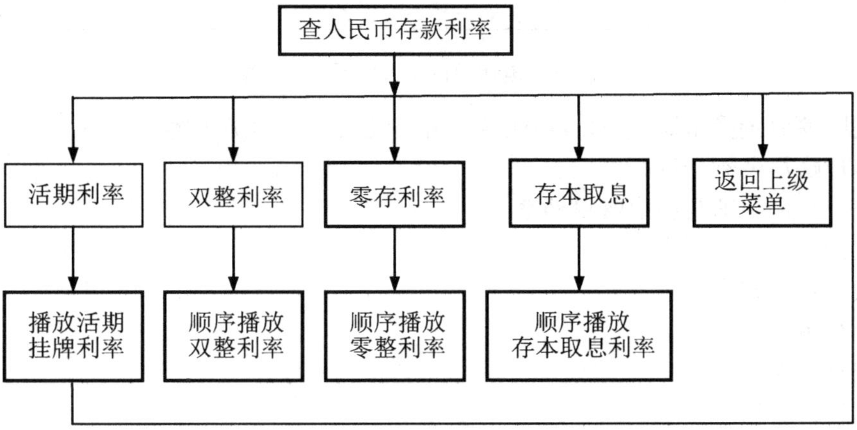

图 3.21　电话银行查人民币存款利率

④ 查外币存款利率，其内容如图 3.22 所示。

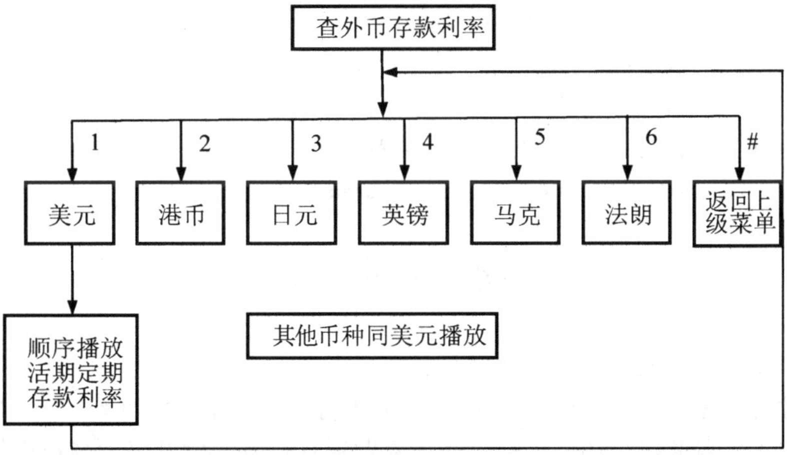

图 3.22　电话银行查询外币存款利率

⑤ 查人民币贷款利率，其内容如图 3.23 所示。

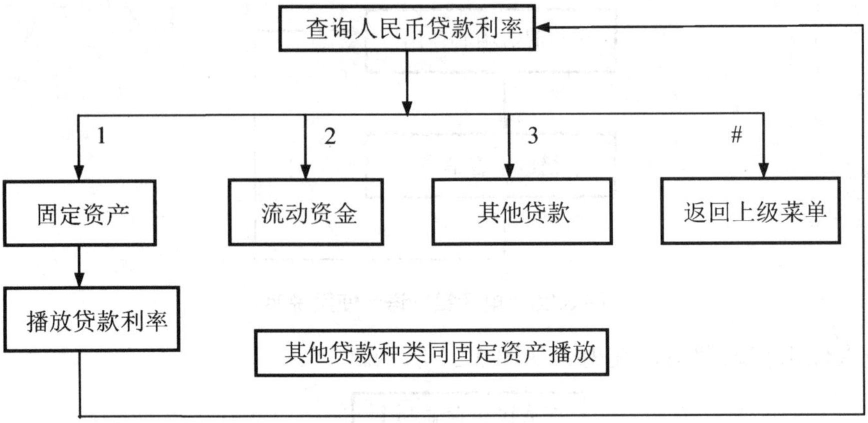

图 3.23　电话银行查人民币贷款利率

电话银行除上述图例表述的服务业务之外，还有下列服务内容。

(1) 客户账户余额查询。

(2) 账户往来明细及历史账目档案。

(3) 大额现金提现预告。

(4) 银行存贷款利率查询。

(5) 银行留言。

(6) 银行通知。

(7) 其他各类指定的查询服务。

自助银行、手机银行和电话等多媒体银行的特点如下。

(1) 操作简单，自动化管理，不需要人工干预。

(2) 安全性高，系统内配有多级用户验证，保证客户银行信息安全。

(3) 可实时查询，实现银行 24 小时服务。

(4) 银行内线与外线任意配置。

(5) 可配置传真接口。

(6) 可实现强行拨号，而无需等待提示语音结束。

(7) 线路的接口应该符合信息产业部的入网标准。

本 章 小 结

本章主要介绍了自助银行、移动银行和电话银行系统的构成、功能、支付的模型和支付工具的支付与结算原理、模型及特点；重点解释了这类银行的体系结构和服务体系建设。本章所介绍的几种自助银行和电话银行是指商业银行通过金融网络为客户提供的全方位金融产品与金融服务的新的经营方式。本章还阐述了自助银行和电话银行的基本特征，详细分析了不同模型手机银行的特点与功能以及低成本和高回报的优势、信用的重要性和提供的“3A”服务等。

关键术语和概念

自助银行 ATM 隔离式自动银行 夜间金库 自动保管箱 移动金融服务 K-Java SMS STK卡 WAP 手机钱包 手机理财 电话银行

综合练习题

一、单项选择题

1. “使用专用网传递信息，必须在商场使用商场的POS机付款，并当场使用有效证件验证身份，再由手写签名授权商家扣款”，以上描述针对的支付方式是(　　)。

A．网上银行卡支付　　B．网上电子钱包支付
C．传统信用卡支付　　D．网上电子转账

2．采用数字签名进行远程授权的支付方式是(　　)。

A．银行卡在线刷卡记账　　B．银行卡从ATM机提款再支付
C．银行卡POS结账　　D．银行卡网上支付

3．根据电子支付的定义，以下选项中不属于电子支付的是(　　)。

A．用银行卡进行结账　　B．用电子钱包进行网上支付
C．电子汇款　　D．用银行卡从ATM机提款再支付

4. 手机银行(移动银行)也是以互联网为网络支持，但是以移动电话为接口设备，以(　　)为安全控制工具和交易手段，为客户提供更为方便、快捷的服务。

A．IC卡　　B．ATM　　C．POS　　D．信用卡

5．以下哪些不是银行卡采用联网设备以(　　)方式进行支付的？

A．在线刷卡记账　　B．POS结账
C．ATM机提取货币　　D．借助E-mail在网络上直接支付

二、简述题

1．简述手机银行的主要形式。
2．为什么说自助银行是实体银行的一个重要组成部分？
3．简述网上银行的主要支付方式。
4．简述网上银行的业务功能。
5．简述网上银行的组织体制。
6．简述网络金融的发展趋势。

三、分析题

1．分析网上银行的成本。

2．分析网络经济时代，金融“游戏”新规则。

3．分析网络经济时代的银行再造。

四、思考题

1．分析不同模型手机银行的特点与功能，如何看待手机银行的发展前景？

2．指出自助银行、手机银行和电话等多媒体银行的特点、功能与现状，如何看待自助银行的发展前景？

五、实训题

1．有条件的可以在商业银行办理手机钱包、电话银行和银行卡的开户。

2．结合自助银行、电话银行和信用卡的使用，说明网络金融对人们生活的影响。

第4章 电子货币与应用

学习目标

通过本章学习，了解电子货币的发展和研究的现状、数字现金支付流程电子钱包支付流程、电子支票支付流程，熟悉电子钱包的业务流程，掌握各类电子货币的使用方法和电子货币有关协议。

教学要求

知识要点	能力要求	相关知识
数字现金支付流程 电子钱包支付流程 电子支票支付流程	(1) 了解电子货币的特征、分类与运行的条件 (2) 了解电子货币的职能及在管理方面的特点 (3) 了解电子货币对传统经济产生的影响与发展势 (4) 熟悉电子钱包的业务流程	(1) 国际上常用的电子支票 (2) 各类电子信用卡的使用
网络货币支付流程 电子现金支付原理	(1) 各类电子货币的使用方法 (2) 准确识记本章的基本概念，掌握基本知识点	(1) 电子货币有关协议 (2) 电子货币相关知识

引例

煤水电费放心付款

现在公用事业费代收点遍布大街小巷，家中的煤、水、电、电话、手机费账单一到，出门走不了几步，便能在连锁超市、便利店、书报亭等代收点方便缴款。住在曲阳的刘女士习惯在路口拐角的书报亭缴纳每月的公用事业费，可一些公用事业费代收点随意滞留甚至恶意侵吞居民缴款的案例被媒体曝光后，刘女士开始担心自己会不会遇到类似的问题。上个月张阿姨在银行排队买基金时，一位银行小姐教她使用自助终端付费，先插卡、按键，再接着像超市收费一样把条形码“嘟”地照一下，就把费用给付了。

针对市民因此产生的顾虑，建议市民除了可到各公用事业单位所设的办事处或各营业网点缴纳外，通过银行自助终端自助缴纳或通过网上银行缴纳，是一种最为便捷最为省力的安全方式。

章前导读

随着电子货币应用环境的逐渐完善，电子货币已成为经济信息化社会中必不可少的结算工具，对中央银行货币政策中介目标和中央银行职能的转变都产生影响，其影响与作用将不断扩大。电子货币是一种无形的价值等量信息。它是代表价值的信息预存在集成电路芯片内的一种虚拟观念中的货币。电子货币与传统货币在发行、本质、形式、传递上都存在不同，有自己的优势。电子货币的形式，有电子支票、电子信用卡、电子数字现金和网络货币等。目前我国推广应用的电子货币有银行卡、电子支票和数字化现金等形式。网络支付有 3 种形式：电子资金传输、信用卡系统和数字化现金。

4.1 电子货币

电子货币是一种无形的价值等量信息。它是代表价值的信息预存在集成电路芯片内的一种虚拟观念中的货币。电子货币与传统货币在发行、本质、形式、传递上都存在不同，它有自己的优势。从宏观角度上来讲电子货币的形式有电子支票、电子信用卡、电子数字现金和网络货币等。目前我国推广应用的电子货币有银行卡、电子支票和数字化现金等形式。

4.1.1 货币概述

货币是充当一般等价物的特殊商品。不同形式的货币变化是生产力发展的必然结果。随着人类社会文明和科学技术的发展，生产力水平发生了巨大变化，货币的表现形式也经历了几次大的变革。

1. 商品货币

这种货币产生于人类社会最简单的商品交换时期。它们以实物形式出现，充当物物交换的媒介。如贝壳、兽皮、羊等都被当作货币使用过。这种货币难保存、易损耗，不便于携带和流通。随着人类社会发展和生产力水平的提高，实物货币逐渐退出经济舞台而被金属货币取而代之。

2. 金属货币

这种货币一般产生、流通于封建社会和资本主义社会。它们以金银等贵重金属作为货币来流通。由于生产力水平和有限资源的限制，金银货币为本币，辅以铜铁等比较廉价的金属辅币共同在市面上流通。金属货币的价值比较稳定，而且经久耐用。但铸造工艺比较复杂，流通也不太方便，且因成色不一而造成价值偏差。进入19世纪末期，商品交换和经济交易活动大大增加。今天，数字信号正逐步取代纸张成为货币的新载体，金属货币也逐渐开始退出历史舞台。

3. 信用纸币

目前，在国际上绝大多数国家或地区市场上流通的货币通常都是信用纸币。与前两种货币不同，信用纸币是一种货币符号，本身并没有价值，以国家信用为基础，因此流通中带有一种国家的强制性，信用纸币包括一般的流通纸币、期票、汇票、支票等。纸币的优点是使用、携带、流通比较方便。但是由于它没有价值，纸币的流通势必造成一些经济问题，如假币和通货膨胀等。

4. 电子货币

电子货币是指通过电子终端、电信网络、磁介质以及其他电子设备来执行价值储存和交易支付的一个机制。或以电子信号为载体的货币。货币在发展过程中不断更换载体，从实物到金银，从金银到金银的纸制副本。电子货币产生以后，人们的生活和支付习惯都会有所改变，消费将更加便捷、迅速。电子货币流通方式将会加快我国金融电子化建设进程，减少现金流通，促进金融业务发展和市场繁荣。同时，电子货币的产生将是对传统货币的挑战。电子货币的发行不是中央银行的行为，而是市场行为。

4.1.2 电子货币概述

电子货币是计算机介入货币流通领域后产生的，是信息网络技术发展和现代市场经济高度发展要求资金快速流通的产物。电子货币的出现，彻底改变了银行传统的手工记账、手工算账、邮寄凭证等操作方式，也给人们在购物、饮食、旅游和娱乐等生活方面带来了更多便利，电子货币是货币发展史上的一次重大变革。

1. 电子货币的概念

随着信息网络技术的发展，电子货币应用越来越广泛，影响经济运行中的资金流和金融交易活动。相对于现实世界中具体的货币，电子货币存在着本质的不同，是一种无形的价值等量信息。它是代表价值的信息预存在集成电路芯片内的一种虚拟观念中的货币。

很多人可能都用过邮局发行的IC卡，持卡人可以在任何一台IC卡电话机上打电话，而支付电话费时并不需要使用现金或进行银行转账，机器会自动修改储存在IC卡芯片中的数据资料。这实际上就可以看作是一种电子货币，只不过是单一用途的电子货币，不能作为其他商品的交换媒介。而信用卡则是人们接触到的一种更严格意义上的电子货币，它能用于大多数的商品的购买，消费者在购物时不需要使用纸币，只需通过刷卡来完成预结算，事后再通过银行的结算系统进行转账。通过这两个例子，人们可以简单地将电子货币分为两种类型：一类是以芯片及各种介质为基础的、采取直接扣除方式结算的电子货币，另一类是以账户系统为基础的、采取转账方式结算的电子货币。而根据其充当等价物的能力，可以分为单一用途的电子货币和多用途的电子货币。

具体而言，形式上电子货币早已与钱币无关，已是一种比信用卡更为先进，通过0和1的排列组合，运用网络载体，进行金融交易的货币。技术上，电子货币是利用现代信息和网络技术实现人们经济交易活动中利益交换的一种新型的结算方式和结算工具。就像纸币在社会的物流(包括劳务)与价值流的逆向运动中充当媒介一样，电子货币也仅仅只是在这一运动中充当媒介而已。运行中，电子货币是指通过销售点终端执行支付职能的，在两个设备间，或者在诸如互联网的开放性计算机网络上直接传输的“储值式”或“预付式”的支付货币。储值类产品包括“硬件”或“卡式”的机制，也称“电子钱包”;“软件”或“网络式”的机制，也称数字现金。储值卡可以是“单一功能”或“多功能”的。单一功能卡用于从一个销售商那里购买一种货物、服务或产品，如电话卡；多功能卡可在多个销售商处或网上商场进行多种购买。银行可以作为发行者加入电子货币的规划，但它们也可以承担其他功能，包括分发由其他实体发行的电子货币，为商家兑现通过电子货币交易而获取的收益，处理电子货币交易的过程，对电子货币交易进行清算、结算及保管交易记录等。

2. 电子货币的发展

电子货币的产生是信息网络技术进步和金融业务创新的必然结果。在此基础上，电子货币的发展取决于互联网普及和电子数据交换应用两大重要因素。

1) 互联网的普及

金融业务网络化是企业内联网所必需的。这些网络系统有金融管理信息传输、跨行转账结算与资金清算、资金信息传输和承担各商业银行全国性通信子网功能等。金融机构内联网只有与互联网连接，才能将金融业务的服务市场推到更高层面和更大范围，电子货币的应用也更有发展空间。

电子货币应用与互联网的普及密切相关。没有计算机网络及相关环境，电子货币只是一句空话。所以说，互联网的普及是电子货币得以生存的土壤。近年来，互联网的发展速度超过了人们预期，已席卷全球。世界上互联网用户已超过15亿，截止到2008年，我国网民数已增至2.9亿人。互联网的普及是以内联网为基础的，它已成为人们生产、生活中的一部分。

每一个企业内联网，大型商场和超市、商业银行、证券公司等内部网络系统，都为电子货币应用提供了条件。从资金结算的角度，先是企业内部的电子货币结算，再是同业之间电子货币或资金信息传递，最后是金融业务市场需求与供给方的电子货币结算。同时，信息网络技术不断进步，信息传递和信息共享功能扩大，操作系统软件也日趋大众化，互联网普及就成为电子货币发展的主要因素之一。

2) 电子数据交换的应用

电子货币与电子数据交换密切相关。电子数据交换，简称 EDI(Electronic Data Interchange)。目前，在欧、美、日等发达国家都已经得到普及应用，采用 EDI 已成为他们进行国际贸易和经济交易活动的主要方式。在我国，许多大型企业、大公司等都采用和推广 EDI。由于 EDI 的重要性日见显著，它在国际商务活动中的应用也日益广泛。当前在全球范围内应用 EDI 进行贸易的公司达到了千万余家。对于 EDI 贸易，电子货币的发展，能大量地满足交易双方的市场需求，同时能及时传输资金和进行国际结算。目前 EDI 在全球范围内得到普及应用，其巨大的市场份额将迫使金融机构去进一步完善和发展电子货币系统，电子货币将取代传统的票据交换系统甚至现金而成为普通应用的流通货币。

4.1.3 电子货币的特点与功能

在经济交易活动中，电子货币拥有自身特点。传统货币以实物的形式存在，而且形式比较单一。而电子货币则不同，它是一种电子符号，其存在形式随着信息处理技术进步而不断变化，如在磁盘上存储时是磁介质，在网络中传播时是电磁波或光波，在 CPU 处理器中是电脉冲等。电子货币的流通以相关的技术设备和正常电子货币环境运行为前提，新的技术和设备也引发了电子货币新的业务形式的出现。电子货币的安全性不是依靠普通的防伪技术，而是通过用户密码、软硬件加解密系统及路由器等网络设备的安全保护功能来实现的。

1. 电子货币的属性

电子化后的货币仍然属于不兑现的信用货币制度范畴，原有货币单位不变。中央银行已发行的货币可转为国家账户上的负债，国家账户仍然可以通过发行庞大的负债额，调动全国的人力、物力、财力，进行教育、医疗、交通、通信、国防等公共品事业建设；而电子货币是不能成为账户上负债额度。

2. 电子货币与传统货币的不同

1) 发行、本质上的区别

电子货币与传统货币的不同，电子货币的发行流程如图 4.1 所示。以人民币为例，人民币是我国的信用纸币，是国家发行的强制流通的价值符号。电子货币则是商业银行网络金融应用的金融创新工具，与人民币有着本质区别，包括以下几方面。

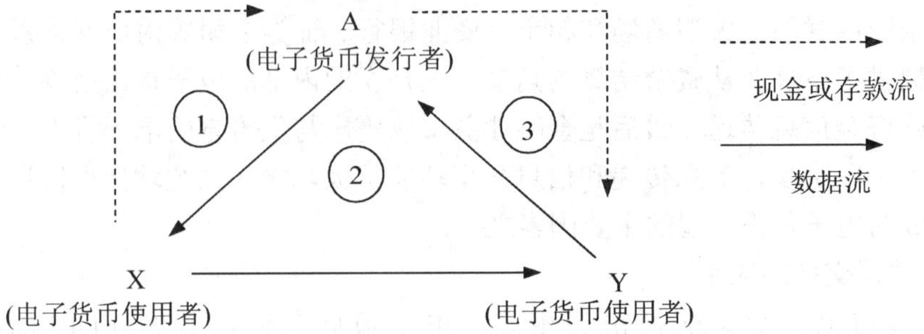

图 4.1　电子货币的发行流程

(1) 货币发行权不同。人民币的发行权属于国家，属于政府行为；电子货币的发行权属于商业银行等金融机构，属于市场行为，发行流程如图 4.2 所示。

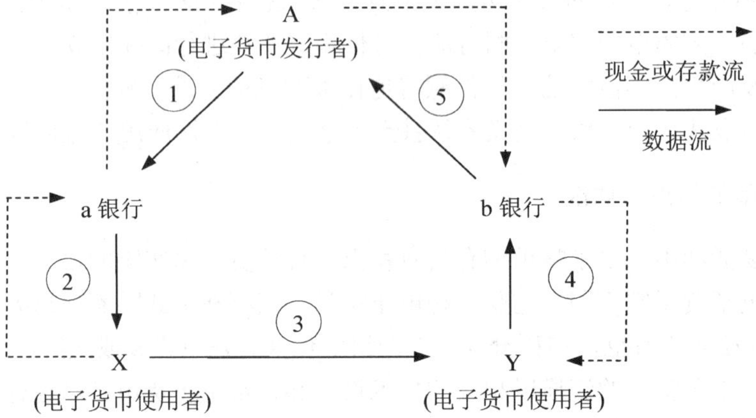

图 4.2　有中介机构介入的电子货币体系

(2) 货币本质不同。人民币代表的是一般商品等价物，电子货币体现的仅仅是一种电子结算工具，充当着具有人民币那样交换的媒介作用。

(3) 货币信用基础不同。人民币反映的是国家信用，电子货币折射出银行信用。

(4) 货币运动方式不同。人民币是可以在市面上流通的，可以在商品交易中直接交换；电子货币则受条件局限，不能流通，只有在金融网络系统中流通。

(5) 货币发行量的基础关系不同。货币在流通中的需求量与商品价格总额成正比，与货币流通速度成反比，电子货币的发行量仅与人们的认同程度相关，它是以人们在商业银行开立的账户为基础的。

2) 形式、传递上的区别

(1) 电子货币与传统货币所占用的空间不同。传统货币以实物的形式存在，面值有限，大量的货币必然要有较大的空间。而电子货币所占的空间很小，其体积几乎可以忽略不计，一个智能卡或者一台计算机可以存储无限数额的电子货币。

(2) 电子货币和传统货币传递渠道不同。传统货币传递花费的时间长，风险也较大，需要采取一定的防范措施。较大数额传统货币的传递，甚至需要组织人员押运。而电子货币可以借助金融网络在短时间内进行远距离传递。互联网在瞬间内将电子货币转移到世界各地，且风险较小。

(3) 电子货币与传统货币计算所需的时间不同。传统货币的清点、计算需要花费较多的时间和人力，直接影响交易的速度。而电子货币的计算在较短时间内就可利用计算机完成，大大提高交易速度。

(4) 电子货币与传统货币匿名程度不同。传统货币的匿名性相对来说还比较强，这也是传统货币可以无限制流通的原因。但传统货币都有印钞号码，同时，传统货币总离不开面对面的交易，这在很大程度上限制了传统货币的匿名性。而电子货币的匿名性要比传统货币强，主要是加密技术的采用及电子货币便利的远距离传输。

3. 电子货币与银行卡的区别

1) 接入产品与储值产品

电子货币与银行信用卡存在着本质上的区别。银行卡属于“接入产品”，其本身只是一个接入银行的电子货币服务系统。在客户购买商品或服务需要进行支付活动时，必须实时接入银行或发行者的后台服务系统，经过在线授权才能完成交易，并在交易之后要对客户银行账户进行借记处理。而电子货币产品更具有普遍性和多用途性，电子货币作为“储藏价值产品”，其本身就记录了消费者的账号、密码、账户资金，甚至健康记录等信息。消费者购买商品或服务时，并不需要实时接入银行或发行者的后台服务系统，只需要由一个装置读取电子货币中的记录并扣减消费资金额度即可，与发行者的清算可以在工作日结束后或选择一个适当的时间段进行。

2) 信用卡不等于电子货币

在金融网络中，最先以电子货币的形式得到应用的是信用卡，但信用卡本身不能完全代替电子货币，与真正意义上的电子货币相比存在区别。如在零售业的商业网点，拥有信用卡可直接下订单，然后在商家核实后就把货物寄出。这一过程是以信用卡为基础的电子化。但是，信用卡与电子货币的电子化最大的不同之处，在于信用卡的卡号只有一个，无论人们付多少钱，都是从唯一的卡号中把钱划出，所以有一定的安全漏洞且涉及一些个人的隐私问题。而电子货币和纸币一样，每个单位都有一个不同的独特的编号，在互联网上有一个很流行的电子货币叫 Net Cash，人们从网上银行换来 10 元的电子货币，就会收到一封电子邮件，它附带了 10 元的 Net Cash。举例来说，这 10 元电子货币的信息是独立且唯一的，具体为 NETCASH￥10.00D1212121212ABC。而相应在网上银行里，记录了此编号的 10 元的电子货币是属于某个电子邮件地址的用户所有，直至支付为止。数字信息就是电子货币最重要的特征。电子货币的数字信息，大幅度地提高了安全性，就算计算机网络犯罪，盗用了用户名和密码，如果不知道货币的编号，也无法把钱用电子邮件汇走或盗用。和信用卡比较起来，电子货币能够保护顾客购物的隐私。银行能够清楚地了解信用卡的消费过程，却不能也无需知道电子货币的整个使用过程。像纸币一样，除了买卖交易双方，一般没有人知道电子货币的使用过程。

4. 电子货币的优势

电子货币的优点是明显的，它的使用和流通更方便，而且成本低，尤其是大笔资金的流动。目前，存款、贷款、汇款、代发工资、代收费、储蓄通存通兑、银行卡、电子支票、电子现金等多种银行业务大都借助于计算机系统实现电子货币的应用。电子货币的出现彻底改变了银行传统的手工记账、手工算账、邮寄凭证等操作方式。同时电子货币的广泛使用也给消费者、企业之间在购物、旅游、娱乐和结算、转账等方面的支付带来了更多便利。电子货币充当支付功能，进行网络金融交易，与传统货币相比有自身的优势。

(1) 快捷方便。在互联网网络上交易，无论买卖双方的地理位置相隔多么遥远，只要双方谈妥生意，一份 E-mail 附带着买方的电子货币可以在几秒钟内到达卖方的信箱，卖方得到确认后即可将货寄出，整个交易便已完成。

(2) 处理简单。相对于纸币，电子货币一旦确认，便完成其交换过程，根本不需太多处理。英国每年都要花费 25 亿英镑将纸币在银行间转移或销毁。相对于支票等票据支付系统，仅美国每年填写的支票就超过 400 亿张。这是无形中的金融交易与服务的管理成本。

(3) 简化国际汇兑。由于互联网是个巨大的世界，电子货币理论上是符合互联网标准的单一货币。无论身在哪个国家，其持有的电子货币在网上的相对价值应该是不变的，发展电子货币，可以简化传统货币在国际汇兑时的复杂手续。

(4) 安全性。相比较现实世界的经济犯罪行为，计算机犯罪和网络犯罪还不算多。所以信息化社会的电子货币的存放和使用比实物的纸币等要安全。与其他货币比较，由计算机处理的电子货币更容易以不同的类型编码或者密码确认来安排不同的消费用途。如可以向银行指定某个号码段的电子货币只能用于交学费，然后授权给孩子，这样，孩子们就无法把这些钱拿去买游戏软件。这个办法，也可以适当地起到防止挪用公款、贪污和黑社会分子洗黑钱的作用。

5. 电子货币的职能

货币是固定地充当一般等价物的特殊商品。其职能有价值尺度、流通手段、储存手段、支付手段以及在国际市场上充当价值尺度、流通手段、储存手段、支付手段的世界货币。

1) 价值尺度

电子货币是建立在纸币或存款账户基础上，作为更抽象的数字化货币发展着价值尺度的职能。电子货币在这里只是作为观念的或想象的货币，具有计量商品价格，实现货币价值尺度的功能。

2) 流通手段

电子货币是本身没有价值的货币符号，其发挥流通手段职能必须依靠银行等中介机构的参与才能完成。电子数字化现金没有明确的物理形式，付款行为是银行从买方的电子现金中扣除并传输到卖方，交易可以适用于买卖双方在不同的空间；可以通过通信方式或互联网处理业务。作为流通手段的电子货币具有以下特点。

(1) 资金汇划快捷。即可以使用个人电脑或电话，向国内外异地汇划电子货币。

(2) 携带方便。即可以使用电子钱包完成各种交易支付。

(3) 方便交互。即可以利用画面、声音，随时对话并选择付款方式。

(4) 兑换快捷方便。即可以在电子线路上直接兑换货币，汇率立即可知。

(5) 便于管理。即可以随时记录消费的时间、地点等资料，有计划地设计生活方式。由于电子货币在交易媒介时留下了数字记载，银行可以分析、识别确切的资金流，从而对地下经济和黑钱交易形成了约束。

3) 支付手段

电子货币发挥支付手段的一个显著特征是将商业信用与银行信用成功地组合在一起。即消费者在购买商品时因存款不足，由银行履行付款责任，同时消费者和银行形成贷款关系，如消费者使用信用卡进行的交易等。在这里电子货币起中介作用，实质是通过信用进行交易，形成债权、债务关系，在最终结算时，大部分债权、债务关系可以相互冲销。但是一旦任何一家参加支付系统的银行无力支付，又不能及时得到政府或其他金融机构的帮助，整个社会支付链就会中部断裂，形成多米诺骨牌式的危机。

在电子货币的流通的条件下，由于信息处理水平的不同，在一定时间内流通中的货币需要量是不同的，货币需要量模型为

$$PQ=MV=BH$$

其中，M 代表货币数量；V 代表货币流通速度；P 代表物价水平；Q 代表社会商品交易总额；B 是指信息量(比特)；H 代表信息处理水平(赫兹)。通常电子货币的流通速度要快于纸币的流通速度，因此在电子货币的流通的条件下对货币的需求量也会减少。

4) 储存职能

电子货币的储存是以数字化形式存在的，所有者依靠密码掌握其支配权。即实际的数字化现金的传输过程要经过公钥或私钥加密系统以保证只有真正的所有者才可以使用这笔现金。电子货币的储存费用最低，它只是电脑数据库中的一个记载。黄金和某些硬通货的“储存”可以独立完成，但是电子货币的“储存”是所有者无法独立完成的，必须依靠中介机构才能完成。另外，电子货币的储存容易受到外界的影响，如不法分子利用计算机犯罪，网络运行是否正常等。电子货币的储存和积累不仅表现在持有人账户的保证金、备用金上，也反映在各种结算收款上，当客户的电子货币账户同普通存款账户(主要是活期存款)能够实现自动转账时，这种储存手段范围将更为扩大。

电子货币虽然是建立在存款货币账户基础上的货币，理论上与纸币或存款货币的规律是一致的。但是电子货币的发行者是非政府的银行或其他经济实体。电子货币的使用引起了其脱离存款账户而与银行贷款相联系的现象出现，这就意味着银行或其他经济实体成为货币的发行者。因为部分电子货币具有透支的功能，如信用卡及其他一些具有透支功能的金融工具实际上是未列入货币发行的货币发行。

电子货币的使用虽然能解决一些现金货币流通所产生的问题，但是电子货币的使用在减少货币制造成本的同时，也减少了政府的铸币税收入。

5) 世界货币职能

电子货币在国际市场上发挥流通和支付手段的主要形式是信用卡。例如，VISA 信用卡几乎可以在全世界所有国家办理消费支付或转账，而不需要办理麻烦的纸币兑换。在公司、证券机构和银行的商品交易清算或金融商品交易清算中，数字化现金和电子支票等通过国际资金清算系统和 SWIFT 系统发挥了电子货币的功能。它打破了以往任何一种货币在国际市场流通的滞涩，它没有时空限制，成倍地提高了货币交易的速度和效率，极大地降低了货币交易成本，促进了资本流动的全球化和金融市场的全球化。

4.1.4 电子货币应用现状与趋势

目前，互联网还处在发展阶段，电子货币一开始就没有一个统一的管理机构，只有各地区、国家进行区域性的管理，故电子货币的应用处在初步阶段。虽然如此，在许多国家也有很多机构发展出相当稳定的电子货币系统。

1. 电子货币应用现状

以在荷兰的 Digicash 为例，它们发行的电子货币体系已获得 20 多个国家、地区的网上金融商业机构的支持，其货币单位是 E-cash，主要是在其授权登记的网络银行进行货币兑换。一旦有用户到这些银行换取了电子货币，系统便自动将资料下载到用户的电脑，此时用户便可在支持 E-cash 的商业网点上用它换来的电子货币进行网上购物和接受网络金融服务。在互联网上，最早发行 E-cash 的网上银行是美国 Maikwain 银行。目前 E-cash 的应用相当广泛，许多经济交易活动都有电子货币的应用。

在美国，早在 1974 年就成立了全美自动票据交换所协会(NACHA)，目的是制定电子货币应用中全国性的标准和政策，并实施教育、培训的工作。到 2001 年，全美在互联网上设立的网络电子银行已经超过了 2000 家专业的网络电子银行。目前，几乎所有美国的传统银行等金融机构都有了自己的网页，并开展网络金融业务和拓展网络金融产品，开始了电子货币的应用。

我国目前的银行卡、电子支票和数字化现金等形式电子货币的应用推广是借助金卡工程得以发展的，在各金融机构的配合下已获得了初步的规模。据悉，全国受理银行卡的电子化业务网点已发展到数十万个，可以受理电子货币的商店、宾馆、饭店等特约商户也不计其数。同时，为金卡工程配套的电子信息产业在核心技术和关键产品的研发及产业化方面取得长足发展，新兴的智能卡和电子卡产业发展迅猛。

2. 电子货币制度的发展趋势

随着信息网络技术的迅速发展，许多国家、地区在考虑建立一种既能克服现行货币制度的种种弊端，又能在尊重价值规律的前提下，满足人们日益增长的实际需求和符合经济交易活动规律的电子货币制度。电子货币制度的基本思路有以下几个方面。

1) 账户唯一，实名管理

个人居民、企业居民和政府职能部门，只能选择一家银行开设国内唯一的银行账户，银行账户施行实名管理。电子货币制度实施后，个人居民和企业居民、政府部门都要在一个规定的时间内，将所有储蓄存款、现金和经过法律程序认可的债务全部集转到这个唯一的个人名下、法人名下或政府名下的银行账户中，并且从此后，其收入支出也全部通过这个唯一的账户进行结算。当一个账户的余额是负数时，说明这个户主对社会有负债；当一个账户的余额是正数时，说明这个公民对社会拥有债权。

2) 全国联网，同步管理

每个居民，每个法人，每级政府账户余额和彼此之间每笔资金往来情况，都要同步接受中央银行宏观信息数据库监控，正常情况下跨行跨地域结算畅通无阻。各家商业银行，包括根据 WTO 有关协议逐步被取消限制的外资银行，仍然可以在这个统一透明的大框架下谋求其独自的合法利益，但是这些利益主要来源于各项网络金融应用服务收费，而不再以存贷利息差的面目出现。

3) 减少货币现金使用量

大力发展信用卡、借记卡、医疗卡、月票卡、饭卡等各种网络支付工具和支付系统的建设，尽可能减少现金的流通量和流通面，尽快研制安全可靠、低成本、大众化的手机式电子结算仪。制定法律，若公民个人、法人单位或政府部门，未经中央银行宏观信息数据调控系统的授权，持有超过一定额度的现金，视同违法。

4) 强化信用额度管理

电子货币的发展，国家相关职能部门派出的信用管理机构根据每一个人居民、企业居民和法人单位的实际情况，评定划分信用额度等级。每个经济活动的交易主体在这个信用额度内可自动进行行政性、生活性、教育性、医疗性等消费，或者是支取货币进行创业投资。货币支取额达到负债额度后，账户自动冻结支付功能。个人账户和法人账户也实施类似的信用额度管理办法。政府的负债额度由各级立法机构授权确定。

5) 电子货币信息数据库实施宏观调控

电子货币制度实施后，几乎任何一笔商业交易和货币流动，全要通过一个实名账户到另一个实名账户的电子转账来完成，都要流经中央银行宏观信息数据库的流量流向过滤系统，都会适时地留有电脑交割记录。中央银行宏观调控智能化管理系统可以快速准确地检索、分析、排查出非合理非理性的局部，甚至单笔的经济活动，并且实时与宏观形势相协调，可断然下达透支、冻结、急缓处理等各项指令，及时强有力地对宏观经济实施事前、事中、事后的调控。

3. 电子货币应用中存在的问题

电子货币应用与发展，在目前运行中有许多问题是必须考虑的。

1) 安全性问题

与纸币相比，电子货币很难被抢劫和被偷盗，与信用卡、支票等票据相比，电子货币更不容易被冒认和盗用。但因为目前计算机网络资源共享的开放环境尚存在一定漏洞的软硬件环境，电子货币的安全性技术还需要得到进一步的提高。如何使电子信息在传送过程中得到安全保证是目前各大网络软硬件工程公司的难题，如何严密修订计算机安全条例和法律也尚未有成熟的方法。增强计算机信息的加解密技术不仅是技术上的关键，也是电子货币市场需求扩大的关键。

2) 标准化的不同

互联网是全球性的，在网络上流通的电子货币要畅通无阻，渐渐形成地区化、国际化，必须依靠地区、国家统一有权威的机构或世界银行和国际货币组织联合各国对其进行标准化的定义，并使其与各国的货币进行汇率挂钩。现今在互联网上流行的电子货币有七八种，有的网络超级市场不得不在网页上挂上标志以表示支持各种电子货币，这种发展趋势必须加以控制和管理。因为虽然这样能够让各发行电子货币的公司相互之间存在竞争从而促进技术进步，但也会引起某些混乱，应该在统一标准的前提下进行竞争，这样电子货币才能得以健康、完善地发展。

3) 法律纠纷

拥有电子货币的人们在经济交易活动中突然消亡，电子邮件、电子信息的交流也有可能因为不可估计的故障而出错，甚至丢失。现在的互联网只是各区间的区域局部管理，并没有一个权威的责任机构。电子货币在流通过程中出现差错而导致的经济损失将由谁来负责其经济、法律责任呢？

4) 审计问题

在互联网上，网络资源是共享的，但用户有其绝对的隐私权，这是为了安全的需要，可相应地也有其弊端。如各种经济犯罪，以权谋私、贪污、出卖商业机密等问题在电子货币普及的时候更难以管理，还有如何处理企业为了偷漏税收而转移资金，黑社会分子利用网络洗黑钱等问题，这种审计问题将是电子货币的难题之一。

4.2 电子货币的主要形式与应用

电子货币是电子支付与结算的主要工具。不同形式电子货币的发行都会使流通中的传统纸币或金属货币需求减少，其发行的规模越大，可用于结算的余额就越多，但同时也要求有更多的传统货币随时准备赎回相当数量的电子货币，这就要求货币发行当局有足够的货币储备。

4.2.1 电子支票

电子支票是客户向收款人签发的、无条件的数字化支付指令。所谓电子支票，也称数字支票，是将传统支票的全部内容电子化和数字化，形成标准格式的电子版，借助计算机网络(Internet 与金融专用网)完成其在客户之间、银行与客户之间以及银行与银行之间的传递与处理，从而实现银行客户间的资金支付结算。简单地说，电子支票就是传统纸质支票的电子版。

1. 电子支票的概念

电子支票系统是电子银行常用的一种电子支付工具。支票一直是银行大量采用的支付工具之一。将支票改变为带有数字签名的电子报文，或利用其他数字电文代替传统支票的全部信息，就是电子支票。它包含和纸支票一样的信息，如支票号、收款人姓名、签发人账号、支票金额、签发日期、开户银行名称等，具有和纸质支票一样的支付结算功能。电子支票是代表价值的信息预存在芯片内的电子货币。电子支票交易行为包含 3 个实体，即购买方、销售方及金融中介。在购买方和销售方达成一笔交易后，销售方要求付账。购买方从金融中介机构那里获得一个唯一凭证。购买方把这个付款证明交给销售方，销售方再交给金融中介。付款证明是一个由金融中介机构提供证明的电子信息流。

更重要的是付款证明的转账及账户的负债和信用几乎是同时发生的。如果购买方和销售方没有使用同一家金融中介，则使用标准化票据交换系统。

电子支票的优点是节省时间，减少纸张传递的费用，没有退票，灵活性强。目前，电子支票系统一般是专用网络系统，国际金融机构通过自己的专用网络、设备、软件及一套完整的用户识别、标准报文、数据验证等规范化协议完成数据传输。系统今后将逐步过渡到公共互联网络上。电子支票的整个事务处理过程要经过银行系统，而银行系统又有义务证明每一笔经它处理的业务细节。因此，电子支票的一个最大的问题就是隐私问题。

电子支票的一般样式如图 4.3 所示。该支票中各标号分别代表的是：①使用者姓名及地址；②支票号；③传送路由号(9 位数)；④账号。

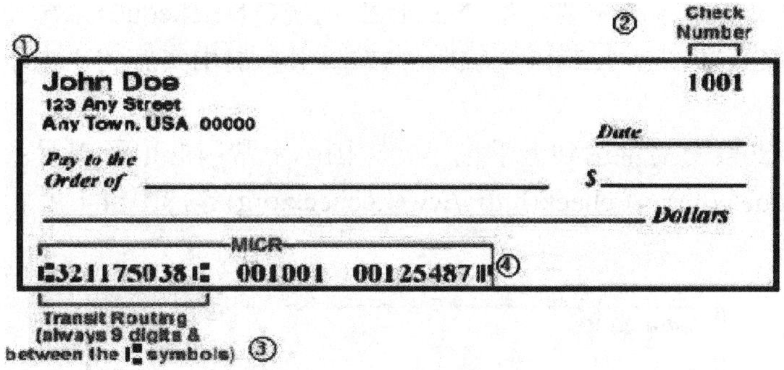

图 4.3 电子支票示例

电子支票通过互联网传送，收款银行收到电子支票后，通过自动清算所(Automated Clearing House，ACH)网络来交换，这种银行体系和公众网络整合的做法，为银行及用户提供了类似实体支票处理机制的可行方案。电子支票支付模式按照参与银行的情况，可分为同行电子支票网络支付模式和异行电子支票网络支付模式两种。其中异行支付相对复杂一些，电子支票网络结算方式是 B to B 电子商务重要的结算方式之一，它满足了 B to B 电子商务交易金额大的要求。

2. 电子支票的特点

(1) 节省时间。电子支票的发行不需要填写、邮寄或发送，而且电子支票的处理也很省时。用电子支票，卖方可即时发送给银行，由银行为其入账。所以，使用电子支票可节省从客户写支票到为商家入账这一段时间。

(2) 减少了处理纸支票时的费用。

(3) 减少了支票被退回情况的发生。电子支票的设计方式使得商家在接收前，先得到客户开户行的认证。类似于银行本票。

(4) 不易丢失或被盗。电子支票在用于支付时，不必担心丢失或被盗。如果被盗，接收者可要求支付者停止支付。

(5) 电子支票不需要安全存储，只需对客户的私钥进行安全存储。

(6) 电子支票与传统支票工作方式相同，易于理解和接受。

(7) 电子支票适于各种市场，可以很容易地与 EDI 应用结合，推动 EDI 基础上的电子订货和支付。

电子支票方式的付款可以脱离现金和纸张进行。购买者通过计算机或 POS 机获得一个电子支票付款证明，而不是寄张支票或直接在柜台前付款。电子支票传输系统目前一般是专用网络系统，国际金融机构通过自己的专用网络、设备、软件及一套完整的用户识别、标准报文、数据验证等规范化协议完成数据传输，从而控制其安全性。这种方式已经较为完善，主要问题是如何扩展到 Internet 上操作。今后的发展趋势是将逐步过渡到 Internet 上进行传输。这种方式尤其适合电子商务中的 B to B 应用。

3. 电子支票系统

电子支票型电子货币系统主要包括 Net Bill 系统、Netcheque 系统和 FSTC(Financial Service Technology Consortium，美国金融服务技术国际财团)实施的“电子支票项目”等。

1) Net Bill

美国每年电子支票交易量达到近千亿美元。国际上常用的电子支票系统有 NetCheque (http://www.netcheque.com)、Echeck(http://www.echeck.org)等，图 4.4 所示是美国的一张电子支票票样。

图 4.4 电子支票票样

Net Bill 是由美国卡内基梅隆大学(Carnegie Mellon)与美国的梅隆银行(Mellonbank)合作设计开发的一个电子支票系统。它被设计成能够在 Internet 上传递文本、图像、软件之类信息商品。其目的是提高账户转账的效益，使其成为一种顾客只需支付极少的手续费，银行即可提供结算服务的方式。

Net Bill 中的简单业务由客户、商家和中心服务器三方参与。把客户使用的软件简称为支票簿，把中心服务器使用的软件简称为钱柜。商家从钱柜收到客户想买或卖什么的信息。Net Bill 的业务流程如下。

(1) 客户选择欲购买的商品，支票簿向钱柜发出报价要求，钱柜将要求发送给商家。

(2) 商家对报价数字签字，并将其返回给钱柜。客户如果决定购买，则通知钱柜，并对其购买要求数字化签字。

(3) 钱柜得到客户购买信息的要求，并向商家提出要求。商家用一随机私钥对以上要求加密，并把加密的结果发送给钱柜。钱柜对加密结果计算一个安全的校验和，并把加密结果发送给客户。

(4) 客户收到加密结果后，对加密结果计算一个校验和。把校验、时戳、购买描述以及最终所接受的价钱打包在一起，形成电子购买订单，并把电子购买订单返回给钱柜。

(5) 钱柜收到电子购买订单后，检验其数据的完整性，然后就可安全地转账。钱柜对账目进行核对，并通知商家已完成转账。

(6) 商家向钱柜发出一张发票，发票经商家数字化签字，其中含有价钱及用于解密的私钥。

(7) 钱柜把发票传递给客户。

(8) 客户对商家的加密结果解密。

2) NetCheque

NetCheque 系统是在 1995 年由南加利福尼亚大学的信息科学学院(http：//www.usc.edu)开发的，这个系统实现了全部的上述要求。购买者和销售者需要在 NetCheque 有一个账号。为了使系统真正安全，该系统采用了一个 Kerberos 标识和一个口令。为了用支票付款，必须安装某种专门的客户机软件，该软件的功能就像一个支票本。顾客可以使该软件向贸易商发送加密了的支票。贸易商可以从银行提钱，或在与供应商的交易中使用支票。一个专门的清算账目网络对支票进行验证并给贸易商发送一个“OK”消息，然后贸易商就可以将商品送出去了。虽然该系统也适合于微付款系统，但是它永远不会真正发展起来。主要问题是交换证书和给支票进行签名所需的公钥付款基础设施。在 1995 年，还没有出现这样的公钥付款基础设施，而且在同一个时间，基于交易的信用卡也开始发展起来。NetCheque 的另一个弱点是它的初始顾客和贸易商的基数太小。

NetCheque 系统是由南加利福尼亚大学的信息科学研究所(Information Sciences Institute，ISI)开发的。系统中使用 Kerberos 实现认证，并且中心服务器在认为有必要时，可对所有主要的业务进行跟踪，图 4.5 所示是电子支票的校验过程。电子支票技术将公共网络连入金融支付和银行清算网络。

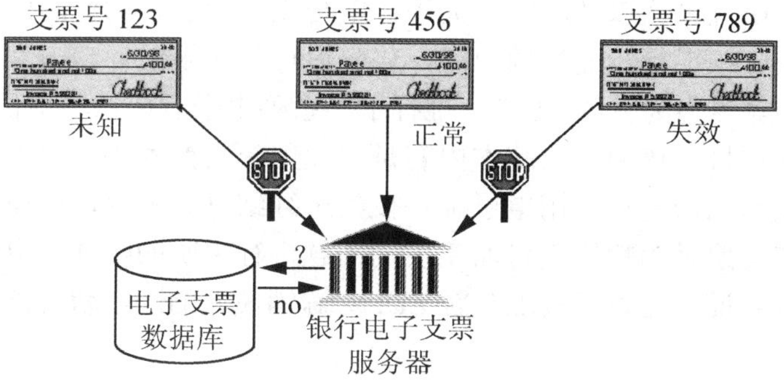

图 4.5 电子支票校验过程

NetCheque 系统在很多方面是模仿普通的支票交易系统的。Kerberos 系统的主要优点是使用私钥加密，而私钥加密一般都未申请专利。因此，很多好的加密方案可被采用，不必担心侵犯了专利权。

使用 Kerberos 时，要求每个用户产生一个用于签署支票的票据，而票据常常会出现过期的问题，因此要求有一个更好的在线环境。另一主要问题是 Kerberos 环境仅在两方之间建立安全联系，因此无法使得某人签署的支票可由任何其他人验证。用户 B 不能验证用户 A 对支票的签字，因为票据仅在用户 A 和银行之间建立一安全的联系。这一问题的解决方法是要求支票的产生者对银行和接收者分别建立两个不同的签字字段。

NetCheque 系统利用 Kerberos 标签来产生电子签名，并对支票进行背书。NetCheque 包括支票数额、货币单位、日期、账户号码、收款人、客户签名以及商户和银行的背书等。其中前 5 项是明文，后几项对于收票行来说是可以验证的。

在签发支票时，用户产生支票的明文部分。用户从 Kerberos 服务器上获得一个标签 T，用来向银行证实自己的身份，并与银行共同享有一个密钥，再根据支票内容产生一个校验和，并把它放在一个证明器中，生成用户签名。

3) E-Check

FSTC 电子支票 E-Check(Electronic Check/http://www.echeck.org)。由于只涉及较少的人工步骤，E-Check 电子支票在从真实世界到虚拟世界过程中对支票付款系统起到了杠杆的作用。在现在的商业实践中，ECheck 处理技术相对简便。这个电子支票系统十分安全，它可以被所有的有经常账户的银行客户所使用。经常账户在美国确实存在，但在其他地方是否存在还是一个未知数，如欧洲。电子支票包含与纸支票一样的信息，并且是建立在同样的法律框架的基础之上的。电子支票可以直接在用户之间进行交换，而且它可以代替在今天使用纸支票的所有远程交易。顾客签写电子支票并将它发送给收款人。收款人将电子支票存入银行，得到银行存款，然后，付款人的银行向付款银行结算该电子支票。付款银行使电子支票生效并从顾客的账户中收取支票金额。电子支票提供了可以通过 Internet 以安全的方式处理银行交易的能力。银行可以自动地验证电子支票的合法性，这样，就可以减少所有被涉及的用户被欺骗的损失。使用金融服务标识语言 FSML(Financial Service Markup Language)、数字签名以及数字证书，可以使系统非常安全。

FSTC(Financial Service Technology Consortium，金融服务技术国际财团)是由美国的银行、大学、企业、研究机构以及政府机关等，组合成立的非营利性团体，参加的主要银行有：美洲银行、波士顿银行、曼哈顿银行、化学银行、花旗银行、国家银行等，它以提高美国金融服务业的竞争力为目的。FSTC 推行了一系列电子货币试验项目，其中，最引人注目的当属电子支票项目。该项目的基本内容是，使用密码技术将支票内容，例如，支付人和支付金额等数据，加密之后，用电子邮件授信进行结算。另外，该项目有关支付的详细数据，例如，对该支票是为哪笔支付而签发的问题进行说明的数据，也可以连同支票一起授信。这一特点可以说，是为了实现金融 EDI 对赊销债权的回收状况能够自动核对而特意设计的内容。

4.2.2 电子信用卡

世界上最早的信用卡是美国富兰克林国民银行于 1952 年发行的信用卡。信用卡也称贷记卡，其特点是当用户的资金不足时，在规定数额内银行可为用户提供透支贷款服务。信用卡申办手续比较复杂，而且需要交纳保证金，需要有担保人提供担保。

电子信用卡就是一种常见的银行卡，由银行发行，是由银行提供电子支付服务的一种手段。信用卡具有购物消费、信用借款、转账结算、汇兑储蓄等多项功能。信用卡可在商场、饭店等许多场合使用，可采用刷卡记账、POS 结账、ATM 提取现金等多种支付方式。

1. 信用卡付款系统的优点

使用信用卡交易有不少好处，如携带方便，不易损坏，安全性好，可以进行电子购物。但是，人们使用信用卡也存在着一些问题，其中最主要的就是安全问题。安全电子交易协议是一种新型的安全交易模式，它的一项重要功能就是保证信用卡交易的安全性。现在 SET

协议正在全球范围内推行。信用卡付款系统与其他形式的付款相比，具有下述一些优点。

(1) 信用卡被广泛发行，使用简单，而且信用卡被全世界所接受。

(2) 信用卡系统提供了良好的消费者保护，因为用户有权在一定时间范围内退货并拒绝支付费用，这些费用不是直接从用户账户中支取的。

(3) 信用卡不一定是本国货币。无论客户在哪里购买商品，货币兑换都会为顾客自动完成。

(4) 在 Internet 上使用信用卡的机制简单易学，几乎每个人都能够在几秒钟之内学会如何使用。用户浏览一个因特网站点，在决定了他们所需要的服务或商品后，将他们的信用卡信息输入并发送到该 Internet 站点(在那里，这些信息或是被收集起来并每天向银行发送一次，或是 Internet 站点的所有者与银行建立起一个直接链接)。至此，如果用户有足够的存款支付所选的商品，就可以即时结账。

2. 信用卡付款系统的标准

为了保证信用卡付款的安全，在过去的几年中已经建立起了两个标准，安全套接层(Secure Sockets Layer，SSL)标准和安全电子交易(Secure Electronic Transaction，SET)标准。SSL 与 SET 之间的区别是很明显的。SSL 只加密 Web 浏览器和 Web 服务器(顾客的计算机和贸易商的计算机)之间的通信。而 SET 提供了一个完全的付款安全解决方案，这个方案不仅包括顾客和贸易商，而且还包括信用卡付款所需的银行。

3. 信用卡的种类

信用卡的种类繁多，按不同的标准划分，可分为以下几大类。

按发行机构划分，可分为银行卡(金融卡)和非银行卡；按发行对象划分，可分为公司卡和个人卡；按清偿方式划分，可分为贷记卡、准贷记卡和借记卡；按流通范围划分，可分为国际卡和地区卡；按从属关系划分，可分为主卡和附属卡；按资信状况划分，可分为金卡和普通卡。其他银行卡还有灵通卡、专用卡绿卡、储蓄卡、联名/认同卡等。其基本功能都是用于电子支付。

信用卡与其他银行卡的一个重要差别在于，信用卡不仅是一种支付工具，同时也是一种信用工具。使用信用卡可以透支消费，给用户带来了方便，但同时也给银行带来了恶意透支的问题。

银行卡是市场经济发展的产物，也是货币信用发展的一种表现。目前世界上发行的银行卡数量已经突破几十亿张，银行卡既是传统支付的工具，也是网络支付的重要工具。

VISA 国际和 MasterCard 国际是最大的两个国际银行卡组织，它们在全球各地积极推广其 ATM 和 POS 转账服务。VISA 和 MasterCard 的国际化，大大促进了全球性的 EFT 系统的发展。

为加速银联卡国际化，创建民族银行卡品牌，中国银联对银联标识进行了优化设计，发布了银联新标识，如图 4.6 所示。

图 4.6　银联新标识

目前我国主要的银行卡品牌和种类介绍，见表 4-1。

表 4-1　我国主要的银行卡品牌和种类

发卡银行	品牌名称	发卡银行	品牌名称
中国工商银行	牡丹卡	招商银行	一卡通
中国银行	长城卡	华夏银行	华夏卡
中国农业银行	金穗卡	上海浦发银行	东方卡
中国建设银行	龙卡	广东发展银行	广发卡
交通银行	太平洋卡	深圳发展银行	发展卡
中信实业银行	中信卡	福建兴业银行	兴业顺通卡
中国光大银行	阳光卡	北京商业银行	京卡
中国民生银行	民生卡	上海银行	申卡(明珠卡)

1) 信用卡(Credit Card)和借记卡(Debit Card)

此两种卡的样式和标识如图 4.7 所示。信用卡型电子货币是电子支付中最常用的工具，信用卡可在商场、饭店、车站等许多场所使用。可采用刷卡记账、POS 结账、ATM 提取现金等方式进行支付。

借记卡是不具备透支功能但其他购物结算功能都齐全的银行卡，如牡丹灵通卡、长城借记卡和龙卡转账卡。申办借记卡无需担保，不用交纳保证金，也不需进行资信审查。用卡时也不必使用身份证。该卡具有储蓄存款、提取现金、购物消费的功能，手续简便，使用方便。

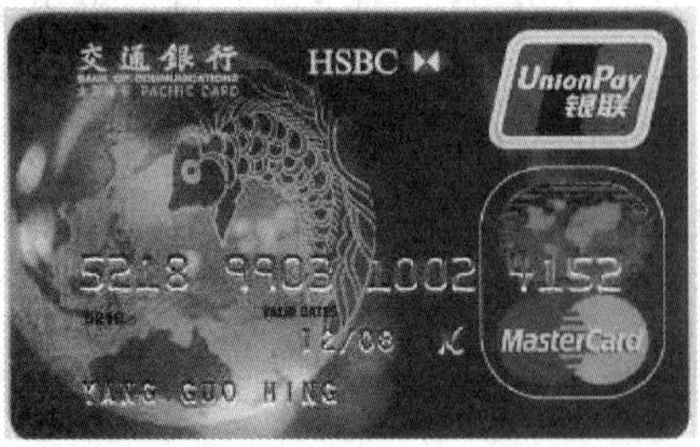

信用卡

借记卡

图 4.7　信用卡和借记卡

2) 储蓄卡和转账卡

这两种卡如图 4.8 所示。储蓄卡是银行根据持卡人的要求，将其资金转账到储蓄卡内存储，在商务交易需要时直接从卡内扣款的借记卡。储蓄卡只能用于传统或网上消费。转账卡也是借记卡的一种，主要面向单位客户进行资金的支付结算或者转账。向个人发放的转账卡功能与储蓄卡相同。

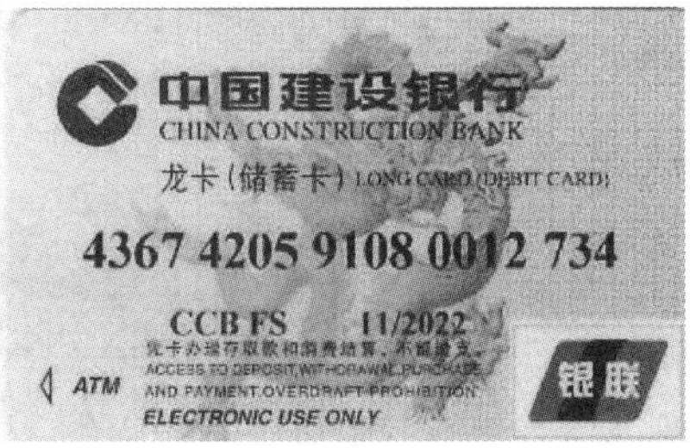

储蓄卡

转账卡

图 4.8 储蓄卡和转账卡

3) IC 卡(Integrated Card)

IC 也将其称为智能卡，如图 4.9 所示，它应用的是集成电路芯片来记忆信息，其特点是相对于磁卡，交易速度更快、信息容量更大，本身具有存储信息和逻辑计算功能。20 世纪 70 年代中期智能卡最初是在法国问世。真正意义上的智能卡，即在塑料卡上安装嵌入式微型控制器芯片的 IC 卡，已由摩托罗拉和 Bull HN 公司于 1997 年研制成功。

图 4.9 IC 卡

注：芯片具有“自爆”装置，如果想打开 IC 卡非法获取信息，卡内软件上的内容会立即自动消失。

4) 综合卡

综合卡最大的优势在于其多功能，持卡人仅凭一张卡即可应付日常使用。如华夏一卡通集非接触式 IC 芯片与磁条于一体(如图 4.10 所示)，这种技术、物理基础使华夏万通卡能轻松实现多种功能：①轻松乘车并享受票价折扣优惠；②办理银行业务，具有华夏卡的所有金融功能。③华夏银行提供的各种附加服务。

图 4.10　综合卡

5) 一网通和一卡通

一网通和一卡通都是招商银行发行的银行卡，如图 4.11 所示。一卡通，可以用于 ATM 提款、柜台存取款、POS 消费、电话银行等内容，但如果想要进行网上消费就需要持卡人本人到柜台或网上申请一张专门用于网上消费的招商银行一网通，只有申请了一网通才能进行网上消费。一网通是依属于一卡通号码的一个虚拟卡，只用于普通版用户在网上支付使用。一网通可以算是一卡通的一张附加卡，这张一网通不可以 ATM 取款、柜台存取款、POS 消费等，只能用于网上消费，这张卡中的钱是通过一卡通转过来的，只有通过一卡通转来钱后才能进行网上消费，在网上消费时输入的卡号是一网通的卡号，一网通中的余额可以转回一卡通中去。

一卡通　　　　一网通

图 4.11　一卡通和一网通

6) 智能卡

智能卡(SmartCard)一般是指一张给定大小的塑料卡片，上面封装了集成电路芯片，用于存储和处理数据。人们常用的智能卡大致分 4 种。

(1) 存储卡：不能处理信息，只是简单的存储设备，从这个角度来讲，它们很像磁卡。唯一的区别是存储的容量更大，但也存在着和磁卡一样的安全缺陷。没有任何安全保障的应用。

(2) 加密存储卡。此卡在存储卡的基础上增加加密逻辑，保持存储卡的价格优势。一次性的加密卡(又称预付费卡)用得较多，像电话储值卡。

(3) CPU 卡。CPU 卡有处理器和内存，因此不仅能存信息，还能对数据进行复杂的运算。由于可以实现对数据的加密，安全性有了显著提高，可以有效地防止伪造，用于储蓄/

信用卡和其他对安全性要求较高的应用场合，如图 4.12 所示。

(4) 射频卡。射频卡在 CPU 卡的基础上增加了射频收发电路，非接触式读写，大量用于交通行业。其他类型的卡有光卡、并行 IC 卡、TM 卡等。

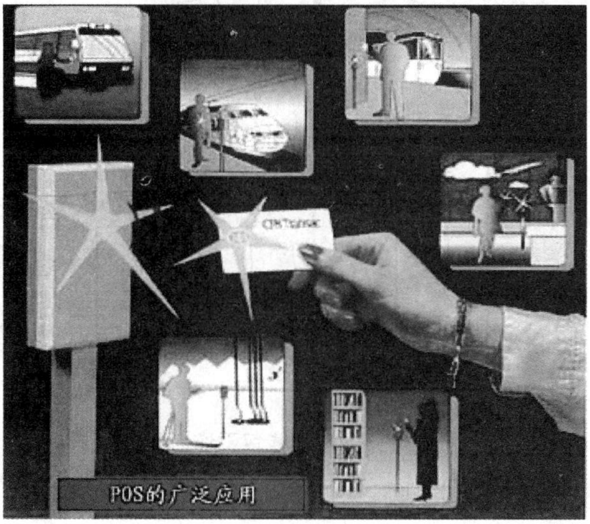

图 4.12　智能卡的应用

4.2.3　电子钱包

英国的国民西敏寺银行集团(Nat West Group)开发的电子钱包 Mondex 是世界上最早的电子钱包系统，于 1995 年 7 月首先在有“英国的硅谷”之称斯温顿(Swindon)市试用。起初，名声并不那么响亮，不过很快就在温斯顿打开了局面，被广泛应用于超级市场、酒吧、珠宝店、宠物商店、餐饮店、食品店、停车场、电话间和公共交通车辆之中。且由于电子钱包使用起来十分简单，只要把 Mondex 卡插入终端，三五秒钟之后，卡和收据便从设备付现、付出，一笔交易即告结束，读取器将从 Mondex 卡中所有的钱款中扣除掉本次交易的花销。此外，Mondex 卡还大都具有现金货币所具有的诸多属性，如作为商品尺度的属性、储蓄的属性和支付交换的属性。通过专用终端还可将一张卡上的钱转移到另一张卡上，而且，卡内存有的钱一旦用光，一旦遗失或被窃，Mondex 卡内的金钱价值不能重新发行，也就是说持卡人必须负起管理上的责任。有的卡如被别人拾起照样能用，有的卡写有持卡人的姓名和密码锁功能，只有持卡人才能使用，比现金要安全一些。Mondex 卡损坏时，持卡人就向发行机关申报卡内所剩余额，由发行机关确认后重新制作新卡发还。

1. 电子钱包系统

在我国，电子货币的主要形式就是电子钱包，电子钱包是在小额购物时常用的支付工具。电子钱包是个人电子货币数据储存的信息库，也是我国“金融联”支付网关的配套工具。金融联是全国商业银行等金融机构互联网的电子结算中心，在金融业发达和电子化程度高的地区都有分支机构。通过电子钱包，用户可以用“金融联”入网银行的任意一张银行卡完成网上付款。电子钱包工作原理如图 4.13 所示。

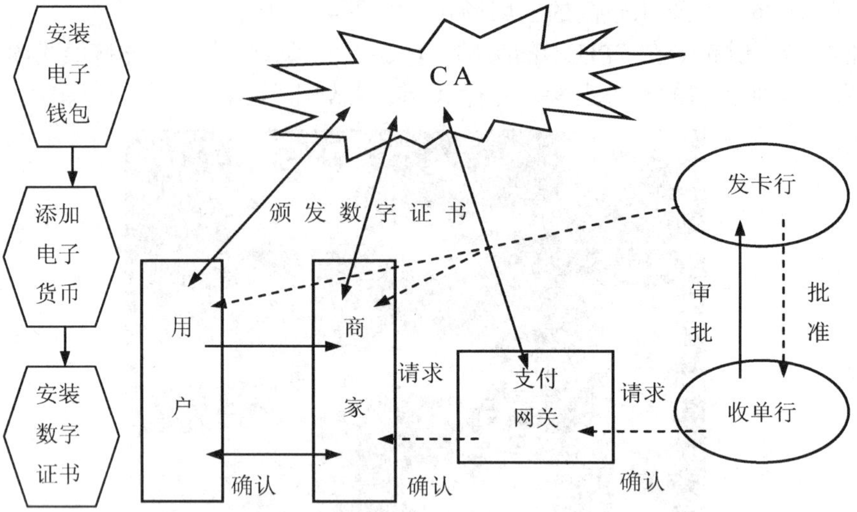

图 4.13 电子钱包工作原理

它把有关方便网上购物的信用卡信息、钱包所有者的身份证明、地址、电子现金等信息集成在一个数据结构中，以备整体调用并辅助客户取出其中的电子货币进行网络支付。它既有可能是软件形式，如中银电子钱包；又有可能是硬件形式，如IC卡形式的电子钱包。但无论是何种形式，在网络支付流程中均运用了一系列先进的安全技术和手段，所以都具有安全性能好的特点，具有相当的可靠性和安全性。除此之外，电子钱包还能防止客户拒绝支付和透支。由于电子钱包能够使商户在获得交易信息的同时，得不到与客户身份有关的其他任何信息，所以在确保交易支付的实现的同时，确保用户的匿名性。因此，电子钱包受到了广泛的欢迎。

电子钱包系统包括电子计算机系统、智能卡、刷卡设备、电子钱包服务系统、电子钱包微型阅读器、电子钱包终端以及其他协调统一系统的相关设备等，可以在具有中文环境的 Windows 98、2000、XP 或 Windows NT 操作系统上运行。

电子钱包服务系统通常包括电子钱包管理的多项功能，如允许客户改变电子钱包使用的保密口令或保密方式，允许客户查看自己银行账户上的收付往来的电子货币账目、清单和数据，电子钱包服务系统中还有电子交易记录器，客户通过查询记录器，可以了解自己的交易明细，也可以把查询结果打印出来。

电子钱包微型阅读器是银行向客户提供的一种可以随时查看消费者交易余额的工具，该工具具有通信功能，消费者可以随身携带电子钱包微型阅读器，随时以查看其电子钱包的余额，具有快捷、自由、灵活、方便的特点。

电子钱包终端包括专用终端和多功能、多用途终端。专用终端通常安装在银行柜台，只接受处理电子钱包的一些特殊功能，如检验电子钱包芯片工作的正常性等。多功能、多用途终端则通常安置在各商户，这些终端不仅能接收电子钱包，而且还能接收其他的支付工具，如信用卡、电子现金等。这些终端独立处理的能力比较强，体积小、易操作、灵活、方便。

2. 电子钱包的功能与特点

“金融联”电子钱包服务器放置在不同地区的金融电子结算中心的机房内，并通过相应技术手段确保其安全。用户只需手持一张支持“金融联”电子钱包的银行卡即可在网上申请个人电子钱包，申请成功后，系统将会在电子钱包服务器端为消费者开立一个属于个人的电子钱包档案。

电子钱包的主要功能为个人资料管理、网上付款、交易记录查询、银行卡余额查询等。只要用户成功申请电子钱包后，系统将在电子钱包服务器为其开立一个属于个人的电子钱包档案，用户可在此档案中增加、修改、删除个人资料。在网上选择商品后，用户登录到电子钱包，选择入网银行卡，向“金融联”支付网关发出付款指令来进行支付。同时，用户可对通过“金融联”电子钱包完成支付的所有历史交易记录进行查询，可通过“金融联”电子钱包查询个人银行卡余额。“金融联”电子钱包内设众多商户站点链接，用户可通过链接直接登录商户站点进行购物。

电子钱包最突出的特点就是信息安全。“金融联”电子钱包用户的个人资料存储在服务器端，通过技术手段确保安全，不在个人电脑上存储任何个人资料，从而避免了资料泄露的危险；携带自由。消费者在申请钱包成功后，即在服务器端拥有了自己的档案，当外出旅游或公务时，不用再随身携带电子钱包资料，即可进行网上支付；使用方便。“金融联”电子钱包内设众多商户站点链接，消费者可通过链接直接进入商户站点进行购物；便捷快速。通过“金融联”电子钱包，完成一笔支付指令的正常处理一般只需10～20秒。

3. 电子钱包开户流程

用户申请电子钱包，开户流程如图4.14所示。用户下载和安装电子证书，网上开通银行卡或在银行柜台开通银行卡，添加银行卡，使用电子钱包。

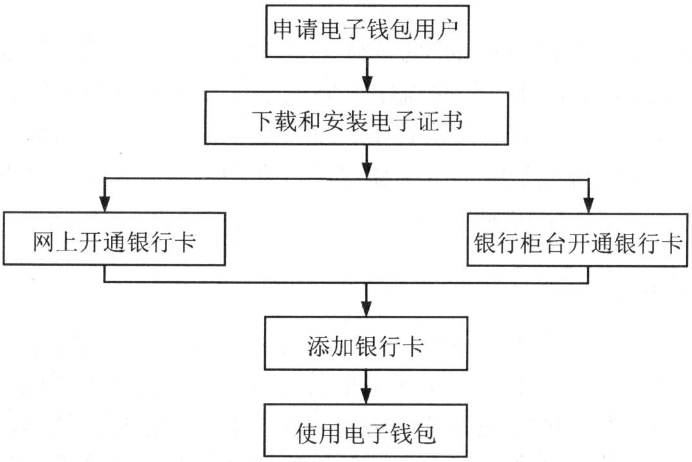

图4.14 用户申请电子钱包流程图

4. 国外几种常用的电子钱包

1) Agile Wallet

Agile Wallet 由 Cyber Cash 公司开发，可处理消费者结算和购物信息，提供快速和安全的交易。用户第一次用 Agile Wallet 购物时需要输入姓名、地址和信用卡数据。以后访问支持 Agile Wallet 的商家网站时，在商家的结算页面上会弹出有顾客购物信息的 Agile Wallet 框。用户验证了框内信息的正确性后，用鼠标点击一次就可完成购物交易。用户还可将新的信用卡和借记卡信息加入到受保护的个人信息中。

2) E-Wallet

Launch pad 公司的 E-Wallet 是一个免费的钱包软件，消费者可下载并安装到自己的计算机上，而不像其他钱包那样存在中心服务器上。和其他钱包一样，E-Wallet 将顾客个人信息和结算信息存在钱包里。E-Wallet 甚至还专门为用户留出放照片的地方(就像真正的钱包一样)。购物完成时，只需单击图标并输入密码，然后从 E-Wallet 中选定信用卡并拖到结账表中，E-Wallet 就能把用户在安装软件时所提供的个人信息填写到表中。为保护用户的个人信息，E-Wallet 还有加密和密码保护措施。

3) Microsoft Wallet

Microsoft Wallet 预装在 Internet Explorer 4.0 及以上版本(英文版)里，其功能与大多数电子钱包一样，在用户需要时可自动填写订单表。Microsoft Wallet 是微软公司为钱包的标准化而推出的。用户输入到 Microsoft Wallet 里的所有个人信息都经过加密并用密码进行保护。它的新版本还能同电子现金系统、网络银行账户及其他结算模式交互。目前它支持运通卡(American Express)、万事达卡(Master)和维萨卡(Visa)。

4.3 网络货币

网络货币是以公用信息网(Internet)为基础，以计算机技术和通信技术为手段．以电子数据(二进制数据)形式存储在计算机系统中，并通过网络系统以电子信息传送形式实现流通和支付功能的货币。具体而言，网络货币就是采用一系列经过加密的数字，在全球网络上传输的可以脱离银行实体而进行的数字化交易媒介物。网络货币主要形式为网络钱包、数字钱包、网络支票、电子信用卡、智能卡、在线货币、数字货币等。

4.3.1 网络货币的概念

网络货币是电子货币的主要内容之一。电子货币通常只在专用网络金融上传输，通过 POS、ATM 机器进行处理、结算，以电子数据的形式取代了传统纸币或现金的交易媒介。网络货币是通过互联网相关的业务系统以电子数据的形式进行账户处理、结算和网上支付的交易媒介。在信息经济化社会，网络金融服务正在改变人们的生活、生产方式。24 小时电话理财服务、个人与企业网上银行和网上支付等，构造了与传统方式不同的金融服务模式。在这个全新的服务模式中，电子货币和网上支付是整个网络金融服务体系的关键环节。没有电子货币，就没有网络金融服务；没有网上货币，网络金融服务就不完全。

网络货币产生于货币的流通职能和支付职能。人们关心的是货币的交换能力，而不是它有无内在价值。因此作为流通手段，人们的选择标准是方便、快捷、安全。纸币是这样，网络货币更是如此。从性质上讲，网络信用货币同纸币一样都是价值符号。

据不完全统计，目前市面流通的网络虚拟货币不下几十种，盛大、腾讯以及门户网站网易、新浪、搜狐等互联网巨头都推出了名称各异的网络货币，且绝大多数可用现实货币购买。网络货币不仅可以支付网上收费服务项目，有的还可支付手机短信费用，甚至在网上购买实物商品。当前，我国网络货币最常见的有Q币、V币、百度币、POPO金币、博客币、U币、G币、网商币、酷币易一卡通、卡拉、支付宝、贝宝、边锋“银子”、魔兽世界游戏点卡、传奇游戏币、金钱、Moneybookers等。

4.3.2 网络货币的类型

网络货币的出现，最早可追溯到20世纪70年代国际货币基金组织创设的特别提款权和后来欧洲理事会创建的欧元货币单位，正是网络货币早期产生的基础性标志。网络货币的主要形式有网络现金、网络钱包、网络支票等。

1. 网络现金

网络现金也叫数字现金，是以电子数据信息形式在互联网系统内流通的货币。它不依赖于专用的存放网络货币的存储机制或“现金盒”，能自由地在互联网中自动转换成接收目的的货币。

网络现金分为两种：在线现金和离线现金。在线现金是指消费者不需要自己来保存网络现金，而是让一家可信度高的网络银行参与到所有的网络现金转账过程中，并持有消费者的现金账号。在线现金系统要求商家先与消费者开户银行联系，然后进行消费行为的结算。这种方式可以确定消费者的现金是否有效，从而防止金融欺诈的发生。离线现金是指消费者自己保存网络现金，不需要网络银行参与交易。此时，防止重复消费欺诈就成为人们首先要解决的问题。所谓重复消费，是指用同一网络现金支付给两户商家，而造成的两次花费同一网络现金的现象。

2. 网络钱包

英文称 E-Wallet，是一个银行系统交易中运行在持卡人终端的软件。持卡人用它来进行网络经济交易和储存交易记录，就像生活中随身携带的钱包一样，持卡人的借记卡信息和与卡对应的证书都存放在网络钱包里。

在网络钱包里，持有者利用互联网上的密码打开后可随意选择人们想用的信用卡来付款、支付或消费。最早的网络钱包系统Mondex是由英国的一家银行开发出来的。

1995年7月首先在英国一城市试用，很快这种软件系统就被广泛应用于互联网的经济交易活动之中。这也是因为它的使用极其简单：只需把 Mondex 卡插入终端，输入密码，短时间内网络钱包卡和信息单据条便从终端设备输出，一次交易即告结束。

从形式上看，网络钱包已经摆脱了实物货币形态，成为真正的虚拟钱包。它具有许多功能，如安全网络交易，进行SET交易时需辨认用户身份，并发送交易信息；网络安全验收管理，包括网络安全证书的申请、存储、删除等；交易系统的保存，会保存每一笔交易记录以备日后查询。在一些国家，使用网络钱包的消费者通常在银行里都是有账户的。

在使用网络钱包时，将有关的应用软件安装到服务器上，利用网络钱包服务系统就可以把自己的各种网络货币或网络金融卡上的数据输入进去。在发生收付款时，消费者只要单击相应项目即可完成。

3. 网络支票

它是采用信用方式的个人客户和企业利用数字化手段，使用网络签名做背书，并使用数字证明来验证付款者、付款银行和银行账号的一种网络付款形式。网络支票的应用是在与商户及银行相连的网络上以密码方式传递的，多数使用共用关键字加密签名或个人身份证号码(PIN)代替手写签名。

网络支票具有以下优点：①如使用方式如同传统支票，相当方便；②网络银行能为参与网络商务的商家提供标准化的资金信息，降低业务处理费用；③能创造出浮动费率并获取利益；网络银行账务服务系统能借助收取买卖双方的交易手续费而获取利润；④适用于付款的清偿，而且网络支票的密码加密方式比以往公开密钥密码的系统更容易处理。使用网络支票付款的时候，消费者手中使用的不再是传统的支票簿，而是网络的“支票簿”。

网络支票簿只是一个形象的称谓，它是一种类似于 IC 卡的硬件装置，装置中设计有一系列程序，插入电脑端口后，通过密码证明，这个装置便把所需填写的内容显示在屏幕上，整个网络支票交易的程序分以下几个步骤：①消费者和商家达成购销协议并选择用网络支票支付；②消费者通过网络向商家传送出网络支票，同时向银行发出付款通知单；③商家通过专门的验证机构对网络支票进行验证，验证无误后将网络支票“背书”，再发送给自己的开户银行；④商家的开户银行通过银行间的清算设备和网络同客户的开户行进行结算；⑤客户的开户银行再通过认证系统程序认证网络支票，确认无误后即向商家的开户行兑付或者转账。

4.3.3 网络货币的属性

网络货币在网络世界中完全充当支付手段和价值尺度的职能，网络货币可以买到门户网站里的几乎一切服务与商品，并被广大消费者所接受。其具有的货币特征体现在以下方面。

1. 货币体系

2005 年，百度与盛大、网易、银联、支付宝等 24 家公司签订协议，欲推行“百度币”作为可以在网络世界使用也可自由兑换的通货。目前单向对接已完成，即所有 24 种支付工具都可以买到“百度币”。未来百度将推进实现与其他虚拟币种的双向交换。倘若一切顺利，这个虚拟货币将盯住“百度币”，并以此形成“汇率”，有可能形成一个以“百度币”为中心的“布雷顿森林体系”。在网络中，这种双向交换的“布雷顿森林体系”将打破各大网络公司各自为政的局面，便利网络消费者的支付结算，可以说也是网络发展的客观需要。

2. 汇率

像Q币、百度币一类的网络货币都是需要充值的，一般来说网络货币是通过银行卡进行充值的，也可以通过邮局等方式。所以说实际上网络货币是用人民币买来的，可以看作“人民币的网络账户”。以腾讯网的Q币为例，它与人民币的“汇率”是1∶1，也就是一元人民币兑换一个Q币。其他门户网站的网络货币与人民币之间的“汇率”大致也是这样的比例。在腾讯公司的网络游戏里，Q币可以兑换游戏币；如果用户养了只QQ宠物，Q币还可以兑成宠物使用的“元宝”；等等。目前，网络货币的“汇率”也只存在于其与人民币的兑换之间。

3. 特征

我国网络货币虽然具有货币的某些特征，但其本质上并不是货币，而是真实货币的“代金券”。

(1) 从流通角度上讲，其并不具有完全的流通性。

在官方渠道中，网络货币只能是单项流通的，就是说人民币可以自由兑换各种网络货币，但是网络货币不能兑换成人民币。而且，各大门户网站发行的网络货币只在其提供的网络服务和产品中充当“硬通货”。与发达国家真正的网络虚拟货币相比，流通性上还有差距。例如，美国贝宝公司(PayPal)发行一种网络货币，可用于网上购物。消费者向公司提出申请，就可以将银行账户里的钱转成贝宝货币——这相当于银行卡付款，但服务费要低得多，而且在国际交易中不必考虑汇率。

(2) 从货币发行角度来讲，其并不是靠信誉发行的。

我国的这些网络货币是由各大门户网站发行，而发行量则没有上限。这些网站就像是一个个“造币工厂”，需求多少就会造出多少来。网络游戏的人们在娱乐中“赚取”大量的网络货币，而供应商则可以源源不断地供给。在这种关系中，货币的价值体现出现不平衡，网络货币对于消费者是有现实价值的，而对于供应商来说那只是一文不值的数字而已。而在国外成熟的金融系统中，网络货币是由信誉非常好的IT供应商发行的，其发行货币的行为需要接受中央银行的监管。

(3) 网络货币不是真正意义上的货币。

学术界对于数字现金也就是网络货币是这样定义的，“它是由一定的发行主体以公用信息网为基础、以计算机技术和通信技术为手段，以数字化的形式存储在网络或有关电子设备中，并通过网络系统以数据传输方式实现流通和支付功能的小额信用货币体系。”我国目前的网络货币是电子商务发展的一个标志，是为了便利网上零星小额购物支付的需要，但其流通性和支付功能都存在一定程度的障碍。

总之，随着网络经济时代的来临，网络货币将成为该时代最具代表形式的货币之一，成为货币演化形式的又一重大变革。人们需要掌握网络货币运动规律，完善金融法规和监管，鼓励金融创新和加强国际金融合作以应对网络货币的到来。

4.4 电子现金

电子现金(Electronic Cash)又称数字现金(Digital Cash)或E-Money，是纸币现金的数字化，是电子货币的一种。电子现金通常是指一种以数字(电子)形式存储并流通的货币，它通过把用户银行账户中的资金转换成为一系列的加密序列数，通过这些序列数来表示现实中各种金额，用户用这些加密的序列数就可以成为电子现金的使用者了。

4.4.1 电子现金概述

电子现金也是现代社会中一种以数据形式流通的货币。它把现金数值转换成为一系列的加密序列数，通过这些序列数来表示现实中各种金额的币值。用户在开展电子现金业务的银行开设账户并在账户内存钱后，就可以在接受电子现金的商店购物了。

1. 特点

电子现金具有纸质现金和数字化的优势的特性，如方便、费用低(或者没有交易费用)、防伪性、不记名以及其他性质。和其他电子支付手段相比，电子现金还具有以下特点。

(1) 匿名性。电子现金不能提供用于跟踪持有者的信息，这样可以保证交易的保密性，也就维护了交易双方的隐私权。也正是因为这一点，如果电子现金丢失了，就会同纸币现金一样无法追回。

(2) 可传递性。电子现金可以方便地从一个人传给另一个人，并且不能提供跟踪这种传递的信息。任何人拿到电子现金都可以用于消费，简单地说，电子现金是可以转让的。

(3) 可操作性。电子现金必须具有可操作性。作为一种结算方式，电子现金必须能够交换成其他电子现金、纸币现金、商品或服务、银行账户的存款和债券等。

(4) 可分性。现实生活中，现金有多种面值，消费现金的数量由不同面值的现金组成，电子现金可以像普通现金一样细分成不同大小的货币单位用于支付。也就是说，电子现金是可以找零的。

(5) 可存储和查看。电子现金必须可存储和查看，可远程存储和查看，可支持用户在家里或办公室里交换电子现金。现金可存储在远程计算机里、智能卡里或其他易于转移的标准设备或专用设备上。

(6) 不可重复使用。电子现金一次使用完后，不能重复使用，但可以通过特定的金融机构充值。

(7) 方便性。电子现金不受空间制约，不受时间的制约，可利用家中的个人计算机及IC卡就能取出。

(8) 独立性。电子现金不依赖于所用的计算机系统。电子现金的优势在于完全脱离实物载体，使得用户在支付过程中更加方便。但必须通过电子现金自身使用的各项密码技术来保证电子现金的安全。

(9) 安全性。电子现金在开放的网络中交易必须是安全的。电子现金不应在进行交换时被轻易地复制或篡改。电子现金能够安全地存储在用户的计算机或IC卡中，并且可以方便地在网络上传输。电子现金是能够匿名消费的，消费过程中，消费者的个人资料必须得到保护，不能提供或跟踪持有者的信息。

(10) 可离线操作。电子现金支付系统不直接对应任何账户，持有者事先预付资金，便可获得相应货币值的电子现金(智能卡或硬盘文件)，因此可以离线操作，是一种“预先付款”的支付系统。

2. 种类

目前主要表现为预付卡式电子现金和纯电子形式电子现金。

(1) 预付卡式电子现金。IC 预付卡形式的电子现金与人们常见的电话卡有些类似，即先储值后扣款形式。区别只是电话卡只能用于支付电话费，流动性小，而预付卡在许多商家的 POS 机上都可使用，非常方便。

(2) 纯电子形式电子现金。这种电子现金以硬盘数据文件的电子数据特殊形式存在，没有明确的物理形式，特别适用于买卖双方处于不同地点、通过网络进行支付的情况。

数字现金使用的基本原理为电子现金发行者发行电子现金供参与的实体使用，参与者可能是个人或商家，发行的电子现金有发行者的电子签字，保证在以此电子现金发行者为主的架构系统中此电子现金的有效性。付款人在使用电子现金付款前需要事先向电子现金发行者购买电子现金，再以此购买商品，商家可保留此电子现金或者再向其他人购买时付款，或者可向电子现金发行者换回实体的现金。

3. 比较

硬盘数据文件形式的电子现金和 IC 卡形式的电子现金的比较如下。

硬盘数据文件形式的电子现金是一种以数据形式流通的货币。它把现金数值转换成为一系列的加密序列数，通过这些序列数来表示现实中各种金额的币值。例如用“6660040088”数字串表示 20 元现金。数据文件形式的电子现金存在于硬盘中，在网络中的流通和传递相对方便且安全性较好，但携带不方便。

IC 卡形式的电子现金是将一定数量的现金金额存储在 IC 卡中，IC 卡可看作是记录电子现金余额的账户，由持卡人拥有并管理，存入和消费时必须使用专用设备写入或读出。IC 卡形式的电子现金在网络化过程中相对复杂一些，IC 卡形式的电子现金用一张塑料卡作为载体，携带十分方便，普及要容易一些，但安全性较差。

两种电子现金各有优缺点，综合起来比较，IC 卡形式的电子现金因其使用方便，便于携带，可离线使用，适用于 B to C、C to C 的电子商务模式，是电子现金发展的方向。

4.4.2 电子现金支付的工作原理

数字现金是一个新兴的网络支付方式。数字现金与普通现金一样可以存、取、转让，允许用户对存储在一个计算机的硬盘、外存、IC 卡或其他设备中的数字现金进行存储和检索。数字现金的存储是从银行账户中提取一定数量的数字现金，存入上述设备中。数字现金与普通现金一样会丢失，如果买方的硬盘出现故障并且没有备份的话，数字现金就会丢失。

1. 电子现金支付的流程

采用电子现金支付方式实现电子商务的流程如图4.15所示。

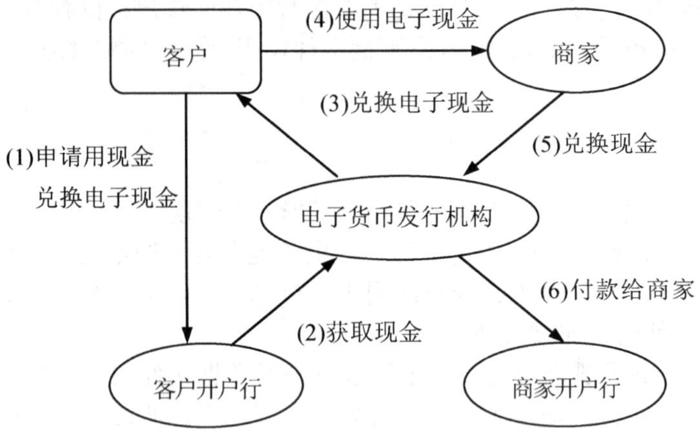

图4.15 电子现金支付的流程图

(1) 客户为了获得电子现金，要求其开户行将其存款转到电子货币发行机构，电子货币发行机构根据客户所存款额向客户兑换等值的电子现金，所兑换的电子现金需经它签字。

(2) 客户开户行从消费者的账户向电子货币发行机构转账。

(3) 电子货币发行机构给消费者发放电子现金，消费者将电子现金存入其计算机或智能卡(IC卡)中。

(4) 消费者浏览商家的站点，选购合适的产品或服务，并把电子现金发送给商家。商家在验证电子现金的真伪后，向消费者提供服务或供货。

(5) 商家将电子现金发送给电子货币发行机构，要求兑换现金。

(6) 电子货币发行机构把钱发送给商家的开户行，商家的开户行为商家入账。

2. 电子现金支付系统

电子现金支付系统最简单的形式包括3个主体(商家、客户、银行)和4个安全协议(初始化协议、提款协议、支付协议、存款协议)。电子现金在其生命周期中要经过提取、支付和存款3个过程，涉及客户、商家和银行等三方。

1) 电子现金的基本流通模式(如图4.16所示)

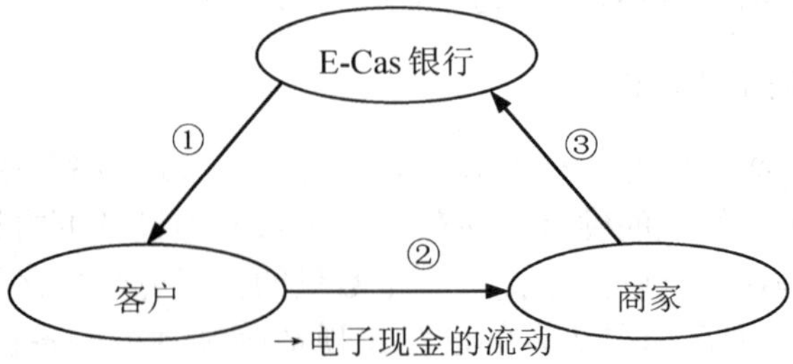

图4.16 电子现金系统的基本流通模式

① 用户与银行执行提取协议，从银行提取电子现金。

② 用户与商家执行支付协议，支付电子现金。

③ 商家与银行执行存款协议，将交易所得的电子现金存入银行。

2) 有关协议

(1) 取款协议(Withdrawal Protocol)。用户从自己的银行账户上提取电子现金。为了保证用户在匿名的前提下获得带有银行签名的合法电子现金，用户将与银行交互执行盲签名协议，同时银行必须确信电子现金上包含必要的用户身份。一般取款协议分为如下两个子协议。

① 开户协议。这一步通常计算量较大，用于向用户提供包含其身份信息的电子执照。

② 取款协议。这一步只是单纯的盲签名过程，用户能够从其账户中提取电子现金。

(2) 支付协议(Payment Protocol)。用户使用电子现金从商店中购买货物。通常也分为两个子协议。

① 验证电子现金的签名协议。用于确认电子现金是否合法。

② 知识泄露协议。买方将向卖方泄露部分有关自己身份的信息，用于防止买方滥用电子现金。

(3) 存款协议(Deposit Protocol)。用户及商家将电子现金存入到自己的银行账户上。在这一步中银行将检查存入的电子现金是否被合法使用，如果发现有非法使用的情况发生，银行将使用重用检测协议跟踪非法用户的身份，对其进行惩罚。

3. 电子现金验证

在网络支付过程中，必须保护电子现金不被盗窃或更改，商家和银行要能验证电子现金是否属于支付它的消费者，验证电子现金的真伪性。检验的过程中采用了盲数字签名原理。所谓的盲数字签名(Blind Digital Signature)是一种特殊的数字签名。一般数字签名中，总是先知道文件内容后才签名。盲数字签名与通常的数字签名的不同之处在于，签名者并不知道他所要签发文件的具体内容。盲数字签名在签名时，接收者首先将被签的消息进行盲变换，把变换后的消息发送给签名者，签名者对盲消息进行签名并把消息送还给接收者，接收者对签名再做逆盲变换，得出的消息即为原消息的盲签名。

4.4.3 数字现金带来的问题

随着电子货币应用环境的逐渐完善，数字现金已成为经济信息化社会中必不可少的结算工具，对中央银行货币政策中介目标和中央银行职能的转变都产生影响，其影响与作用将不断扩大。但是，数字现金也相应带来了一些难以解决的问题。

1. 税收与洗钱

由于数字现金可以实现跨国交易，税收与洗钱将成为潜在问题。对跨国交易是否征税？如何征税？这样的国际税收问题将时有发生。同时，由于数字现金像真实的现金一样，其流通不会留下任何记录，税务部门很难追查。数字现金的不可跟踪性将可能被不法分子用于逃税。

数字现金会使洗钱变得更加容易。因为利用数字现金可以将钱送到世界上任何地方而不留下一点痕迹，调查机关很难获得证据，要检查网上的所有数据包并破译所有的密码，这几乎是不可能的。

2. 外汇汇率的不稳定性

数字现金将会增加外汇汇率的不稳定性。数字现金也是货币总供应量的一个组成部分，可以随时兑换为普通现金。普通现金有外汇兑换及汇率的问题，数字现金也应该有，这就需要在互联网上设立一个外汇交易市场。在现实世界上，只有一小部分人可以从事外汇交易，而在虚拟世界里，任何人都可以参与外汇市场，而且不受国界限制。这种大规模参与的外汇市场的现象将会导致外汇汇率的不稳定。

3. 货币供应的干扰

因为数字现金可以随时兑换为普通货币，所以数字现金量的变化也会影响真实世界的货币供应量。如果银行发放数字现金贷款，数字现金供应量就会增多。这样，当电子现金兑换为普通货币时，就会影响现实世界的货币供应。电子货币与普通货币一样会有通胀的问题，而且因其特殊性，这些问题可能会更加严重。而且，数字现金没有国界，没有中央银行机构，可以由任何银行发行，所以政府可能很难控制数字现金的数量，从而使中央银行对货币供应量的控制变得更加困难。在没有中央银行对电子货币量进行有效控制的情况下，虚拟空间发生金融危机的可能性比现实世界更大。

4. 恶意破坏和盗用

要想流通电子现金，就一定要防止非法复制和重复使用电子现金；电子现金是存储在计算机里的，更要防止遭到来恶意程序的破坏；另外，如果不妥善地加以保护，电子现金也有被人盗用的危险。所以，一定要采取安全措施，保护电子现金存储和使用安全。

4.5 电子货币的作用与影响

经济社会中，货币之所以可以执行支付职能，在于人们对货币本身蕴涵的价值尺度的信任和接受。所以，货币必须具备信誉性和普遍接受性。电子货币的应用和发展，取决于其自身的信誉程度和公众的可接受程度，这是决定网络金融业务应用和发展的重要前提。

4.5.1 电子货币的作用

电子货币已成为互联网、经济信息化社会商业环境中必不可少的结算工具。随着电子货币的推进和应用环境的逐渐完善，其影响与作用不断扩大。

1. 刺激消费和扩大需求

电子货币促进了电子商务的创新，特别是与其相关的信息、软件、计算机行业营销结构的创新。信息产业、软件销售商在收取电子货币的一瞬间，通过计算机终端直接授信，即可将信息、软件商品从互联网传递给客户。因此，用于商品流通过程的成本大幅下降，为销售商降低商品的价格提供了条件。随着营销结构的变化和成本降低，实物商品、软件、信息商品的需求将进一步扩大。

电子货币促进了网络信息商品营销方式的创新，使其出现了以信息内容销售的新形式，使得可零售的信息内容细分化、计价单位小额化。随着以互联网为首的信息网络的普及，流通成本问题和信息检索问题得以解决，消除了信息内容细分和微量销售的障碍，“每个视点为一个销售单位”的软性营销方式应运而生。

电子货币刺激了市场消费，扩大社会需求。使用电子货币可以在金融网络系统上完成支付或结算。对商家而言，瞬间即可低成本地收回资金，因此可以放心地给顾客发送商品；对客户而言，免除了烦琐的支付手续，可以轻松地购物，因此刺激了人们的消费欲望，扩大了社会需求。

电子货币的影响加剧了市场竞争，提高了服务质量。以电子货币为基础的电子商务、网络金融的发展，为商业、金融业参与市场竞争提供了便利条件，刺激和加剧了同业市场竞争，从而促使商业、金融业为市场提供廉价优质的商品，提高了服务质量与水平。

2. 降低经济交易成本

这可以从企业、金融机构和消费者三方面来说。从生产、商业企业角度，电子货币的应用将大大节约企业的现金使用成本，尤其是那些需要大量信用货币的商业企业，将降低有关现金处理保管方面的成本。同时，电子货币的应用可以将企业的销售收入立即转化为企业在银行存款账户的存款，从而减少企业结算资金占用、提高企业资金周转的效率。

从金融业角度看，电子货币的应用可以减少金融机构在处理现金上的巨大花费，如银行保管现金的成本、防伪费用及相关经营费用。同时，金融机构作为电子货币的发行者能够获得在途资金，即有权使用客户在电子货币的存款余额进行资金周转、调拨并获得收益。当电子货币应用的范围和数量不断扩大时，这笔潜在的收益是非常可观的。从消费者角度看，节约了经济交易活动中的时间成本。使用电子货币不需要准备现金，因此消费过程更加方便；持卡人通过金融网络系统转存资金很便利，减少提取现金的麻烦；电子货币是一种智能卡，具有内存大、个人密码不易被冒用等优点，因此安全性较高。

3. 资金流带动信息流、物质流

电子货币的出现，为互联网覆盖的虚拟空间开展经济活动提供了最直接的技术支持，促使网络金融业务的发展。原子是构成实体物质的最小单位，比特是构成电子信息的最小单位。在信息经济化的社会，生产和生活空间将从原子世界向比特世界转移，信息的地位越来越占有重要地位。由于货币本身在社会经济活动中的重要作用，实物货币转为电子货币，物质世界转为信息世界，将给人们带来生活与生产的影响。因为，电子货币是以数字信息的形态出现的，所以通过使用相应信息技术，最大可能执行货币的已有职能。电子货币通过光纤电缆或电话线即可联网流通，无论距离远近，即使跨越国境，只要是与互联网连接的计算机终端之间，均可直接传递，简单而迅速地完成网络支付。以电子货币资金的流通带动信息流、物资流，促使社会经济交易活动扩大化，已经并正在对世界各国的金融、经济形成巨大影响。

4. 网络金融业务发展的基础

电子货币的应用和发展，取决于互联网、金融网络的影响扩大和电子数据交换的普及；反过来，它还将影响网络金融业务的发展。人们对电子货币的认识和使用，有一个渐进的过程，犹如对网络金融应用的过程一样。先使用电子货币，再熟悉网络支付，然后再接受网络金融业务产品与服务，如网上转账、网上结算、网上存款、网上外汇交易、网上证券交易等，这些金融业务都与电子货币存在着密切关系。可以说，电子货币的应用和发展决定了网络金融业务的扩大和发展。没有电子货币，就没有网络金融。

4.5.2 虚拟电子货币——比特币

比特币(Bitcoin，简写：BTC，货币符号：฿)是一种P2P形式的数字代码。比特币不依靠特定货币机构发行，它依据特定算法，通过大量的计算产生，比特币经济使用整个P2P网络中众多节点构成的分布式数据库来确认并记录所有的交易行为。P2P的去中心化特性与算法本身可以确保无法通过大量制造比特币来人为操控币值。

1. 比特币概述

比特币是由一名刻意隐藏自己真实身份的化名为中本聪(Satoshi Nakamoto)的神秘人士于2009年1月设计的一种数字货币。中本聪鼓吹比特币能够让用户在一个去中心化的、点对点的网络中完成支付，不需要一个中央的清算中心或者金融机构对交易进行清算。用户只需要互联网连接以及比特币软件就可以向另外一个公开的账户或地址进行支付操作。

但也正由于中本聪在比特币发布之初便自己一个人持续“挖矿”从而囤积了大量比特币在自己手上，反而破坏了比特币去中心化的本意，最终比特币的未来实际将是中本聪一个人的独裁。

聪(Satoshi)是比特币最小的单位。1比特币包含1亿个聪(Satoshi)。在设计上看，比特币的总供给无法超过2100万比特币(也就是2100万亿个聪)。流通中的比特币总量将按可预测的节奏增加，基于所设计好的代码机制，直到在2140年达到总供给量(见图4.17)。

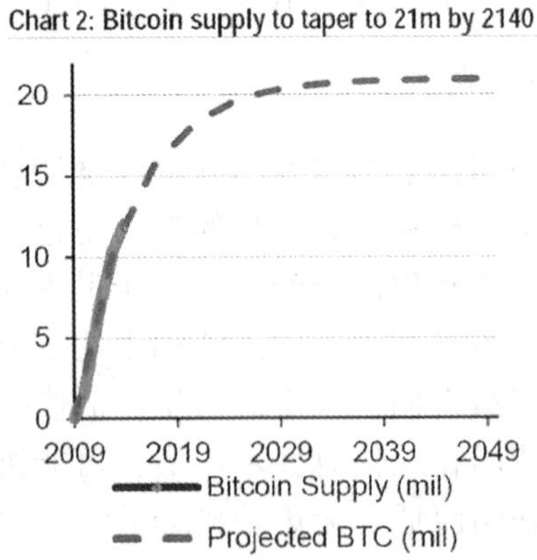

图4.17 比特币总量图

图示资料来源：http://baike.baidu.com/picview/5784548/5838852/0/

所有交易的公开记录会持续地更新，并且得到“挖矿人(miner)”的不断验证，后者会搜集新的交易记录，集合成块，并将之加在“总账(Blockchain)”的最后。交易账目的公开形式让每一个聪(Satoshi)都能够被追踪出持有者的历史记录。全部记录可公开调阅确保了买家的确是想要拥有相应数目的比特币或者是他/她的确想要支付这笔钱，防止了诈骗行为。

比特币与其他虚拟货币最大的不同，是其总数量是非常有限的，具有极强的稀缺性。该货币系统在发布之初前4年内只有不超过1050万个，之后的总数量将被永久限制在2100万个之内。还有一点是，你可以用电脑生产比特币。

2009年比特币诞生的时候，每笔赏金是50个比特币。诞生10分钟后，第一批50个比特币生成了，而此时的货币总量就是50。

每达到21万个区域，奖励就减半，从50比特币减到25，再从25到12.5。直到2140年达到2100万个的总量上限，被挖出的比特币总量已经超过1200万个。

国内外有很多网上的比特币交易机构和交易场所，接受比特币与法定货币的兑换。其中Mt.Gox是最早及最具实力的比特币交易平台，2010年成立于日本。Bitstamp和BTC-e是另外两个国外较大的交易所。

目前，国际虚拟货币玩家圈中广泛流传着一句话：“Bitcoin is Gold，Litecoin is Silver，Infinitecoin is Copper”，意为“比特金，莱特银，无限铜”。业内人士的这番判断足以显示出比特币、莱特币和无限币在目前种类繁多，令人眼花缭乱的虚拟货币群体中显赫的重要地位。

2013年12月16日下午，中国央行召集第三方支付公司开会并明确要求，第三方支付机构不得为比特币交易网站提供托管、交易等业务。

完全匿名，无中央控制，抑制通货膨胀，交易成本低廉，易损性是比特币最显著的特点。

2. 比特币的应用

1) 支付的方面

在支付领域中比特币可以起到支付债务、地租、利息、税款和工资等作用。而这一个方面对于比特币而言，是非常简便的，而且操作迅速，可以节省大量的时间和精力。只要知道收款方的一个地址，用比特币拥有者的比特币客户端轻轻点击一下发送按钮，就可以将若干特定数量的比特币发送到收款方的电子钱包中去。在这种交易期间需要等待“六个确认”，而这六个确认是来自P2P(Peer to Peer)网络中的其他节点，一切信息都保存在比特币网络的分块中，有证可循。

2) 流通方面

比特币在国外非常火，有数百个电子商务网站都接受比特币，可以用比特币进行付款购物、兑换实物及各类服务，例如：在Bitmit等全球性的交易平台上可以实现比特币交易。此外，比特币建立了一套与主权货币兑换的机制——目前全球的比特币交易所大约有十几家，任何人都可以把比特币兑现成各个国家的钞票。

3) 价值尺度方面

从Mt.gox上的交易火热程度来看，比特币的价值已经不言而喻了。一个比特币可以按照不同的比率来兑换成相应数量的美元、欧元、人民币等货币，也可以用来衡量购物网站上的商品价格，比如说是从一个网站上搜索到的一个收纳袋，而它的定价便是1比特币。如果说传统货币的价值来自无差别的人类劳动，引申一下就可以得到，比特币的价值来源于计算机的无差别劳动。

4) 世界货币方面

比特币可以称得上是一种十足的世界货币。比特币，它是不以任何国家或政府作为其发行中心，也不依赖于权力的大小。凡是计算机网络所能够到达之处，便可以进行关于比特币的交易，同时比特币的来源也不是随意由任何机构发行的，而是在无中心的P2P网络上的任何一个网络节点上被制造出来的，用分布式数据库来记录货币的交易，并使用密码学的设计来确保货币流通各个环节安全性。其制造过程是需要计算机的大量计算，消耗计算能力来获取货币的。

5) 贮藏方面

比特币也拥有贮藏手段这一职能，而且比特币这种贮藏职能在应对通货膨胀危机的时候效果尤为显著。比特币的价值来源于计算机的计算，而其货币本身，则可以以计算机文件的形式保存在硬盘等存储媒介中，只要文件不被破坏，没有黑客盗窃，这些货币就不会丢失。

3. 比特币的交易兑换平台

比特币刚刚出现的时候，比特币一文不值，1美元平均能够买到1309.03个比特币，但如今比特币已经多次的打破了纪录，2013年初始比特币的价格只有13美元，后来一度涨过了1000美元。比特币的在3年之内升值47000倍，它的市值也已经超过10亿美元。这对投机者来说十分有利，但大幅波动不利于比特币在交易中的普及。即便如此，媒体的大量报道是推动比特币普及的重要力量。

其中Mt.Gox是目前最为流行的比特币交易平台，不过现在该平台仅通过一款应用程序接纳新成员。除此之外还有几家规模较大的交易所，能够进行比特币兑换和交易。

比特币和Btctree券的兑换流程如图4.18和4.19所示。

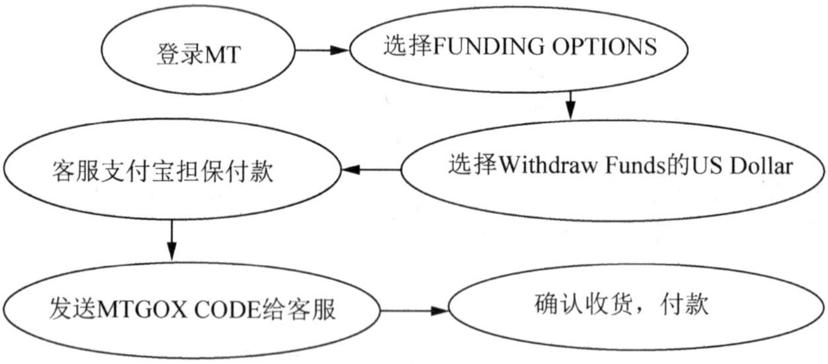

图4.18　MTGOX的兑换流程

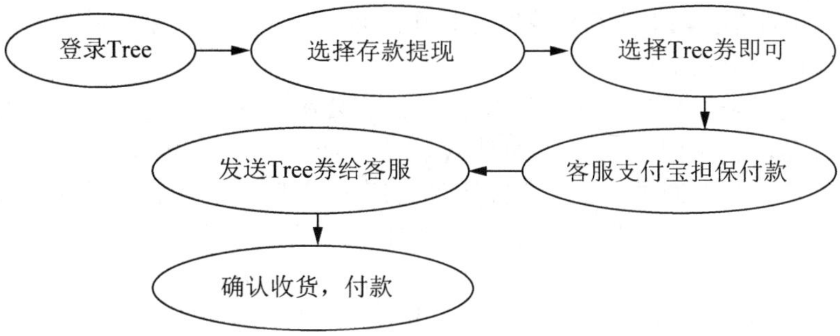

图 4.19　Btctree 券的兑换流程

4. 节点查找与交易流程

如果要兑换比特币，可先上网加入该通道的其他客户端的 IP 地址和端口，如图 4.20 所示。

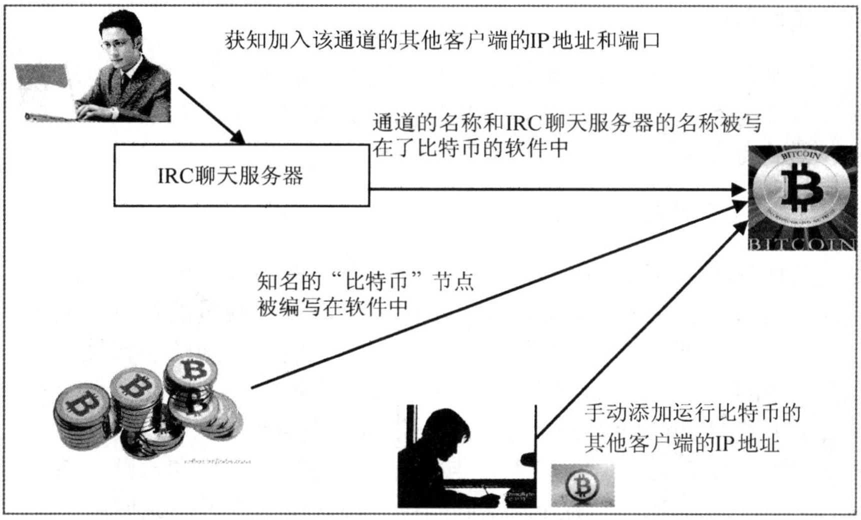

图 4.20　比特币的节点查找

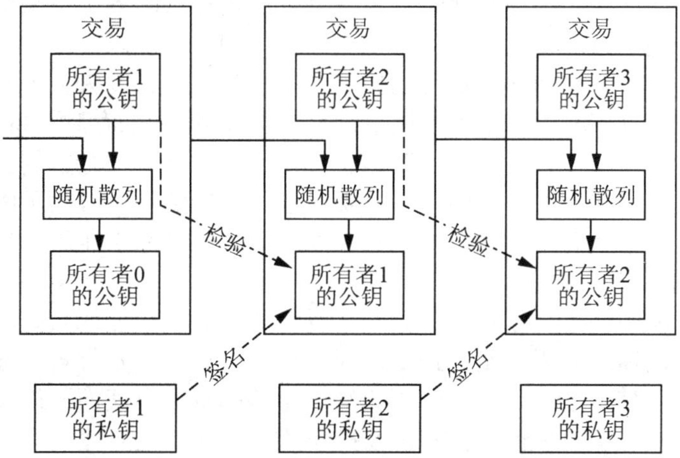

图 4.21　交易流程

比特币交易流程(图 4.21)：(1) 获取比特币地址；(2) 可支付手续费，加快交易速度；(3) 交易确认；(4) 钱包加密。

如果 A 要转一笔钱，A 就把签到数量加上 B 的公钥，即收款地址，用自己的私钥签名。而 B 看到这个签名，就可以了解，的确是 A 转给了他如数的比特币。

A 在发起这笔交易的时候，必须把签过名的交易单广播到比特币的网络上，最终会让每个节点都知道这件事。B 从网络上不断受到别人的确认信息，当他收到足够多的确认信息后，就能确认 A 的确发出来这条交易单。这以后，B 就可以自由使用这笔比特币了。

当 B 将 A 转给他的比特币再转给 C 时，也会广播给足够多的人，让他们进行担保。每个担保人只有确信 B 有足够多的比特币可以支付的时候才做确认。本质上，比特币网络并没有记录每一个比特币属于谁，它记录的是一个列表，包含这个比特币从诞生到当前的每一步交易。任何人试图确认一个交易单时，比特币网络都会通过检查这个列表来确认转出账号上有没有那么多比特币。

4.5.3 电子货币的影响

经济信息化社会，互联网与信息技术正在改变着人们的生活、工作方式，电子货币和网络金融成为未来金融业发展的主流。尤其是电子货币的应用和发展，对中央银行职能、货币政策带来了影响。

1. 对货币政策中介目标的影响

电子货币及其特性使现有的中央银行货币政策面临着挑战。电子货币的发展，正在使中介目标的合理性和科学性日益下降。在可测性方面，货币数量的计算与测量，正受到电子货币的分散发行、各种层次货币之间迅速转换、金融资产之间的替代性加大、货币流通速度加快等各方面的影响。在可控制方面，来自货币供给方面的变化，加上货币流通速度的不稳定和货币乘数的影响，使货币量的可控性面临着挑战。

中央银行的货币政策工具主要有法定准备金、公开市场操作和再贴现率。电子货币的发展，使得中央银行的货币政策工具在发展的今天，显得有些手足失措。

1) 对存款准备金率的影响

在传统金融领域中，中央银行通过提高或降低法定存款准备金率来增加或减少法定存款准备金，从而控制流通的货币总量。这在电子货币尚未出现以前，是中央银行乐于使用且行之有效的一种手段。然而电子货币的出现，使得其作用力度大大下降。其原因：一是电子货币取代了一部分有准备金要求的储蓄，使得网络银行中的存款准备金所占比重下降；二是在激烈的国际竞争中，各国不断改革准备金制度，以求获得金融创新的先发优势；三是网络银行即使是经营场所发生了转移，其费用也相对较低，而且由于网络的特性并不会使原有客户发生流失，从而为网络银行规避一国或地区较苛刻的准备金要求提供了条件。

2) 对货币流通量的影响

在传统金融领域中，中央银行参与公开市场业务，通过增加或减少流通中的货币量，使货币的总供给和总需求趋于平衡。但是，对于电子货币，其发行较为分散，中央银行不再是唯一的发行人，使得中央银行可能因为缺乏足够的资产负债而不能及时地进行大规模的货币吞吐操作，减弱了中央银行公开市场操作的时效性和灵活性。

3) 对再贴现率的影响

再贴现率在传统金融业务中是中央银行调节商业银行借贷能力的一种有效手段。中央银行通过提高或降低再贴现率，增加或减少了商业银行向中央银行的借贷成本，从而控制商业银行的贷款规模和能力。然而，当电子货币能够被商业银行自由发行时，即使中央银行提高了再贴现率，商业银行仍可扩大电子货币的发行，来缓冲由于再贴现率提高而带来的贷款规模缩小的压力。不过，由于电子货币仍需依赖传统货币来保证其货币价值，当发行者面临赎回电子货币的压力而需向中央银行借款时，再贴现率仍能显示出调整其借款成本的能力。

2. 推动中央银行职能的转变

电子货币可广泛应用于生产、交换、分配和消费领域，融储蓄、信贷和非现金结算等多功能为一体。中央银行相应的货币政策职能要开始与时俱进地进行转变。

1) 改变宏观调控模式

中央银行不应再坚持控制货币基础量 B 来控制总的货币供给量 M 的宏观调控模式。一般经济社会中，货币供给量 M 等于货币乘数与货币基础量的积，公式如下。

$$M=m\times B$$

经济信息化社会，货币乘数 m 将主要通过网上在线电子货币信息流的流通速度，由网上金融市场进行内生变量决定，其稳定性大大降低，而且趋向于发散。所以，在电子货币条件下，由于纸币被电子货币取代，流通中的现金和银行存款准备金之和定义为基础货币的理论基础已不复存在；电子货币再创造的速度极快，从而使货币乘数趋于极大，甚至是无穷大。所以电子货币流通量将主要由金融市场内生的电子货币流通速度来决定，而不是由中央银行的初始货币供应量的外生变量决定。因此，将电子货币的发行作为一个网络金融内生的市场选择过程而不是一个政府选择过程的制度安排，是一种更有效的降低交易费用的制度选择。

2) 金融监管工作重心转移

中央银行如果用监管信用纸币的传统手段来监管电子货币的流通过程和规模，必然会引起宏观货币政策的失效和金融市场的混乱。因此，在新条件下中央银行应该适时地将金融监管工作的重点，从控制初始货币供应量转移到对电子货币的发行资格的认定、电子货币流通过程中安全支付标准的审查和监督、电子货币流通法规的制定等方面。

本 章 小 结

本章介绍了电子货币的特点、职能和电子货币应用现状与趋势，详细论述了电子货币是一种无形的价值等量信息，是代表价值的信息预存在集成电路芯片内的一种虚拟观念中的货币。并简单介绍了电子货币的产生，论述了电子货币的发展取决于互联网的普及和电子数据交换的应用两大重要因素。通过对电子支票、电子信用卡、电子钱包等电子货币形式的实证分析，将电子货币的理论与应用有机地结合在一起。

关键术语和概念

电子货币　EDI　电子数字现金　网上支付　网络钱包　安全电子交易协议(SET)网络现金　网络钱包　网络货币

综合练习题

一、单项选择题

1. 电子钱包是一种便利、安全、多功能的支付工具，是电子货币的一种主要(　　)形式。

A．支付　　B．实现　　C．管理　　D．分配

2. SET支付体系由支付网关和与之相连的银行系统、电子柜员机、用户端(　　)构成。

A．电子钱包　　B．信用卡　　C．电子支票　　D．电子货币

3. 电子现金是一种以(　　)流通的货币，它把现金数值转换成一系列的加密数据序列，通过这些序列数来表示现实中各种交易金额的币值。

A．纸币　　B．银行卡　　C．电子货币　　D．数据形式

4. 电子钱包是一个可以由持卡人用来进行安全电子交易和储存交易记录的(　　)，就像生活中随身携带的钱包一样。

A．卡片　　B．软件　　C.记事本　　D.数据库

二、多项选择题

1. 电子货币的主要特征表现在(　　)方面。

A．通用性　　B．安全性

C．可控性　　D．依附性

E．起点高

2. 电子货币的管理包括(　　)。

A．电子货币发行管理　　B．金融认证(CA)管理

C．电子货币工具管理　　D．安全电子交易管理

E．电子货币运行监控管理

3. 下列说法中，具有正确性的是哪一些？(　　)

A．数字形式的电子货币不容易与其他金融资产转换

B．数字式的电子货币能够任意的分割，直至最小的货币单位

C．数字式的电子货币容易形成庞大的国际游资

D．数字形式的电子货币就是国际货币

三、简述题

1. 简述电子货币与传统货币的联系与区别。

2. 简述电子货币的特征有哪些。
3. 简述电子货币的运行条件。
4. 电子货币支付经历的 5 个阶段分别是哪几个阶段？
5. 简述电子钱包具有的功能。
6. 简述电子货币对货币管理的影响表现在哪几个方面。
7. 简述电子货币对货币政策的影响表现在哪些方面。
8. 简述电子支票系统。

四、分析题

1. 分析电子支付系统的功能。
2. 分析中国电子商务支付体系的结构及实现原则。
3. 分析电子钱包的优势。

五、思考题

1. 简述中国现代化支付系统的特点。谈谈对中国现代化支付系统的展望。
2. 简述电子支付工具的性能与优缺点。谈谈对电子支付工具的展望。
3. 结合我国“金融联”网站的内容，认识电子货币与生产力发展的关系。
4. 查阅我国大型商业银行网站，比较它们网上支付的内容和特点。

第5章 网络支付与结算

学习目标

通过本章学习，了解电子支付系统的结构、标准和功能，了解电子支付工具的性能与优缺点，掌握电子支付系统的网络平台与加密特点，了解大额支付系统和支付模型，熟悉中国现代化支付系统的特点，掌握网络支付与管理的相关理论和不同发展阶段的特点，研究中国网络支付的特色。

教学要求

知识要点	能力要求	相关知识
电子支付系统 电子支付工具	(1) 了解电子支付系统的结构、标准和功能 (2) 了解电子支付工具的性能与优缺点 (3) 掌握电子支付系统的网络平台与加密特点 (4) 熟悉中国现代化支付系统的特点	(1) 网络支付的一般过程 (2) 各种支付系统在安全性、风险性和支付效率方面的知识
SWIFT 和 CHIPS CNFN 和 CNAPS	(1) 了解 SWIFT 和 CHIPS 系统的功能和特点 (2) 了解电子账单呈递支付系统的功能和方式	(1) 电子支付系统的标准 (2) 网络支付、数字签名的法律依据

引例

网银支付——搜狐

随着中国互联网发展及人们消费理念的逐步变化，搜狐公司为迎合市场需求于2001年11月推出了搜狐商城。经过3年多的发展，已经成为中国最大的网上综合商城之一。2004年12月网银在线的网上支付服务在搜狐商城全面启用，不但方便了购物者的多渠道付款，同时也为搜狐网更好开展网上B to C业务模式添砖加瓦。

据中国互联网络信息中心(CNNIC)最新发布的报告显示，目前中国的网民数量剧增，网上购物占据较大比重。虽然网上购物可以实现足不出户，但在结款上仍存在“瑕疵”，如遇到节假日银行关门、邮局汇款速度慢以及高峰期排长队现象等。传统的支付方式受时间、空间的局限性，往往消费者在网上挑选商品时，考虑到给商家汇款及等待货物送达时间过长的麻烦，削弱了购物兴致。

网银在线支付平台(www.chinabank.com.cn)填补这一弱势，全面支持全国19家银行的信用卡及借记卡，并且采用国际通用3D认证标准，同时支持VISA等国际信用卡。消费者可在24小时实现在线支付服务，真正享受网上购物的全过程。

网银在线支付平台开通后，以方便、快捷以及独具的服务优势，激发了众多消费者的购物冲动，搜狐商城交易量明显增加，同时引来更多的商务网站不断加盟。“少费用，大收获”，网银在线使电子商务业真正品尝到现代理财的甜头。

章前导读

网络支付，也称网上支付，英文可定义为Net Payment，就是指以金融电子化网络为基础，以各种电子货币为媒介，通过计算机网络特别是Internet以电子信息传递的形式实现流通和支付功能。可以看出，网络支付带有很强的Internet烙印，并愈发如此。网络支付是基于Internet的电子商务的核心支撑流程。网络支付是利用开放的互联网网络平台，利用数字信息传输来处理资金流动。网络支付的安全，取决于执行安全电子交易控制的开放性标准和安全电子交易协议。网络支付是在线转账、付款和资金结算，是电子商务、网络金融业务的关键环节和基础条件。

5.1 支付概述

支付的含义可以理解为，为了清偿商务伙伴间由于商品交换和劳务活动引起的债权债务关系，由银行所提供的金融服务业务。这种结清债权和债务关系的经济行为，就称为结算。因此，支付与结算含义基本相同，支付与结算可以直接理解为支付结算，或支付。

从电子支付与网络支付的发展及概念可以看出，网络支付可以认为是电子支付的一个最新发展阶段和创新，或者说，网络支付是基于互联网并适合电子商务的电子支付。网络支付比现在流行的ATM存取款、POS支付结算等电子支付方式更新更先进一些，将是21世纪网络时代里的主要电子支付方式。

5.1.1 网络支付结算的兴起

随着社会经济与信息网络技术的不断发展，人们对支付系统的运行效率和服务质量的要求也越来越高，促使支付系统不断从手工操作走向电子化、网络化。网络支付是电子商务的关键环节，也是电子商务得以顺利发展的基础条件。

1. 网络银行对网上支付的影响

资金流是电子商务的核心流程，基于网络支付结算的资金流运转的不畅将直接影响电子商务的发展，是目前电子商务发展的瓶颈，在我国尤其如此。网络银行的发展给网络支付所带来的影响表现在以下几个方面。

(1) 网络银行具有的广泛的客户基础为网上支付提供了极大的便利。我国的各种商业银行作为国民经济体系的大动脉和社会经济的资金中介和支付中介，具有广泛的客户基础，与全社会的各个经济单元，包括政府，事业、企业单位，家庭和个人均有经常性的资金往来关系，而电子商务的参与者几乎都是银行的客户，这为银行业开展电子商务的网上支付提供了极大的便利。

(2) 网络银行使得网上支付具有稳健和信誉的特点。银行业数百年的发展塑造了其稳健、诚信的社会形象，构造了安全、快捷、发达的支付网络，这些客观存在的优势决定了银行支付体系仍将是网络经济实现支付的首选。而且电子商务需要借助某种信用方式才能完成，而银行信用无疑是高于商业信用的，因而通过网上银行中介开展网上支付，最容易取得交易各方的信任和支持。

(3) 网络银行业务的发展拓宽了网络支付的应用范围。网络支付方式不再仅有企业直通银行的电子支付方式，由互联网为个人、家庭开辟了连接银行的渠道，并且使个人和企业不再受限于银行的地理环境、工作时间，突破了空间距离和物理媒介的限制，足不出户即可完成支付结算。

2. 网络支付与结算兴起的主要因素

网络支付的目的在于减少银行成本、加快处理速度、方便客户、扩展业务等。它将改变支付处理的方式，使得消费者可以在任何地方、任何时间，通过 Internet 获得银行的支付服务，而无需再到银行传统的营业柜台办理。

1) 传统支付结算方式的局限

传统的支付方式主要有现金支付、票据支付和银行卡支付 3 种类型，即所谓的“现金+三票一卡”。这些传统的支付结算方式在处理效率、方便程度、安全可靠、运作成本等多方面存在着诸多局限性。

(1) 运作速度与处理效率比较低。基于手工处理，造成支付结算效率的低下。

(2) 在支付安全上问题较多。特别是跨区域远距离的支付结算。

(3) 应用起来并不方便。各类支付介质五花八门，这些给用户的应用造成了困难。

(4) 浪费资源。由于涉及较多的业务部门、人员、设备与较为复杂的业务处理流程，运作成本较高。

(5) 不能为用户提供全天候、跨区域的支付结算服务。

(6) 纸质支票的应用并不是一种即时的结算，企业资金的回笼有一定的滞后期，且给偷税漏税、违法交易提供了方便。

2) 电子商务的迅速发展对金融业产生了深远的影响

网络支付是电子商务的重要组成部分，是传统支付系统的发展和创新。传统支付变革的目的在于减少银行成本、加快处理速度、方便客户、减少欺诈等，而网上支付创新改变了支付处理的方式，使得消费者可以在任何地方、任何时间经互联网获得银行的支付服务，而无需再到银行传统的营业柜台，如图 5.1 所示。

在线网络支付是电子商务的关键环节，也是电子商务得以顺利发展的基础条件。电子商务的一个极重要的观念，是在进行付款、信用借贷及债务清偿过程中，能获得即时、方便且安全的服务，将商品销售与服务的付款行为整合在电子销售网快速进行。电子商务发展的需求直接导致了网络支付结算的兴起。

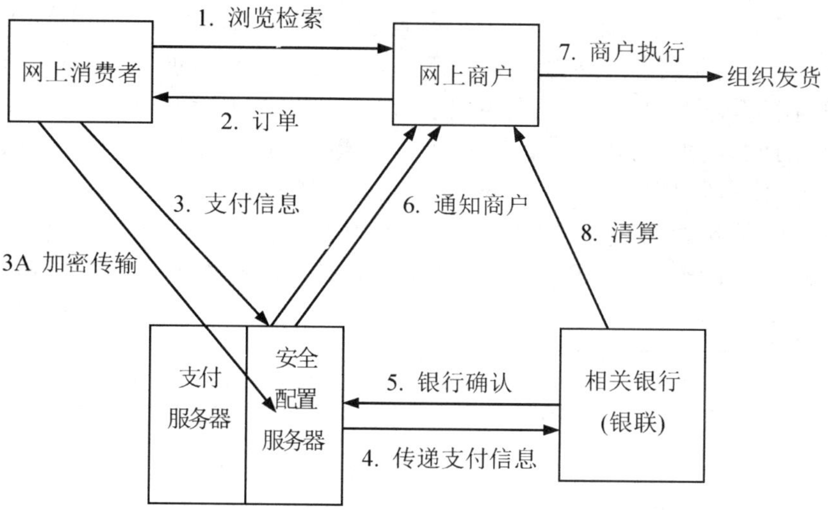

图 5.1 网络支付示意图

5.1.2 网络支付的形式、特点和一般过程

更确切地说，网上支付是交易者(包括消费者、企业和银行等)使用安全的电子支付手段通过网络进行的货币支付或资金转移，如图 5.2 所示。

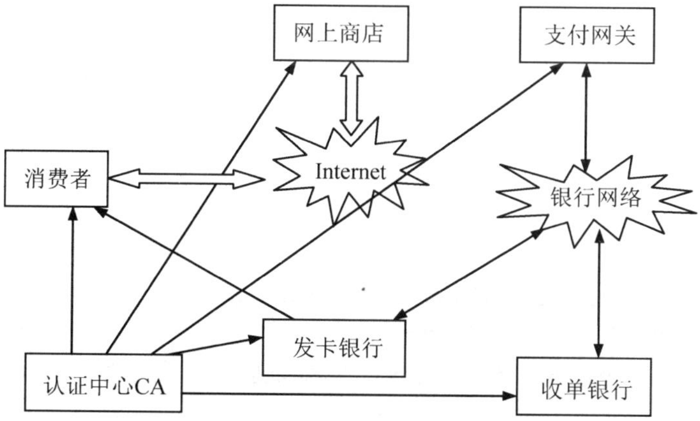

图 5.2 基于 SET 协议的信用卡支付流程图

电子支付是以金融电子化系统工具和各类电子货币为媒介，以计算机技术和通信技术为手段，通过电子数据存储和传递的形式在计算机网络系统上实现资金的流通和支付。

1. 网络支付环境的重要性

网络支付是电子商务、网络金融业务的关键环节和重要组成部分，是使电子商务、网络金融能够顺利发展的基础条件。在讲求速度的电子商务、网络金融环境中进行经济交易活动，必然是电子支付方式。在线电子支付是网络金融业务的关键环节，也是电子商务得以发展的基础条件，电子支付的工具是电子货币。

完善网络支付体系，建立和健全良好的支付环境，是保障和促进电子商务发展的一个关键因素。电子商务的发展要求信息流、资金流和物流三流的畅通，其中资金流主要是指资金的转移过程，包括付款、转账、兑换等过程。在互联网上的经济交易活动，支付方式可以是在线的电子支付(“一网通”等)；也可以采用离线的传统支付方式“网上交易，网下结算”，如邮政、电传采用的方式。传统支付方式的优点是人们比较熟悉，感觉安全；缺点是效率低下，使其失去了电子商务、网络金融快捷的特点，网络支付体系的构成如图 5.3、图 5.4 所示。根据传输信息内容的不同，可以把互联网上支付系统分为非数字现金支付系统和数字现金支付系统。由于运作模式的不同，各种支付系统在安全性、风险性和支付效率等方面有着不同的特点。

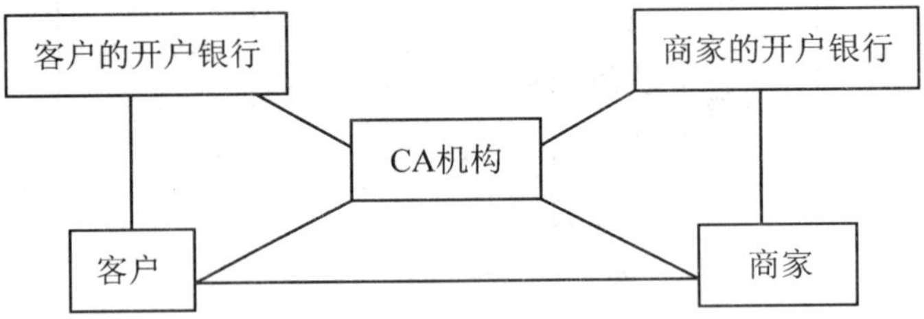

图 5.3 网络支付体系的基本构成

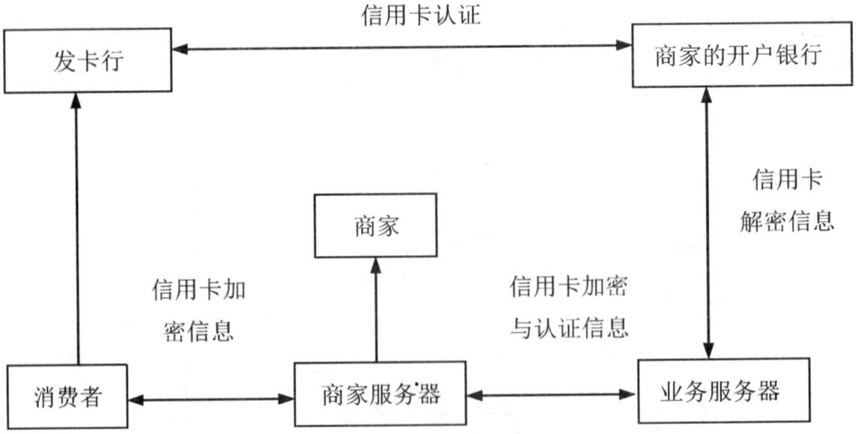

图 5.4 信用卡的 SSL 机制网络支付模式结构

2. 网络支付的3种形式

1) 电子资金传输

电子资金传输就是电子支票系统。它通过剔除纸面支票，最大限度地利用了当前银行系统的自动化潜力。如通过银行自动提款机(ATM)网络系统进行一定范围内普通费用的支付；通过跨省市的电子汇兑、清算，实现全国范围的大额资金在各地银行之间的传输。

电子支票系统包含3个实体，即购买方、销售方以及金融机构。当购买方与销售方进行完一次交易处理后，销售方要求付款。此时，购买方从金融机构那里获得一个唯一的付款证明(相当于一张支票)，这个电子形式的付款证明表示购买方账户欠金融机构钱，购买方在购买时把这个付款证明交给销售方，销售方再转交给金融机构。

电子支票方式的付款可以脱离现金和纸张进行。购买者通过计算机或POS机获得一个电子支票付款证明，而不是寄张支票或直接在柜台前付款。电子支票传输系统目前一般是专用网络系统，国际金融机构通过自己的专用网络、设备、软件，以及一套完整的用户识别、标准报文、数据验证等规范化协议完成数据传输从而控制安全性。这种方式已开始逐步扩充到IP网络Web方式操作和在互联网上进行信息数据传输。

2) 信用卡系统

信用卡支付是金融服务的常见方式，可在商场、饭店及其他场所中使用，可采用刷卡记账、POS结账、ATM提取现金等方式进行支付。经济交易活动中最简单的形式是让用户提前在该公司登记一个信用卡号码和口令，通过互联网在该公司购物时，用户只需将口令传送到该公司，购物完成后，用户会收到一个确认的电子邮件询问购买是否有效。若用户对电子邮件回答有效时，公司就从用户的信用卡账户上减去这笔交易的费用。现在更安全的方式是在Internet环境下通过SET协议进行网络支付，具体方式是用户网上发送信用卡号和密码，加密发送到银行进行支付。当然支付过程中要进行用户、商家及付款要求的合法性验证。

3) 数字化现金

数字化现金是以电子化数字形式存在的货币。数字化现金在给人们带来好处的同时也会带来问题，数字现金的主要的好处就是它可以提高效率，方便用户使用。数字现金具有灵活性和不可跟踪性，它会给人们带来发行、管理和安全验证等重要问题。技术上各个商家、银行都可以发行数字化现金，如果不加以控制，由此可能带来相当严重的经济金融问题。数字现金的安全使用也是一个重要的问题，包括限于合法人使用、避免重复使用等。对于无国家界限的电子商务应用来说，数字现金还存在税收和法律、外汇汇率的不稳定性，货币供应的干扰和金融危机可能性等潜在问题。

付款行为就是从买方的数字化现金中扣除并传输到卖方。实际的数字化现金的传输过程通常经过公钥或私钥加密系统以保证只有真正的卖方才可以使用这笔现金。

3. 网络支付的特点

1) 网络支付应用的特点

网络支付的目的在于减少银行成本、加快处理速度、方便客户、扩展业务等。它将改变支付处理的方式，使得消费者可以在任何地方、任何时间，通过 Internet 获得银行的支付服务，而无需再到银行传统的营业柜台办理。

网络支付主要在开放的公共网络系统中，通过看不见但先进准确的数字流，完成相关支付信息传输，即采用数字化的方式完成款项支付结算。这种以一个开放的互联网为主要平台的网络支付结算方式一经产生，就呈现出传统支付结算方式所无法比拟的诸多优势，具体表现为以下 5 个方面。

(1) 信息流代替现金流。网上支付完全是通过信息流的传输代替现金的交换，其各种支付方式都是通过数字化方式、自动完成交易款项支付的。

(2) 基于 Internet 的开放平台。网上支付的信息传递是基于 Internet 实现的，这是一个完全开放的公共通信网络平台，因此对网络可靠性的依赖程度较高。

(3) 较高的安全性和一致性。网络支付可保护交易双方不被非法支付和抵赖，也可避免被冒名顶替。而且支付的全过程使用的都是数字货币，这也有效地防止了假币的产生。

(4) 网络支付的技术支持。由于网络支付工具和支付过程具有无形化、电子化的特点，因此对网络支付工具的安全管理不能依靠普通的防伪技术，而是通过用户密码、软硬件加密和解密系统及防火墙等网络安全设备的安全保护功能实现。

(5) 方便高效的支付方式。与传统的支付形式比较，网络支付具有方便、快捷、高效的特点。客户只需要在联网的计算机上轻点鼠标就可以足不出户完成全部支付过程。

2) 网络支付系统的技术特点

(1) 可接受性(Acceptability)。为了获得成功，付款基础设施必须被广泛接受。

(2) 匿名性(Anonymity)。如果顾客想要匿名，他们的身份可以受到保护。

(3) 可兑换性(Convertibility)。数字货币应能够兑换成其他类型的货币。

(4) 效率(Efficiency)。每个交易的费用应该接近于零。

(5) 灵活性(Flexibility)。应支持几种付款方式。

(6) 集成性(Integration)。为支持现有的软件，应创建能与软件集成的接口。

(7) 可靠性(Reliability)。付款系统必须十分实用，可以避免孤立的断裂点(Point of Failure)。

(8) 可伸缩性(Scalability)。允许系统加入新的顾客和贸易商，而不会使付款基础设施崩溃。

(9) 安全性(Security)。允许在开放式网络上进行金融交易，如 Internet。

(10) 适用性(Usability)。付款应与现实生活中一样容易。

为了支持上述要求和三大付款系统，人们需要为在 Internet 上付款开发一个共同的框架。

4. 网络支付体系的基本功能

虽然网络支付体系的基本构成和方式在不同的环境不尽相同，但安全、有效、方便、快捷是所有网络支付方式或工具追求的共同目标。对于一个实用的网络支付与结算系统而言它至少应该具有以下 7 种基本功能。

(1) 数字签名和数字证书。能够使用数字签名和数字证书等实现对网上商务各方的认证，以防止支付欺诈。

(2) 加密技术。能够使用较为尖端的加密技术，对相关支付信息流进行加密。防止未被授权的第三者获取信息的真正含义。

(3) 数字指纹。能够使用数字摘要(即数字指纹)算法确认支付电子信息的真伪性，保护数据不被未授权者建立、嵌入、删除、篡改、重放等，完整无缺地到达接收者一方，可以采用数据杂凑技术(Hash 技术)。

(4) 不可否认性。当网上交易双方出现纠纷，特别是有关支付结算的纠纷时，系统能够保证对相关行为或业务的不可否认性。

(5) 多边支付。能够处理网上贸易业务的多边支付问题，这种多边支付的关系能够借用系统提供的诸如通过双重数字签名等技术来实现。多支付协议应满足以下两个要求。

① 商家只能读取订单信息，如物品的类型和销售价。当接收行对支付认证后，商家就不必读取客户信用卡的信息了。

② 接收行只需知道支付信息，无需知道客户所购何物，在客户购买大额物品(如汽车、房子等)时可能例外。

(6) 方便易用、手续便捷。整个网络支付结算过程对网上贸易各方，特别对客户来讲，应该是方便易用的，手续与过程不能太烦琐，大多数支付过程对客户与商家来讲应是透明的。

(7) 快捷的支付结算速度。能够保证网络支付结算的速度，即应该让商家与客户感到快捷，这样才能体现电子商务的效率，发挥网络支付结算的优点。

5. 网络支付的一般过程

由于网络支付的对象不同，网上支付一般可分为 B to B 和 B to C 两种。B to B 网络支付业务是指企业(卖方)与企业(买方)在互联网上开展电子商务活动的过程中，银行为其提供网上资金结算服务的一种业务。B to C 在线支付业务是指企业(卖方)与个人(买方)通过 Internet 上的电子商务网站进行交易时，银行为其提供网上资金结算服务的一种业务。

个人网上银行的 B to C 在线支付系统是商业银行专门为拥有该行信用卡、贷记卡或“理财金账户”卡账户，开通网上支付功能的网上银行个人客户进行网上购物所开发的支付平台。

以工商银行网上支付为例，客户在工商银行特约网站选定货物后，根据网站提示或链接，去虚拟收银台付款。单击中国工商银行在线支付图标，客户将被带到工商银行地区分行网站网上支付页面，订单信息加密传递到该网站且不可更改。客户只需根据画面提示，输入自己的工商银行网上银行登录卡号及支付密码，确认提交即可。系统会提示网上支付是否成功，如果失败则提示失败原因。由于网络速度、银行验证等原因，如果支付后不能及时显示结果，请耐心等待。

如果长时间未有响应，可以返回工行支付平台界面重复提交申请。如果系统提示“已提交申请，请勿重复提交”，则说明该笔支付正在处理中。

5.1.3 网络支付模型

在经济活动中，银行卡的使用比较成熟，在电子商务 B to B、B to C 的交易中，银行卡是目前应用最为广泛的电子支付方式。所以，研究银行卡的支付方式具有一定的代表性。以下的支付模型是以银行卡为例来说明电子支付的模式。

电子商务中常见的支付模式有以下 4 种类型：无安全措施的支付、通过第三方代理人的支付、简单加密银行卡支付、安全电子交易(SET)信用卡支付。这几种支付方式的出现也是随着电子商务、网络技术和加密技术的发展而发展的。

1. 无安全措施的支付模型

买方在网上向卖方订货，而银行卡信息通过电话、传真等非网络渠道传送，或者在互联网上传送，但无任何安全措施。卖方与银行之间使用各自现有的专用网络授权来检查银行卡的真伪，无安全措施的支付模型如图 5.5 所示。

图 5.5　无安全措施的支付模型图

无安全措施的支付特点如下。

(1) 卖方没有得到买方的签名，卖方将承担一定的风险。

(2) 银行卡信息在线传送，买方将承担银行卡信息在传输过程中被盗的风险。

(3) 商家完全掌握用户的银行卡信息。

这种模式也有明显的弱点，如商家得到用户的银行卡信息后，有些商家为了商业利益把信息透露给第三方，给别有用心的人以可乘之机；信用卡信息的传递没有安全保障，这样就很容易被人截获或篡改。这种模型是很不安全的。

在电子商务发展的初期，无安全措施的支付模式用得比较多。现在，不提倡再采用这种方式。

2. 通过第三方代理人的支付模型

1) 第三方代理人支付方式的流程(如图 5.6 所示)

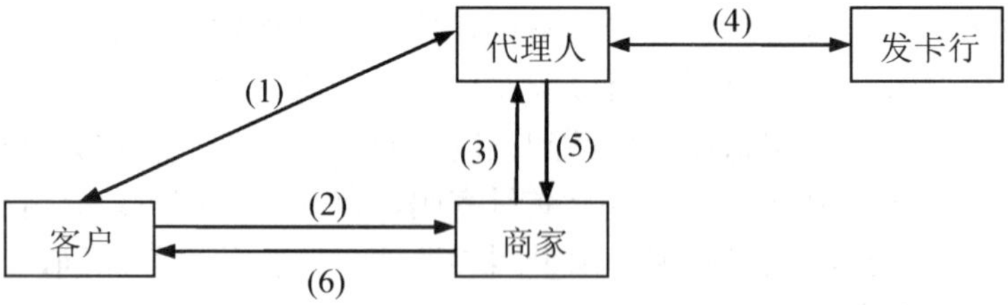

图 5.6　第三方代理人支付方式的流程图

(1) 客户在代理人处开设账户，取得信用卡账户代号。

(2) 客户上网进入商家的网站浏览选购商品，把信用卡账户代号传给商家。

(3) 商家把客户信用卡账户代号传给第三方代理人，要求核实账户信息。

(4) 第三方代理人与发卡银行联系，完成支付过程。

(5) 第三方代理人把验证的结果、完成支付的信息反馈给商家。

(6) 商家确认客户订货。

2) 第三方代理人支付方式的特点

(1) 支付是通过双方都信任的第三方代理人完成的。

(2) 信用卡信息不在开放的网络上传送，客户没有信用卡信息被盗窃的风险。

(3) 商家信任第三方代理人，风险小。

(4) 客户、商家双方必须预先与第三方代理人签订某种协议。

这种方式的关键在于第三方，交易双方都对它有较高的信任度，风险主要由第三方承担，保密等功能也由第三方实现。

这种支付模型由 First Virtual Corp(FVC)提出，1994 年 10 月开始使用，它首先在 Internet 上实现了使用银行卡的安全支付，在当时是一个创举。它的缺点是支付的效率低，因为必须事先注册，业务过程中使用电子邮件反复传送信息以及对顾客意愿的确认，不能满足“实时购物”的需求。其在电子商务中使用，还有待改善。

3. 简单加密信用卡支付

这是比较常用的一种支付模式。用户只需到银行开立一个银行卡账户，在支付时，用户提供银行卡号码，但传输时要进行加密。采用的加密技术有 SHT-TP、SSL 等。这种加密的信息只有业务提供商或第三方付费处理系统能够识别。由于用户进行网上购物时只需提供银行卡号，这种付费方式带给用户很多方便。但是，一系列的加密、授权、认证及相关信息传送，使交易成本增加，所以这种方式不适用于小额交易。

1) 流程

简单加密信用卡支付流程如图 5.7 所示。

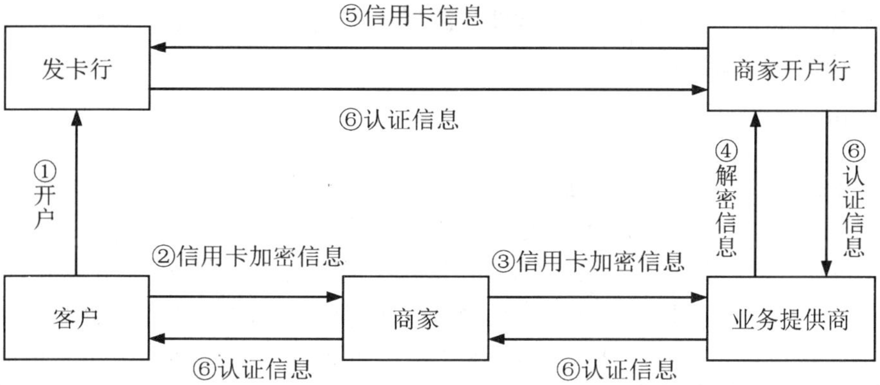

图 5.7　简单加密银行卡支付流程图

2) 特点

(1) 加密的银行卡信息只有业务提供商或第三方机构能够识别。

(2) 用户购物时只需一个银行卡号码，较简单。

(3) 数字签名是用户、商家在线注册系统。

(4) 使用对称和非对称加密技术，启用身份认证系统，以数字签名确认信息的真实性。

(5) 需要业务服务器和服务软件的支持。

这种模型的关键在于保证业务服务器和专用网络的安全，可以使整个系统处于比较安全的状态。由于商家不知道用户信用卡的信息，杜绝了商家泄露用户隐私的可能性。

4. 安全电子交易(SET)信用卡支付

银行卡是目前应用最为广泛的电子支付方式。银行卡可采用联网在 Internet 环境下，借助 SET 协议在网络上直接支付，具体方式是用户网上发送经过加密的银行卡号和密码到银行进行支付。当然，支付过程中要进行用户、商家及付款要求的合法性验证，以及当事人身份验证。其工作流程与实际刷卡购物非常接近，只不过一切操作都是在 Internet 上完成的。

安全电子交易协议(SET)是为了保障 Internet 上信用卡交易的安全性而开发的。利用 SET 给出的整套安全电子交易规范，可以实现电子商务交易中的保密性、认证性、数据完整性、不可抵赖性等安全功能。因此它成为目前公认的信用卡网上交易的国际标准，是电子商务实现网络支付的发展方向。

5.2 大额资金支付系统

网络支付与结算按照支付的规模可以分为微支付、消费者级别支付和大额支付。大额支付，尤其是各大商业银行间的巨额资金的转账支付甚至跨国支付需要专业网络和支付系统的支持。

5.2.1 SWIFT

作为一个国际金融业合作组织，SWIFT 为全球 207 个国家的 8100 多家金融机构提供安全、标准化的报文交换服务和接口软件。《华尔街日报》把 SWIFT 称为当前网络时代最具影响力的通信机构之一。

1. SWIFT 提供的服务

SWIFT 的目标是，在所有金融市场为其成员提供低成本、高效率的通信服务，以满足成员金融机构及其终端客户的需求。包括我国在内的全球的外汇交易电文，基本上都是通过 SWIFT 传输的。需要指出的是，SWIFT 仅为全球的金融机构提供通信服务，不直接参与资金的转移处理服务，也就是说，在网络支付机制中起传递支付结算电文的作用，并不涉及支付电文收到后的处理细节。SWIFT 提供的通信服务主要包括下述几个方面。

(1) 提供全球性通信服务。189 个国家和地区的 6673 个金融机构同 SWIFT 网络实现连接。

(2) 提供接口服务。使用户能以低成本、高效率地实现网络存取。

(3) 存储和转发电文服务。每年转发的电文达 10 亿条以上。

(4) 业务文件传送服务。SWIFT 提供的银行间的文件传送 IFT(Interbank File Transfer)服务，用于传送处理批量支付结算和重复交易的电文。

(5) 电文路由(Message Routing)服务与具有冗余的通信能力。

特别要指出的是，SWIFT 服务提供的 240 种以上的电文标准中，专门有支持大额资金支付结算的支付系统电文或转账电文。

SWIFT 系统提供的各类电文通信服务，全部采用标准化的处理程序和标准化的电文格式。这样，SWIFT 系统的通信服务可直接由计算机自动处理，中间不必经过转换和重新输入。实现从端到端的自动处理可以减少出错几率，提高交易处理效率和自动化水平，降低成本，减少风险。一笔通信服务通常 10 分钟内就可提交，传输一笔交易电文仅收费 U$0.36。目前全球大多数国家大多数银行已使用 SWIFT 系统。SWIFT 的使用，使银行的结算提供了安全、可靠、快捷、标准化、自动化的通讯业务，从而大大提高了银行的结算速度。由于 SWIFT 的格式具有标准化，目前信用证的格式主要都是用 SWIFT 电文。

2. SWIFT 的逻辑结构

SWIFT 是国际银行间非营利性的国际合作组织，现在 SWIFT 由两个控制中心 SCC(System Control Center)进行业务处理，分别位于美国和荷兰，同时在各会员国设有地区处理站。网络和系统管理由上述两个中心实施，银行本地线和检验由各地面处理站管理。

原则上每个国家有一个区域处理中心(Regional Processor，RP)。少数较小国家可共用一个 RP。因此，RP 也称国家处理中心(National Processor)。OC 通过全双工国际数据通信链路同 RP 连接，各成员行则通过国内数据通信链路同 RP 连接。SWIFT 传输如图 5.8 所示。

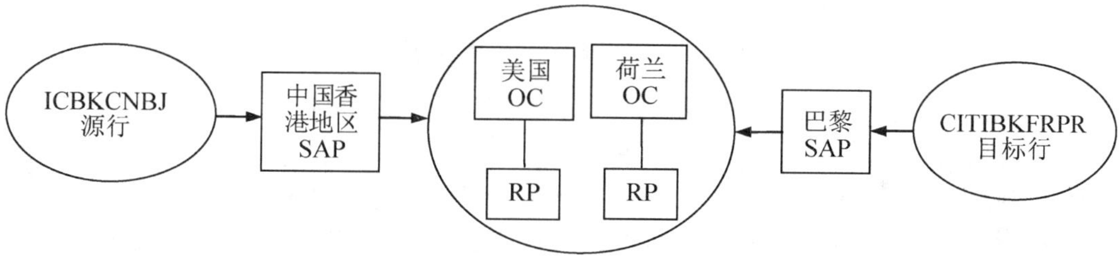

图 5.8 SWIFT 传输示意图

5.2.2 CHIPS

纽约清算所于 1966 年研究建立 CHIPS 系统，1970 年正式创立。当时，采用联机作业方式，通过清算所的交换中心，同 9 家银行的 42 台终端相连。1982 年时，成员行共有位于纽约地区的银行 100 家。到 20 世纪 90 年代初，发展为由 12 家核心货币银行组成，有 140 家金融机构加入的资金调拨系统。

1. CHIPS 简介

CHIPS(Clearing House Interbank Payment System)，中文为“纽约清算所银行同业支付系统”，主要以美国纽约为资金结算地，具体完成资金调拨即支付结算过程。因为纽约是世界上最大的金融中心，国际贸易的支付活动多在此地完成。因此，CHIPS 虽然运行在纽约，也就成为世界性的资金调拨系统。现在，世界上 90%以上的外汇交易，是通过 CHIPS 完成的。可以说，CHIPS 是国际贸易资金清算的桥梁，也是欧洲美元供应者进行交易的通道，如图 5.9 所示。该系统采用 UnisysAl5 多处理机，有 23 台 CP2000 高性能通信处理机及 BNA

通信网，以处理电子资金转账和清算业务。

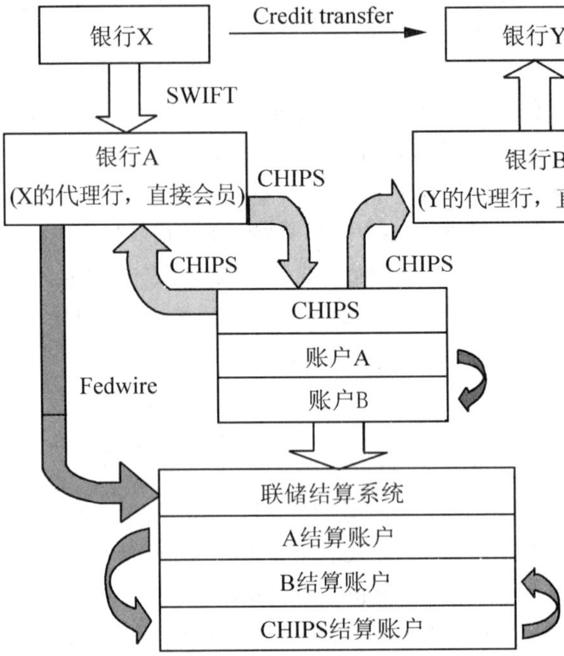

图 5.9 CHIPS 资金清算示意图

CHIPS 的参加银行，除了利用该系统本身调拨资金外，还可接受往来银行的付款指示，透过 CHIPS 将资金拨付给指定银行。这种层层代理的支付清算体制，构成了庞大复杂的国际资金调拨清算网。因此，它的交易量非常巨大，而且在逐年增加。

CHIPS 采用层层代理的支付清算体制，构成庞大复杂的国际资金调拨清算网，其体系结构如图 5.10 所示。

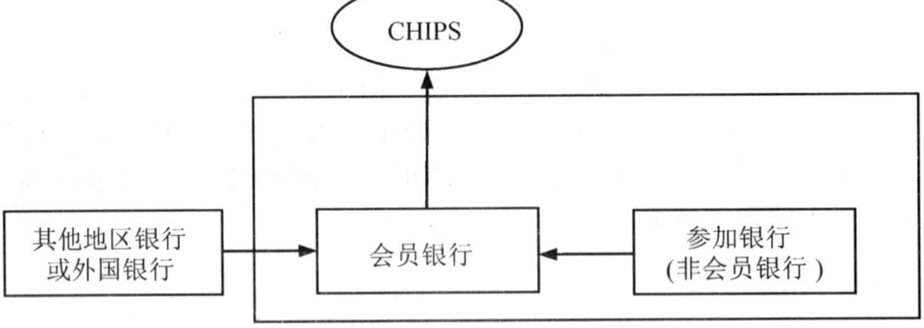

图 5.10 CHIPS 体系结构示意图

会员银行在纽约美联储有存款准备金，具有清算能力，拥有 CHIPS 系统的标识码。参加银行的金融业务需要通过会员银行的协助才能清算和支付。其他地区银行是纽约地区之外具有外汇经营能力的美国银行，外国银行是设于美国纽约的分支机构或代理行，当然外国银行也可以选择 CHIPS 中的会员银行作为其代理行。

CHIPS 虽庞大和复杂，但能够高效方便地处理和运行，有许多独特的优势，见表 5-1。

表 5-1 CHIPS 的特点

序　　号	特　　点
1	参加银行预先给出调拨提示，到生效之日拨款银行下达“解付”命令后，CHIPS 开始实施
2	实时查询
3	自动识别标识码
4	双套系统互为备份，高速连接，不间断电源
5	保密模块、保密设备、标准的保密检测

2. CHIPS 逻辑构架

CHIPS 的运作框架是典型的“SWIFT&CHIPS”模式。两个不同国家和不同银行之间，进行一笔资金清算需要完成信息流与资金流的两个过程，其逻辑步骤如下。

第一步，汇款银行先找到 CHIPS 的会员银行，使该会员银行作为其代理银行，会员银行则确认其 UID 识别号码(当然自己本身是会员银行，则不用找)。

第二步，汇款银行向其代理银行发送电子付款指示，要求代理银行于某日扣其来往账，将该款项拨付给收款银行的代理银行。

第三步，汇款银行的代理行收到电文后，核对并处理电文，然后按照一定的标准格式将所有数据经过 CHIPS 网络传送到 CHIPS 中心计算机存储起来。

第四步，中心计算机接收到汇款银行的代理行的“解付”命令之后，将此款项通知通过 CHIPS 传送到收款银行的代理行中。

第五步，收款银行的代理行根据收款银行的 UID 通知收款银行接受汇款，完成汇款。

CHIPS 利用网络传输完成国际资金电子支付与结算，而一笔国际电子汇兑由于源行和目标行相距非常遥远，往往经过不同国家多个同业的转手才能完成。例如，中信银行的客户 A 要求自己开户行即中信银行给叙利亚的渣打银行的客户 B 支付一笔款项，若上述两行有业务往来，则可以直接通过 CHIPS 划拨；若该两行以前未曾有过业务往来，则需要一个中间的第三者银行来协助处理。设两行均与德意志银行有所往来，但中信银行为 CHIPS 非会员银行，渣打银行与德意志银行均是 CHIPS 的会员银行，则中信银行可以先将款项通过 CHIPS 汇兑给德意志银行，德意志银行在将汇款转入渣打银行的账户中，并通知渣打银行知晓该款项的收益人为客户 B。渣打银行接到通知以后，通过自身的银行系统通知客户 B 汇款已达账。也就是说，CHIPS 机制可能涉及多个(跨国)银行，其流程如图 5.11 所示。

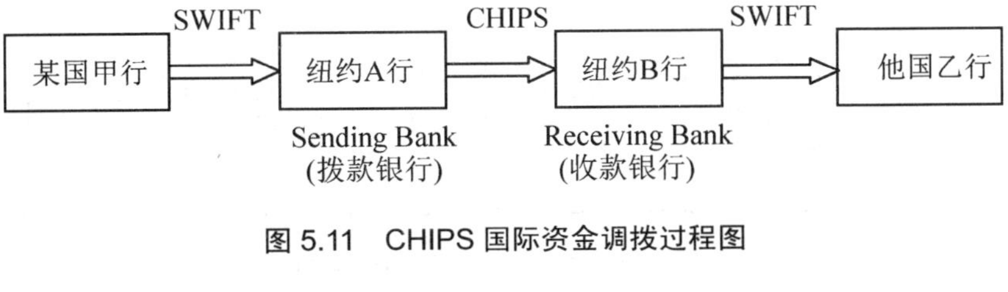

图 5.11 CHIPS 国际资金调拨过程图

5.2.3 CNFN

中国金融骨干网CNFN(China National Financial Network)是把中国人民银行、各商业银行和其他金融系统有机融合在一起的全国性和专业性金融网络系统。

1. CNFN的结构

CNFN的目标是向金融系统用户提供专用的公用数据通信网络，通过文件和报文传输向应用系统如汇兑系统提供服务。我国的金融机构通过该网络可连接全国各领域成千上万企事业信息系统，为广大的客户提供全面的支付服务和金融信息服务，最终成为中国国家现代化支付系统CNAPS的可靠网络支撑(物理结构上有点类似SWIFT网络)。

为充分发挥金融通信网的投资效益，实现一网多用，在规划网络建设时，将通信子网与资源子系统分离，建设独立于应用的全国金融通信网络。整个CNFN网络分为3个层次的结点，分别是一级结点国家处理中心NPC，二级结点城市处理中心CPC，三级结点中国人民银行县支行处理结点CLB。由NPC与几百个CPC构成国家主干网，由CPC与几千个CLB构成城市区域网络。

在CNFN的三级结点中，NPC负责整个系统的控制和管理及应用处理，CPC和CLB主要完成信息采集、传输、转发及必要的应用处理。其网络结构如图5.12所示。

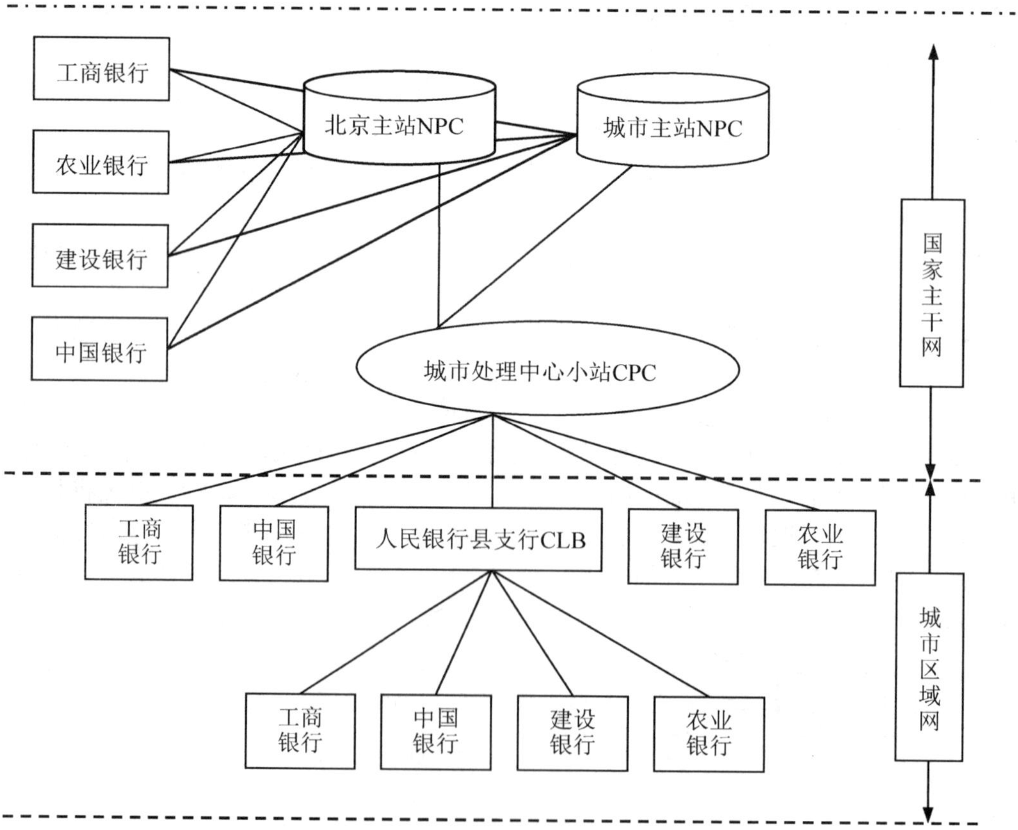

图5.12 CNFN网络结构示意图

该图中，虚线表示备用连接。在一般的情况下，主用 NPC 即北京主站控制管理，一旦发生灾难，备用 NPC 即无锡主站就接管遭受破坏的主用 NPC 的所有业务，直到北京主站 NPC 完全恢复使用。两个 NPC 之间由高速卫星线路和高速地面线路相连。两个国家处理中心，两者互为备份，有同样的结构和处理能力。

2. CNFN 物理通信线路

CNFN 物理通信线路包括卫星通信线路和地面通信线路两部分。目前支撑 CNFN 的中国金融卫星通信网与中国金融数据地面骨干通信网已基本建成，为 CNFN 的建设已打下坚实基础。目前 CNFN 在我国已实现网络到县，天地对接，现已建成数千个收发报行，覆盖了人民银行的所有一二级分行和部分县支行，并连接商业银行多个通汇网点，现其正在完善中。国家级主干网是以中国人民银行的卫星通信网为主体，以中国金融数据地面通信骨干网和邮电部门的公用数据通信网 DDN 为辅助信道。卫星网与地面网互为备份，相互补充。区域网根据当地通信状况可选用中国金融数据地面通信骨干网、DDN、X. 25 或 PSTN；少数边远地区交通不便或有特殊需要的地区，也可采用卫星通信网构成区域网。各商业银行总行要采用 DDN 线路与 NPC 连接。

CPC 与当地商业银行的连接，可根据当地通信状况选用中国金融数据地面通信骨干网、DDN、X.25 或 PSYN。CLB 与当地商业银行的连接，可采用拨号线路、租用线路、无线通信等多种通信媒体。

总之，CNFN 是日通信息量和业务处理的物理通信平台，数据是 CNFN 中最重要的资源，各个子块功能的无缝融合使 CNFN 系统能够有机工作，为 CNAPS 的研发应用提供了底层保障。

5.2.4 CNAPS

CNAPS(China National Advanced Payment System)，即中国现代化支付系统，是在国家级金融通信网(CNFN)上运行的我国国家级的现代化的支付系统，是集金融支付服务、支付资金清算、金融经营管理和货币政策职能为一体的综合性金融服务系统。

1. CNAPS 的支付业务系统

CNAPS 报文信息格式，基本上采用 SWIFT 报文格式标准，这样 CNAPS 的用户也可以方便地借助 SWIFT 进行国际金融服务，如支付结算服务。

CNAPS 是一个非常庞大的复杂金融系统工程，作为现代化的支付系统。为了发挥实施货币政策、改善宏观金融调控，防范支付风险、优化对商业银行的服务、满足社会各种支付清算要求、加强资金周转等功能，其业务系统包括如下几部分，见表 5-2。

表 5-2　CNAPS 的支付业务系统

名　称	作　用
HVPS	大额实时支付系统
BEPS	小额批量电子支付系统
BCAS	银行卡授权系统
GSBES	政府证券簿记支付系统
FMIS	金融管理信息系统
IPS	国际支付系统

CNAPS 主要包含有大额实时电子支付系统 HVPS、小额批量电子支付系统 BEPS、银行卡授权系统、政府证券簿记支付系统、金融管理信息系统、国际支付系统 IPS 等业务系统。其中 HVPS 和 BEPS 可以用来支持企业或组织间的资金调拨与支付结算。

CNAPS 实施者包括中国人民银行、各商业银行以及非银行金融机构的企业、政府机关、公共事业单位和个人。根据各自角色的不同，可分为业务发起人、发起行、发报行、接受行和受益人。CNAPS 系统如图 5.13 所示。

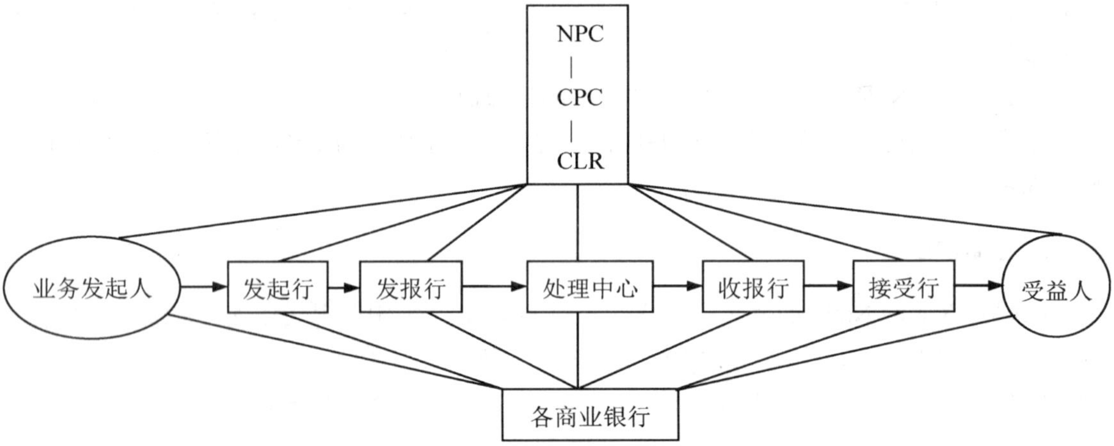

图 5.13　CNAPS 系统结构示意图

2. CNAPS 系统的层次结构

CNAPS 系统是一个三层结构，分别由 NPC(国家处理中心)，CCPC(城市处理中心)和前置机[前置机为各外围应用系统提供与 CNAPS 连接的通道，如：商业银行前置机，TRCS(EIS 转换中心)等]组成；NPC、CCPC 和商业银行前置机内部的各服务器与控制台均通过一局域网相连；NPC 与 CCPC 通过支付系统骨干网相连，CCPC 与各商业银行前置机通过城域网相连。

在三级结点 NPC、CPC、CLB 上，都有各商业银行分支的参与，其中业务发起人为工商企业、政府机关和个人等；业务发起行为各个商业银行和其他金融机构的基层单位，如营业网点等，受客户委托办理业务，是支付业务系统的开始行；发报行是发起行所在的CNFN 处理中心；业务发起人为是需要办理业务的主动方，如要汇款的客户；受益人为业务办理的接受方，如收款人；接受行是受受益人的委托办理收汇业务的基层金融单位，是支付业务系统的结束行。

5.3　网络支付的业务流程

网络支付的产生和发展是和电子商务的发展分不开的。网络支付的难点之一在于实现网络支付不仅是银行的事情，或是商家和顾客的事情。网上支付几乎要涉及电子商务活动的所有实体。网上支付的实现需要一个有网络连接的所有实体所组成的复杂体系的支持。

5.3.1　网络支付体系构成

网络支付与结算的过程要涉及电子商务活动参与的主体(由客户、商家、银行和认证中心 4 个部分组成)，网络支付与结算体系也相应地由电子商务活动参与主体、支付方式以及遵循的支付协议等几个部分组成，如图 5.14 所示。

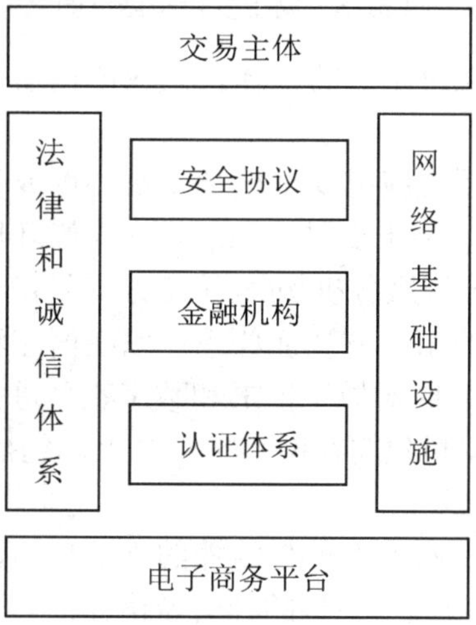

图 5.14　网络支付体系构成图

因此网络支付体系可以说是融购物流程、支付与结算工具、安全技术、认证体系、信用体系，以及现在的金融体系为一体的综合系统，如图 5.15 所示。概括地说，网络支付体系的基础设施是金融电子化网络，流通的支付工具是各类电子货币。支付功能的实现要通过在线商用电子化机制以及因特网中的交易信息来体现。网上支付的交易安全保证则通过网络交全认证机构的全过程认证以及互联网络本身的防火墙、信息加密措施以及对恶意攻击和欺诈的实时跟踪检测防卫措施来实现。

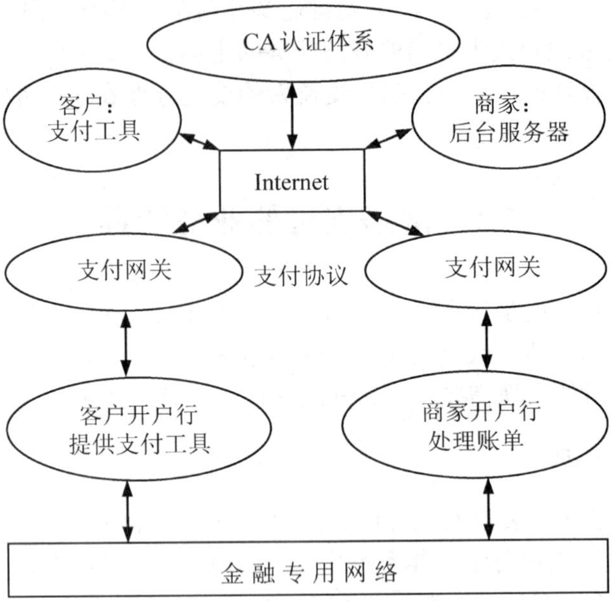

图 5.15　网上支付与结算图

(1) 网上交易主体。网络支付系统的主体首先应该包括买(消费者或用户)卖(商家或企业)双方。

(2) 安全协议。网络支付系统应有安全电子交易协议或安全套接层协议等安全控制协议，这些涉及安全的协议构成了网上交易可靠的技术支撑环境。

(3) 金融机构。包括网络金融服务机构(含第三方支付)、商家银行和用户银行。

(4) 认证体系。公开安全的第三方认证体系可以在商家和用户进行网上交易时为他们颁发电子证书，在交易行为发生时对数字证书和数字签名进行验证。

(5) 网络基础设施。电子支付建立在网络平台之上，包括 Internet、企业内联网，要求运行可靠，接入速度快、安全等。

(6) 法律和诚信体系。属于网上支付与结算的外部环境，是由国家及国际相关法律法规的支撑实现的，另外，还要依赖于完善的社会诚信体系。

(7) 电子商务平台。可靠的电子商务网站以及网上支付工具(电子货币，如数字现金、电子支票、信用卡、电子现金)等。

综上所述，电子商务网络支付体系的基本构成即为电子商务活动参与各方与网络支付工具、支付通信协议以及外部环境的结合体。

目前国际上网络支付系统主要有如下几种形式。

(1) BTArray 英国电信(British Telecom)的微支付系统。

(2) Cybank 支付系统，即使用 Cybank 账号的资金进行支付的系统。

(3) Digital Silk Road 用于邮递等低成本业务的支付系统。

(4) E-Gold 允许通过账号系统使用黄金进行支付的系统。

(5) Inter Coin 一种先试用后购买的在线票据服务系统。

(6) Market Net 安全客户、商家认证服务系统。

(7) Net Market 在网上实行自动加密的商业交易系统。

5.3.2 电子支付系统的分类、标准与参与者

通过前面章节对网络银行的一般了解后，有必要对网络银行业务的支付流程进行一般性的了解，以便于更好地接受网络银行服务。

1. 电子支付系统分类

电子支付系统可以分为三大类，大额支付系统、脱机小额支付系统和联机小额支付系统。各类系统的主要特点概述如下。

(1) 大额支付系统。大额系统(本章第 2 节已重点讲述)是一个国家支付体系的核心应用系统。现在的趋势是，大额系统通常由中央银行运行，处理贷记转账。当然也有由私营部门运行的大额支付系统，这类系统对支付交易虽然可做实时处理，但要在日终进行净额资金清算。大额系统处理的支付业务量很少(1%～10%)，但资金额超过 90%，因此大额支付系统中的风险管理特别重要。

(2) 脱机小额支付系统(亦称批量电子支付系统)，主要指 ACH(自动清算所)，处理预先授权的定期贷记(如发放工资)或定期借记(如公共设施缴费)；支付数据以磁介质或数据通信方式提交清算所。

(3) 联机小额支付系统指 POSEFT 和 ATM 系统，其支付工具为银行卡(信用卡、借记卡或 ATM 卡、电子现金等)。

(2)和(3)两类小额支付系统，主要特点是金额小、业务量大，交易资金采用净额结算(但 POSEFT 和 ATM 中需要对支付实时授信)。

2. 电子支付系统的标准

目前，电子支付涉及的标准主要有以下几种。

(1) PKI 标准。公共密钥体系(Public Key Infrastructure)。

(2) SSL 标准。安全套接层协议(Securesockets Layer)。

(3) SET 标准。安全电子交易标准(Secure Electronic Transactions，SET)。

(4) X5.95 标准。账户数字签名工业标准(Account Authority Digital Signatures，AADS)，提供了标准化信用卡处理和账户管理方法。

(5) X.509 标准。电子商务证书发放标准(ISO/IEC/ITUX.509，基于 PKL，PKIX)。

(6) X.500 标准。电子出版目录查询标准(目录服务协议 LDAP—X.500 协议)。

3. 网络支付系统的参与者

网络支付系统的参与者主要由金融机构或银行、收款人或付款人、支付网关和金融专用网等组成。

(1) 金融机构或银行。就支付而言，即为收款人或付款人的开户银行。

(2) 收款人或付款人。收款人或付款人即为资金划出或接收的个人或团体。

(3) 支付网关。支付网关是商家授权并以此获取支付消息进行支付交易的平台。

(4) 金融专用网。金融专用网包括连接各专业银行及支付网关的各种金融专用网。

5.3.3 支付结算业务的流程

如果需要享用银行的网络银行服务功能，个人或者企业首先要选择提供网上银行服务的银行；然后，向银行申请登记注册，获得进行网上银行业务操作的凭证；最后，根据计算机的指示，逐步进行操作。

1. 办理网络银行业务应具备的条件

(1) 银行交易中心必须取得金融认证中心的权威认证。

(2) 商家在交易中心设立网上商店，建立商户档案，将产品通过图文并茂的方式展示在 Internet 上。

(3) 顾客(一般消费者或单位)最好持有银行账户或信用卡，符合该条件的可以通过 Internet 或到当地储蓄所、分理处注册成为会员用户，会员既可以以更加优惠的价格购买货物，又能只凭一个会员 PIN(识别码)支付货款。若不是银行客户的顾客在线购买，也可以通过数字现金、汇兑、同城交换、邮政汇款、货到付款等多种方式支付。

2. 网络银行和支付业务的一般流程

以中国工商银行个人网上银行操作为例来介绍一下具体的操作流程。工行为客户办理了网络银行开户之后，可以通过互联网直接登录到中国工商银行的网上银行页面，登录时会提示安全警报，即通过安全链链接工商银行的网上银行。在个人网上银行的登录界面上输入账号、密码、验证码后，工商银行安全认证系统即开始对客户身份进行认证，如能确认客户身份，客户便可以登录到工商银行网络银行，从而可以进行交易。客户在提交支付(支付指令、B to B 支付和批量支付)时，系统会提示客户进行电子签名，以保证交易的唯一性和不可否认性；并可以根据支付指令的付款限额支持多级授权，以保证客户交易的安全性。另外，客户还可以通过查询指令来跟踪指令的审批和执行情况。

一般来说，客户在登录网上银行后，通过网络银行业务操作系统可获得三个方面的服务功能，如图 5.16 所示：一是交易类业务服务功能，包括账务查询、支付服务等；二是个人信息服务，包括修改客户资料、修改密码、更新客户证书等；三是获得在线帮助。在完成各项服务后，可选择退出登录功能，退出网络银行业务操作系统。

上述流程是可视的，是由客户来完成的，对于网上银行业务操作系统来说，这只是整个流程的一个环节。从客户将交易指令输入电脑到电脑反馈有关信息，还有一个复杂的过程，这一过程可以简单地描述，如图 5.17 所示。

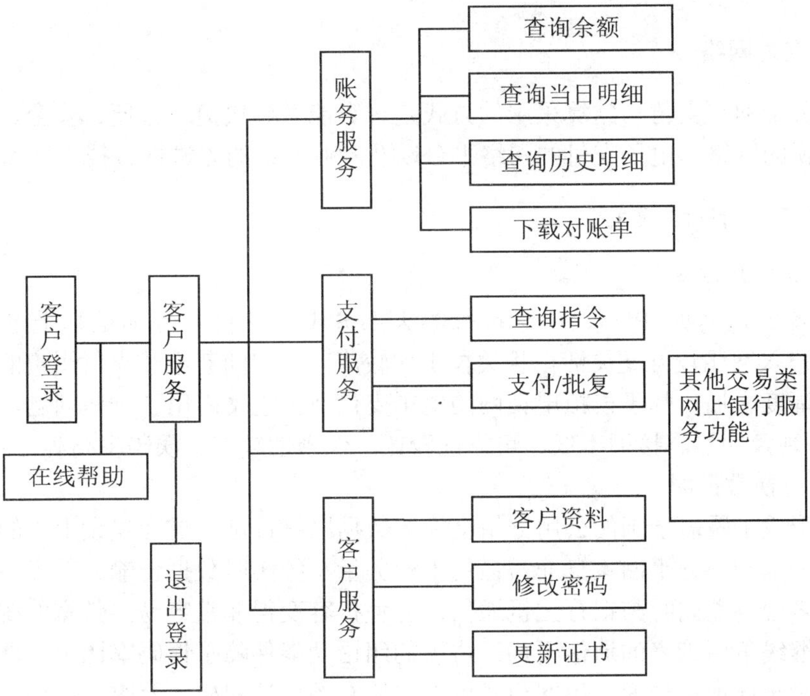

图 5.16　网上银行操作系统所提供的功能

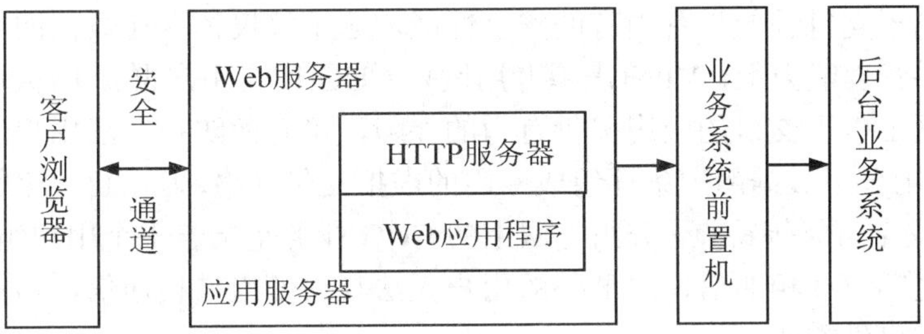

图 5.17　交易流程图

交易有如下几个步骤。

(1) 客户浏览器发出 HTTP 的交易请求，如邮寄出一份表单的数据。

(2) HTTP 的交易信息经过安全通道发送到网上银行的网络服务器。

(3) 网络服务器上的应用程序接受客户传来的 HTTP 交易信息。

(4) 网络应用服务器处理交易信息，包括验证该客户在 CIDB 中规定的权限、交易数据的格式转换、数据运算等。

(5) 网络应用服务器生成后台业务数据信息，提交业务主机(前置机)进行处理。

(6) 处理结果返回到网络应用服务器。

(7) 网络应用服务器根据返回的数据动态生成交易结果的 HTML 主页。

(8) 交易结果的动态 HTML 主页返回到客户的浏览器。

5.3.4 电子支付网络

电子商务中网络支付与结算采用的方式是否真能做到快捷、方便、安全、可靠，还取决于数据交换的网络、电子支付的网络平台以及专业网络的先进性、技术性和合理性。

1. 数据交换的网络模式

1) 电话交换数据网

在我国各地，诸如 POS、电话银行等大部分电子支付业务都是基于电话交换网络(PSTN)，用户入网比较方便灵活，相关技术比较成熟。但随着电子支付用户的大量增多和交易量的大幅度增加，基于模拟电话网的电子支付业务也暴露出了一些问题，如交易时间长、“重拨”现象明显、接通率低、可靠性较低、保密性较差、误码率高等。

2) 分组交换数据网

我国已形成了覆盖全国的公用分组交换等数据网络设施，这为建设上乘的电子支付网络打下了物理基础。分组网本身非常适用于业务量小的实时数据传输，其虚拟电路的灵活设置适用于多台终端同时与银行主机通信，并使扩容变得非常容易；带宽的统计复用消除了原来因中继线争用带来的通信不畅；协议的纠错功能保障了误码率比电话网低很多，使交易数据准确无误地被传递；组网模式可以与原有的电话网模式兼容，以便分别发挥各自的优势。电话网对散点终端入网较为适用，分组网对较为集中的大商场更能显示出其优势。

数据网在电子支付领域具有固有的安全性能，这不仅仅体现在数据网本身良好的网络拓扑结构和网络管理能力上，VPN(虚拟专用网)、CUG(闭合用户群)、防火墙等技术的广泛应用也为数据网上电子支付的应用提供有力的保障，可有效防止非法用户的侵入。借助于VPN，银行可利用公用数据网的条件组成专用的虚拟支付网络，可由自己来管理 VPN 资源。VPN 具有专网安全可靠等特点。分组等网上的 CUG 业务是指若干个用户组成的通信群体，群体内的用户之间可互相通信，本群外的用户无法与内部用户相通信，该业务也可为电子支付的安全通信提供方便。

2. 电子支付的网络平台

1) 电子支付的平台——EDI 系统

EDI 实现了商业用户间标准格式文件(如订单、发票等)的通信和交换。在 EDI 中，交易信息根据国际标准协议格式化，并通过网络对这些数据进行交换和自动处理，从而有机地将商业贸易过程的各个环节(包括海关、运输、银行、商检、税务等部门)连接起来，实现了包括电子支付在内的全部业务自动化，在 EDI 平台上进行电子支付具有很大的优越性。

EDI 系统具有一整套的成熟的安全技术体系，基于 X.400 和 X.500 系列协议，能够很有效地防止信息的丢失、泄密、篡改、假冒、接收的抵赖、拒绝服务等。EDI 消息处理机制在 MHS 的基础上进一步丰富了消息安全服务，突出强调了报文的安全要素。

根据我国的国情，目前可以在 EDI 平台上开展电子征收业务(电子缴费、电子征税等)，这种方式有着传统申报方式不可替代的优势。在 EDI 平台上开展电子征收的难点是开发银行和政府主管部门的 MIS(管理信息系统)数据库接口和应用接口。

2) 电子支付的网络平台——Internet

在传统通信网和专用网络上开展电子支付业务，由于终端和网络本身的技术难以适应业务量的急剧上涨等一些因素，使用户面很难扩大，并使用户、商家和银行承受了昂贵的通信费用。寻求一种物美价廉的大众化平台成为当务之急，飞速发展的 Internet 就顺其自然地成为焦点。与此同时，与电子支付相关的技术、标准和实际应用系统不断涌现，在 Internet 上开展电子支付已成为现代化支付系统的发展趋势。

3. 电子支付的专业网络

1) SWIFT 环球金融电信协会网络

前面章节阐述了 SWIFT 的服务内容和网络系统的技术结构，现将 SWIFT 系统作为电子支付专业网络的特点做一个简单的介绍。

(1) SWIFT 可连接全世界五大洲银行，可以方便地直接沟通客户与世界各地办事机构的联系。SWIFT 的服务项目全天 24 小时都可利用，且不管其地理位置如何。

(2) 由于 SWIFT 系统可以成为银行董事会和海外办事机构之间可靠的通信系统，从而使全球性的金库和保险管理系统得到了发展。

(3) 标准化格式能够进行自动化通信处理，避免了各地区银行间语言及翻译问题。

(4) 理论上、技术上和程序上的保密性，保障了网络的安全，避免了外来的干扰。

(5) SWIFT 的实践证明，建立一个满足各成员国共同业务要求的系统，可以使成本降低到最低水平，且安全性和可靠性保持最高。

(6) SWIFT 具有较强的检测、检索能力。

2) FedWire 美国国家支付网络

美国联邦储备通信系统 FedWire(Federal Reserve Communication System)是美国的第一个支付网络。这个通信系统属于美国联邦储备体系(Federal Reserve System)所有，并由其管理。它作为美国国家级的支付系统，用于遍及全美 12 个储备区的 1 万多家成员银行之间的资金转账。它实时处理美国国内大额资金的划拨业务，并逐笔清算资金，每天平均处理的资金及传送证券的金额超过 1 万亿美元，每笔金额平均 30 万美元。FedWire 的功能齐全，它不仅提供资金调拨处理，还具有清算功能。

(1) 资金转账(Funds Transfer)信息。即将储备账户余额从一个金融机构划拨到另一个金融机构的户头上。这些资金几乎全是大额资金。

(2) 传输美国政府和联邦机构的各种证券交易信息。

(3) 传输联邦储备体系的管理信息和调查研究信息。

(4) 自动清算(ACH)业务。在美国，大量采用支票作支付工具，通过 ACH 系统，就可使支票支付处理实现电子化。

(5) 批量数据传送(Bulk Data)。通过 FedWire 进行的资金转账过程，是通过联邦储备成员的联邦储备账户实现的。

5.3.5 电子支付系统的应用模式

目前我国主要有 6 种电子支付系统，即同城清算所、全国电子联行系统、中国国家现代化支付系统、电子汇兑系统、银行卡支付系统和邮政储蓄及汇兑系统，为了了解中国网络支付结算的发展现状，我们分别分析以下电子支付系统。

1. 同城清算所

同城清算又称“同城结算”“本埠结算”。“异地结算”的对称。在同一县、市(或城镇)范围内，各单位之间经济往来的转账结算。目前，我国同城结算方式有：现金支票、转账支票、定额支票、定额银行本票和不定额银行本票等方式。

我国的结算管理体制规定，同城结算办法由各省、直辖市、自治区的银行根据统一的结算原则和要求，结合各地的具体情况制订。同城结算方式均规定金额起点，不足起点的收付，银行不予受理，由各单位使用现金结算。对电话费、水费、电费可根据情况降低金额起点。对各级财政部门、财政金库拨付款项签发的支款凭证可不受金额起点的限制。

中国人民银行同城清算业务遵循的基本原则是“先付后收，收妥抵用，差额清算，银行不垫款”。

2. 全国电子联行系统

(1) 概念。全国电子联行系统(EIS)是中国人民银行在支付系统现代化建设中的第一次尝试，其主要设计思想是要克服由于纸票据传递迟缓和清算流程过于烦琐造成的大量在途资金，从而加速资金周转，减少支付风险。

(2) 运行规则。电子联行系统采用 VSAT 卫星通信技术，在位于北京的全国总中心主站和各地人民银行分/支行的小站之间传递支付指令。目前，已有 600 个人民银行分/支行联结入网，计划该系统将连接在全国的 2000 多家人民银行分/支行。该系统的设计可以处理跨行和行内、贷记和借记异地支付业务，但目前主要处理跨行贷记支付交易。1996 年年底，该系统每天处理 30000 笔支付，金额约为 300 亿元。

(3) 系统的参与者。所有在人民银行分/支行开设有账户的商业银行分行，以及人民银行各分/支行都可以参加电子联行系统，办理自己或代表其客户发出的支付指令。只是由于系统覆盖范围的限制，一些金融机构至今仍然无法利用该系统提供的服务。人民银行拥有并运行这一系统。

(4) 处理的交易类型。目前，全国电子联行系统只办理该系统参与者之间的贷记转账，这包括全部异地跨行支付、商业银行行内大额支付以及人民银行各分支机构之间资金划拨。

(5) 交易处理环境。全国电子联行系统是一个分散式处理系统，所有账务活动(账户的贷记和借记)都发生在人民银行分/支行，即发报行和收报行，全国总中心主要作为报文信息交换站。

全国电子联行系统的设计是针对当时中国通信设施的特殊情况，采用了 VSAT 卫星通信技术，建立了人民银行专用的卫星通信网，通过卫星通信链路连接各分/支行卫星通信小站的基于 PC 机的处理系统。

(6) 转账系统的运行。

电子联行系统的业务流程可以概括如下。

① 汇出行(商业银行分/支行)把支付指令提交到(手工或电子方式)当地发报行(人民银行分/支行)。

② 发报行将支付指令经账务处理(借记汇出行账户)后送入系统，经卫星通信链路传输到全国清算总中心。

③ 清算总中心(实际作为信息交换中心)将支付指令按收报行分类后，经卫星通信发送到收报行。

④ 收报行接收到支付指令后，按汇入行分类。

⑤ 收报行为每一家汇入行生成支付凭证和清单，送汇入行。

一项旨在连接电子联行小站、人民银行分行会计核算系统和汇入行的工程(即“天地对接”)正在进行之中。这项工程把电子联行系统的自动化处理延伸到汇入行，将必然会大大缩短支付指令处理周期。其支付指令处理方式也将作相应改变。

(7) 信用和流动风险。根据《全国电子联行制度》，所有的资金转账指令必须在账户余额足以支付的情况下，才能被执行。在支付指令发送全国总中心之前，首先借记汇出行账户。如果账户余额不足，支付指令只好排队等待资金。所以，汇入行将不会面临任何信用或流动风险，它接到支付指令后便可以无条件地贷记收款人账户。

(8) 收费。目前，中国人民银行并不企图通过服务收费的方式回收全部投资和运行成本。因此，收费比较低，约每笔支付指令收 4.50 元(这个数据也是动态的)。

(9) 目前正在实施的主要项目和政策。随着电子联行覆盖范围的扩大，系统处理的支付业务量迅速地增加。把电子联行系统扩大大县支行的工程(即“网络到县”)正在实施之中，计划 1997 年年底将连接全国大部分县支行进入电子联行系统。另外，连接电子联行卫星小站、人民银行分/支行会计核算系统、商业银行分行的所谓“天地对接”工程也在进行之中。通过电子联行系统处理借记支付的可行性研究也提上了议事日程，试点项目计划在 1997 年开始。

3. 中国国家现代化支付系统

中国国家现代化支付系统(China National Advanced Payment System，CNAPS)为世界银行技术援助贷款项目，主要提供商业银行之间跨行的支付清算服务，是为商业银行之间和商业银行与中国人民银行之间的支付业务提供最终资金清算的系统，是各商业银行电子汇兑系统资金清算的枢纽系统，是连接国内外银行重要的桥梁，也是金融市场的核心支持系统。并利用现代计算机技术和通信网络自主开发建设的，能够高效、安全处理各银行办理的异地、同城各种支付业务及其资金清算和货币市场交易的资金清算的应用系统。

1) 中国国家现代化支付系统的体系结构

中国人民银行通过建设现代化支付系统，将逐步形成一个以中国现代化支付系统为核心，商业银行行内系统为基础，各地同城票据交换所并存，支撑多种支付工具的应用和满足社会各种经济活动支付需要的中国支付清算体系。

中国国家现代化支付系统建有两级处理中心，即国家处理中心(NPC)和全国省会(首府)及深圳城市处理中心(CCPC)。国家处理中心分别与各城市处理中心连接，其通信网络采用专用网络，以地面通信为主，卫星通信备份。

政策性银行和商业银行是支付系统的重要参与者。各政策性银行、商业银行可利用行内系统通过省会(首府)城市的分支行与所在地的支付系统 CCPC 连接，也可由其总行与所在地的支付系统 CCPC 连接。同时，为解决中小金融机构结算和通汇难问题，允许农村信用合作社自建通汇系统，比照商业银行与支付系统的连接方式处理；城市商业银行银行汇票业务的处理，由其按照支付系统的要求自行开发城市商业银行汇票处理中心，依托支付系统办理其银行汇票资金的移存和兑付的资金清算。

中央银行会计核算系统(ABS)是现代化支付系统运行的重要基础。为有效支持支付系统的建设和运行，并有利于加强会计管理，提高会计核算质量和效率，中央银行会计核算也将逐步集中，首先将县支行的会计核算集中到地市中心支行，并由地市中心支行的会计集中核算系统与支付系统 CCPC 远程连接。地市级(含)以上国库部门的国库核算系统(TBS)可以直接接入 CCPC，通过支付系统办理国库业务资金的汇划。

为有效支持公开市场操作、债券发行及兑付、债券交易的资金清算，公开市场操作系统、债券发行系统、中央债券簿记系统在物理上通过一个接口与支付系统 NPC 连接，处理其交易的人民币资金清算。为保障外汇交易资金的及时清算，外汇交易中心与支付系统上海 CCPC 连接，处理外汇交易人民币资金清算，并下载全国银行间资金拆借和归还业务数据，供中央银行对同业拆借业务的配对管理。

2) 中国国家现代化支付系统的作用

(1) 加快资金周转，提高社会资金的使用效益。社会经济、金融的运行，每天都有大量巨额资金进入支付清算环节，处于流转状态。支付清算效率的高低，资金流转的快慢，对市场经济的发展将会产生巨大的影响。中国国家现代化支付系统是现代经济的血脉。大额支付系统，采取从发起行到接收行的全过程的自动化处理，实行逐笔发送、实时清算。通过支付系统处理的每笔支付业务不到 60 秒即可到账。

(2) 支撑多样化支付工具的使用，满足各种社会经济活动的需要。中国国家现代化支付系统，尤其是其中的小额批量处理系统能够支撑各种贷记、借记支付业务的快速处理，并能为其提供大业务量、低成本的服务，可以满足社会各种经济活动的需要。

(3) 培育公平竞争的环境，促进银行业整体服务水平的提高。随着我国金融体制改革的不断深化，逐步形成了政策性银行、国有独资商业银行、股份制银行、城市商业银行、农村合作银行、城乡信用合作社以及外资银行的组织体系，相互之间既有合作也有竞争。建设运行中的中国国家现代化支付系统，是中国人民银行为金融机构提供的一个公共的支付清算服务平台，所有符合条件的银行及其分支机构都可以参与到这个系统中，从而为各金融机构创造一个公平竞争的经营环境，推动各银行的有序竞争，促进银行业整体服务水平的提高。

3) 中国国家现代化支付系统的主要业务功能

为适应各类支付业务处理的需要，正在建设的现代化支付系统由大额实时支付子系统(High Value Payment System，HVPS)、小额批量支付子系统(Bulk Electronic Payment System，HEPS)、中央银行会计集中核算系统、全国支票影像交换系统、银行业金融机构行内支付系统、银行卡支付系统六大应用系统组成。

(1) 大额实时支付子系统实行逐笔实时处理，全额清算资金。建设大额支付系统的目的，就是为了给各银行和广大企业单位以及金融市场提供快速、高效、安全、可靠的支付清算服务，防范支付风险。同时，该系统对中央银行更加灵活、有效地实施货币政策具有重要作用。该系统处理同城和异地、商业银行跨行之间和行内的大额贷记及紧急的小额贷记支付业务，处理人民银行系统的贷记支付业务。

(2) 小额批量支付子系统在一定时间内对多笔支付业务进行轧差处理，净额清算资金。建设小额批量支付系统的目的，是为社会提供低成本、大业务量的支付清算服务，支撑各种支付业务的使用，满足社会各种经济活动的需要。该系统处理同城和异地纸凭证截留的商业银行跨行之间的定期借记和定期贷记支付业务，中央银行会计和国库部门办理的借记支付业务，以及每笔金额在规定起点以下的小额贷记支付业务。小额批量支付系统采取批量发送支付指令，轧差净额清算资金。

(3) 中央银行会计集中核算系统是以中国人民银行地市以上机构为基本核心单位，运用计算机网络和电子通信技术，遵循会计基本原理、准则和特定方法进行设计的，集中核算、反映和管理中国人民银行各类会计业务的电算化系统。该系统提供资金最终结算服务，是中国人民银行现代化支付系统的运行基础，是中国人民银行履行各项职能的核心支付系统。

(4) 全国支票影像交换系统是运用影像技术将实物支票截留，转换为支票影像信息，通过计算机网络将支票影像信息传递至出票人开户银行提示付款的业务处理系统。

(5) 银行业金融机构行内支付系统作为银行业金融机构综合业务处理系统的重要组成部分，是其内部资金往来与资金清算的渠道，是其拓展支付服务市场，提升市场竞争能力的重要实施，在支付系统中居于基础地位。

(6) 银行卡支付系统由银行卡跨行支付系统及发卡行内银行卡支付系统组成，专门处理银行卡跨行交易信息转接和交易清算业务，由中国银联建设和运营，具有借记卡和信用卡、密码方式和签名方式共享资源等特点。

4. 电子汇兑系统

1) 定义

电子汇兑系统是银行之间的EFT系统，它的转账资金额度很大，是电子银行系统中最重要的系统。

2) 含义

电子汇兑系统的含义从广义上讲泛指行际间各种资金调拨作业系统，包括一般的资金调拨业务系统和清算作业系统：资金调拨业务系统用于行内或行际之间的资金调拨，清算作业系统用于行际间的资金清算。任何一笔汇兑交易，均由汇出行发出，至汇入行(解汇行)收到为止。其间的数据通信转接过程的繁简，视汇出行与汇入行二者之间的关系而定。根据汇出行与汇入行间的不同关系，可把汇兑作业分成联行往来汇兑业务和通汇业务两类。联行往来汇兑是指汇出行与汇入行隶属同一个银行的汇兑，它属于银行内部账务调拨，按照联行往来约定办理各项汇入和汇出事宜。通汇业务是一种行际间的资金调拨业务，需经过同业多重转手处理才能完成。

通汇业务又可分为本国通汇业务和国际通汇业务。汇出行与汇入行隶属同一个国家的，属本国通汇业务；隶属不同国家的，则属国际通汇业务。跨行或跨国通汇业务因涉及不同银行间的资金调拨，参与通汇的成员必须签署通汇协定，才能保证作业系统的正常运行。

产生：银行与公司、企业单位、政府部门以及其他金融机构的资金支付与结算同面向大众的业务不同，它是一种大额支付业务，又称为批量业务。Atlanta 的联邦储备银行的统计显示在商业银行处理的交易额中，大于 1000 美元的项目占总数的 5%，但是却占交易总金额的 88%。所以，这种大额业务对银行是至关重要的。

在银行实现电子化之前，大额业务的支付机制主要基于支票等纸质凭证。这种基于纸质凭证的手工支付机制，效率低，风险大，在途资金多，不能适应经济快速发展的要求，因此企业和银行开始研制和发展基于网络处理的大额支付系统。

大额支付系统可以处理金额巨大的交易，对支付的时间性、准确性和安全性都有一定的保证。它直接支持一国货币和资本市场的运作，支持跨国界、多币种交易。电子汇兑系统是金融机构之间的资金转账系统，它涉及的金额通常很大，是典型的大额支付系统。

3) 特点

电子汇兑系统的主要客户是企业单位，其次是政府机构，社会大众用得少。

这种系统同自助银行系统相比，前者额大量小，主要面对企业单位和政府部门；后者额小量大，主要面对社会公众。国外把前者划归批发银行系统，把后者划归零售银行系统；我国则把前者划归大额支付系统，把后者划归小额支付系统；电子汇兑系统具有如下显著的特点。

(1) 交易额大，风险性大。电子汇兑系统处理的交易金额较大，因而风险性也大。在银行系统的案例中，犯罪分子在电子汇兑系统里的作案比例大，作案金额是各类案例之首。

(2) 对系统的安全性要求高于时效性要求。通过电子汇兑系统的汇兑金额大，客户汇款时最关心的是安全，其次才是及时送到。因此，要特别重视系统的安全性，而对系统在响应时间方面的要求则不必像零售银行系统那样严格。为了电子汇兑系统的安全，信息传输应采用先存后送的方式，确保信息在传输过程中所通过的每个站点都有确切的记录，以便万一汇兑业务出现问题时，也能迅速找出出事点。

(3) 跨行和跨国交易所占比例较大。汇兑的业务处理有巨额的国际支付，有行际间的资金调拨，有企业间的贸易往来，有个人的小额汇兑，还有各种托收和代付。这些业务中，随着国际贸易的发展、跨国公司的壮大和全球经济一体化进程的加速，跨行和跨国交易所占的比重在增大。因此，设计电子汇兑系统时，应适应国际上通行的各种标准、规格和要求。

4) 类型

电子汇兑系统的类型；为适应国际贸易和国际金融交易快速发展的需要，国际上建立了许多著名的电子汇兑系统。这些系统所提供的功能不尽相同。依其作业性质，可把电子汇兑系统分成三大类：通信系统、支付系统和清算系统。

(1) 通信系统(Communication System)。这类系统主要提供通信服务，专为成员金融机构传送同汇兑有关的各种电子汇兑系统信息。成员行接收到这种信息后，若同意处理，则将其转送到相应的资金调拨系统或清算系统，再由后者进行各种必要的资金转账处理。著名的 SWIFT 系统就属于这类系统。通过该系统可把原本互不往来的金融机构全部串联起来。

(2) 支付系统(Payment System)。支付系统也称资金调拨系统，是典型的汇兑作业系统，它们的功能较齐全。

这类系统有的只提供资金调拨处理，有的还具有清算功能。在这类系统中，有代表性的系统如：美国的CHIPS、FedWire，日本的全银系统。我国各商业银行的电子汇兑系统、中国人民银行的全国电子联行系统也都属于这类系统。

(3) 清算系统(Clearing System)。这类系统主要提供清算处理。当汇入行接受汇出行委托，执行资金调拨处理，导致行际间发生借差或贷差时，若汇入行与汇出行之间又无直接清算能力，则需委托清算系统进行处理。美国的CHIPS除可做资金调拨外，还可兼做清算，但对象仅限于纽约地区的银行；纽约以外的银行清算则要交由具有清算能力的FedWire处理。我国的异地跨行转汇，必须经过中国人民银行的全国电子联行系统，才能最终得以清算。而如英国的CHAPS、新加坡的CHITS和日本的日银系统，都是纯粹的清算系统，负责行际间的账务清算工作。

5) 支付方式

电子汇兑系统是一个复杂的系统，电子汇兑往往是跨地区、跨系统进行的。以一笔电子汇兑的交易为例，在银行系统间处理资金的汇兑流程，由汇出行到汇入行，需要经过几个基本的作业处理：(1)数据输入(InputSource)，(2)电文的接收(MessageReceipt)，(3)电文数据控制(DataControl)，(4)处理与传送(Process&Transfer)，(5)数据输出(Destination)。

6) 支付流程

在电子汇兑系统中，汇出行和汇入行可以是同一家银行，也可以是不同银行。电子汇兑系统的具体作业处理流程如图5.18所示。

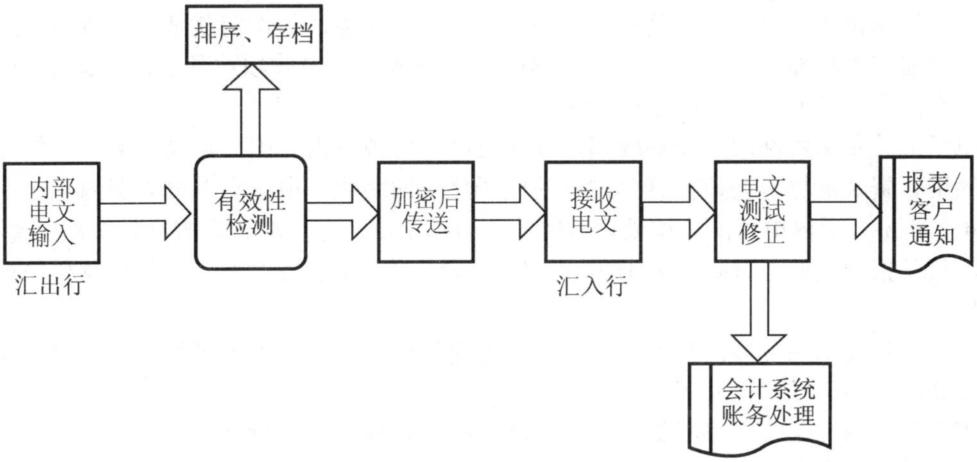

图5.18 电子汇兑系统处理流程图

(1) 汇出行由内部输入电文。

(2) 系统对电文进行有效性检测，并为电文分配顺序号、存档。

(3) 对电文检测后进行加密，发送到专用通信网。

(4) 汇入行接收电文。

(5) 汇入行对电文进行测试和修正。

(6) 将数据发送会计系统进行账务处理。

(7) 向客户发送报表/客户通知。

在整个处理流程中，需要进行边界控制和处理控制。边界控制就是对系统同外界的各个接口进行严格的检验控制，以防止错误的信息进入。处理控制是指当信息进入各子系统后，对子系统的相应操作进行监管和控制，以确保系统正确地执行处理操作。通过系统的边界控制和处理控制，可以保证各类交易电文在两个端点之间准确地传输。

5. 银行卡支付系统

1) 银行卡支付系统的构成及其特点

银行卡支付系统是由银行卡跨行支付系统以及发卡行内银行卡支付系统组成的专门处理银行卡跨行加以信息转接盒交易清算业务，由中国银联建设和运营，具有借记卡和信用卡、密码方式和签名方式共享等特点。2004 年银行卡跨行支付系统成功接入中国人民银行大额实时支付系统，实现了银行卡跨行支付的实时清算。

2) 银行卡支付系统的发展

随着市场经济的不断发展，银行卡支付系统将在经济金融中发挥出更加重要的作用，2006 年，银行卡跨行支付系统共处理支付清算业务 166134 万笔，金额 17797 亿元，银行卡跨行交易量 28.25 亿笔，同比增长 28.1%，清算金额 17797 亿元，同比增长 64.1%，而且仍然在不断地增加之中。中国的支付清算效率也将随之变得更加高效。

6. 邮政储蓄和电子汇兑系统

1) 简介

邮政汇兑也叫邮政汇款，是邮政开办的一项传统业务，其作用就是传递货币。汇款人可将款项通过邮政部门汇交收款人，自 1817 年法国邮政创办此项业务后，各国邮政业都利用其点多面广、方便安全的优势相继开办。

电子汇兑是邮政部门依托邮政综合计算机网，实现国内、国际汇兑业务交易处理、检查、核销、资金清算、会计核算全过程的电子化、网络化。电子汇兑分为国内电子汇兑和国际电子汇兑。国内电子汇兑按处理时限分为普通汇款、电子汇款、加急汇款和特急汇款。普通汇款是指全程处理时限可大于 24 小时的汇款。除入账汇款以外，全部由兑付局投递取款通知。

随着信息技术的发展，如今邮政汇兑业务更加便捷，增添了电子汇兑和入账汇款等业务，西联汇款还可以向国外汇寄美元。

邮政部门用汇票方式将汇款人交汇的款项在指定地点兑付收款人的业务。邮政汇兑不但可以沟通汇兑用户之间的经济往来，而且可为国家积累流动资金，促进国民经济的发展。

2) 沿革

中国于 1898 年开办邮政汇兑业务。当时只办理国内普通汇兑业务，主要是小额汇款。1918 年开办国际汇兑；1929 年开办国内航空汇兑；1933 年开办国内电报汇兑；1939 年开办国内定额汇兑。为了经营管理邮政汇兑和邮政储金业务，1930 年成立邮政储金汇业局。中华人民共和国成立后，邮政汇兑业务迅速发展，并同国家银行有明确分工，即邮政以办理个人汇款为主，机关、企业等相互间汇款，除代收货价和邮购汇款由邮局办理外，其余由银行办理。国际汇兑业务由中国银行统一办理。邮局只在 1950—1953 年期间，受中国银行委托，曾办理过华侨汇兑业务。

3) 业务

汇兑本属金融业务。自法国在1817年创办邮政汇兑后，各国邮政也先后开办这种业务。有些国家的邮政在办理公众汇款时，除办理普通汇兑和电报汇兑外，还办理邮政支票、邮政转账等业务。

中国人民邮政的普通汇兑原采用票汇方式。汇款人将邮局开给的汇票自行装入挂号信内寄给收款人，同时收汇邮局将汇票核对据寄往兑付邮局，收款人凭收到的汇票到指定兑付邮局取款。为了防止弊端，还采取贴用“汇兑印纸”或按汇款金额剪格等方法。由于票汇方式不够简便，自1959年起改用信汇方式，即汇款人只需填写汇款通知(信封式)，并将它连同汇款交收汇局，收汇局填写汇票后，将收据交给汇款人并将汇票装入汇款通知内寄往兑付局，兑付局将汇款通知投交收款人，收款人凭通知领取汇款。兑付后汇票作为邮局内部结算凭证。普通汇兑可加付航空费由航空汇寄。电报汇兑是由收汇局用电报将汇款项目告知兑付局，然后兑付局开发电报汇票，通知收款人取款。

汇款人在汇款交汇以后，如有需要可持汇款收据按规定向收汇邮局申请撤回或者更改收款人地址；在交汇之日起一年以内，可以向收汇邮局申请查询汇款兑付情况。邮政汇款如因邮局的过失被人冒领或少兑时，由邮局负责赔偿和补兑。

为了加强对邮政汇兑资金的管理，各地邮局均在当地中国人民银行开立邮政汇兑资金往来专户，邮政收汇的款项全部存入银行，邮局兑付所需的资金(包括周转金)，由银行核付。银行对邮政汇兑资金的运用负有检查监督责任。此外，为了保证汇兑的安全、准确，邮政内部还建有汇兑业务检查制度和汇兑稽核制度。

中华人民共和国成立以来，邮政汇兑业务有很大发展。1984 年共计开发汇票 14839.7 万张，为1949年的33.2倍。

本 章 小 结

本章介绍了网络支付在线转账、付款和资金结算，网络支付工作环境网络支付结算的兴起等网络支付的形式、特点和一般过程。通过对网络支付模型的 3 种形式：电子资金传输、信用卡系统和数字化现金的描述，详细阐述了大额资金支付系统、网络支付体系构成、电子支付系统的分类、标准与参与者和支付结算业务的流程，并对电子支付系统的发展进行了论述。

关键术语和概念

结算　支付系统　支付网关　数字化现金　电子资金传输　信用卡系统　加密技术　数字指纹　多边支付　第三方代理人支付方式　SWIFT　CHIPS　CNFN　CNAPS　PKI标准　EBPP　OTP　OBI

综合练习题

一、单项选择题

1. 网上支付是指付款方把支付指令发给(　　)，然后由收款方把支付指令转发给银行。

A. 收款方　　B. 电子银行
C. 网上银行支付系统　　D. 加密存储卡

2. 电子支付密码系统的主要模式是(　　)。

A. 密码签模式　　B. 单一的支付密码器
C. 使用IC卡的支付密码器　　D. 以上全是

3. 电子资金划拨中的程序是(　　)。

A. 申请阶段　　B. 付款阶段
C. 认证阶段　　D. 以上全是

4. 网上支付系统涉及付款人、收款人和(　　)，网上支付系统把银行的柜台延伸到客户端，因此，网上支付是传统支付系统的创新和发展。

A. SSL　　B. 电子商务平台
C. 银行　　D. 客户

5. 网上支付方式主要有电子支票、信用卡支付和(　　)等。

A. 网络货币　　B. 支付宝
C. 电子现金　　D. 电子钱包

二、多项选择题

1. 电子支付系统可以分为(　　)。

A. 大额支付系统　　B. 脱机小额支付系统
C. 联机小额支付系统　　D. 电子货币

2. 电子支付系统的参与者有(　　)。

A. 金融机构或银行　　B. 收款人或付款人
C. 支付网关　　D. 金融专用网

3. 智能卡的应用范围是(　　)。

A. 电子支付　　B. 电子识别
C. 数字存储　　D. 身份认证

4. 电子现金，在网上付款所具有的特性是(　　)。

A. 具有金钱价值　　B. 互通性
C. 快捷方便　　D. 安全性

5. 在信用卡付款系统中主要角色有：(　　)

A. 顾客　　B. 贸易商
C. 发行器　　D. 捕获器

6. 电子支付密码系统的主要模式是(　　)。
   A. 密码签模式　　B. 单一的支付密码器
   C. 使用IC卡的支付密码器　　D. 多项式支付密码器
7. 电子支付密码的应用意义是(　　)。
   A. 杜绝仿照票据，保证资金安全
   B. 提高银行工作效率，避免人为错误
   C. 实现通存通兑和同城实时清算
   D. 电子支付密码系统是银行开拓各种新兴业务的基础

三、简述题

1. 简述电子支付协议的种类。
2. 简述与电子支付相关的协议。
3. 简述电子支付系统的要求。
4. 简述电子支付的标准。
5. 简述电子支付系统的特点。
6. 简述第三方代理人支付方式的原理和特点。
7. 简述SWIFT环球银行金融电信协会网络。
8. 简述FedWire——美国的国家支付网络。
9. 简述中国国家现代化支付网络系统(CNAPS)。
10. 简述中国混合支付体系的发展。

四、分析题

1. 分析电子支付系统的功能。
2. 分析中国电子商务支付体系的结构及实现原则。
3. 分析电子支付系统的发展前景。

五、思考题

1. 为什么说支付与结算是开展电子商务的瓶颈？
2. 网络支付体系是由哪些要素组成的？
3. 网络支付的工具主要有哪些？
4. 第三方支付网关与第三方支付平台有什么区别和联系？
5. SWIFT和CHIPS有什么关系？
6. CNFN和CNAPS有什么关系？

六、实训题

1. 结合我国工商银行、农业银行、中国银行、建设银行的网站，比较分析网上银行产品及不同特色。

2. 申请办理网上个人银行证书和银行卡，安装网上个人银行软件系统。

3. 在招商银行网上个人银行大众版，操作查询个人银行账户。

4. 在网上个人银行专业版，操作个人同城同行或同城异地转账汇款。

第6章

支付与结算实务

学习目标

通过对本章内容的学习，要了解网络支付安全技术，熟悉数字现金支付流程，掌握电子支票的结算过程，了解合并账单模式支付流程，学会使用中银电子钱包支付和在线转账支付模式以及各类银行卡支付模式。

教学要求

知识要点	能力要求	相关知识
网络支付安全技术	(1) 了解电子支付网络与密码系统 (2) 掌握网络支付安全交易的一般过程	(1) 电子支付密码技术 (2) 密钥加密技术
数字现金支付流程 电子钱包支付流程 电子支票支付流程	(1) 了解数字现金支付流程 (2) 掌握电子钱包支付流程 (3) 熟悉电子支票的结算过程	(1) 数字信封的工作原理 (2) 数字摘要与数字签名技术
第三方平台支付银行卡在线支付模式实时资金汇划清算	(1) 了解第三方平台支付流程、结算支付模式的特点 (2) 掌握网银在线支付流程 (3) 掌握在线转账支付流程	(1) 第三方平台支付的应用 (2) 网银在线支付

引例

在线支付在酒店业中的运用

国际连锁酒店早已充分利用在线支付的优势进行一系列的促销和推广活动。例如洲际酒店集团，推出了“提前 14 天预订特惠价”等网上支付促销手段，而国内酒店限于技术、成本、观念等原因，还处于起步阶段。但现如今有越来越多的国内酒店开始使用网上支付系统来完善网站预订的功能。

在线支付能为酒店提供何种便利?

电子商务交易逐渐有了一个安全的在线支付环境，完善了网上直销所需的环境体系——信用体系。对酒店行业来说，酒店可以通过一定的价格优势，鼓励客户进行在线支付，提高预订后的前台到达率，尽量避免无效的网络订单，也就降低了酒店空房率，有利于酒店的营销运作，客观地管理客房的预订流量。在线支付对酒店业进行网上直销的帮助显而易见。

(1) 便捷的异地支付服务。基于互联网的网上支付服务丰富，而且可以实现 7*24 的服务，并不受地理位置限制，交易者在任何时刻并且足不出户就可完成整个支付过程。无论对酒店还是客人都带来很大的便利。

(2) 实时确认支付成功。由于网上支付是通过互联网进行信息的传输，资金的划拨能实时完成，充分实现快速、高效的优势。由于是即时确认，大大提高了预订的效率。

(3) 保障了客户和酒店双方的利益。由于房款预付，对于客户来说，可以得到即时确认，确保入住酒店时有房；对于酒店来说，可以保证预订单的真实有效，有效控制预订流量。

(4) 提高了收益管理。对酒店来讲特别在旺季可以杜绝 No-Show 的出现，提高上房率。

(5) 增加新的销售渠道。在淡季，在不冲击原有价格体系的前提下进行一系列的价格促销工作。

随着科技的进步，建立一套网上直销系统已不再昂贵，充分利用互联网这一最大工具，相信酒店必将从中得益。

章前导读

人类社会在利用电脑和远程通信技术建立联机系统后，就彻底改变了依靠电报和函件等通信手段进行异地汇兑调拨的处理方式。联机系统用高速专用线路、社会公用通信网或卫星通信网把信息中心和各营业点的终端连在一起，建立起电子化的支付系统。通过这些系统，银行间的资金调拨可以通过网络瞬时完成。当前，世界发达国家普遍推行票据清算自动化，实现资金调拨的自动化，票据流已经被信息流所代替。跨国或国内支付交易的不断增长和在不同国家或同一国家不同银行支付系统之间建立间接联系的复杂性造成的费用消耗，促使银行业不断寻求降低成本和提高效率的方法。

6.1 数字现金支付

数字现金是以数字化形式存在的货币，它是一个适合于在 Internet 上进行小数额实时支付的系统，有可能成为电子贸易应用的下一个热点。数字现金和信用卡不同。信用卡仅仅是一种支付手段，其最终还必须通过结算机构予以兑现；而数字现金和其他货币一样，本身就是钱。从国家金融机构来看，数字现金比现有的实际现金(包括纸币和硬币)存在更多的优点。

6.1.1 数字现金支付流程

数字现金是一种表示现金的加密序列数，可以表示现实中各种金额的币值。数字现金又是能被客户和商家接受的、通过 Internet 购买商品或服务时使用的一种交易媒介，结算流程如图 6.1 所示。它的支付方式可以是存储性质的预付卡，也可以是以纯电子形式存在的用户号码数据文件。它可以提高效率，方便用户使用，可以保护用户的匿名性，但由于数字现金易被不法商家利用，它的安全性要求较高。

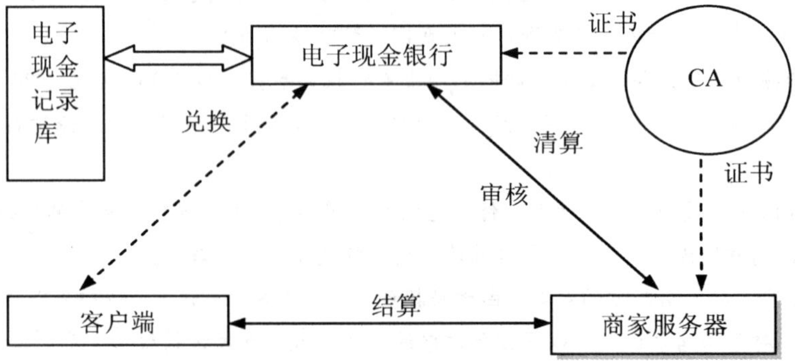

图 6.1 电子现金网络支付结算流程

数字现金支付系统是一种“预付费”的支付系统。它的特点是不直接对应任何账户，持有者预付资金，便可获得相应货币值的电子现金(智能卡或硬盘文件)用于网上支付，因此，可以离线操作。

数字现金支付模式有以下特点。

1) 数字现金支付模式的优点

(1) 使用上与传统现金相似，比较方便和易于被接受。

(2) 支付过程不必每次都经过银行网络(即离线支付)，成本低适合小额支付。

(3) 可以匿名使用，使用过程具有不可追踪性。

(4) 安全性较高，充分利用了数字签名技术保证安全，防止伪造、抵赖。

2) 数字现金支付模式的缺点

(1) 数字现金的支付属于“虚拟支付层”模式，真正的资金划拨还需要通过“实际支付过程”进行，如使用转账的方式从银行卡中划拨一定的资金购买电子现金。

(2) 数字现金支付的匿名性及不可追踪性使得电子现金的持有者一旦丢失相关资料，将无法报失。

(3) 需要安装额外的软件，所以对于付款人来说初期设置比较复杂。

按照电子数字现金的两种不同形式(即硬盘数据文件形式的电子现金和 IC 卡形式的电

子现金)，数字现金支付系统可分为两类：银行机构发行的数字现金和非银行机构发行的数字现金。下面我们分别介绍这两种方式的流程。

1. 银行机构数字现金流程

银行发行的数字现金网络支付的流程(以 E-Cash 数字现金为例)如图 6.2 所示。

(1) 购买。买方在数字现金发布银行开立 E-Cash 账号并购买 E-Cash。要在网上的货币服务器或银行购买数字现金，首先要在银行建立一个账户，将足够资金存入该账户以支持今后的支付。

(2) 存储。使用电脑 E-Cash 终端软件从 E-Cash 银行取出一定数量的 E-Cash 存在硬盘上。一旦账户被建立，买方就可以使用数字现金软件产生一个随机数，它是银行使用私钥进行数字签名的随机数。

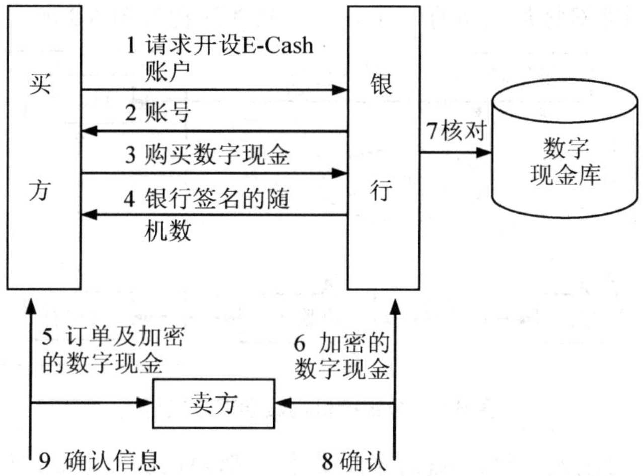

图 6.2 银行发行数字现金网络支付流程图

(3) 用 E-Cash 购买商品或服务。买方向接收 E-Cash 的卖方订货，并用卖方的公钥加密 E-Cash 后，传送给卖方。

(4) 资金清算。接收 E-Cash 的卖方与 E-Cash 发行银行进行清算，在交易中，数字现金被发给卖方，卖方再把它直接发给发行 E-Cash 的银行，银行检验货币的有效性。像纸币一样，数字现金通过一个序列号进行标识，银行将从卖方获得的数字现金与已经使用的数字现金数据库进行比对，并确认它没有被重复使用，然后将它转入卖方账户。

(5) 确认订单。卖方获得付款后，向买方发送订单确认信息。

若电子现金的转移是在个人之间发生的，则通过两者专用的电子钱包来进行支付转移，这一过程既可在网上，也可在网下。而且随着电子现金的发展和普及，智能卡型现金可在流通中反复使用，并不需要每次都向发行机构兑回传统现金。数字现金支付模式中最基本的参与者有付款人、收款人、数字现金发行者三方。

2. 非银行机构数字现金流程

数字现金发行者可能直接是银行等金融单位，也可能是公正的第三方机构，如果是第三方机构，则机构中必须再加入银行进行实体现金的交换，数字现金发行者可能也不止一个，如果有多个电子现金发行者，也可能发行各自的数字现金。如果这些数字现金能够通用，则数字现金发行者之间也必须承认其他数字现金发行者发行的数字现金，最后为了简化分账问题，可能还要成立清算中心，数字现金系统可以发展到非常复杂。下面以一个电子现金发行者(非银行的发行者)为例，描述电子现金的支付流程。

这种类型的数字现金进行网络支付，需要在客户端安装专门的电子现金客户端软件，在商家服务器端安装电子现金服务器软件，发行者需要安装对应的电子现金管理软件等。为了保证电子现金的安全性及可兑换性，发行银行还应该从认证中心申请数字证书以证实自己的身份，并利用非对称加密进行数字签名，具体流程如图6.3所示。

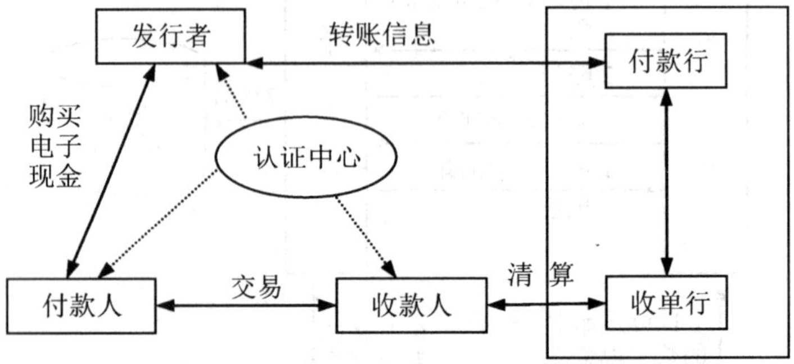

图6.3 非银行机构数字现金支付

(1) 预备工作。付款人、收款人(商家)、发行者都要在认证中心申请数字证书，并安装专用软件。付款人从发行者处开设电子现金账号，并用其他电子支付方式存入一定数量的资金(例如使用银行转账或信用卡支付方式)，利用客户端软件兑换一定数量的电子现金。接受电子现金付款的商家也在发行者处注册，并签约收单行用于兑换电子现金。

(2) 付款人与收款人达成购销协议。付款人验证收款人身份并确定对方能够接受相应的电子现金支付。

(3) 付款人将订单与电子现金一起发给收款人。这些信息使用收款人的公开密钥加密，收款人使用自己的私钥解密。

(4) 收款人收到电子现金后，可以要求发行者兑换成实体现金。发行者通过银行转账的方式将实体资金转到收单行，收款人与收单行清算。

6.1.2 案例：Mondex电子现金支付系统

Mondex是英国银行界于1990年研制开发的一种智能卡型电子现金系统，结合money(代表货币)、mondy(代表世界)、exchange(代表流通)这3个词，定名为Mondex，希望该系统能成为全球的电子现金货币机制。

目前，Mondex已成为全球最成熟的电子现金产品，万事达国际组织(MasterCard

International)在 2001 年取得了 Mondex 100%的股权，确立以 Mondex 电子现金机制进军电子货币市场。

Mondex 系统中，预先在智能卡芯片中载入币值，可以在零售场合花费。利用芯片中的微处理器和存储器，卡本身能执行支付控制程序和芯片间的传输协议，从而实现币值从一张 Mondex 芯片向另一张芯片的转移支付。

1. Mondex 支付系统工作原理

电子现金支付系统流程如图 6.4 所示，具体流程如下。

(1) 申请兑换。客户以银行存款申请兑换 Mondex 电子现金，发卡行受理后向客户发放载有等额币值的智能卡或向其智能卡中充等额币值。这一过程可利用 Mondex ATM 或专用的联网设备终端，并用卡片间的协议进行对话。

(2) 存款和取款。持卡人可持卡向自己开户行中的银行账户进行存款和取款，账户金额与卡内金额是此消彼长的关系。

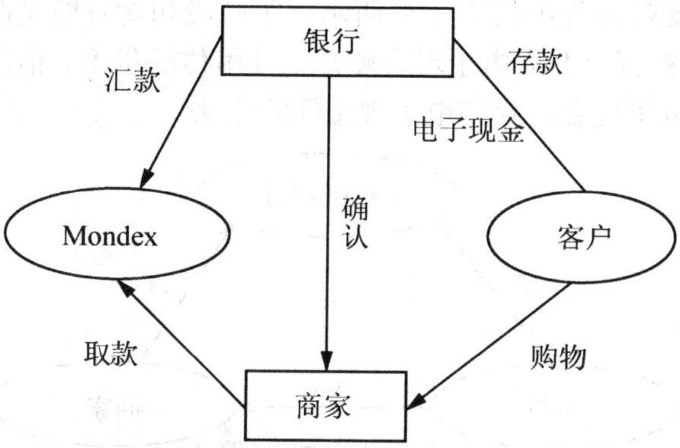

图 6.4 Mondex 电子现金支付系统流程图

(3) 支付货款。持卡人可持卡向商家支付货款，商家利用“币值转移终端”设备与持卡人的 Mondex 卡建立通信(在网上或网下皆可)，并形成币值的转移。其间完全不用银行的参与，由 Mondex 卡的读写设备自行检测卡的真伪。

(4) 币值转移。持卡人可持卡与另一持卡人进行币值的转移(网上网下皆可)。通过“Mondex 钱包”这一设备来完成转移。若为网下支付，付款人可将卡插入“钱包”中，将卡内一定数额的币值移入电子钱包的存储器芯片中，然后再由收款人移入自己的 Mondex 卡，将电子钱包中保存的币值再移入自己的卡中；若为网上支付，则通过双方专用的卡读写器，直接在双方的卡之间建立通信，将付款人卡中一定数额的币值转移到收款人的卡中。而接收到 Mondex 电子现金的任何一方，包括持卡人的开户行、商家和其他个人以及持卡人自己，都可以向发卡行请求兑换 Mondex 卡内的余额，将电子现金兑换成传统的实体现金。

2. Mondex 电子现金支付系统评价

Mondex 系统具有良好的匿名性、离线操作性，与实体现金的使用十分近似。随着智能卡技术的完善，其安全性、仿伪性以及多功能性都会不断提高，这对于电子商务中的支付而言是十分有利的。因此，该系统是应当大力发展的一种电子商务支付系统。

6.1.3 电子现金安全支付

在网络支付过程中，必须保护电子现金不被盗窃或更改，商家和银行要能验证电子现金是否属于支付它的消费者，验证电子现金的真伪性。检验的过程中采用了盲数字签名原理。所谓的盲数字签名(Blin Digital Signature)是一种特殊的数字签名。一般数字签名中，总是先知道文件内容后才签名。盲数字签名与通常的数字签名的不同之处在于，签名者并不知道他所要签发文件的具体内容。盲数字签名在签名时，接收者首先将被签的信息进行盲变换，把变换后的信息发送给签名者，签名者对盲信息进行签名并把信息送还给接收者，接收者对签名再做逆盲变换，得出的信息即为原信息的盲签名。

1. 电子现金使用过程中的不安全因素

在电子现金系统支付流程中如图 6.5 所示，①阶段和③阶段是两个反向的过程。在①阶段，客户在 E-Cash 银行处开立电子现金账户，并用传统货币、信用卡等向电子现金管理系统和应用系统购买电子现金，存到电子现金账户中去。

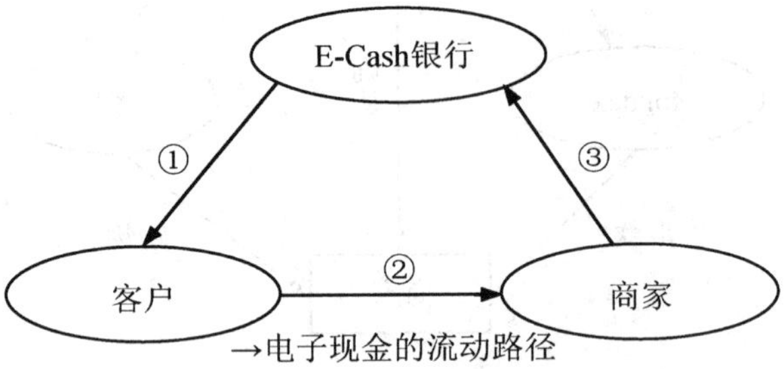

图 6.5 电子现金系统的基本流通模式

由于网络可以随时处于连通状态，因此，客户可以把电子现金取出，存在自己的电子现金存储设备中，也可以等到需要时再向 E-Cash 银行提取。在③阶段，商家把由客户处获得的电子现金，向 E-Cash 银行要求承兑，并由 E-Cash 银行在商家的电子现金账户和传统货币账户之间进行转账。这里涉及的安全问题有下述 6 个方面。

(1) 网络安全问题。代表电子现金的加密序列数在客户和 E-Cash 银行之间、商家和 E-Cash 银行之间传输，这种数据传输是通过因特网传输的，相对于原有银行封闭式的计算机网络系统，因特网具有极强的开放性，因此面临着更多的不安全因素。

(2) 电子现金的安全管理问题。电子现金的安全管理问题就是 E-Cash 银行对电子现金的管理问题，这关系到金融计算机信息系统的安全管理。

(3) 重复消费问题。从 E-Cash 银行兑换出来的电子现金要避免同一现金发生第二次交易。

(4) 确认电子现金的真实性。由于电子现金与持有者的身份是各自独立的，发出行不可能通过电子现金来识别用户，因此也就不会知道用户的真实身份，对用户是否合法、善意地使用电子现金也就无从考证。银行必须对每一笔电子现金的交易转账时刻保持高度的警惕性，确认电子现金的真实性。

(5) 风险较大。如果某个用户的硬盘损坏，电子现金丢失，钱就无法恢复，这个风险许多消费者都不愿承担。

(6) 税收与洗钱。由于电子现金可以实现跨国交易，税收和洗钱将成为潜在的问题。电子现金不像真实的现金，流通时不会留下任何记录，税务部门很难追查，由于其不可跟踪性，电子现金很可能被不法分子用以逃税。

电子现金使洗钱也变得很容易。因为利用电子现金可以将钱送到世界上的任何地方而不留痕迹，如果调查机关想要获取证据，需要检查网上所有的数据并破译所有的密码，这几乎是不可能的。目前唯一的办法是建立一定的密钥托管机制，使政府在一定条件下能够获得私人的密钥，而这又会损害客户的隐私权，但作为预防洗钱等违法行为的措施，许多国家已经开始了这种做法。

2. 对策

电子现金的安全性和可靠性等问题要从立法和技术两方面进行逐步完善。

(1) 加强对网络交易安全性的保护。加强网络建设，完善系统管理，采用防火墙、防毒软件、密钥加密技术、数字摘要、数字签名等来加强网络交易的安全，增加客户对网络的信任感，保证客户的合法权益不受侵害。从法律上和技术上共同防止黑客攻击。

(2) 管理要在法律方面进行调整。第一，限制电子现金的发行人。目前情况下，可只允许银行发行电子现金，这样，许多现行的货币政策和法规可以应用于电子现金，而无需进行太大的改动。当电子商务环境成熟时，再扩展到有实力和有信誉的大公司和网络服务提供商。第二，建立合理的电子现金识别制度。发行统一的电子现金是不可能的，所以必须建立合理的电子现金识别制度。

(3) 采用数字签名。完全匿名的电子现金要求银行在所发行的电子现金上嵌入一个序列号，以实现对电子现金的数字签名，同时消除电子现金同特定消费者之间的任何关联。这个过程如下。消费者随机创建一个序列号，然后把它传输给发行电子现金的银行；银行在消费者的随机序列号上加数字签名，然后把随机数、电子现金和数字签名打包发给用户；用户收到电子现金后，将原随机序列号剔除，但保留银行的数字签名。消费者现在就可使用只有银行数字签名的电子现金了。消费者消费电子现金后，商家把它发给发行银行，因为有银行的数字签名，银行就可确认电子现金的真实性。但银行不知道谁是消费者，只知道这个电子现金是真实的，这就是真正的匿名现金。

(4) 分割选择技术。用户在提取电子现金时，不能让银行知道电子现金中用户的身份信息，但银行需要知道提取的电子现金是正确构造的。分割选择技术是用户正确构造 N 个电子现金传给银行，银行随机抽取其中的 $N-1$ 个让用户给出它们的构造，如果构造是正确的，银行就认为另一个的构造也是正确的，并对它进行签名。

(5) 零知识证明。证明者向验证者证明并使其相信自己知道或拥有某一消息，但证明过程不能向验证者泄漏任何关于被证明消息的信息。以上技术用于将用户的身份信息嵌入到电子现金中。

(6) 认证。客户要提高警惕，学会通过 CA 认证中心验证网络商店和金融机构的合法性。通过认证，一方面可以鉴别通信中信息发送者身份的真实性；另一方面可以验证被传送信息是正确的、完整的、没有被篡改的、重放的或延迟的。

(7) 盲数字签名。签名申请者将待签名的消息经“盲变换”后发送给签名者，签名者并不知道所签发消息的具体内容，该技术用于实现用户的匿名性。

(8) 条件匿名性。电子现金的使用不泄露合法用户的身份，在必要时(如用户被怀疑有敲诈、勒索、非法购买、行贿受贿等行为的)可借助可信第三方撤销匿名性。

(9) 防止重复消费。主要的安全措施就是威胁起诉。利用加密，可追踪电子货币持有人的消费行为，并且防止电子现金被篡改。可采用双锁技术，既保证了匿名安全性，又在某人试图重复消费时发出警告。当同一现金发生第二次交易时，就会揭示出电子现金持有人的身份；而在正常情况下，电子现金要保护使用者的匿名要求。

(10) 灾难复原。现实生活中，钞票有缺损，可以到银行兑换。为了提高电子现金的实用性，如果是硬盘损坏，造成电子现金丢失，有关机构应能提供匿名的灾难复原。

6.2 电子支票的结算过程

电子支票的网络支付就是在互联网平台上利用电子支票完成商务活动中的资金支付与结算。电子支票支付使用方式模拟传统纸质支票应用于在线支付，可以说是传统支票支付在网络的延伸。电子支票的签发、背书、交换及账户清算流程均与纸票相同，用数字签名背书，用数字证书来验证相关参与者身份，安全工作也由公开密钥加密来完成，其支付流程如图 6.6 所示。除此之外，电子支票的收票人在收到支票时，即可查知开票人的账上余额及信用状况，避免退票风险，是电子支票超越传统支票的优点。

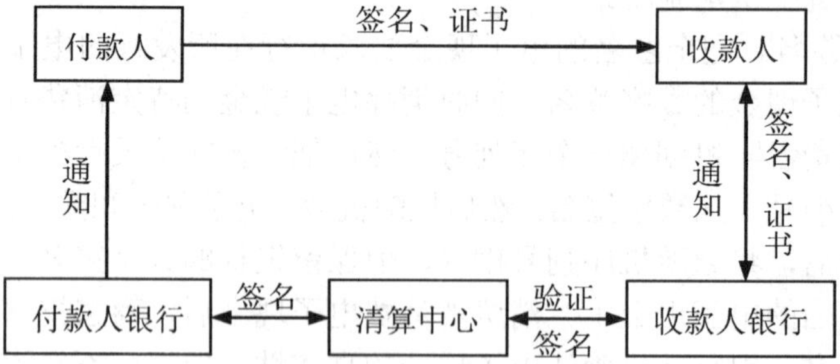

图 6.6 电子支票支付流程图

6.2.1 电子支票支付

电子支票是一种借鉴纸张支票转移支付的优点，利用数字传递将钱款从一个账户转移到另一个账户的电子付款形式。这种电子支票的支付是在与商户及银行相连的网络上以密码方式传递的，多数使用公用关键字加密签名或个人身份证号码(PIN)代替手写签名。用电子支票支付，事务处理费用较低，而且银行也能为参与电子商务的商户提供标准化的资金信息，故而是最有效率的支付手段。

1. 电子支票模式的特点

1) 电子支票支付模式的优点

(1) 与传统支票类似，用户比较熟悉，易于被接受。可广泛应用于 BtoB 结算。

(2) 电子支票具有可追踪性，所以当使用者支票遗失或被冒用时可以停止付款并取消交易，风险较低。

(3) 通过应用数字证书、数字签名及各种加密/解密技术，提供比传统纸质支票中使用印章和手写签名更加安全可靠的防欺诈手段。加密的电子支票也使它们比电子现金更易于流通，买卖双方的银行只要用公开密钥确认电子支票即可，数字签名也可以被自动验证。

2) 电子支票支付模式的缺点

(1) 需要申请认证，安装证书和专用软件，使用较为复杂。

(2) 不适合小额支付及微支付。

(3) 电子支票通常需要使用专用网络进行传输。

2. 电子支票支付的一般过程

(1) 开具电子支票。买方首先必须在提供电子支票服务的银行注册，开具电子支票。注册时可能需要输入信用卡和银行账户信息以支持开具支票。电子支票应具有银行的数字签名。

(2) 电子支票付款。一旦注册，买方就可以和产品/服务出售者取得联系。买方用自己的私钥在电子支票上进行数字签名，用卖方的公钥加密电子支票，使用 E-mail 或其他传递手段向卖方进行支付；只有卖方可以收到用卖方公钥加密的电子支票，用卖方的公钥确认买方的数字签名后，可以向银行进一步认证电子支票，之后即可发货给买方。

(3) 清算。卖方定期将电子支票存到银行。卖方可根据自己的需要，自行决定何时发送。

电子支票交易过程可分以下几个步骤。

① 消费者和商家达成购销协议并选择用电子支票支付。

② 消费者通过网络向商家发出电子支票，同时向银行发出付款通知单。

③ 商家通过验证中心对消费者提供的电子支票进行验证，验证无误后将电子支票送交银行索付。

④ 银行在商家索付时通过验证中心对消费者提供的电子支票进行验证，验证无误后即向商家兑付或转账，如图 6.7 所示。

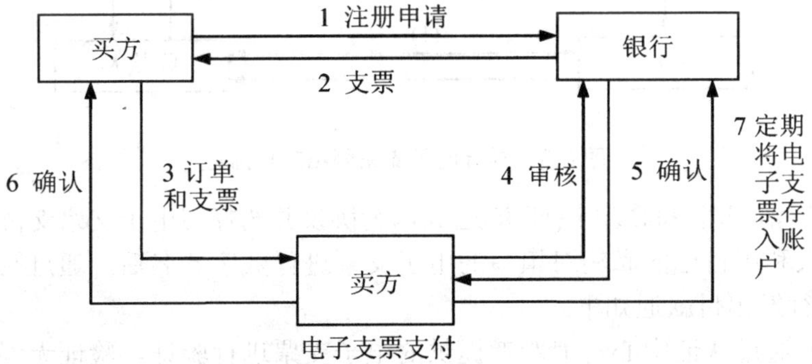

图 6.7 电子支票支付

3. 同行支付与异行支付

电子支票通过互联网传送，收款银行收到电子支票后，通过自动清算所(Automated Clearing House，ACH)网络来交换，这种银行体系和公众网络整合的做法，为银行及用户提供了类似实体支票处理机制的可行方案。电子支票支付模式按照参与银行的情况，可分为同行电子支票网络支付模式和异行电子支票网络支付模式两种。

1) 同行电子支票网络支付过程

同行电子支票支付模式由于只涉及客户在同一家银行的资金结算，所以相对比较简单，具体流程如下。

(1) 预备工作。客户(如企业、学校或政府部门等组织)与开户银行、商家与开户银行之间密切协作，通过严格的认证阶段，如相关资料的认定、数字证书的申请与电子支票相关软件的安装应用、电子支票应用的授权等，以准备利用电子支票进行网络支付。

(2) 客户和商家达成网上购销协议，并且选择使用电子支票支付。

(3) 客户通过网络向商家发出电子支票。

(4) 商家收到电子支票后，通过认证中心 CA 对客户提供的电子支票进行初步验证，验证无误后将电子支票送交开户银行索付。

(5) 开户银行在商家索付时通过认证中心 CA 对客户提供的电子支票进行最后验证，如果有效即向商家兑付或转账，即从客户资金账号中转拨相应资金余额到商家资金账号，如果支票无效，如余额不够、客户非法等，即把电子支票返回商家，告知索付无效消息。

(6) 开户银行代理转账成功后，在网上向客户发出付款成功通知信息，方便客户查询。

2) 异行电子支票网络支付过程

由于涉及两个或多个银行以及中间的用于银行间资金清算的自动清算所，所以流程较为复杂一些。一个完整的异行电子支票支付流程如图 6.8 所示。

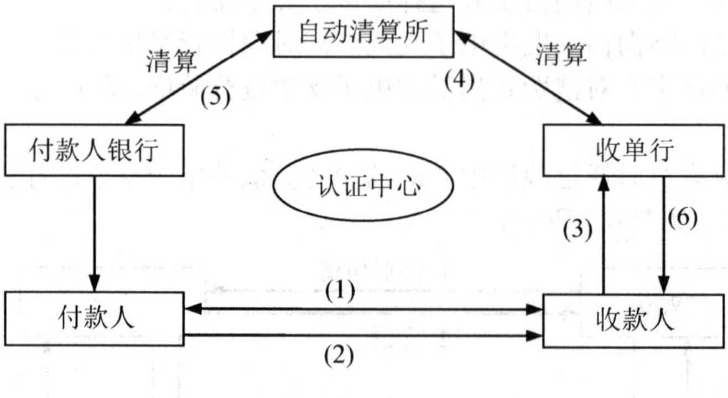

图 6.8　异行电子支票网络支付流程

(1) 付款人(消费者)和收款人(商家)达成购销协议并选择用电子支票支付。

(2) 付款人利用自己的私钥对填写的电子支票进行数字签名后，通过网络发送给收款人，同时向银行发出付款通知单。

(3) 收款人通过认证中心对消费者提供的电子支票进行验证，验证无误后将电子支票送交收单行索付。

(4) 收单行把电子支票发送给自动清算所的资金清算系统，以兑换资金进行清算。

(5) 自动清算所向付款人的付款银行申请兑换支票，并把兑换的相应资金发送到收款人的收单行。

(6) 收单行向商家发出到款通知，资金入账。

需要注意的是，电子支票与电子现金的系统架构类似，最大的不同是电子现金需要发行单位为其发行的现金担保，因此电子现金发行单位在电子现金上的数字签名很重要，而电子支票的开票人即付款人要为其所开的支票兑现做担保，因此付款人在电子支票上的数字签名很重要。

6.2.2 电子支票中的安全机制

电子支票的运作类似于传统支票。顾客从他们的开户银行收到数字文档，并为每一个付款交易输入付款数目、货币类型及收款人的姓名。为了兑现电子支票，需要付款人在支票上进行数字签名。在美国和欧洲，支票的使用很不相同。大多数现有的电子支票解决方案是建立在美国的系统基础之上的，由此，付款人和收款人都必须对支票进行签名。收款人将支票拿到银行进行兑现，然后银行又将支票送回给付款人。

1. 电子支票的认证

电子支票是客户用其私钥所签署的一个文件。接收者(商家或商家的开户行)使用支付者的公钥来解密客户的签字。这样将使得接收者相信发送者的确签署过这一支票。同时，客户的签字也提供了不可否认性，因为支票是由支付者的私钥签署的，支付者对发出的支票不能否认。此外，电子支票还可能要求发送者的开户行数字签字。这样将使得接收者相信它所接收到的支票是根据发送者在银行的有效账目填写的。接收者使用发送者开户行的公钥对发送者开户行的签字加以验证。

2. 公钥的发送

发送者及其开户行必须向接收者提供自己的公钥。提供方法是将他们的 X.509 证书附加在电子支票上。

3. 私钥的存储

为了防止欺诈，客户的私钥需要被安全存储并能被客户方便使用。可向客户提供一个智能卡，以实现对私钥的安全存储。

4. 银行本票

银行本票由银行按以下方式发行：发行银行首先产生支票，用其私钥对其签字，并将其证书附加到支票上；接收银行使用发行银行的公钥来解密数字签字。通过这种方式使接收银行相信，它所接收到的支票的确是由支票上所描述的银行发出的。而且通过这种方式也提供了不可否认性，因为银行本票是由发行银行用其私钥签署的，发行银行对其发出的银行本票不能否认。

6.3 电子钱包与在线转账支付

电子钱包也叫储值卡，是用集成电路芯片来存储电子货币并被顾客用来作为电子商务购物活动中常用的尤其在小额购物或购买小商品时常用的一种支付工具。电子钱包的网络支付是指客户利用电子钱包作为载体，选择其存放的电子货币在 Internet 上实现即时的、安全可靠的在线支付。电子钱包用户通常在银行里都有账户。在使用电子钱包时，先安装相应的软件，然后利用电子钱包服务系统把自己账户里的电子货币输进去。在发生收付款时，用户只需在计算机上单击相应项目即可。系统中设有电子货币和电子钱包的功能管理模块，称为电子钱包管理器，用户可以用它来改变口令或保密方式等，以及用它来查看自己银行账号上电子货币收付往来的账目、清单及其他数据。系统中还提供了一个电子交易记录器，顾客通过查询记录器，可以了解自己的购物记录。下面以中银电子钱包软件为例来介绍电子钱包支付。

6.3.1 中银电子钱包支付

中银电子钱包是中国银行推出的基于中国银行长城电子借记卡和长城国际信用卡的网上支付的服务产品。中国银行长城电子借记卡持卡人可以利用免费发送的电子钱包软件，使用长城电子借记卡实现人民币网上实时支付，使用长城国际信用卡并利用 Visa、Master Card 两大国际信用卡组织指定的认证中心发放的电子证书，实现外币网上实时支付。中银电子钱包能够进行安全电子交易和储存交易记录，就像生活中随身携带的钱包一样。持卡人的借记卡信息和与卡对应的证书都存放在电子钱包里。一个电子钱包里可以存放多张不同品牌的卡，当持卡人进行电子交易时，可以打开钱包，随意选择想用的卡来进行支付。

中银电子钱包采用目前公认的信用卡/借记卡网上交易的国际安全标准——安全电子交易(SET)协议的方式，建立了完全符合国际标准的安全认证中心和支付网关，为客户提供安全、可靠、快捷、高效的电子商务支付结算。

1. 中银电子钱包的特点

中银电子钱包提供的安全电子交易具有以下特点。

(1) 确保信息的保密性。

SET 协议通过多种先进的信息加密技术(如 DES、RSA 等)，确保数据信息在网络传输中的安全性。

(2) 确保支付信息的完整性。

SET 协议利用散列(Hash)方法确保数字签名信息不会被改变和假冒。

(3) 不仅对商户进行认证，而且对持卡人也进行合法性认证。

SET 协议运用数字签名、认证等技术手段对交易双方进行全面的认证。中银电子钱包使用时对持卡人和商户双方的认证是通过电子证书来实现的，该电子证书是由权威性的、公正的认证机构即认证中心(CA)来颁发和管理的，每次交易时，都要通过电子证书对各方的身份进行验证。

2. 中银电子钱包的功能

中银电子钱包具有管理账户信息、管理电子证书、处理交易记录、导入导出信息、设置相关选项和更改口令的功能。

1) 管理账户信息

管理账户信息是指中银电子钱包能够为客户创建多张卡的账户信息、编辑卡账户信息(即可以改变电子钱包中的卡账户信息)、删除卡账户信息(同时也删除与此卡账户相关的电子证书)。

2) 管理电子证书

管理电子证书包括电子证书的申请、电子证书的查看和电子证书的删除。在申请电子证书之前，必须先添加卡账户信息，否则无法申请电子证书。目前，中银电子钱包规定用于网上支付的卡的电子证书最多可申请10张，而且，用于网上支付的卡的电子证书有效期为一年，一年以后需重新为这张卡申请电子证书。

3) 处理交易记录

处理交易记录是指中银电子钱包会保存每一笔交易记录，并能够对这些交易记录进行各种处理，包括：查询交易记录、打印交易记录、分类排序(升序或降序)交易记录、归档交易记录(是指把选定的交易记录转成文件的形式存储，以便客户对交易记录进行备份)、恢复交易记录(是指把归档的交易记录添加到交易列表中)、删除交易记录(一旦删除了购买记录，将无法恢复、查看或打印它们)等。

4) 导入导出信息

导出信息是指将客户的证书和账户信息导出至外部媒体(例如软盘)上。所有的用户数据都将复制到客户所选择的外部媒体上，以便用于另一个电子钱包，证书和账户信息都将自动导出，而交易数据可以由客户选择是否导出。导入信息是指将先前已导出至一个外部媒体上的证书和账户信息再装回电子钱包。

5) 设置相关选项

设置相关选项包括以下几个步骤。

(1) 设置“证书警告”选项。使用此过程来指定所选的卡账户的证书状态不是有效时是否需要一个警告信息，即希望程序显示或不显示警告信息。

(2) 设置“导入警告”选项。使用此过程来指定钱包在将数据导出至外部媒体后，第一次启动时是否显示一条警告信息。

(3) 设置“验证商店”选项。使用此过程来指定是否在每次购买时显示有关商店的信息。显示商店的有关信息能够让用户验证与之交易的商店是否是正确的商店。

(4) 设置“显示收款方细节”选项。使用此过程来指定是否在购买记录细节中显示收款方的消息。

(5) 设置“显示交易ID”选项。使用此过程来指定是否在购买记录细节中显示交易ID。

(6) 设置“代理设置选项”选项。使用此窗口指出是否想要在用户的局域网(LAN)中使用代理服务器连接Internet(代理服务器是内部网络和Internet间的安全屏障，阻止Internet上的其他人存取内部网上的信息。代理服务器可以是HTTP服务器，也可以是SOCKS服务器)。

(7) 设置“数据位置”选项。使用此窗口查看和改变电子钱包程序所用的数据的位置(硬盘和软盘)，包括用户和交易数据的位置、用来检索和存储数据的目录。

6) 更改口令

更改口令即用新的口令替换旧的口令，这里更改的是中银电子钱包的口令，而非长城电子借记卡的密码。

3. 中银电子钱包的流程

使用电子钱包购物，通常需要在电子钱包服务系统中进行。使用电子钱包的顾客通常应在银行有账户，在电子钱包内只能完全安装电子货币，用户可以使用电子钱包管理器来改变保密口令或保密方式，查看自己银行账户上的收付往来的电子货币账目、清单和数据。中国银行电子钱包进行网上购物的基本流程如下。

(1) 消费者在自己的计算机上安装中国银行电子钱包软件。

(2) 登录到中国银行网站(www.bank-of-china.com)，在线申请获得持卡人电子安全证书。

(3) 登录到中国银行网上特约商户购物网站选购商品、填写送货地址并最后确认订单。

(4) 单击采用长城电子借记卡支付，将自动启动电子钱包软件，按提示依次输入卡号、密码等信息，即可完成在线支付。

(5) 消费者在家中坐等商家送货上门。

注：以上步骤(1)、(2)仅在初次使用中国银行长城电子借记卡进行网上购物时方可进行，在第二次乃至以后进行网上购物时，不必重复上面步骤(1)、(2)。

中银电子钱包可以从中国银行主页上免费下载。如果下载电子钱包有困难，可以到中国银行指定网点索取电子钱包光盘。如果下载的电子钱包是压缩文件(bocewallet.zip)，首先使用 WinZip 等解压缩软件将该文件解压至一个临时目录中，然后运行 setup.exe，按照软件安装提示进行安装即可。

6.3.2 在线转账支付模式

在线转账是应用非常普遍的电子支付模式。支付者可以使用申请了在线转账功能的银行卡(包括借记卡和信用卡)转移小额资金到另外的银行账户中，完成支付。一般来说，在线转账功能需要到银行申请，并获得用于身份识别的证书及电子钱包软件(E-Wallet)才能够使用。在线转账使用方便，付款人只需使用电子钱包软件登录其银行账户，输入汇入账号和金额后即可完成支付。而此后的事务由清算中心、付款人银行、收款人银行等各方通过金融网络系统来完成。

1. 在线转账支付模式的特点

1) 在线转账支付模式的优点

(1) 安全性较高，经过数字签名处理的支付命令一般无法被未经授权的第三方破解。

(2) 直接利用银行网络进行支付，支付指令立即生效，收款人立即可以得到收款确认。

(3) 架构简单，适合小额度支付。

(4) 付款人无需告诉收款人汇出账户信息，可防止卡号密码等泄露。

2) 在线转账支付模式的缺点

(1) 付款人需要申请个人认证，并下载安装证书、软件，这些烦琐的步骤难以被小额支付中的个人支付者接受。

(2) 付款人的付款指示立即生效，若有任何操作错误而导致转入错误账户，或者转移金额有误，虽然有记录而得以追踪证明，但追讨程序及过程可能繁杂不易。

(3) 一旦款项进入收款人账户，即使交易失败，收款人予以否认，款项转移仍合法完成，难以追回。

(4) 在线转账支付模式中，付款人身份无需被验证。电子商务中交易双方经常是完全陌生的，付款人无法确认收款人的身份，因此也无法确定收款人收款后是否会履行其义务。

2. 在线转账的支付方式

在线转账支付模式的参与者包括付款人、收款人、认证中心以及发卡行和收单行，其支付流程如图 6.9 所示。

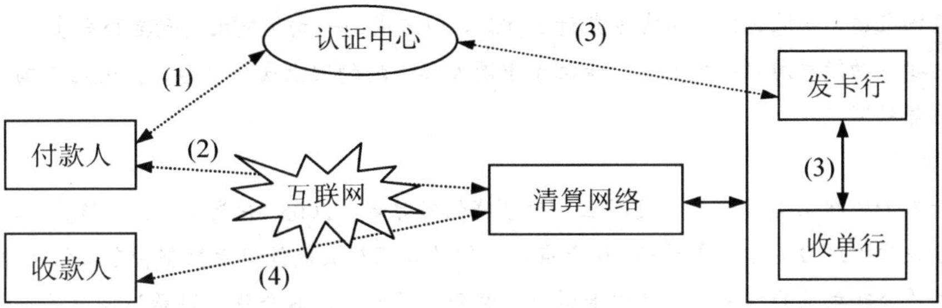

图 6.9 在线转账支付模式示意图

(1) 付款人和发卡行申请认证，使得支付过程双方能够确认身份。

(2) 付款人通过电子钱包软件登陆发卡行，并发出转账请求。转账请求包括汇入银行名称、汇入资金账号、支付金额等信息。

(3) 发卡行接受转账请求之后，通过清算网络与收单行进行资金清算。

(4) 收款人与收单行结算。

6.4 第三方平台支付

第三方平台结算支付模式是当前国内服务商数量最多的支付模式。在这种模式下，支付者必须在第三方支付中介开立账户，向第三方支付中介提供信用卡信息或账户信息，在账户中“充值”，通过支付平台将该账户中的虚拟资金划转到收款人的账户，完成支付行为。收款人可以在需要时将账户中的资金兑成实体的银行存款。

由于第三方支付平台结算支付模式架构在虚拟支付层，本身不涉及银行卡内资金的实际划拨，信息传递流程在自身的系统内运行，所以电子支付服务商可以有比较自由的系统研发空间。目前国内很多第三方支付平台运用客户的 E-mail 作为账户，也就是所谓的“E-mail 支付”。

案　例

第三方支付迅猛发展

1. 银联电子支付有限公司(Chinapay E-Payment Service Co.Ltd)

2002 年 6 月正式揭牌成立，是电子商务领域中从事专业网上支付服务的先行者。公司拥有面向全国的统一支付网关，专业从事网上电子支付服务，是中国银联旗下的网络方面军。其专业产品 OneLinkPay 解决了网上银行卡的支付问题。

2. 首信易支付

创建于 1999 年 3 月，是中国首家实现跨银行跨地域提供多种银行卡在线交易的网上支付服务平台。作为国内成立最早、规模最大的网上支付平台，首信易支付积累了丰富的运营经验，面对网上支付业务越来越激烈的市场竞争，始终以领先的技术、鲜明的优势和完善的服务巩固了自己行业领导者的地位。

3. 支付宝

以支付宝作为信用中介，在买家确认收到商品前，由支付宝替买卖双方暂时保管货款的一种增值服务。买方在收到货物之前，如果支付宝向卖方支付了货款，所造成的一切损失由支付宝公司负责。全赔策略突显了支付宝的担保功能对用户的吸引力，专注于中国大陆市场的网上支付平台，更适应中国的宏观环境，更符合国民消费习惯。

4. 贝宝中国

贝宝是一家全球网上支付公司，是网上支付领域的领导者，2005 年进入中国，与易趣对接。贝宝在国外具有十分成功的经验，遍布全世界 56 个市场，但是在拥有成熟信用卡机制和完善信用体系的发展环境之下，未必适合缺乏良好信用体系的中国国情。然而，贝宝与易趣合作，堪称强强联手。

6.4.1　第三方支付概述

所谓第三方支付，就是一些与产品所在国家以及国外各大银行签约、并具备一定实力和信誉保障的第三方独立机构提供的交易支持平台。在通过第三方支付平台的交易中，买方选购商品后，使用第三方平台提供的账户进行货款支付，由第三方通知卖家货款到达、进行发货；买方检验物品后，就可以通知付款给卖家，第三方再将款项转至卖家账户。

1. 第三方支付的产生

第三方支付采用支付结算方式。按支付程序分类，结算方式可分为一步支付方式和分步支付方式，前者包括现金结算、票据结算(如支票、本票、银行汇票、承兑汇票)、汇转结算(如电汇、网上支付)，后者包括信用证结算、保函结算、第三方支付结算。

在社会经济活动中，结算归属于贸易范畴。贸易的核心是交换。交换是交付标的与支付货币两大对立流程的统一。在自由平等的正常主体之间，交换遵循的原则是等价和同步。同步交换，就是交货与付款互为条件，是等价交换的保证。

在实际操作中，对于现货标的的面对面交易，同步交换容易实现；但许多情况下由于交易标的的流转验收(如商品货物的流动、服务劳务的转化)需要过程，货物流和资金流的异步和分离的矛盾不可避免，同步交换往往难以实现。而异步交换，先收受对价的一方容易违背道德和协议，破坏等价交换原则，故先支付对价的一方往往会受制于人，自陷被动、弱势的境地，承担风险。异步交换必须附加信用保障或法律支持才能顺利完成。

同步交换，可以规避不等价交换的风险，因此为确保等价交换要遵循同步交换的原则。这就要求支付方式应与交货方式相适配，对当面现货交易，适配即时性一步支付方式；对期货交易，适配过程化分步支付方式。过程化分步支付方式符合交易标的流转验收的过程性特点，款项从启动支付到所有权转移至对方不是一步完成，而是在中间增加中介托管环节，由原来的直接付转改为间接汇转，业务由一步完成变为分步操作，从而形成一个可监可控的过程，按步骤有条件进行支付。这样就可货走货路，款走款路，两相呼应，同步起落，使资金流适配货物流进程达到同步相应的效果，使支付结算方式更科学化，合理化的应合市场需求。

传统的支付方式往往是简单的即时性直接付转，一步支付。其中钞票结算和票据结算适配当面现货交易，可实现同步交换；汇转结算中的电汇及网上直转也是一步支付，适配隔面现货交易，但若无信用保障或法律支持，会导致异步交换容易引发非等价交换风险，现实中买方先付款后不能按时按质按量收获标的，卖方先交货后不能按时如数收到价款，被拖延、折扣或拒付等引发经济纠纷的事件时有发生。

在现实的有形市场，异步交换权且可以附加信用保障或法律支持来进行，而在虚拟的无形市场，交易双方互不认识，不知根底，故此，支付问题曾经成为电子商务发展的瓶颈之一，卖家不愿先发货，怕货发出后不能收回货款；买家不愿先支付，担心支付后拿不到商品或商品质量得不到保证。博弈的结果是双方都不愿意先冒险，网上购物无法进行。

第三方是买卖双方在缺乏信用保障或法律支持的情况下的资金支付“中间平台”，买方将货款付给买卖双方之外的第三方，第三方提供安全交易服务，其运作实质是在收付款人之间设立中间过渡账户，使汇转款项实现可控性停顿，只有双方意见达成一致才能决定资金去向。第三方担当中介保管及监督的职能，并不承担什么风险，所以确切地说，这是一种支付托管行为，通过支付托管实现支付保证。

2. 实现原理

除了网上银行、电子信用卡等支付方式以外还有一种方式也可以相对降低网络支付的风险，那就是正在迅猛发展起来的利用第三方机构的支付模式及其支付流程，而这个第三方机构必须具有一定的诚信度。在实际的操作过程中这个第三方机构可以是发行信用卡的银行本身。在进行网络支付时，信用卡卡号以及密码的披露只在持卡人和银行之间转移，降低了应通过商家转移而导致的风险。

同样当第三方是除了银行以外的具有良好信誉和技术支持能力的某个机构时，支付也通过第三方在持卡人或者客户和银行之间进行。持卡人首先和第三方以替代银行账号的某种电子数据的形式(例如邮件)传递账户信息，避免了持卡人将银行信息直接透露给商家，另外也可以不必登录不同的网上银行界面，而取而代之的是每次登录时，都能看到相对熟悉和简单的第三方机构的界面。

第三方机构与各个主要银行之间又签订有关协议，使得第三方机构与银行可以进行某种形式的数据交换和相关信息确认。这样第三方机构就能实现在持卡人或消费者与各个银行，以及最终的收款人或者是商家之间建立一个支付的流程。

3. 交易与支付步骤

在第三方支付交易流程中，支付模式使商家看不到客户的信用卡信息，同时又避免了信用卡信息在网络上多次公开传输而导致信用卡信息被窃。

以 B2C 交易为例，支付步骤如下。

第一步，客户在电子商务网站上选购商品，最后决定购买；

第二步，第三方支付交易流程，买卖双方在网上达成交易意向；

第三步，客户选择利用第三方作为交易中介，客户用信用卡将货款划到第三方账户；

第四步，第三方支付平台将客户已经付款的消息通知商家，并要求商家在规定时间内发货；

第五步，商家收到通知后按照订单发货；

第六步，客户收到货物并验证后通知第三方；

第七步，第三方将其账户上的货款划入商家账户中，交易完成。

4. 支付特点

可以看到，第三方支付具有以下显著的特点。

(1) 第三方支付平台提供一系列的应用接口程序，将多种银行卡支付方式整合到一个界面上，负责交易结算中与银行的对接，使网上购物更加快捷、便利。消费者和商家不需要在不同的银行开设不同的账户，可以帮助消费者降低网上购物的成本，帮助商家降低运营成本；同时，还可以帮助银行节省网关开发费用，并为银行带来一定的潜在利润。

(2) 较之 SSL、SET 等支付协议，利用第三方支付平台进行支付操作更加简单而易于接受。SSL 是应用比较广泛的安全协议，在 SSL 中只需要验证商家的身份。SET 协议是发展的基于信用卡支付系统的比较成熟的技术。但在 SET 中，各方的身份都需要通过 CA 进行认证，程序复杂，手续繁多，速度慢且实现成本高。有了第三方支付平台，商家和客户之间的交涉由第三方来完成，使网上交易变得更加简单。

(3) 第三方支付平台本身依附于大型的门户网站，且以与其合作的银行的信用作为信用依托，因此第三方支付平台能够较好地突破网上交易中的信用问题，有利于推动电子商务的快速发展。

在通过第三方平台的交易中，买方选购商品后，使用第三方平台提供的账户进行货款支付，由对方通知卖家货款到达、进行发货；买方检验物品后，就可以通知付款给卖家。第三方支付平台的出现，从理论上讲，彻底杜绝了电子交易中的欺诈行为，这也是由它的以下特点决定的。

5. 第三方支付平台和银行的关系

(1) 第三方支付平台和银行的关系比较微妙。第三方支付一旦做大，将与银行的网上银行及网上支付抢生意，甚至有可能会取得银行牌照、变身做零售银行的可能。反过来说，第三方支付也为将来银行推出网上电子支付业务扮演了排头兵冲锋陷阵的角色，使银行网上电子支付业务的推出更容易一些，因此银行也不想将其扼杀。

(2) 第三方支付与银行的业务冲突。第三方支付与银行的业务冲突看来不是很明显，但在不远的将来就会越来越明显，但如前所述，由于第三方支付在以前也为银行做了不少有益的事，因此银行业为了避免同第三方支付企业搞出矛盾，也有可能给第三方支付企业指出一条出路，但不一定会全面放开。

(3) 第三方支付与银行共赢发展。第三方支付机构在科技与金融、线上与线下的跨平台性特征，使其积累的行业经验与用户数据更为多维度。他们可以通过最新的科技手段，对线上、线下的用户行为数据进行跟踪、分析、挖掘，将这些数据同银行的信贷等业务进行对接，便可以创造出新型的融资模式，比如现在的商界和百姓都在关注的互联网金融。虽然当下第三方支付企业整体规模相对银行来讲依旧偏小，但第三方支付业务的创新性与灵活性已经引起了银行的重视。第三方支付企业同用户的距离更近，能够更为清楚的获取用户需求，并且快速满足。因此，银行在银行卡、信贷、基础金融服务等业务上应当积极同第三方支付企业合作。比如在部分中小银行因网点少信用卡还款不便，导致信用卡业务发展缓慢，与第三方支付企业合作可以解决以上问题。

6. 行业分类

(1) 互联网型支付企业。以支付宝、财付通、盛付通为首的互联网型支付企业，它们以在线支付为主，捆绑大型电子商务网站，迅速做大做强。

(2) 金融型支付企业。以银联电子支付、快钱、汇付天下为首的金融型支付企业，侧重行业需求和开拓行业应用。

(3) 第三方支付公司为信用中介。以非金融机构的第三方支付公司为信用中介，类似三维度、拉卡拉这类手机刷卡器产品，这类移动支付产品通过和国内外各大银行签约，具备很好的实力和信用保障，是在银行的监管下保证交易双方利益的独立机构，在消费者与银行之间建立一个某种形式的数据交换和信息确认的支付的流程。乐富支付向广大银行卡持卡人提供基于 POS 终端的线下实时支付服务，并向终端特约商户提供 POS 申请/审批、自动结账/对账、跨区域 T+1 清算、资金归集、多账户管理等综合服务。

6.4.2 第三方平台支付流程与运作

第三方支付平台结算是典型的应用支付层架构。提供第三方结算电子支付服务的商家往往都会在自己的产品中加入一些具有自身特色的内容。但是总体来看，其支付流程都是付款人提出付款授权后，平台将付款人账户中的相应金额转移到收款人账户中，并要求其发货。有的支付平台会有“担保”业务，如支付宝。担保业务是将付款人将要支付的金额暂时存放于支付平台的账户中，等到付款人确认已经得到货物(或者服务)或在某段时间内没有提出拒绝付款的要求，支付平台才将款项转到收款人账户中。

1. 支付流程

第三方平台结算支付模式的资金划拨是在平台内部进行的，此时划拨的是虚拟的资金。真正的实体资金还需要通过实际支付层来完成，支付流程如图 6.10 所示。

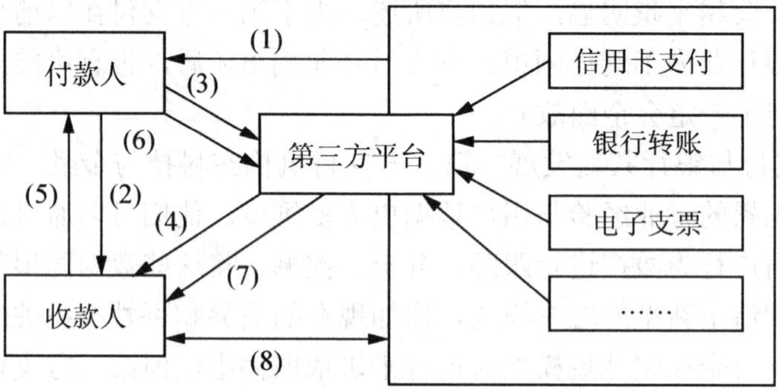

图 6.10　第三方支付平台结算支付流程

有担保功能的第三方结算支付的流程步骤如下。

(1) 付款人将实体资金转移到支付平台的支付账户中。

(2) 付款人购买商品(或服务)。

(3) 付款人发出支付授权，第三方平台将付款人账户中相应的资金转移到自己的账户中保管。

(4) 第三方平台告诉收款人已经收到货款，可以发货。

(5) 收款人完成发货许诺(或服务)。

(6) 付款人确认可以付款。

(7) 第三方平台将临时保管的资金划拨到收款人账户中。

(8) 收款人可以将账户中的款项通过第三方平台和实际支付层的支付平台兑换成实体货币，也可以用于购买商品。

2. 运作机制

在线支付业务(平台)是在网上银行和商家之间建立起安全连接，实现消费者与银行以及商家之间的在线货币支付、资金清算、查询统计等业务。满足上述所述运行机制，交易双方至少各有一个第三方平台支付账号，待买家确认付款后，支付平台才将钱真正转给卖家，如图 6.11 所示。

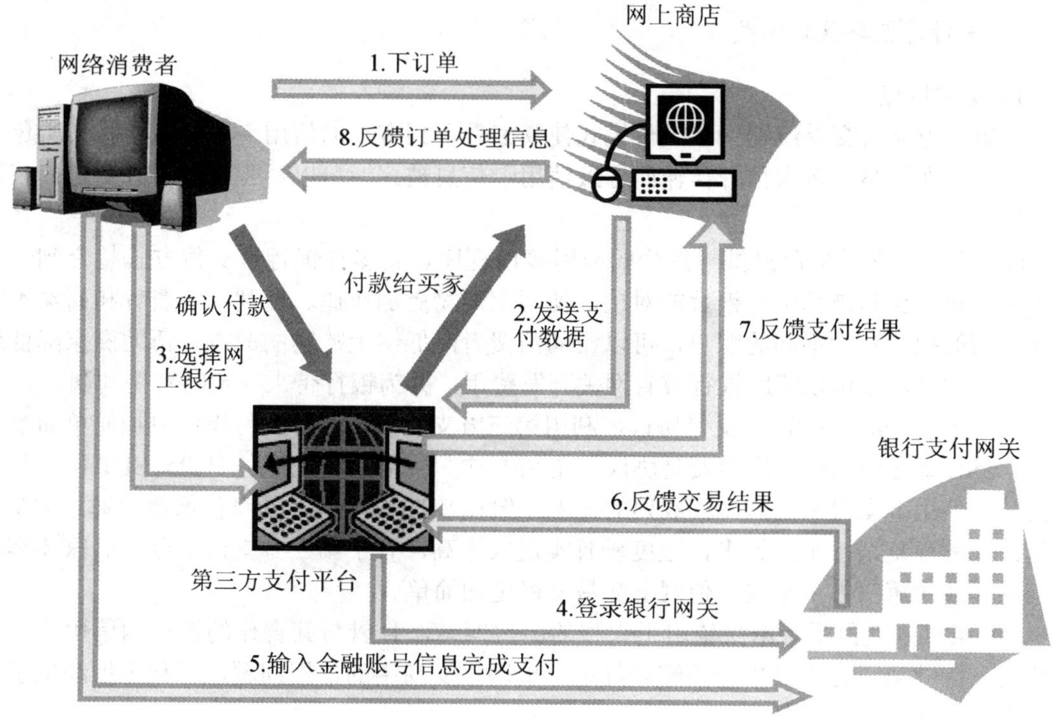

图 6.11 支付平台运作机制

6.4.3 第三方平台结算支付经营模式、特点与优势

网银在线支付平台的使用群体为中小型企业。对于中小型企业来说，和银行签约以及技术的开发是很难实现的，所以其客户群体主要是中小型企业。在线支付比以前传统的付款方式具有更大的优势。

1. 经营模式

纵观中国当前经营状况相对较好的第三方支付平台企业主要基于以下两种经营模式。

(1) 支付网关模式。第三方支付平台将多种银行卡支付方式整合到一个界面上，充当了电子商务交易各方与银行的接口，负责交易结算中与银行的对接，消费者通过第三方支付平台付款给商家，第三方支付为商家提供一个可以兼容多银行支付方式的接口平台。

(2) 信用中介模式。为了增强线上交易双方的信任度，更好的保证资金和货物的流通，充当信用中介的第三方支付服务应运而生，实行“代收代付”和“信用担保”。交易双方达成交易意向后，买方须先将支付款存入其在支付平台上的账户内，待买家收货通知支付平台后，由支付平台将买方先前存入的款项从买家的账户中划至卖家在支付平台上的账户。这种模式的实质便是以支付公司作为信用中介，在买家确认收到商品前，代替买卖双方暂时保管货款。

2. 支付特点与盈利模式

1) 支付特点

在第三方支付交易流程中，支付模式使商家看不到客户的信用卡信息，同时又避免了信用卡信息在网络上多次公开传输而导致信用卡信息被窃。可以看到，第三方支付具有显著的特点。

(1) 第三方支付平台提供一系列的应用接口程序，将多种银行卡支付方式整合到一个界面上，负责交易结算中与银行的对接，使网上购物更加快捷、便利。消费者和商家不需要在不同的银行开设不同的账户，可以帮助消费者降低网上购物的成本，帮助商家降低运营成本；同时，还可以帮助银行节省网关开发费用，并为银行带来一定的潜在利润。

(2) 较之 SSL、SET 等支付协议，利用第三方支付平台进行支付操作更加简单而易于接受。SSL 是应用比较广泛的安全协议，在 SSL 中只需要验证商家的身份。SET 协议是发展的基于信用卡支付系统的比较成熟的技术。但在 SET 中，各方的身份都需要通过 CA 进行认证，程序复杂，手续繁多，速度慢且实现成本高。有了第三方支付平台，商家和客户之间的交涉由第三方来完成，使网上交易变得更加简单。

(3) 第三方支付平台本身依附于大型的门户网站，且以与其合作的银行的信用作为信用依托，因此第三方支付平台能够较好地突破网上交易中的信用问题，有利于推动电子商务的快速发展。

在通过第三方平台的交易中，买方选购商品后，使用第三方平台提供的账户进行货款支付，由对方通知卖家货款到达、进行发货；买方检验物品后，就可以通知付款给卖家。第三方支付平台的出现，从理论上讲，彻底杜绝了电子交易中的欺诈行为，这也是由它的以下特点决定的。

2) 盈利模式

(1) 利息收入。消费者使用第三方支付实现网上购物是实时付款，而第三方支付平台支付给网店的货款则是按照周甚至月度在结算。假如支付宝平均结算周期为半个月计算，沉淀资金将高达 60 亿元人民币以上，支付宝的账户上随时都会有超过 60 亿元人民币的资金供支付宝使用，每年的利息收入也将超过 2 亿元人民币。

(2) 服务佣金。目前第三方支付企业首先和银行签协议，确定给银行缴纳的手续费率；然后，第三方支付平台根据这个费率，加上自己的毛利润即服务佣金，向客户收取费用。

(3) 广告收入。第三方支付平台主页上发布的广告针对性都比较强，包括横幅广告、按钮广告、插页广告等。总体上看，广告布局所占空间较少，布局设计也较为合理，体现出了内容简捷、可视性强的特点。而且主页上也还有若干公益广告，可以让用户了解更多的技术行业信息。

(4) 其他金融增值性服务。如代买飞机票、代送礼品等生活服务。

3. 第三方平台结算支付模式的优势

在缺乏有效信用体系的网络交易环境中，第三方支付模式的推出，在一定程度上解决了网上银行支付方式不能对交易双方进行约束和监督，支付方式比较单一；以及在整个交易过程中，货物质量、交易诚信、退换要求等方面无法得到可靠的保证；交易欺诈广泛存在等问题。其优势体现在以下几方面。

首先，对商家而言，通过第三方支付平台可以规避无法收到客户货款的风险，同时能够为客户提供多样化的支付工具。尤其为无法与银行网关建立接口的中小企业提供了便捷的支付平台。

其次，对客户而言，不但可以规避无法收到货物的风险，而且货物质量在一定程度上也有了保障，增强客户网上交易的信心。

第三，对银行而言，通过第三方平台银行可以扩展业务范畴，同时也节省了为大量中小企业提供网关接口的开发和维护费用。

可见，第三方支付模式有效地保障了交易各方的利益，为整个交易的顺利进行提供支持。

(1) 比较安全。信用卡信息或账户信息仅需要告知支付中介，而无需告诉每一个收款人，大大减少了信用卡信息和账户信息失密的风险。

(2) 支付成本较低。支付中介集中了大量的电子小额交易，形成规模效应，因而支付成本较低。

(3) 使用方便。对支付者而言，他所面对的是友好的界面，不必考虑背后复杂的技术操作过程。

(4) 支付担保业务可以在很大程度上保障付款人的利益。

(5) 合作金融机构数量众多。包括工行、农行、中行、建行四大国有银行在内的65家金融机构，境外信用卡组织 VISA 也在其中。一个第三方支付平台所支持的银行越多，说明其覆盖的银行用户数越多，用户通过其付款的灵活性就越高。

(6) 充值渠道便利。账户余额、网上银行、线下网点支付、信用卡付款、手机支付、消费卡充值、国际卡支付、语音支付均可以作为充值渠道。大多数情况下，网上购物都是以第三方支付平台中的余额付款，若无法上网，又或者账户余额不足，那就需要更多元化的支付手段了。

(7) 网上金融理财等服务。第三方支付平台发展至今，除满足人们网上购物的需求外，各种网上金融理财服务以及水、电、煤气等生活费用缴交服务方面的功能更如雨后春笋般呈现出来。如基金买卖、跨行信用卡交易、跨行转账、房屋贷款、手机充值、购买游戏卡、分期还款、支付(水、电、煤气费、电话费、个人保险)等。

4. 第三方平台结算支付模式的缺点

(1) 这是一种虚拟支付层的支付模式，需要其他的“实际支付方式”完成实际支付层的操作。

(2) 付款人的银行卡信息将暴露给第三方支付平台，如果这个第三方支付平台的信用度或者保密手段欠佳，将带给付款人相关风险。

(3) 第三方结算支付中介的法律地位缺乏规定，一旦该中介破产，消费者所购买的“电子货币”可能成了破产债权，无法得到保障。

(4) 由于有大量资金寄存在支付平台账户内，而第三方平台不属于金融机构，所以有资金寄存的风险。

除此之外，还有风险问题，电子支付经营资格的认知、保护和发展问题，恶性竞争问题，法律、法规支持问题等都应引起监管部门和企业自身的注意，由于涉及网络，当遇到黑客袭击，资金无法保障安全。

5. 技术支持与安全认证

1) 企业级加密

在用户信息的存储过程中，平台已为用户设计了以下安全保护措施，以防止用户信息在存储过程中的窃取：完善的物理、网络、数据库、系统访问安全控制已被启用，防止外部入侵者各层面的攻击及数据窃取；数据加密技术已启用，即使外部入侵者获取用户数据，数据也不可读。文件完整性校验监控控制已建立，以确保用户信息的篡改被及时发现。

如果你创建了一个 WPA 或 WPA2 的加密密钥，并且在连接到某个无线网络时必须输入这个密钥，你所使用的就是 WPA 的预共享密钥(PSK)模式。企业级网络，不管是大是小，都应当用企业模式进行保护，因为这种保护模式向无线连接过程增加了 802.1X/EAP 认证。用户们不是在所有的计算机上输入加密密钥，而是通过一个用户名和口令登录。加密密钥是以隐藏方式安全地使用，并且对每一个用户和会话都是唯一的。

这种方法提供了集中管理功能和更好的无线网络安全。简言之，雇员们和其他用户在使用企业模式时，都通过其自己的账号登录进入网络。在需要时，管理员可以轻易地改变或废止其访问。在雇员离职或笔记本电脑被盗时，这种方式非常有用。如果你现在正使用个人模式，你就需要在所有的电脑和接入点上改变加密密钥。

2) 验证物理上的安全性

无线安全并不仅仅是技术问题。你可以拥有最强健的 Wi-Fi 加密，但是你不能阻止某人将电缆线接入到暴露的以太网端口；或者有人经过某个接入点时按下了复位按钮，将其恢复到了出厂设置，让你的无线网络四门大开，你又该如何？所以，请一定要保证你的接入点 AP 远离公众可以接触的地方，也不要让员工或其他人随意去摆弄它。不要把你的接入点放到桌子上，最起码应该将其挂到墙上或天花板上，最好将其放到高于天花板的位置。还可以考虑将接入点 AP 安装在不易于被看到的地方，并安装外部天线，这样还可以获得最强的信号。如此一来，就可以在更大程度上限制接入点 AP，同时，又可以获得两方面的好处：一是增加了覆盖范围，二是利用了较高的天线。当然，不能仅关注接入点。所有的网络连接组件都应当保证其安全。这甚至包括以太网电缆的连接。

在安装过程中，应当对所有的接入点 AP 了如指掌。最好制作一张表格，记录所有的接入点模块，连同它们的 MAC 地址和 IP 地址。还要标明其所在的位置。通过这种方法就可以确切地知道，在进行设备清查或跟踪有问题的接入点时，这些接入点到底在什么地方。

用户认证安全系统采用具有广泛适用性的电子邮件作为用户认证的登录账号。在保证用户账号唯一性、随机性的同时，方便用户接受各交易环节的交易通知。该账号适用于用户将来通过平台完成任何类型业务的交易认证。在用户登录进行账号认证的过程中，平台已为用户设计了以下安全保护措施，以加强用户认证力度同时防止用户认证信息的外泄：

登录问候语的启用，有效防止钓鱼网站的欺骗；两个安全问题的使用，进一步加强用户账户的安全性；用户登录错误时不返回详细的错误类型，防止他人对用户账号及密码的反复尝试猜测；快钱盾、数字证书、快钱口令卡等双因子方式验证已启用；用户登录状态不允许记忆，防止用户账号及密码因他人使用同台电脑被盗取。

3) 安装入侵检测

安装入侵检测和(或)入侵防御系统(即 IDS 和 IPS)这两种系统通常靠一个软件来工作，并且使用用户的无线网卡来嗅探无线信号并查找问题。这种系统可以检测欺诈性的接入点。无论是向网络中接入一个新的接入点，还是一个现有的接入点将其设置改变为默认值，还是与用户所定义的标准不匹配，IDS 和 IPS 都可以检测出来。这种系统还可以分析网络数据包，查看是否有人正在使用黑客技术或是正在实施干扰。

在用户网络交易过程中，第三方支付平台为用户设计了以下安全保护措施，以防止用户数据在交易和网络传输过程中被窃听和截取：交易信息以非明文方式传输和存储，防止交易数据在传输和存储过程中的窃听和盗取；会话令牌随机生成，足够复杂并且长度在 128 位以上。会话令牌使用安全的传送方式，以防止黑客攻击；快钱所有产品在设计及开发过程上均参考网银安全和 OWASP 的相关安全建议进行了安全保护。

6. 主流产品

国内的第三方支付产品主要有 PayPal(eBay 公司产品)、支付宝(阿里巴巴旗下)、拉卡拉、财付通(腾讯公司，腾讯拍拍)、盛付通(盛大旗下)、腾付通、通联支付、易宝支付(Yeepay)、中汇宝(ZHBPAY)、快钱(99bill)、国付宝(Gopay)、百付宝(百度 C2C)、物流宝(网达网旗下)、网易宝(网易旗下)、网银在线(chinabank)、环迅支付 IPS、汇付天下、汇聚支付(joinpay)、宝易互通、宝付(我的支付导航)、乐富(乐富支付)。

其中用户数量最大的是 PayPal 和支付宝，前者主要在欧美国家流行，后者是阿里巴巴旗下产品，拉卡拉则是中国最大线下便民金融服务提供商。另外中国银联旗下银联电子支付也开始发力第三方支付，推出了银联商务提供相应的金融服务。

7. 第三方支付市场的发展趋势

(1) 牌照发放截止并未明确，兼并和收购事件不会大规模出现。由于央行发放支付牌照的数量及截止日期一直没有完全确定，所以更多的未获牌支付企业依然会寄希望于自己申请牌照，所以不会出现大量未获牌企业纷纷向大企业寻求并购的案例。

(2) 支付业务线上线下相结合进一步凸显。对于主流的第三方支付企业而言，主要是以互联网支付业务为主。但是随着获牌业务类型的多样化，以及未来服务商户和个人用户需求的多样化，主流第三方支付企业的业务类型也会逐渐由线上走向线下。预计今后一个时期第三方支付企业在银行卡收单和预付费卡方面也会加大拓展力度，线上线下支付业务相结合进一步凸显。

(3) 金融增值服务将成为新的利润增长点。随着各种电子支付业务的发展，第三方支付企业面临的竞争越来越激烈，各类收单业务的利润空间也一再压缩。基于网关支付的电子支付业务由于进入和运营门槛并不是特别高，产品的同质化现象严重。所以各类收单业务逐渐出现“通道化”的特征，即各类收单业务只作为资金流通的通道，企业的盈利点将由收单业务向更高层级的增值业务发展。此外，支付企业为了更好地服务客户，提高资金的流转效率也必然进行一系列创新。在这种情况之下，以信贷和供应链融资为代表的金融增值服务将成为未来第三方支付行业的一个新的利润增长点。

(4) 第三方支付厂商进一步加大对移动远程支付的创新和开发力度。随着移动互联网和智能手机的发展，大量的移动开发者把目光集中到拥有超过 9 亿用户的手机用户群体上。所以越来越多的第三方支付厂商开始重视移动支付市场的开发。

由于移动支付尚处于发展初期，加快推进移动支付市场“跑马圈地”，有望改写未来的第三方支付市场格局。预计，将有更多的第三方支付厂商加大对移动支付市场的创新和开发力度，并以基于移动互联网的支付应用为主。

6.4.4 网银在线第三方平台支付

网银在线支付平台是独立的第三方安全支付平台，通过整合多家银行的支付接口，为商户提供便捷、安全、稳定的电子商务支付解决方案。由于网上支付最关键的要素是支付平台的安全性和稳定性，所以在技术开发时，网银在线采取了以下措施。

支付平台采用目前公认的前沿的开发模型 Java 2 Platform Enterprise Edition(J2EE)。在服务器的系统方面，采用 Free Bsd 这样的 UNIX 内核的操作系统，使系统可以负荷百万的用户级别。在服务器的安全方面，采用硬件防火墙与软件防火墙结合的方式屏蔽大部分的病毒和攻击。

目前网银在线支付支持的银行卡种，在银行端使用的是 SSL128 位加密算法和 SET(安全电子交易)协议，这样就保障了 B to C 在线支付的安全实施。

支付平台本身使用 PKI(公钥基础设施)作为安全架构，通过 MD5 数字签名技术对订单信息进行加密和校验，从而确保了在 Internet 上数据传输的机密性、真实性、完整性和不可抵赖性。

由于支付平台与银行之间采用了二次结算的模式，使得网银在线支付能够成为支付过程中公正第三方。交易双方在交易过程中的信息传递到支付平台并留有存证。交易双方都可方便地查询订单及相关信息。特别是在出现交易纠纷的时候，有关信息可作为仲裁的有力证据。想要成为网银在线的商户，第一步需要做的是在网银在线支付平台的系统上注册其公司信息。第二步是需要商户在网银的首页上下载接口文档来安装。接口的源代码和怎样做接口的例子都已经是公开的了。第三步是需要商户和网银在线签协议，否则是不能给商户结算的。商户可以通过登录后台来查询订单。网银在线的订单号的产生是由“年+月+日+商户号+时+分+秒”来生成的。商户也可以按照自己的公司情况来编写订单。选择网银在线支付平台的优势在于：它是国内支持银行卡种最多、覆盖范围最广、结算速度最快的支付平台；采用 Java 编程语言，保证系统的安全稳定性；平台适用面广，支持静态页面及其他各种网站空间，后期维护成本低；价格定位最具性价比，服务品质优良。

6.5 银行卡在线支付模式

构建起统一的银行卡支付体系，其目标市场主要定位在电子商务的 B to C 交易上。商家通过建立简单的支付接口，就可以向全国各地消费者提供最常见的银行卡在线支付方式，只需要向支付服务商发送简单的支付指令并接收反馈信息，不必担心资金的实际流动方式，可以专注于在线营销业务的本身。

6.5.1 智能卡支付模式

虽然解决电子商务资金流要构建严格的支付体系，但是形成统一的银行卡支付体系是消除我国现有在线支付机制混乱因素的唯一途径。

1. 智能卡及其结构

(1) 智能卡。类似于信用卡，但卡上不是磁条，是计算机芯片和小的存储器。在智能卡上将消费者信息和电子货币储存起来，可以用来购买产品或服务存储信息。

(2) 智能卡的结构。智能卡的结构主要包括 3 个部分：建立智能卡的程序编制器，处理智能卡操作系统的代理，作为智能卡应用程序接口的代理。

2. 智能卡的应用范围

(1) 电子支付。智能卡用于电话付费，可代替信用卡。

(2) 电子识别。能控制对大楼房间或系统的访问，如收银机。

(3) 数字存储。存储或查询病历，跟踪信息或处理验证信息。

3. 智能卡的工作过程

(1) 在适当的机器上启动消费者的浏览器。

(2) 通过安装在机器上的读卡机，用消费者的智能卡登录到相关银行的站点，智能卡自动将账号、密码和其他一切加密信息告知银行。

(3) 消费者从智能卡下载现金到商家的账户，或从银行账号下载现金到智能卡。

4. 智能卡的标准

智能卡作为网络支付主要有以下标准。

(1) 全球 PC/SC 计算机智能卡联盟。由 IBM、微软等 10 家 IT 界巨头组成的计算机与智能卡联盟，并制定了一系列智能卡的规范。

(2) EMV 集成电路卡规范。由 VISA、MasterCard 等共同完成的基于 ISO 标准的集成电路卡规范。

(3) PCSC(个人计算机智能卡)标准。微软公司制定的标准。

(4) Java Card API 标准。由 Sun 提出的标准。

(5) 欧洲电信智能卡规范。用来鉴别移动电话用户的智能卡规范。

(6) 中国 IC 卡系列标准规范。由中国人民银行组织开发和制定，与国际通用的 EMV 规范兼容。

5. 智能卡的优点

(1) 使电子商务交易变得简便易行。智能卡消除了某种应用系统可能对消费者造成不利影响的各种情况，它能为消费者“记忆”某些信息，并以消费者的名义提供这些信息(不需要使用者记住个人密码)。

(2) 具有很好的安全性和保密性。降低了现金处理的支出以及被欺诈的可能性，提供了优良的保密性能。可以实现像信用卡一样的功能，但保密性高于信用卡。

6.5.2 信用卡网络支付流程

信用卡网络支付模式可分为无安全措施的信用卡支付模式、借助第三方代理机构的信用卡支付模式、基于 SSL 协议机制的信用卡支付模式和基于 SET 协议机制的信用卡支付模式。

1. 无安全措施的信用卡支付

1) 流程

消费者从商家订货，信用卡信息通过电话、传真或 Internet 传送(无安全措施)商家与银行之间使用各自现有的授权来检查信用卡的合法性。其工作流程如图 6.12 所示。

图 6.12 无安全措施的信用卡支付流程

2) 特点

由于卖方没有得到买方的签字，如果买方拒付或否认购买行为，卖方将承担一定的风险；信用卡信息可以在线传送，但无安全措施，买方(即持卡人)将承担信用卡信息在传输过程中被盗取及卖方获得信用卡信息等风险。商家完全掌握消费者的信用卡信息，存在安全风险。

2. 借助第三方代理机构的信用卡支付

改善信用卡事务处理安全性的一个途径就是在买方和卖方之间启用第三方代理，目的是使卖方看不到买方信用卡信息，避免信用卡信息在网上多次公开传输而导致的信用卡信息被窃取。

1) 一般流程

消费者在网上经纪人处开立一个账号(经纪人持有消费者的账号和信用卡号)并用该账号从商家订货，商家将消费者账号提供给经纪人，经纪人验证商家身份，给消费者发送 E-mail，要求消费者确认购买和支付后，将信用卡信息传给银行，完成支付过程。其流程如图 6.13 所示。

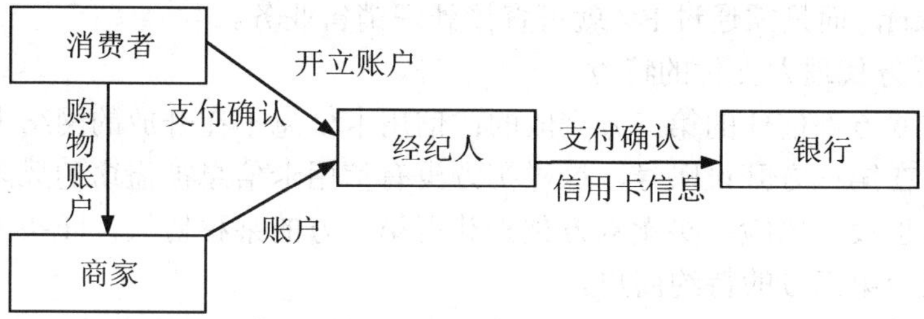

图 6.13 通过第三方经纪人信用卡支付示意图

2) 软件供应商解决方案

(1) Cybercast 第三方代理人解决方案。买方必须首先下载 Cybercast 软件，即“钱夹”[很多钱夹(Wallet)软件提供多种支付工具，里面包括信用卡、数字/电子现金、电子支票，打开钱夹可以选择其中的一种支付方式]。其软件使用步骤如下。

① 在建立钱夹过程中，买方将信用卡信息提供给第三方 Cybercast。

② 第三方 Cybercast 指定一个加密的代码代表信用卡号码，传送给买方。

③ 当买方向接收 Cybercast 的卖方购物时，它只需简单地输入代码。

④ 卖方将代码及购买价格传送给第三方 Cybercast。

⑤ 第三方证实这一事务处理并将资金及购买商品的授权传送给卖方。

Cybercast 第三方代理软件具有如下特点：开设账号时信用卡信息通过网络传输；Cybercast 信用卡服务不向买卖双方额外收费，所有 Cybercast 费用都通过信用卡处理系统支付。

(2) First Virtual 公司第三方代理服务解决方案。

① 买方通过填写注册单或通过语音电话向 First Virtual(FV)提供他们的信用卡号码，申请 Virtual PIN，买方可以用它替代信用卡。

② 为了购买产品，顾客通过他的 FV 账号向卖方选购，这种购买可能以如下两种形式中的一种发生：买方自动授权卖方通过浏览器获得其 FV 账号并向买方送账单；买方自己把账户信息传过去。

③ 卖方通过买方账号和 FV 支付系统服务器联系。

④ FV 支付系统确认买方账号，并清点出相应资金。

⑤ FV 支付系统服务器向买方发送一个电子信息，这条信息是自动 WWW 格式，或者只是一个简单的 E-mail。买方以下面 3 种方式中的一种做出反应：是的，我同意支付；不，我拒绝支付；我从未发出过相关命令。

⑥ 如果 FV 支付系统服务器获得了一个“同意”的信息，就通知卖方，卖方准备发货。

⑦ FV 在收到购买完成的信息后在买方账户上借记，买方在收到产品/信息后，如果拒绝付款，可以终止他们的账户。

FV 第三方代理软件具有如下的特点：卖方在 FV 上注册一次性付费 10 美元，一次交易付费 0.29 美元以及 2%的附加费，买方通过账户进行一次支付需要 1 美元的费用，每个买方的启动费用是 2 美元；整个系统也可以建立在现存的机制上以方便买卖双方，买方只需要一个电子邮箱和 FV 账户即可，卖方无需具有计算机技能或者 Internet 销售服务器

(Warehouse Server)，而只需通过 FV 就可直接处理销售业务。

3) 通过第三方代理人支付的特点

支付是通过双方都信任的第三方完成的；信用卡信息不在开放的网络上多次传送，买方有可能离线；在第三方开设账号，这样买方没有信用卡信息被盗窃的风险，卖方信任第三方，因此卖方也没有风险；买卖双方预先获得第三方的某种协议，即买方在第三方处开设账号，卖方成为第三方的特约商户。

注意：网上信用卡支付还有基于 SSL 和 SET 协议的两种支付模式，鉴于 SSL 和 SET 协议是用来保证互联网信息传递的安全的，并不是专门用于电子支付的技术，本书将在第 7 章介绍 SSL 和 SET 协议的时候论述这两种支付模式具体的内容。

6.5.3 智能卡 NFC 技术

近场通信(Near Field Communication，NFC)技术是近年来被广泛应用的一项新技术。这项技术被广泛应用于电子支付、身份识别和信息传递等的各种应用领域，从而促进电信、银行、交通等领域的进一步融合，给人们的生活带来便捷。NFC 的应用分为行业应用和个人应用。NFC，在移动支付行业已无人不知无人不晓，所涉及的行业应用如信用卡、电子票证、门禁卡、电子钱包等，个人应用满足人们日常的需求，可应用于衣食住行、工作娱乐等各个方面。

中国由金融业主导着交通卡、积分卡管理、商店购物记录等 NFC 服务。尤其是，用卡结算的业务是银行专属工作，从法律上已经禁止移动运营商基于非接触式预付费卡或后付费卡参与商店结算业务，NFC+金融 IC 卡双概念催生了移动支付产业，这一点不仅牵制着移动运营商，年轻人和中小微型企业将首先成为移动金融的主要服务群体，随着移动支付技术发展迅速，有力地支持了移动金融的发展，信用卡和手机将来会合二为一，金融业界一致认为 NFC 移动支付产品将迎来移动金融爆炸式增长。

1. 智能卡与 NFC 业务

移动通信终端，具有得天独厚的优势来成为 NFC 业务用户侧的载体，主要体现在以下三个方面，首先，很多人都拥有智能手机，将 NFC 业务用户端模块植入手机，不会增加额外携带的装置；其次，手机是无线通信的终端，NFC 也是一种无线通信，将 NFC 的装置放入手机，可以共用一些装置和器件，如天线和射频部分；第三，手机中的用户识别模块，是功能强大的智能卡，在移动通信中提供了认证鉴权、计费等功能；此外，智能卡中的一些新技术，如 GP(Global Plat form)能管理应用，为应用提供安装、下载、删除等功能，而这些功能，都能满足 NFC 的某些需求。因此本文讨论的 NFC 方式，是内置在移动通信终端中的，基于智能卡的实现方式。

智能卡的主要功能是用户的认证鉴权，在 2G 的 GSM 网络中使用的叫做 SIM(Subsc riber Identity Module，用户识别模块)卡，在 3G 的 UMTS 中使用的叫做 USIM(Universal Subscriber Identity Module，通用用户识别模块)卡。SIM 卡和 USIM 卡是网络认证鉴权的重要实体，由于私密数据的存储以及安全过程的计算都在智能卡中完成，因此有相当高的安全性，能够为诸如 NFC 应用提供高等级的安全机制。

在电信领域中所使用的智能卡有 8 个触点，但在日常使用当中一般只适用其中的 6 个触点，剩下的两个触点一般保留，NFC 业务可以利用这两个保留的触点与天线连接。

作为智能卡的一项重要技术。GP 为智能卡支持多应用提供了一种有效的解决方案。GP 标准化组织由 VISA International 公司为中心于 1999 年 11 月成立，其目标是降低由交叉行业和多应用智能卡增长所带来的屏障，而智能卡发行商将依 IEL 可以自由选择卡、终端和后台系统。该组织是随着智能卡的兴起而成立的，很多行业，如银行、公共交通、移动通信等，都使用智能卡来进行电子消费或认证身份，这样可能导致用户需要携带很多张卡。而 GP 为了便携和降低成本，可提供在一张卡上集成多个应用的解决方法。引入 GP 后，与智能卡相关的角色有如下几个方面。

(1) 应用提供商。拥有应用并对应用的行为负责的机构。

(2) 卡片发行商。拥有卡片并最终对卡片的行为负责的机构。

(3) 卡使用者。

(4) 卡外实体。跟卡进行通信以完成会话通信的终端。

(5) 认证控制权威。即卡发行商和应用开发商外的第三方，可以提供安全域来进行身份认证和下载应用。

(6) 应用。作为软件组成部分，其作用就是在卡上实现某些特定的功能。

GP 提供的基本服务包括以下几个部分。

(1) 动态管理卡空间。通过不同的安全域来承载不同安全需求的应用下载、安装、删除。

(2) 卡和应用的生命周期管理。通过注册表来管理卡和应用的生命周期状态。

(3) 卡命令的分发。命令通过卡管理来分发，这样等于加入了一层过滤。提供了安全保证。

(4) 卡片密钥管理：对密钥分组分 ID 管理。不同安全域也管理着该安全域的一个密钥集，来提供不同级别的安全管理。

GP 的引入为智能卡上实现多应用的管理和调度提供了一种有效的手段，而通过在一个手机上实现多个 NFC 业务是我们追求的目标，我们希望使用一台手机就能实现刷卡、门禁、公交等，而不是像过去那样需要携带多张卡或者多个设备。可以说 GP 为智能卡提供多个 NFC 业务提供了一个有效的桥梁和纽带。但遗憾的是，目前 GP 应用于智能卡的多应用管理在我国并不多见，许多厂商都使用了自主开发的管理多应用的机制。

2. 智能卡 NFC 实现方式及比较

在 NFC 的实现方案中，用户的设备支持三种模式，卡模拟模式、阅读器模式和点对点通信模式。卡模拟模式即用户侧设备可以作为卡，用读卡器读写卡内数据，如 ETC 中汽车侧的设备和我们日常所用的公交卡；阅读器模式是用户侧的设备可以作为读卡器，来读写另外一张卡；点对点通信模式即用户之间可以利用 NFC 的装置完成类似于蓝牙点对点连接，来传送文件或者玩联机游戏。

智能卡的 NFC 实现方式一般都是利用现有的智能卡，加上射频模块来实现，目前基于智能卡的 NFC 实现方式主要有以下 3 种。

1) eNFC 技术

eNFC 技术由 ETSI 进行标准化，工作频点在 13.56MHz，通讯距离设计为 4 厘米。eNFC 技术示意图如图 6.14 所示，可以实现卡模拟模式、阅读器模式和点对点通信模式，但需要手机中加入天线和控制芯片的支持，目前支持的手机款型越来越多。

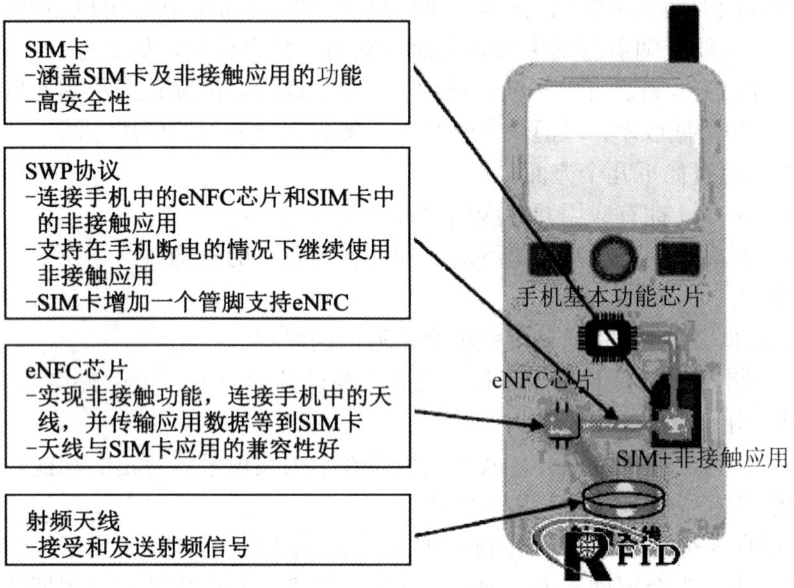

图 6.14　eNFC 技术示意图

资料来源：http://www.sohu.comimage.baidu.com/i?word=%CA%D6%BB

2) SIMPass

双界面 SIM 卡技术由某 SIM 卡供应商主推，工作频点在 13.56MHz。SIMPass 在功能上只支持非接触式 IC 卡应用。如图 6.14 所示，无需改造手机，将天线与 SIMPass 直接联接，即可为 SIMPass 提供射频信号。这种方案具有天线组件成本低廉，用户不需要更换手机的优势，有利于 SIMPass 的应用推广；缺点是使用了 SIM 卡中保留的两个触点，导致 IC-USB 等新技术无法使用，而且连接的排线容易折损。

3) RF-SIM

RF-SIM 是一种集成度很高的方式，将射频和天线都封装在了 SIM 卡的内部，目前 RF-SIM 支持的频点在 2.45GHz。通过不同读卡器模块和设备，工作距离可控制在 4 厘米、5 米和 50 米等范围。可以实现卡模拟模式、阅读器模式和点对点通信模式。RF-SIM 对手机没有任何要求。但 RF-SIM 的频点与目前市面上大多数读卡机不一致，要大规模推广需要更换大量的读卡机，同时 RF-SIM 卡的成本较普通智能卡要高出很多。

以上三种方式各有利弊，但都是基于智能卡的方法，究竟哪个会成为行业标准一统天下，还是会三分天下，目前还没有定论，国内运营商和交通、银行等行业目前都投入了大量的人力物力进行基于智能卡 NFC 业务的标准化以及测试工作。

基于智能卡的 NFC 实现方式多样，且能通过 GP 等技术支持在一台终端上装载多个应用，具有很高的实用性。但是，NFC 的业务特点又决定了要跨越多个行业，比如手机掌握在移动运营商手中，而行业应用和客户在银行、交通管理部门手中，行业之间的协调是发展 NFC 业务的最大障碍。

基于智能卡的 NFC 实现方式各有优劣，在我国尚未形成国家标准，指定哪种实现方式为我国的国家标准尚无定论，各种方式各建一套系统，彼此又不兼容，对于业务的开展显然是毫无益处的。

综上所述，智能卡能为 NFC 提供很好的实现方式，但建立标准的统一和跨越行业壁垒是发展 NFC 产业首要应该解决的问题。

6.6 应用案例

6.6.1 招商银行的网络服务

招商银行成立于 1987 年 4 月 8 日，是我国第一家完全由企业法人持股的股份制商业银行，总行设在深圳。

1. 办理招商银行一卡通

到当地招商银行办理招商银行一卡通，并存入一定金额的存款。

2. 支付卡的申请

首先到招商银行的网站(http://www.cmbchina.com)，单击“个人银行”按钮，在新页面中单击大众版登录。选择自己开户行所在地，并确认，进入登录页面。在登录页面中输入卡号、查询密码以及系统随机生成的附加码，可以登录自己的账户。如果是第一次登录，必须要申请自己的支付卡，选择“支付卡申请”，进入“责任条款说明”页面。

在新页面中选择接受责任条款，单击“确认”按钮进入申请页面。

在页面中按要求输入各项内容，单击“申请”按钮，系统就产生网上支付卡卡号，以后就可以用它来进行网上支付了。

3. 网络银行业务

先进入登录页面。在登录页面输入卡号、查询密码以及系统产生的随机附加码，进入账户。

在自己的个人账户下，可以进行的业务操作包括基本账户信息显示、当天账务查询、历史账务查询、财务分析、定活互转、卡折互转、支付卡转账、银证转账、支付卡号查询、密码修改、挂失等，它显示于屏幕的左方，各种具体操作略。涉及网上支付，在此只演示支付卡转账业务。因为有了支付卡号以后，必须要向支付卡里“圈钱”，支付卡能在线支付的前提条件是里面必须有足额的电子货币。选择“支付卡转账”，进入转账页面。

6.6.2 招商银行一网通网上支付

1999 年 9 月，招商银行在国内全面启动首家网上银行——“一网通”。招商银行一网通网上支付是招商银行提供的网上即时付款服务。一网通网上支付按使用者不同，分为持卡人区和商户区。

1. 一网通网上支付“持卡人区”

通过一网通网上支付，消费者可以在网上任意选购众多与招商银行签约的特约商户所提供的商品，足不出户，即可进行网上消费。一网通网上支付的“持卡人区”的功能，如图 6.14 所示。

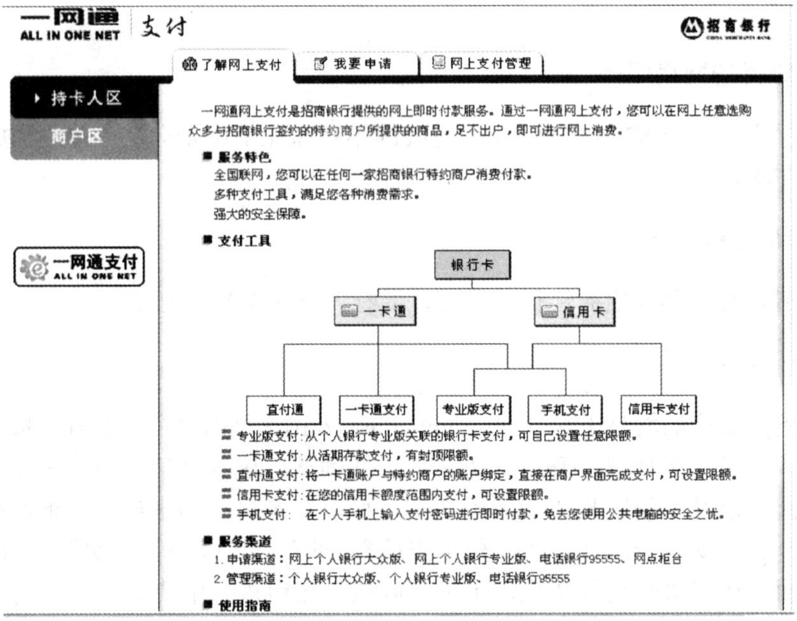

图 6.14 一网通网上支付的持卡人区功能

1) 服务特色

(1) 全国联网，消费者可以在任何一家招商银行特约商户消费付款。

(2) 多种支付工具，满足消费者各种消费需求。

(3) 强大的安全保障。

2) 支付工具

招商银行一网通网上支付的支付工具有 4 种，如图 6.14 所示。消费者可以任意选择网上支付的支付工具。

(1) 专业版支付。从个人银行关联的一卡通活期存款支付，可自己设置任意限额。

(2) 一卡通支付。从活期存款支付，有封顶限额，只有部分地区分行开户的一卡通用户可以使用一卡通进行网上支付。

(3) 支付卡支付。从专用账户支付，有固定限额，也只有部分地区分行开户的用户可以使用支付卡支付。

(4) 信用卡支付。在消费者的信用卡额度范围内支付，可设置限额。

3) 服务渠道

(1) 申请渠道。网上个人银行大众版、网上个人银行专业版、电话银行 95555、网点柜台。

(2) 管理渠道。个人银行大众版、个人银行专业版、电话银行 95555。

4) 一网通的申请

打开招商银行一网通的网页，单击“我要申请”按钮，可以看到如下提示。

如果消费者拥有招商银行发行的一卡通或者信用卡，即可申请开通招商银行一网通提供的网上支付功能。若消费者还没有一卡通或信用卡，可单击“一卡通申领”或“信用卡申领”按钮申请。

按照提示可以顺利完成一网通持卡人的申请。

5) 一网通的管理

单击“网上支付管理”按钮，可以完成对一网通网上支付的管理。

2. 一网通网上支付“商户区”功能

招商银行网上支付是招商银行提供的网上付款结算平台。通过这个平台，数千万招商银行持卡人可以向特约商户进行网上付款，全国联网，实时到账。

1) 服务特色

(1) 全国联网，实时到账。

(2) 多种支付连接方式和管理操作，适应灵活的商务模式。

(3) 多种商户管理工具，适应灵活的管理模式。

(4) 简捷的技术手段，对商户电脑系统无特殊要求。

2) 管理工具

(1) 商户业务管理网站。Web 界面，人工管理订单，为特约商户提供全面的网上支付业务管理功能。

(2) 订单下载工具。方便特约商户下载自己的订单数据，进行进一步处理。

(3) 支付软件开发包。提供二次开发接口，在商户系统中嵌入支付管理功能，自动、实时管理订单。

3) 申请流程

(1) 商户与当地招商银行的分行个人银行部联系，申请成为招商银行的网上特约商户，经过招商银行的调查和评估，请商户在“招商银行网上特约商户开户审批表”中“商户情况”栏中填写相关资料。

(2) 商户与招商银行商定结账方式。结账方式分为手工结账、立即结账和直连结账 3 种方式。手工结账是指客户支付后招商银行冻结该客户资金，商户通过浏览器对交易订单进行确认或撤销操作；立即结账是指客户完成网上支付的同时，招商银行自动对该笔交易进行确认结账，商户无需通过浏览器做结账操作；直连结账是指客户支付后招商银行冻结该客户资金，商户无需手工结账，通过商户电脑系统自动与银行结账。

(3) 商户与招商银行商定回佣标准和初装开通费。回佣标准和初装开通费根据招商银行有关规定确定。

(4) 商户与招商银行办理签订合约手续。对自有网站商户或代理商家销售商品与招商银行结算的网络服务商，与招商银行签署“招商银行网上特约商户协议书”；对通过网络服务商网站销售商品但直接与招商银行结算的商户，网络服务商、网上商户与招商银行签署“招商银行网上支付合作协议书”。

(5) 商户在招商银行开立结算账户。结算账户设立浮动备付金，备付金比例按照商户资信情况确定。

(6) 根据招商银行提供的技术接口，商户连通与招商银行的支付网络。

(7) 商户完成在线交易测试。商户在自己的网站上进行在线交易测试，使用“一卡通”在网站上进行支付，交易测试成功后通知招商银行。

4) 商户业务管理

在一网通网上支付的管理中，可以单击“登录商户业务管理网站”按钮，完成对一网通商户业务的管理。一网通网上支付商户服务系统提供强大的商户管理功能。商户可以进行网上支付结账、查询订单、退款等操作。

6.6.3 实时资金汇划清算系统

金融证券业是一个以服务为根本的行业，服务是否完善、服务方式是否先进直接决定了对客户的吸引力的大小。相关专业的电脑公司针对证券业发展的状况和用户的普遍需求，结合自己银行和证券电子化多年经验，推出了与证券公司统一法人制和企业化管理相适应的全面的解决方案——“实时资金汇划清算系统”，总体结构如图 6.15 所示。

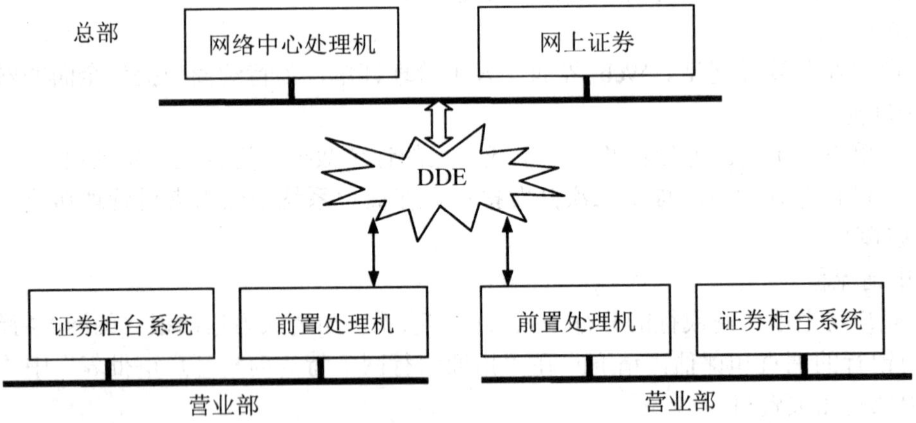

图 6.15　系统总体结构图

1. 系统功能

“实时资金汇划清算系统”实现的功能大致可分成 4 个方面。

1) 通存通兑、通买通卖证券代理平台

在现有的证券柜台业务系统和网络基础上，实现整个证券公司系统营业部之间、与证券部建立了银证转账关系的银行之间的实时通存通兑和通买通卖服务。

2) 电子汇兑

对于证券公司之间清算、划款、客户汇款业务全部采用实时提交处理的方式，实现24小时到账，使总部能及时了解整个公司的业务、资金情况，做到集中监督、集中对账、便于管理并能实时平账，各营业部在总部集中开设资金清算账号，采取总部负责制的清算系统。

3) 交易实时监控

总部对各个营业部的交易情况、资金流向等进行监控，保障资金和股票的安全、防止非法交易以及防止各种违规行为，防范风险。同时，通过实时备份下属各营业部的交易数据，起到异地备份作用。

4) 集中法人清算

管理法人券商各交易头寸、下属各营业部在法人券商处开设的保证金户头、用于转账的银行账户、下属营业部的交易席位以及各户头间的关系和资金往来。而所有这些功能的实现都是建立在实时的、高效的、可靠的、可跨越不同操作系统、不同网络环境的中间件技术之上的。实践证明，运用中间件技术无论是在技术性能、稳定性，还是可扩展性、可开发性方面都完全可以满足证券交易处理庞大的数据处理量和通信量的要求。

2. 系统应用架构

1) 总部资金汇划清算系统

(1) 操作系统：AT&T GIS、HP-UX、IBM AIX、Linux、Sco UNIX、Sun Solaris、Windows NT。

(2) 数据库：Sybase、SQL Server、IBM DB2。

(3) 通信中间件：Tuexdo。

2) 营业部前置机

(1) 操作系统：AT&T GIS、HP-UX、IBM AIX、Linux、Sco UNIX、Sun Solaris、Windows NT。

(2) 数据库：Sybase、SQL Server、IBM DB2。

(3) 通信中间件：Tuexdo。

(4) IC卡读写器。

3) 系统结构

通存通兑、通买通卖系统可利用券商现有的网络，将证券业务代理系统都加到现有的网络上。在券商看来，证券业务代理系统相当于自己柜台交易系统的一个前置机，把营业部周边产品系统与柜台交易系统连接起来。周边产品系统向柜台交易系统发交易请求时，先由前置处理程序作判断，若是本营业部，则交本营业部柜台交易系统处理；非本营业部，则转发给总部转发服务器，转发服务器根据转发路由表转发给目标营业部，前置处理程序收到转发过来的属于本营业部的请求，交本柜台交易系统处理并将处理结果按原路径返回。

4) 系统功能模块

系统从软件结构上可划分为营业部节点机前置业务处理子系统；网络中心转发服务子系统；网络中心清算子系统。系统软硬件平台如图6.16所示。

(1) 前置处理子系统。含发起和接收两部分。

(2) 转发服务子系统。负责日间转发并记录网内跨营业部业务。

(3) 清算子系统。该模块是包含在电子汇兑系统中，其主要功能是系统及账务维护、设有联网业务科目总账清算分账户、网内跨营业部业务流水账、故障处理和系统服务。

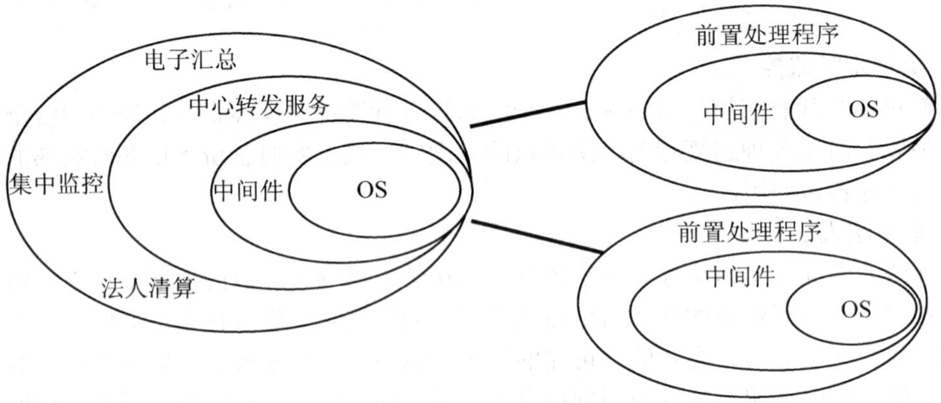

图6.16　系统软硬件平台及开发工具

关键术语和概念

EDI系统　SWIFT　FedWire　密钥加密　数字摘要　数字签名　双重签名　SET　电子认证　数字信封　数字现金　Mondex　币值转移　电子支票　同行支付　合并账单支付　电子钱包　第三方平台结算支付　在线支付　电子汇兑　交易实时监控　集中法人清算

本章小结

本章详细介绍了数字现金支付流程、电子现金安全支付、电子支票支付、电子支票中的安全机制、合并账单模式支付流程等应用实务。实例分析了Mondex电子现金支付系统案例、中银电子钱包支付、在线转账支付模式以及网银在线第三方平台支付示例、智能卡支付模式、信用卡网络支付流程、招商银行的网络服务和实时资金汇划清算系统；将在线转账、付款和资金结算等电子商务和网络金融业务的关键环节进行了具体的阐述。

综合练习题

一、判断题

1．微付款(Micro Payment)——价值少于4欧元或美元的交易。这种付款方案是建立在电子货币规则基础之上的，因此这些系统的交易费用几乎为零。　　(　　)

2．消费者级付款(Consumer Payment)——价值大约在5欧元至500欧元或美元之间的交易。典型的消费者级付款是由电子现金交易来执行的。 ( )

3．商业级付款(Business Payment)——价值大于500欧元或美元的交易。直接借记或发票是最适合的解决方案。 ( )

4．电子钱包是电子商务活动中购物顾客常用的一种支付工具，是在小额购物或购买小商品时常用的电子现金。 ( )

5．安全的网上交易系统具有三大功能：身份验证、数据加密传输、网上支付。( )

6．支付网关子系统主要包括商业银行业务系统公共接口、SET服务器、SSL服务器、HTTP服务器、支付网关应用、支付交易仲裁软件、支付网关密钥与证书管理软件等。 ( )

7．电子支付涉及的标准主要有：X5.95标准、X.509标准、X.500标准、PKI标准、SSL标准和SET标准。 ( )

8．电子支付系统的特点有：认证、保密和数据的完整性、业务的不可否认性和多支付协议等。 ( )

二、简述题

1．简述票据电子化管理系统的功能。
2．简述智能卡特征。
3．简述电子支票系统。
4．简述中国国家金融网。
5．简述电子支付密码原理。
6．简述电子资金划拨系统。
7．简述电子资金划拨系统的支付方式。

三、分析题

1．分析电子钱包支付的优势。
2．分析分组交换数据网。
3．分析电子支付系统的发展前景。

四、思考题

1．试述数字现金支付模式的特点分析。
2．根据在线转账支付模式的流程图，思考并分析第三方支付模式。
3．分析第三方支付平台支付流程图的工作原理。
4．试述合并账单支付模式的流程图。

五、实训题

1．请画出双重签名的流程图(电子版)。
2．熟练安装和使用各类网上支付系统在网上完成资金的支付和结算。
3．第三方支付网关与第三方支付平台有什么区别和联系？(在实验室进行)

第7章 网络支付与安全

学习目标

通过对本章内容的学习，要了解电子商务存在哪些风险，SSL 协议的优点及应用，SET 协议的应用，SSL 和 SET 协议的比较，客户认证主要包括哪些方面，认证中心的功能，证书的发放。重点要掌握电子商务的安全要求，SSL 安全协议的基本概念和服务，SSL 安全协议的结构及运行步骤，SET 协议的目标、工作原理，SET 支付系统的组成，SET 安全协议涉及的范围以及各种安全认证技术，数字证书的分类，证书如何申请 CA：Certificate Authority，电子商务认证中心 CA：Client Authentication，客户认证个人证书：Personal Digitali DRA：Registration Authority，注册审批机构等内容。

教学要求

知识要点	能力要求	相关知识
网络支付协议其他协议	(1) 熟悉 SSL 网络传输安全协议的内容 (2) 熟悉 SET 协议的内容和应用领域 (3) 了解 SSH、SOCKS、S-HTTP 等协议	(1) SSL 整体结构和运行方式 (2) 各类支付协议及未来的发展趋势
结算认证系统	(1) 掌握 CA 认证的基本体系与功能 (2) 熟悉各类数字证书的运用	(1) 认证中心功能的实现 (2) 安全认证技术的内容
中国电信 CA 认证系统	中国电信 CA 认证系统的技术特点	学会使用中国电信 CA 认证

引例

贝宝(PayPal)

PayPal是最早从事第三方支付的企业之一，创办于1998年。PayPal是第三方支付行业中，迄今全球最成功的案例。仅2006年等三季度，PayPal的交易量即高达91亿美元。消费者网上购物付款时，因为要向素未谋面的商家提供自己的银行账户信息，会感到担心。有了PayPal，消费者只需放少量的钱，通过PayPal的账户付款即可。PayPal所起的作用，便是在银行账户与商家之间搭起桥梁。

2005年7月11日，贝宝中国(Paypal China)网站(www.paypal.com.cn)正式开通，标志着贝宝正式登陆中国市场。与此同时，贝宝与银联电子支付服务有限公司(ChinaPay)建立战略伙伴关系，在支付渠道和商户共享方面开展全面的合作。贝宝与银联电子支付合作，将使中国用户能用15家银行的20多种银行卡，通过贝宝进行安全、快捷、便利的网上支付。

1. 贝宝为买家和卖家提供的服务

贝宝是一种在线付款与收款的方式。

对于买家而言，用贝宝付款和收款是完全免费的，买家可以使用网上银行账户付款，买家的账户信息会被安全保存，绝对不会透露给任何其他人。

对于卖家而言，接受大多数主要的银行卡和其他付款类型。贝宝对卖家是完全免费的。操作很容易，立即注册，开始快速接受付款。

2. 贝宝账户注册方便

(1) 任何人只要有一个电子邮件地址，就可以使用贝宝在线发送和接收款项。

(2) 企业账户，以公司、单位名称或个体工商户字号开设的贝宝账户。企业账户可以设立不同级别的多用户访问权限。

注册一个贝宝账号后，该地址将是用户的用户名，可以通过它进行转账、支付和收款。PayPal海外在线支付目前已经与中国14家银行进行了整合，可以支持24种中国银行卡，因此可以通过银行卡方便地往贝宝账户上充值，也可以把贝宝账户里的钱转到任意一张银行卡上，在此过程中，不需要向贝宝提供用户的银行账户信息。有了贝宝，付款和收款都是即时的，无疑提高了买卖双方的交易效率。

3. 贝宝使得付款变得轻松容易

贝宝支付流程，如下图所示。

贝宝除了给网上的买家、卖家带来了安全、方便、快捷的支付体验外，一些时尚的年轻人甚至在网上交易之余，把“贝宝”当作了自己网络生存的“理财工具”。

与以前常用的几种支付方式相比，贝宝给网络交易带来方便。以前经常使用传统的邮局汇款、银行汇款、网上银行等，为了付款和收款，依然需要到邮局、银行排队等候，还不得不在网上透露自己的银行账(卡)号，事实上并没有做到真正的“足不出户”。同时，安全上也存在着隐患。贝宝给网络交易带来了安全、方便、快捷的支付。

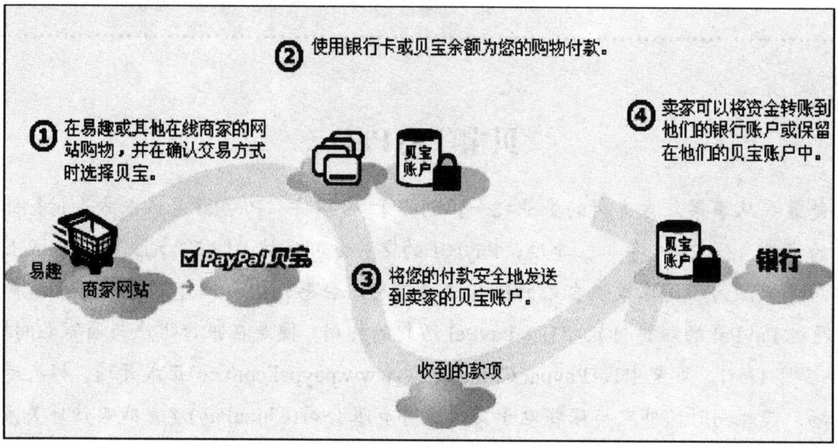

章前导读

基于互联网的电子商务已经成为研究和应用的热点，而支付处理作为电子商务的一个重要组成部分，涉及 Internet 上消费者与商家之间的交易安全。为保证支付软件的可靠实现，本章将形式化方法应用于支付协议实现模型的分析，如简单网络支付协议和普遍流行的加密技术加以实现 CA 认证系统。

7.1　电子支付安全技术概述

网上支付专用网络的软件系统是特殊设计的，其应用单位是银行与银行(或非银行金融机构)、银行与商家之间。它具有专用系统和软件的高度安全性。使用专用网络系统进行电子货币支付在安全上有严格要求，其发送资金信息的报文是专门设计的，还必须在用户认证、安全传输、数据验证等方面进行控制。

7.1.1　电子支付网络与密码系统

随着经济的发展，支付已经成为日常商业活动中使用最为普遍和最为常用的一种支付手段和结算工具。但是，随着电子支付使用的日益广泛和普及，银行的手工处理支付的工作已被电子支付所替代，量越来越大，提高了工作效率和结算速度，还有利于通存通兑，提高防伪功能。

1. 电子支付密码原理及业务流程

电子支付密码又称电子印鉴，是一种先进的防伪及身份识别技术，目前已被广泛应用于银行支票防伪、同城实时清算等系统中。

电子支付密码器外形如电子计算器，是一种小巧、便于携带的小型设备。当用户要开具票据时，只要在电子支付密码器上输入票据的号码、日期、金额等要素，电子支付密码器就会计算出一串数字并且显示出来，用户将这串数字抄写在票据上交给银行，银行将票据上的同样的要素输入计算机，并且根据用户账号找到相对应的用户预留密钥，然后执行与电子支付密码器相同的加密计算，将计算出的结果与票据上的数字串进行比较就可知票据的真伪。

1) 支付密码系统实现的基本原理

电子支付是一种通信频次大、数据量小、实时性要求高、分布面很广的通信行为，因此电子支付的网络平台应是交互型的、安全保密的、可靠的通信平台，必须面向全社会，对所有公众开放。电子支付的网络平台有 PSTN、公用/专用数据网、Internet、EDI 等。最早的网络平台是 PSTN(公共交换电话网，Public Switched Telephone Network)、X.25 和 X.400 网络，后来是 X.435、X.500 等，这些网络的普及面明显跟不上业务发展的需要。当前电子支付的网络平台主要是 Internet，现代化大容量的电子支付需要数字化、安全、可靠、快捷的网络平台来支撑。

支付密码系统实现的基本原理是用户在银行开设账户的同时，配备一个支付密码器，银行在支付密码器中设置了与银行校验机数据库中一致的加密算法和密钥。用户在日常开具兑付票据时，将票据上的票据种类、票据号码、账号、签发日期、金额诸要素输入到支付密码器中计算出一组数字密码即支付密码，并抄录或打印在票据上表明签发人的身份。

2) 支付密码系统的业务流程

收款行在收到一张客户签发的结算票据时，不管该票据的付款行是否与收款行在同一系统、同一行处、系统都能通过计算机网络系统使该票据的合法性和真伪得到付款行认证，使得票据实现实时抵用。显然，为实现上述目标，建立一个可靠的计算机网络系统是必不可少的；另一个重要问题是解决当付款行在没有票据实物的情况下如何验证其真伪。

(1) 客户签发结算票据的支付系统原理，如图 7.1 所示。

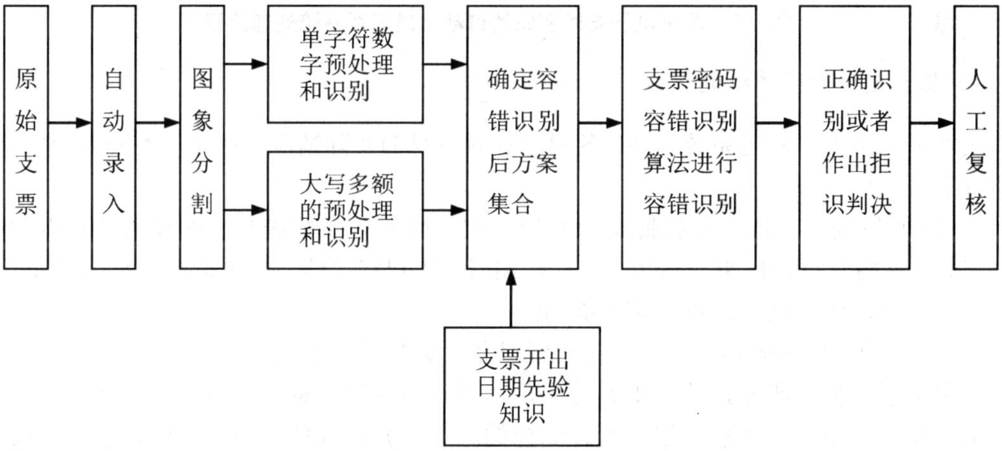

图 7.1　包含汉字和大写数字的系统原理框图

(2) 客户申请使用支付密码器。将票据的诸要素输入支付密码器，由支付密码器计算出该票据的支付密码，将支付密码填写在结算票据的特定位置。某一银行向用户提供电子支付密码器的过程如图 7.2 所示。

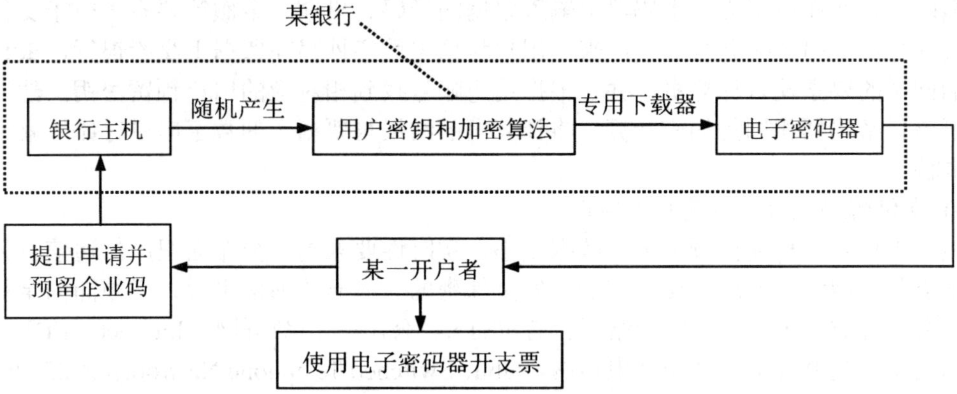

图 7.2　银行向客户提供电子支付密码器的流程

(3) 支付密码的认证和自动容错流程。银行受理该结算票据后，将票据的诸要素及支付密码输入计算机，通过自动容错处理后，计算机将所有输入要素送交该结算票据的开户行票据校验机，进行票据的真伪核验，并返回票据的核验结果，如图 7.3 所示。

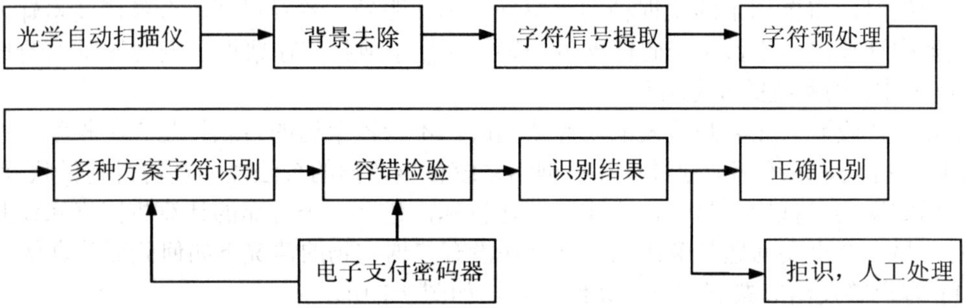

图 7.3　基于电子支付密码的自动容错识别系统处理流程

2. 电子支付密码系统的模式

在使用电子支付密码系统方面，各银行针对自身的实际情况，建立了不同的应用模式。主要有下列几种。

(1) 密码签模式。由银行按照支票号码、用户账号等参数进行一次加密计算得到一组支付密码，并将其打印出来交给用户。在使用时，用户将这些支付密码抄写到支票上即可。其优点是简单，成本低。缺点是防伪能力差。

(2) 单一的支付密码器。这种模式已经具备了典型的电子支付密码器应用的各种要素。用户使用电子支付密码器，输入支票号码、金额、日期等要素，将电子支付密码器计算出的结果抄写到支票上，然后由银行执行同样的运算以验证真伪。用户的预留密钥以及加密算法均存放于电子支付密码器中。

(3) 使用 IC 卡的支付密码器。IC 卡也称智能卡，在一张名片大小的卡片内安装了一小片集成电路，这片电路能够存储数据，进行复杂的数学计算，其功能相当于一台超小型的计算机。具备运算能力的 IC 卡也称为 CPU 卡。

在使用 IC 卡的电子支付密码器模式中，采用了双重加密手段。由于 IC 卡具有强大的加密计算能力和堡垒式的防止非授权访问能力，人们使用 IC 卡的加密运算功能对由支付密码器计算出的结果进行第二次加密计算。即使支付密码器的用户密钥以及银行加密算法被攻破，犯罪分子仍然无法获得所有的核心机密数据，也无法达到伪造支票数据的目的。

3. 数据加密技术

在计算机网络用户之间进行通信时，为了保护信息不被第三方窃取，必须采用各种方法对数据进行加密。最常用的方法就是私有密钥加密方法和公开密钥加密方法。

1) 私有密钥加密技术

私有密钥加密技术的原理是信息发送方用一个密钥对要发送的数据进行加密，信息的接收方能用同样的密钥解密，而且只能用这一密钥解密。由于这对密钥不能被第三方知道，所以叫做私有密钥加密方法。由于双方所用加密和解密的密钥相同，所以又叫做对称密钥加密法。最常用的对称密钥加密法叫做 DES(Data Encryption Standard)算法。

例如，甲乙两公司之间进行通信，每个公司都持有共同的密钥，甲公司要向乙公司订购钢材，用此共用的密钥加密，发给乙公司，乙公司收到后，同样用这一共用密钥解密，就可以得到这一份订购单，加密示意图如图 7.4 所示。

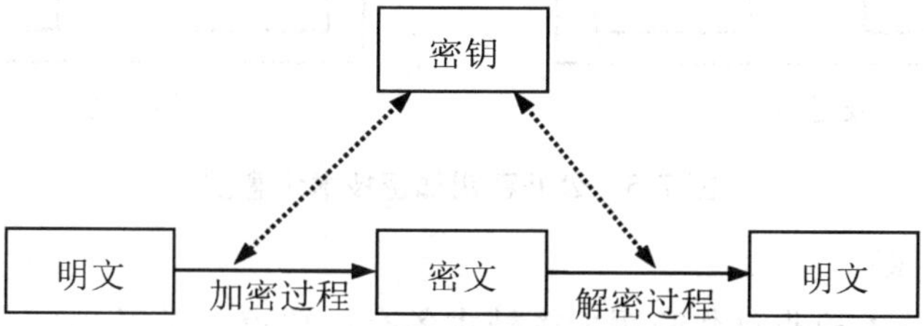

图 7.4 私有密钥加密示意图

由于对称密钥加密法需要在通信双方之间约定密钥，一方生成密钥后，要通过独立的安全的通道送给另一方，然后才能开始进行通信。这种加密方法在专用网络中使用效果较好，并且速度快。因为通信各方相对固定，可预先约定好密钥。

具体在电子商务网络支付应用时，作为银行内部专用网络传送数据一般都采用 DES 算法加密，比如传送某网络支付方式用的密码。军事指挥网络上一般也常用这种密钥加密法。

但是它也有缺点，与多人通信时，需要太多的密钥，有时不可能给每一对用户配置一把密钥，所以电子商务只靠这种加密方式是不行的，这就必须采用公开密钥加密法(Public key Cryptography)。

2) 公开密钥加密法

公开密钥加密法的加密和解密所用的密钥不同，所以也叫非对称(Asymmetric Cryptography)密钥加密技术。其原理是共用两个密钥，在数学上相关，称作密钥对。用密钥对中任何一个密钥加密，可以用另一个密钥解密，而且只能用此密钥对中的另一个密钥解密。

商家采用某种算法(秘钥生成程序)生成了这两个密钥后，将其中一个保存好，叫做私人密钥(Private Key)，将另一个密钥公开散发出去，叫做公开密钥(Public Key)。任何一个收到公开密钥的客户，都可以用此公开密钥加密信息，发送给这个商家，这些信息只能被这个商家的私人密钥解密。只要商家没有将私人密钥泄漏给别人，就能保证发送的信息只能被这位商家收到。

公开密钥加密法的算法原理是完全公开的，加密的关键是密钥，用户只要保存好自己的私人密钥，就不怕泄密。著名的公开密钥加密法是 RSA 算法。RSA 是这个算法 3 个发明人(Rivest，Shamir 和 Adleman)姓名首字母。

非对称密钥加密法是后面要讲的数字签名手段的技术基础之一，可以用来解决在电子商务中如网络支付结算中“防抵赖”“认证支付行为”等作用。这可以从下面对公开密钥加密示意图看出来，如图 7.5 所示。

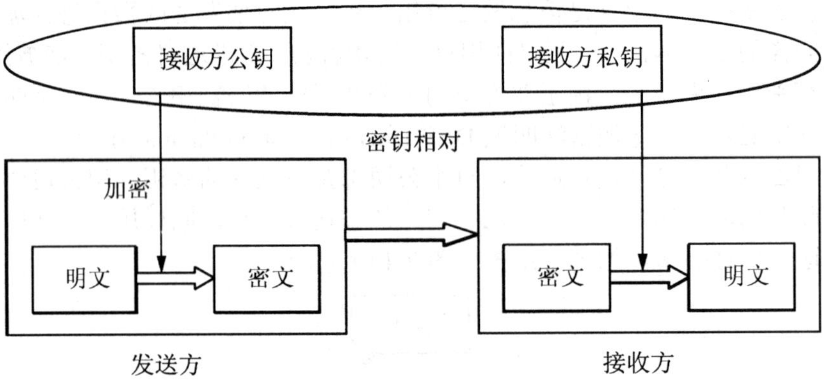

图 7.5 公开密钥加密技术示意图

3) 数字信封技术

对称密钥加密技术和非对称密钥加密技术各有优缺点，见表 7-1。

表 7-1 对称密钥和非对称密钥技术对比

特　　性	对　　称	非对称
密钥的数目	单一密钥	密钥是成对的
密钥种类	密钥是秘密的	一个私有、一个公开
密钥管理	简单、不好管理	需要数字证书及可靠第三者
相对速度	非常快	慢
用　　途	用来做大量资料的加密	用来做加密小文件或对信息签字等不太严格保密的应用

非对称(公开)密钥的强大的加密功能使它具有比对称密钥更大的优越性。但是，由于非对称密钥加密比对称密钥加密速度慢得多，在加密数据量大的信息时，要花费很长时间。而对称密钥在加密速度方面具有很大优势。所以，在网络交易中，对信息的加密往往同时采用两种加密方式，将两者结合起来使用，这就是数字信封技术。

数字信封(Digital Envelope)的原理是对需传送的信息(如电子合同、支付指令)的加密采用对称密钥加密法；但密钥不先由双方约定，而是在加密前由发送方随机产生；用此随机产生的对称密钥对信息进行加密，然后将此对称密钥用接收方的公开密钥加密，准备定点加密发送给接收方。这就好比用“信封”封装起来，所以称作数字信封(封装的是里面的对称密钥)，如图 7.6 所示。

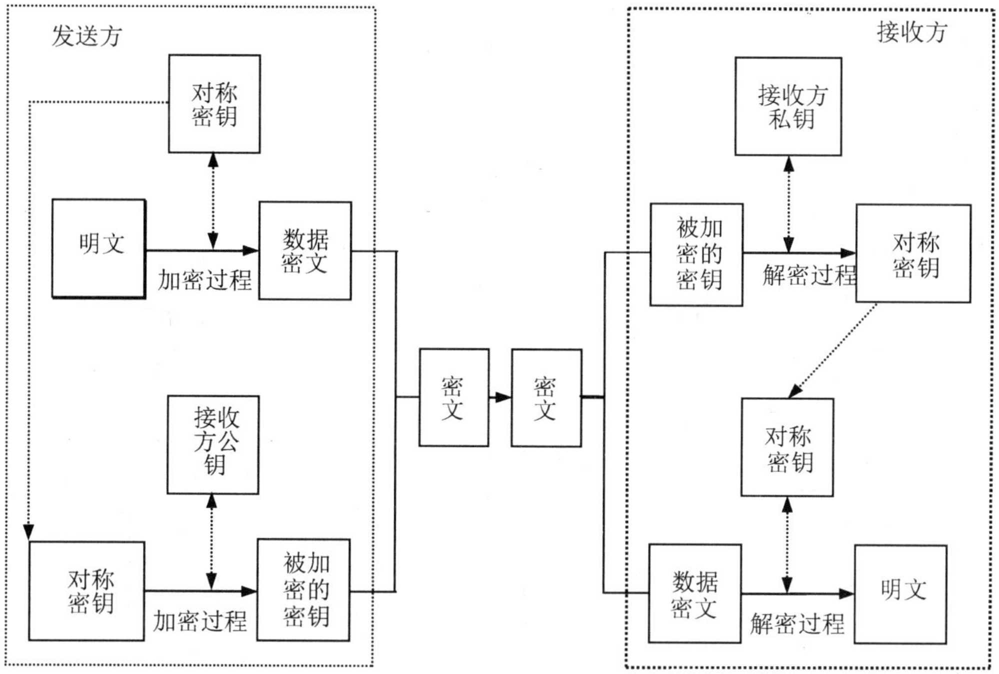

图 7.6　数字信封技术工作原理

接收方收到信息后，用自己的私人密钥解密，打开数字信封，取出随机产生的对称密钥，用此对称密钥再对所收到的密文解密，得到原来的信息。因为数字信封是用消息接收方的公开密钥加密的，只能用接收方的私人密钥解密打开，别人无法得到信封中的对称密钥。

在使用对称密钥加密时，密钥的传递以及密钥的更换都是问题。采用数字信封的方式，对称密钥通过接受方的公开密钥加密后传给对方，可以保证密钥传递的安全。而且此对称密钥每次由发送方随机生成，每次都在更换，更增加了安全性。一些重要的短小信息，比如银行账号、密码等都可以采取数字信封传送。

4. 数字摘要与数字签名技术

1) 数字摘要技术

数字摘要技术(Digital Digest)也称作为安全 HASH 编码法(SHA：Secure Hash Algorithm)。数字摘要技术用于对所要传输的数据进行运算生成信息摘要，它并不是一种加密机制，但却能产生信息的数字“指纹”，它的目的是为了确保数据没有被修改或变化，保证信息的完整性不被破坏。数字摘要主要采用的方法是用某种算法对被传送的数据生成一个完整性值，将此完整性值与原始数据一起传送给接收者，接收者用此完整性值来检验消息在传送过程中有没有发生改变。这个值由原始数据通过某一加密算法产生的一个特殊的数字信息串，比原始数据短小，能代表原始数据，所以称作数字摘要(Digital Digest)，如图7.7所示。

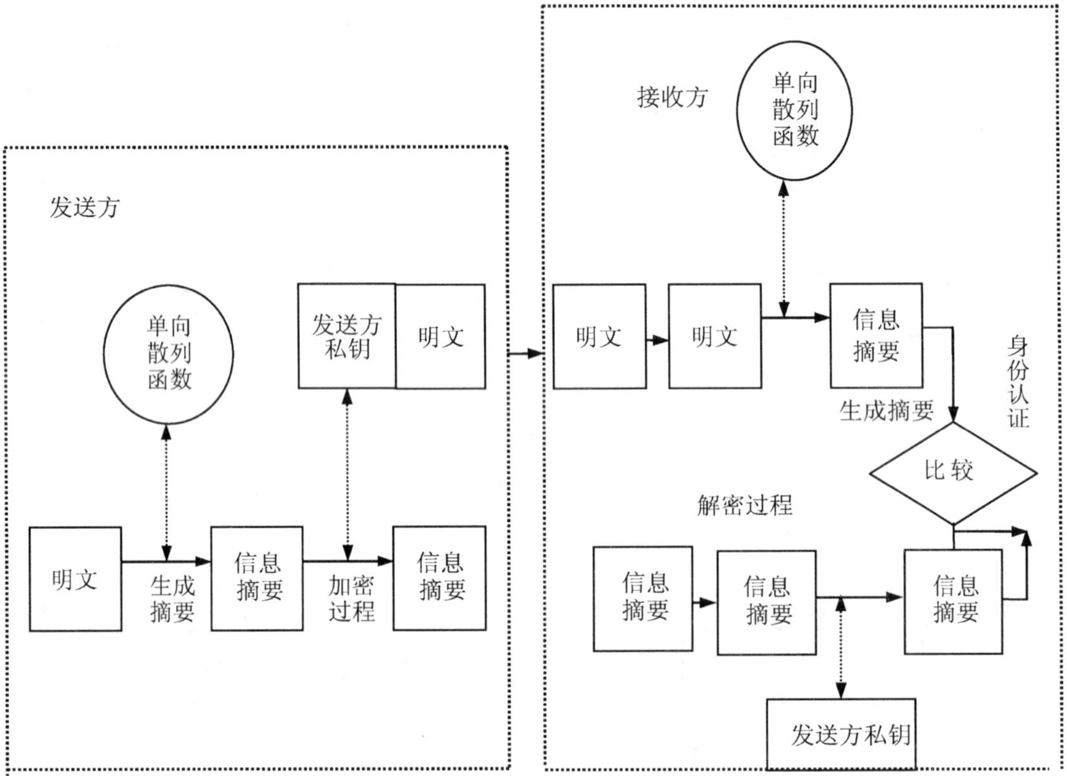

图 7.7 数字摘要技术工作原理

由于每个信息数据都有自己特定的数字摘要，就像每个人的指纹一样，所以，数字摘要又称作数字指纹或数字手印(Thumbprint)。就像可以通过指纹来确定是某人一样，可以通过数字指纹来确定所代表的数据。

数字摘要技术主要特点有：它能处理任意大小的信息，并对其生成固定大小的数据摘要，数据摘要的内容不可预见；对于相同的数据信息进行HASH后，总是能得到同样的摘要；如果数据信息被修改，进行Hash后，其摘要必定与先前不同；HASH函数是不可逆的，无法通过生成的数据摘要恢复出源数据。

2) 数字签名技术

数字签名(Digital Signature)用来保证信息传输过程中完整性、提供信息发送者的身份认证和不可抵赖性。使用公开密钥算法是实现数字签名的主要技术。

使用公开密钥算法，当你用自己的私钥加密了一个信息，并将其发送给一个朋友时，如果你的朋友能够使用你的公钥来解密出信息，他就能确定信息必定是从你那里发来的，而不是一些冒名顶替的。这实际上就是数字签名的原理。在电子商务中，为了保证电子商务安全网络支付中的不可否认性，必须具有数字签名技术，比如“电子支票上的签名认证”。

数字签名(Digital Signature)，就是指利用数字加密技术实现在网络传送信息文件时，附加个人标记，完成传统上手书签名或印章的作用，以表示确认、负责、经手、真实等；或数字签名就是在要发送的消息上附加一小段只有消息发送者才能产生而别人无法伪造的特殊数据(个人标记)，而且这段数据是原消息数据加密转换生成的，用来证明消息是由发送者发来的。在网络支付 SET 机制中是用发送方的私人密钥对用 HASH 算法处理原始消息后生成的数字摘要加密，附加在原始消息上，生成数字签名。数字签名=信件发送者私人秘钥加密 HASH(信件)。数字签名可以解决下述网络支付中的安全鉴别问题。

(1) 接收方伪造。接收方伪造一份文件，并声称这是发送方发送的付款单据等。

(2) 发送者或接收者否认。发送者或接收者事后不承认自己曾经发送或接收过支付单据。

(3) 第三方冒充。网上的第三方用户冒充发送或接收消息如信用卡密码。

(4) 接收方篡改。接收方对收到的文件如支付金额进行改动。

数字签名与手书签名的区别在于手写签名(包括盖章)是模拟的，因人而异，即使同一个人也有细微差别，比较容易伪造，要区别是否是伪造，往往需要特殊专家。而数字签名是 0 和 1 的数字串，极难伪造，要区别是否为伪造，不需专家。对不同的信息数字指纹，即使是同一人，其数字签名也是不同的。这样就实现了文件与签署的最紧密的“捆绑”。

3) 双重签名技术

在网络支付过程中，客户需要发送订购信息给商户，发送支付信息给银行。这两条信息是相互关联的，以保证该支付仅为该订单付款。为了保护客户的隐私，商家不需要知道客户的银行卡号码，银行也不需要知道客户的订单细节。这时，仅靠发送方对整个信息的一次数字签名显然是不够的，需要双重签名技术来实现。双重签名 DS(Dual Signature)是 SET 引入的重要创新。

7.1.2 网络支付安全交易

认证机构的功能是向各方发放证书。某些接收行也可能有自己的注册机构，由注册机构向商家发放证书，商家通过向客户出示证书向客户说明商家是合法的。认证机构和注册机构的工作应是协调的。

1. 电子支付安全交易控制

典型的专用金融服务系统是 SWIFT，处理电子票据(支票等)的安全传输。SWIFT 从 3 个方面进行安全控制，由此可保证电子文档的可靠、完整和安全传输：一是用户身份与操作合法性验证，通过逻辑读写控制进行用户登录的用户、密码验证。二是数据完整性控制，对传输的数据进行验证。主要有对自然突发性错误进行验后反馈校验；对蓄意篡改性错误进行宏观检查校验。三是数据安全性控制，进行数据加密处理，防止网络传输中的“窃听”。主要应用于 SWIFT 网络中的传输过程控制，在一定条件下也应用于用户与 SWIFT 网络之间的传输控制。

2. 安全电子交易协议(SET)

SET 协议是 VISA 国际组织、MasterCard 国际组织创建安全电子交易的一个国际标准。

其主要目的是解决信用卡电子付款的安全保障性问题，保证信息的机密性，保证信息安全传输，不能被窃听，只有收件人才能得到和解密信息；保证支付信息的完整性，保证传输数据完整地接收，在中途不被篡改；认证商家和客户，验证公共网络上进行交易活动的商家、持卡人及交易活动的合法性；广泛的互操作性，保证采用的通信协议、信息格式和标准具有公共适应性。从而可在公共互联网上集成不同厂商的产品。SET 安全交易系统的主要措施有加密技术、数字签名、电子认证、数字信封、数字现金的安全交易等几个方面。

7.2　网络支付安全协议

电子商务发展的核心问题是交易的安全性问题，电子商务的安全问题是一个系统性问题，它包括信息安全、身份认证和信用管理 3 个方面，需要从技术上、管理上和法律上来综合建设和完善安全保障体系。

7.2.1　网络支付的安全问题

在电子商务过程中，买卖双方是通过网络来联系的，而且彼此远隔千山万水。由于 Internet 既不安全，也不可信，因而建立交易双方的安全和信任关系相当困难。

1. 电子商务交易带来的安全威胁

1) 销售者面临威胁

对销售者而言，其面临的安全威胁主要有以下几个方面。

(1) 中央系统安全性被破坏。入侵者假冒成合法用户来改变用户数据(如商品送达地址)、解除用户订单或生成虚假订单。

(2) 竞争者检索商品递送状况。恶意竞争者以他人的名义来订购商品，从而了解有关商品的递送状况和货物的库存情况。

(3) 客户资料被竞争者获悉。

(4) 被他人假冒而损害公司的信誉。诈骗人建立与销售者服务器名字相同的另一个服务器来假冒销售者。

(5) 消费者提交订单后不付款。

(6) 虚假订单。

(7) 获取他人的机密数据。比如，某人想要了解另一人在销售商处的信誉时，他以另一人的名字向销售商订购昂贵的商品，然后观察销售商的行动。假如销售商认可该订单，则说明被观察者的信誉高；否则，则说明被观察者的信誉不高。

2) 购买者面临威胁

对购买者而言，其面临的安全威胁主要有下述 4 点。

(1) 虚假订单。一个假冒者可能会以客户的名义来订购商品，而且有可能收到商品，而此时客户却被要求付款或返还商品。

(2) 付款后不能收到商品。在要求客户付款后，销售商中的内部人员不将订单和钱款转发给执行部门，因而使客户不能收到商品。

(3) 机密性丧失。客户有可能将秘密的个人数据或自己的身份数据(如账号、口令等)发送给冒充销售商的机构，这些信息也可能会在传递过程中被窃取。

(4) 拒绝服务。攻击者可能向销售商的服务器发送大量的虚假订单来穷竭它的资源，从而使合法用户不能得到正常的服务。

2. 电子商务的安全风险来源

1) 信息传输风险

信息传输风险是指进行网上交易时，因传输的信息失真或者信息被非法窃取、篡改和丢失，而导致网上交易的不必要损失。

(1) 冒名偷窃。如"黑客"为了获取重要的商业秘密、资源和信息，常常采用源 IP 地址欺骗攻击。

(2) 篡改数据。攻击者未经授权进入网络交易系统，使用非法手段，删除、修改、重发某些重要信息，破坏数据的完整性，损害他人的经济利益或干扰对方的正确决策。

(3) 信息丢失。交易信息的丢失，可能有 3 种情况：一是因为线路问题造成信息丢失；二是因为安全措施不当而丢失信息；三是在不同的操作平台上转换操作不当而丢失信息。

(4) 信息传递过程中的破坏。信息在网络上传递时，要经过多个环节和渠道。由于计算机技术发展迅速，原有的病毒防范技术、加密技术、防火墙技术等始终存在着被新技术攻击的可能性。计算机病毒的侵袭、"黑客"非法侵入、线路窃听等很容易使重要数据在传递过程中泄露，威胁电子商务交易的安全。

(5) 虚假信息。用户以合法身份进入系统后，买卖双方都可能在网上发布虚假的供求信息，或以过期的信息冒充现在的信息，以骗取对方的钱款或货物，现在还没有很好的解决信息鉴别的办法。

2) 信用风险

信用风险主要来自 3 个方面。

(1) 来自买方的信用风险。对于个人消费者来说，可能有在网络上使用信用卡进行支付时恶意透支，或使用伪造的信用卡骗取卖方的货物行为；对于集团购买者来说，存在拖延货款的可能，卖方需要为此承担风险。

(2) 来自卖方的信用风险。卖方不能按质、按量、按时寄送消费者购买的货物，或者不能完全履行与集团购买者签订的合同，造成买方的风险。

(3) 买卖双方都存在抵赖的情况。网上交易时，物流与资金流在空间上和时间上是分离的，因此如果没有信用保证网上交易是很难进行的。

3) 管理方面的风险

(1) 交易流程管理风险。客户进入交易中心，买卖双方签订合同，交易中心不仅要监督买方按时付款，还要监督卖方按时提供符合合同要求的货物。

(2) 人员管理风险。人员管理常常是网上交易安全管理上的最薄弱的环节，其原因主要是因工作人员职业道德修养不高，安全教育和管理松懈所致。一些竞争对手还利用企业招募新人的方式潜入该企业，或利用不正当的方式收买企业网络交易管理人员，窃取企业的用户识别码、密码、传递方式以及相关的机密文件资料。

(3) 网络交易技术管理的漏洞也带来较大的交易风险。有些操作系统中的某些用户是无口令的，如匿名 FTP，利用远程登录(Telnet)命令登录这些无口令用户，允许被信任用户不需要口令就可以进入系统，然后把自己升级为超级用户。

4) 法律方面的风险

在目前的法律上还找不到现成的条文保护网络交易中的交易方式，因此还存在法律方面的风险。一方面，在网上交易可能会承担由于法律滞后而无法保证合法交易的权益所造成的风险，如通过网络达成交易合同，可能因为法律条文还没有承认数字化合同的法律效力而面临失去法律保护的危险。另一方面，在网上交易可能承担由于法律的滞后完善所带来的风险，即在原来法律条文没有明确规定下而进行的网上交易，在后来颁布新的法律条文下属于违法经营所造成的损失。如一些电子商务公司在开通网上证券交易服务一段时间后，国家颁布新的法律条文规定只有证券公司才可以从事证券交易服务，从而剥夺了电子商务服务公司提供网上证券交易服务的资格，给这些电子商务中间商经营造成巨大损失。

3. 电子商务的安全管理

网上交易安全管理，应当跳出单纯从技术角度寻求解决办法的圈子，采用综合防范的思路，从技术、管理、法律等方面去思考。建立一个完整的网络交易安全体系，至少从 3 个方面考虑，并且三者缺一不可。

(1) 技术方面的考虑。如防火墙技术、网络防毒、信息加密存储通信、身份认证、授权等。但只有技术措施并不能完全保证网上交易的安全。

(2) 必须加强监管。建立各种有关的合理制度，并加强监督，如建立交易的安全制度，交易安全的实时监控、提供实时改变安全策略的能力，对现有的安全系统漏洞的检查以及安全教育等。在这方面，要充分发挥政府有关部门、企业的主要领导、信息服务商的作用。

(3) 社会的法律政策与法律保障。通过健全法律制度和完善法律体系，来保证合法网上交易者的权益，同时对破坏合法网上交易权益的行为进行立法严惩，如尽快出台电子证据法、电子商务法、网上消费者权益法等。这方面，主要发挥立法部门和执法部门的作用。

7.2.2 SSL 网络传输安全协议

就目前而言，虽然电子支付的安全问题还没有形成一个公认成熟的解决办法，但人们还是不断通过各种途径进行大量的探索，SSL 安全协议和 SET 安全协议就是这种探索的两项重要成果，它们已经广泛在国际的电子支付中使用。

1. SSL 安全协议主要提供的服务

1) SSL 安全协议的基本概念

安全套接层 SSL 协议(Secure Socket Layer)是由美国网景(Netscape)公司推出的一种安全通信协议，它能够对信用卡和个人信息提供较强的保护。SSL 是对计算机之间整个会话进行加密的协议。在 SSL 协议中，采用了公开密钥和私有密钥两种加密方法，主要用于提高应用程序之间数据的安全系数。SSL 协议的整个要领可以被总结为，一个保证任何安装了安全套接层的客户和服务器间事务安全的协议，它涉及所有 TCP/IP 应用程序。

2) SSL 安全协议主要提供 3 方面的服务

(1) 认证用户和服务器，使得它们能够确信数据将被发送到正确的客户机和服务器上。

(2) 加密数据以隐藏被传送的数据。

(3) 维护数据的完整性，确保数据在传输过程中不被改变。

2. SSL 安全协议的运行

1) SSL 整体结构

SSL 是一个介于 HTTP 协议与 TCP 协议之间的一个可选层，其位置大致如下。

————————

| HTTP |

————————

| SSL |

————————

| TCP |

————————

| IP |

————————

如果利用 SSL 协议来访问网页，其步骤如下。

用户在浏览器的地址栏里输入 http://www.sslserver.com。

HTTP 层：将用户需求翻译成 HTTP 请求，如：GET/index.htmHTTP/1.1。

SSL 层：借助下层协议的信道安全协商出一份加密密钥，并用此密钥来加密 HTTP 请求。

TCP 层：与 WebServer 的 443 端口建立连接，传递 SSL 处理后的数据，接收端与此过程相反。

SSL 在 TCP 之上建立了一个加密通道，通过这一层的数据经过了加密，因此达到保密的效果；上述过程通过以下 3 个元素来完成。

(1) 握手协议(Handshake Protocol)。这个协议负责协商被用于客户机和服务器之间会话的加密参数。当一个 SSL 客户机和服务器第一次开始通信时，它们在一个协议版本上达成一致，选择加密算法，选择相互认证，并使用公钥技术来生成共享密钥。也就是说，用来协商密钥，协议的大部分内容就是通信双方如何利用它来安全地协商出一份密钥。

(2) 记录协议(Record Protocol)。定义了传输的格式，这个协议用于交换应用层数据。应用程序消息被分割成可管理的数据块，还可以压缩，并应用一个 MAC(消息认证代码)；然后结果被加密并传输。接收方接收数据并对它解密，校验 MAC，解压缩并重新组合它，并把结果提交给应用程序协议。

(3) 警告协议。这个协议用于指示在什么时候发生了错误或两个主机之间的会话在什么时候终止。

2) SSL 安全协议的运行步骤

(1) 建立一个虚拟的通信信道。SSL 客户机连接到 SSL 服务器，并要求服务器验证它自身的身份。

(2) 密码交换阶段，服务器通过发送它的数字证书证明其身份。这个交换还可以包括整个证书链，直到某个根证书权威机构(CA)。通过检查有效日期并确认证书包含有可信任 CA 的数字签名，来验证证书。

(3) 身份验证。服务器发出一个请求，对客户端的证书进行验证。但是，因为缺乏公钥体系结构，当今的大多数服务器不进行客户端认证。

(4) 协商用于加密的消息。加密算法和用于完整性检查的哈希函数，通常由客户机提供它支持的所有算法列表，然后由服务器选择最强健的加密算法。

(5) 确定会话密钥。客户机和服务器通过下列步骤生成会话密钥。

① 客户机生成一个随机数，并使用服务器的公钥(从服务器的证书中获得)对它加密，发送到服务器上。

② 服务器用更为随机的数据(客户机的密钥可用时，则使用客户机密钥；否则以明文方式发送数据)响应。

③ 使用哈希函数，从随机数据生成密钥。

当上述步骤完成之后，两者间的资料传送就会加上密码，等到另外一端收到资料后，再将编码后的资料还原。即使盗窃者在网络上取得编码后的资料，如果没有原来编制的密码算法，也不能获得可读的有用资料。

在电子商务交易过程中，由于有银行参与，按照 SSL 协议，客户购买的信息首先发往商家，商家再将信息转发到银行，银行验证客户信息的合法性后，通知商家付款成功，商家再通知客户购买成功，将商品寄送给客户。

3. SSL 安全协议的应用

在电子商务的开始阶段，商家也是担心客户购买后不付款，或使用过期作废的信用卡，因而希望银行给予认证。SSL 安全协议正是在这种背景下应用于电子商务的。

1) 银行卡非 SET 电子商务支付系统(SSL)

使用 SSL 协议、RSA 加密算法、数字签名和防火墙等保证交易的安全，支付时使用的是银行发行的储值卡(借记卡)、信用卡。该方式风险较高，只要银行肯参与，该系统就是可行的。该系统的主体有持卡人、商家、支付网关和发卡银行。其流程如下。

(1) 持卡人登录商品发布站点，验证商家身份。

(2) 持卡人决定购买，向商家发出购买请求。

(3) 商家返回同意支付等信息。

(4) 持卡人验证支付网关的身份。

(5) 商家用支付网关的公开密钥加密支付信息。

(6) 支付网关解密商家传来的信息。

(7) 支付网关用它的私有密钥加密结果，把结果返回给商家。

(8) 商家用支付网关的公开密钥解密后返回信息给持卡人，送货，交易结束。

2) 支付系统的特点

(1) 有银行的参与，支付网关必须得到银行的授权。

(2) 商家及支付网关使用证书，支付网关为自签名的 Root CA。

(3) 持卡者支付时使用的微型电子钱包是一个 APPLET 应用程序，放在支付网关的服务器上，并经过支付网关的签名认证。

(4) 商家与持卡者通信用 SSL 协议，商家与支付网关通信使用 RSA 算法加密。

(5) 持卡者必须与支付网关签约，成为其会员。

(6) 支付网关与发卡行的通信可通过 POS 机拨号上银行的前置机(业务量不大时用)，或走专线，用 ISO8583 等协议上银行的前置机。

3) 银行直接参与的非 SET 电子商务支付系统

该系统支付信息不经过商家，直接到银行站点支付，即银行直接接收处理用户的支付信息，该系统风险较小。该系统的主体有持卡者、商家和发卡银行；其支付流程如下。

(1) 持卡者登录商品发布站点。

(2) 持卡者决定购买，向商家发出购买请求，并跳转到发卡行支付站点。

(3) 持卡者验证发卡行支付站点身份，通过 SSL 向发卡行传送支付信息。

(4) 银行处理用户的支付信息，划账。

(5) 商家定期到发卡行站点查询成交商品，送货，交易完成。

4) SSL 协议的基本属性

SSL 协议的优点是它提供了连接安全，具有下述 3 个基本属性。

(1) 连接是私有的。在初始握手定义了一个密钥之后，将使用加密算法。

(2) 可以使用非对称加密或公钥加密(例如 RSA 和 DSS)来验证对等实体的身份。

(3) 连接是可靠的。消息传输使用一个密钥的 MAC，包括了消息完整性检查。其中使用了安全哈希函数(例如 SHA 和 MD5)来进行 MAC 计算。

在电子商务的开始阶段，商家也是担心客户购买后不付款，或使用过期作废的信用卡，因而希望银行给予认证。SSL 安全协议正是在这种背景下应用于电子商务的。

SSL 协议运行的基点是商家对客户信息保密的承诺。如美国著名的亚马逊网上书店在它的购买说明中明确表示：“当你在亚马逊公司购书时，受到‘亚马逊公司安全购买保证’保护，所以，你永远不用为你的信用卡安全担心”。但是上述流程中也可以注意到，SSL 协议有利于商家而不利于客户。客户的信息首先传到商家，但整个过程中缺少了客户对商家的认证。在电子商务的开始阶段，由于参与电子商务的公司大都是一些大公司，信誉度较高，这个问题没有引起人们的重视。随着电子商务参与的厂商迅速增加，对厂商的认证问题越来越突出，SSL 协议的缺点完全暴露出来。SSL 协议逐渐被新的 SET 协议所取代。

7.2.3 SET 协议

安全电子交易协议 SET(Secure Electronic Transaction)是美国 VISA 和 MasterCard 两大信用卡组织等联合推出的用于电子商务的行业规范，其实质是一种应用在 Internet 上、以信用卡为基础的电子付款系统规范，目的是为了保证网络交易的安全。SET 已获得 IETF 标准的认可，是电子商务的发展方向。

1. SET 支付系统的组成

SET 支付系统主要由持卡人、商家、发卡行、收单行、支付网关、认证中心 6 个部分组成。对应地，基于 SET 协议的网上购物系统至少包括电子钱包软件、商家软件、支付网关软件和签发证书软件。

基于 SET 的电子商务支付系统由以下 6 部分组成。

(1) 持卡人(Card Holder)。指由发卡银行所发行的支付卡的授权持有者。

(2) 商家(Merchant)。指出售商品或服务的个人或机构。商家必须与收单银行建立业务联系，以接受支付卡这种付款方式。

(3) 发卡银行(Issuing Bank)。指向持卡人提供支付卡的金融机构。

(4) 收单银行(Acquiring Bank)。指与商家建立业务联系的金融机构。

(5) 支付网关(Payment Gateway)。实现对支付信息从 Internet 到银行内部网络的转换，并对商家和持卡人进行认证。

(6) 认证中心 CA(Certificate Authority)。在基于 SET 协议的电子商务体系中起着重要作用。可以为持卡人、商家和支付网关签发 X.509V3 数字证书，让持卡人、商家和支付网关通过数字证书进行认证。CA 同时要对证书进行管理。

2. SET 协议的工作流程

(1) 消费者利用自己的 PC 通过 Internet 选定所要购买的物品，并在计算机上输入订货单，订货单上需包括在线商店、购买物品名称及数量、交货时间及地点等相关信息。

(2) 通过电子商务服务器与有关在线商店联系，在线商店做出应答，告诉消费者所填订货单的货物单价、应付款数、交货方式等信息是否准确，是否有变化。

(3) 消费者选择付款方式，确认订单签发付款指令。此时 SET 开始介入。

(4) 在 SET 中，消费者必须对订单和付款指令进行数字签名，同时利用双重签名技术保证商家看不到消费者的账号信息。

(5) 在线商店接受订单后，向消费者所在银行请求支付认可。信息通过支付网关到收单银行，再到电子货币发行公司确认。批准交易后，返回确认信息给在线商店。

(6) 在线商店发送订单确认信息给消费者。消费者端软件可记录交易日志，以备将来查询。

(7) 在线商店发送货物或提供服务并通知收单银行将钱从消费者的账号转移到商店账号，或通知发卡银行请求支付。在认证操作和支付操作中间一般会有一个时间间隔，例如，在每天的下班前请求银行结一天的账。

前两步与 SET 无关，从第三步开始 SET 起作用，一直到第六步，在处理过程中通信协议、请求信息的格式、数据类型的定义等 SET 都有明确的规定。在操作的每一步，消费者、在线商店、支付网关都通过 CA(认证中心)来验证通信主体的身份，以确保通信的对方不是冒名顶替。所以，也可以简单地认为 SET 规格充分发挥了认证中心的作用，以维护在任何开放网络上的电子商务参与者所提供信息的真实性和保密性。

3. SET 安全协议运行的目标

安全电子交易 SET 协议是一个通过开放网络进行安全资金支付的技术标准，这对于需要支付货币的交易来讲是至关重要的。它采用公钥密码体制(PKI)和 X.509 电子证书标准，通过相应软件、电子证书、数字签名和加密技术能在电子交易环节上提供更大的信任度、更完整的交易信息、更高的安全性和更少受欺诈的可能性。SET 协议用以支持 B to C 这种类型的电子商务模式，即消费者持卡在网上购物与交易的模式。

SET 协议比 SSL 协议复杂，因为前者不仅加密两个端点间的单个会话，它还可以加密和认定三方间的多个信息。由于设计合理，SET 协议得到了 IBM、HP、Microsoft、Netscape、VeriFone、GCT、VeriSign 等许多大公司的支持，已成为事实上的工业标准。目前，它已获得 IEFT 标准的认可。

SET 安全协议要达到的目标主要有下述 5 点。

(1) 保证信息在 Internet 上安全传输，防止数据被黑客或被内部人员窃取。

(2) 保证电子商务参与者信息的相互隔离。客户的资料加密或打包后通过商家到达银行，但是商家不能看到客户的账户和密码信息。

(3) 解决网上认证问题。不仅要对消费者的信用卡认证，而且要对在线商店的信誉程度认证，同时还有消费者、在线商店与银行间的认证。

(4) 保证网上交易的实时性，使所有的支付过程都是在线的。

(5) 效仿 EDI 贸易的形式，规范协议和消息格式，促使不同厂家开发的软件具有兼容性和互操作功能，并且可以运行在不同的硬件和操作系统平台上。

4. SET 安全协议的工作原理

图 7.8 显示了 SET 的成分，以及 SET 中消费者、商家、收单银行和认证中根据 SET 协议的工作流程图，可将整个工作程序分为下面 6 个步骤。

(1) 接通阶段。客户通过网络向服务商打招呼，服务商回应。

(2) 密码交换阶段。客户与服务商之间交换认可的密码。一般选用 RSA 密码算法，也有的选用 Diffie-Hellman 和 Fortezza-KEA 密码算法。

(3) 会谈密码阶段。客户与服务商间产生彼此交谈的会谈密码。

(4) 检验阶段。检验服务商取得的密码。

(5) 客户认证阶段。验证客户的可信度。

(6) 结束阶段。客户与服务商之间的相互交换结束的信息。

当上述动作完成之后，两者间的资料传送就会加以密码，等到另外一端收到资料后，再将编码后的资料还原。即使盗窃者在网络上取得编码后的资料，如果没有原先编制的密码算法，也不能获得可读的有用资料。

在电子商务交易过程中，由于有银行参与，按照 SSL 协议，客户购买的信息首先发往商家，商家再将信息转发银行，银行验证客户信息的合法性后，通知商家付款成功，商家再通知客户购买成功，将商品寄送客户。

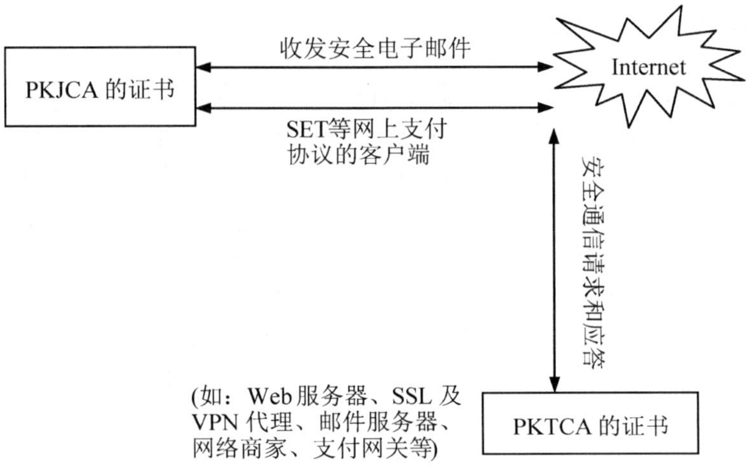

图 7.8 SET 安全协议的工作原理图

5. SET 安全协议涉及的范围

SET 协议规范所涉及的对象有如下几类。

(1) 消费者。包括个人消费者和团体消费者，按照在线商店的要求填写订货单，通过发卡银行选择信用卡进行付款。

(2) 在线商店。提供商品或服务，具备相应电子货币使用的条件。

(3) 收单银行。通过支付网关处理消费者和在线商店之间的交易付款问题。

(4) 电子货币。如智能卡、电子现金、电子钱包的发行公司，以及某些兼有电子货币发行的银行。负责处理智能卡的审核和支付工作。

(5) 认证中心(CA)。负责对交易双方的身份确认，对厂商信誉度和消费者的支付手段进行认证；CA 的作用如图 7.9 所示。

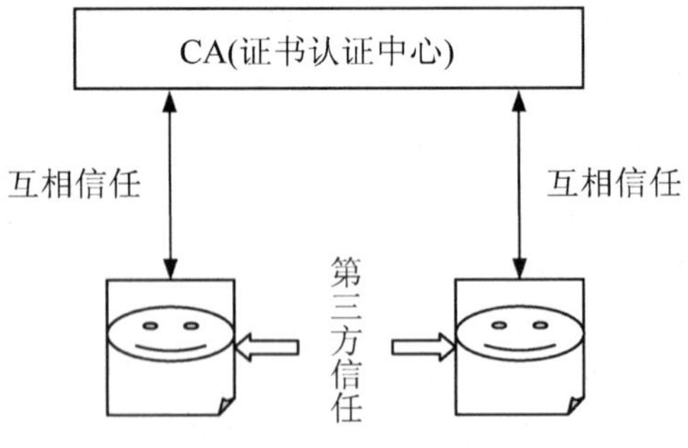

图 7.9 CA 的作用

7.2.4 其他协议

近年来，IT 业界与金融行业一起，推出不少更有效的安全交易标准。主要有以下几种。

1. 安全外壳协议 SSH

SSH(Secure Shell)是一种在不安全网络上用于安全远程登录和其他安全网络服务的协议。它提供了对安全远程登录、安全文件传输和安全 TCP/IP 和 X-Windows 系统通信量进行转发的支持。它可以自动加密、认证并压缩所传输的数据。正在进行的定义 SSH 协议的工作确保 SSH 协议可以提供强健的安全性，防止密码分析和协议攻击，可以在没有全球密钥管理或证书基础设施的情况下，把工作得非常好，并且在可用时可以使用自己已有的证书基础设施(例如 DNS－SEC 和 X.509)。SSH 协议由下面 3 个主要组件组成。

(1) 传输层协议。它提供服务器认证、保密性和完整性功能，并具有完美的转发保密性功能。有时，它还能提供压缩功能。

(2) 用户认证协议。它负责从服务器对客户机的身份认证。

(3) 连接协议。它把加密通道多路复用组成几个逻辑通道。

SSH 传输层是一种安全的低层传输协议。它提供了强健的加密、加密主机认证和完整性保护功能。SSH 中的认证是基于主机的，这种协议不执行用户认证。可以在 SSH 的上层为用户认证设计一种高级协议。

这种协议被设计得相当简单而灵活，以允许参数协商并最小化来回传输的次数。密钥交互方法、公钥算法、对称加密算法、消息认证算法以及哈希算法等都需要协商。

数据完整性是通过在每个数据包中包含一个消息认证代码(MAC)来保护的，这个 MAC 是根据一个共享密钥、数据包序列号和数据包的内容计算得到的。

在 UNIX、Windows 和 Macintosh 系统上都可以找到 SSH 实现。它是一种广为接受的协议，使用众所周知的建立良好的加密、完整性和公钥算法。

2. 套接字安全协议 SOCKS

套接字安全协议 SOCKS(Socket Security)是一种基于传输层的网络代理协议，它是一个应用层的用于穿越 IP 网络防火墙的协议。它的安全性是高度依赖于正规的认证和正规执行方法提供的有效封装，以及在 SOCKS 客户端和 SOCKS 服务端所选择的安全性，还有管理员对认证方法选项所做的小心周密的考虑。它设计用于在 TCP 和 UDP 领域为客户机/服务器应用程序提供一个框架，以方便并且安全地使用网络防火墙的服务。

SOCKS 最初是由 David 和 Michelle Koblas 开发的，其代码在 Internet 上可以免费得到。此后经历了几次主要的修改，但该软件仍然可以免费得到。

SOCKS 版本 4 为基于 TCP 的客户机/服务器应用程序(包括 Telnet、FTP 以及流行的信息发现协议，如 HTTP、WAIS 和 Gopher)提供了不安全的防火墙传输。

3. 安全超文本传输协议(S-HTTP)

安全超文本传输协议 S-HTTP(Secure Hypertext Transfer Protocol)是一种面向安全信息通信的协议，它可以和 HTTP 结合起来使用。S-HTTP 协议为 HTTP 客户机和服务器提供了多种安全机制，这些安全服务选项是适用于万维网上各类用户的。S-HTTP 还为客户机和服务器提供了对称能力(及时处理请求和恢复，及两者的参数选择)，同时维持 HTTP 的通信模型和实施特征。

S-HTTP 客户机和服务器是与某些加密消息格式标准相结合的。S-HTTP 支持多种兼容方案并且与 HTTP 相兼容。有 S-HTTP 性能的客户机能够与没有 S-HTTP 的服务器连接，但是这样的通信明显地不会利用 S-HTTP 安全特征。

S-HTTP 能与 HTTP 信息模型共存并易于与 HTTP 应用程序相整合。S-HTTP 依靠密钥对的加密，保障 Web 站点间的交易信息传输的安全性。但作为金融业界的支付系统，一般都不采用这种协议模式。

7.3 结算认证系统

结算认证系统作为现代支付体系的核心，在银行业具有十分重要的地位。计算机技术、网络技术和通信技术在支付体系中的广泛应用，便出现了各种各样的电子支付结算系统。

7.3.1 证书简介

证书认证中心 CA 是负责发放和管理数字证书的权威机构。CA 系统遵循 PKI 安全体系，能够创建、签发、查询、吊销数字证书，为企业级的证书应用提供完整、灵活的解决方案。

1. 客户认证

客户认证 CA(Client Authentication)是基于用户的客户端主机 IP 地址的一种认证机制，它允许系统管理员为具有某一特定 IP 地址的授权用户定制访问权限。CA 与 IP 地址相关，对访问的协议不做直接的限制。服务器和客户端无需增加、修改任何软件。系统管理员可以决定对每个用户的授权、允许访问的服务器资源、应用程序、访问时间以及允许建立的会话次数等。因此，在这些情况下，信息认证将处于首要的地位。

客户认证技术是保证网上交易安全的一项重要技术。客户认证主要包括身份认证和信息认证。

1) 身份认证

身份认证就是在交易过程中判明和确认贸易双方的真实身份，这是目前网上交易过程中最薄弱的环节。某些非法用户常采用窃取口令、修改或伪造、阻断服务等方式对网上交易系统进行攻击，阻止系统资源的合法管理和使用。因此，要求认证机构或信息服务商应当提供如下认证的功能。

(1) 可信性。信息的来源是可信的，即信息接收者能够确认所获得的信息不是由冒充者研发出的。

(2) 完整性。要求信息在传输过程中保证其完整性，即信息接收者能够确认所获得的信息在传输过程中没有被修改、延迟和替换。

(3) 不可抵赖性。要求信息的发送方不能否认自己发出的信息。同样，信息的接收方不能否认已收到了信息。

(4) 访问控制。拒绝非法用户访问系统资源，合法用户只能访问系统授权和指定的资源。

一般来说，用户身份认证可通过下面 3 种基本方式或其组合方式来实现。

(1) 用户所知道的某个秘密信息，例如用户知道自己的口令。

(2) 用户所持有的某个秘密信息(硬件)，即用户必须持有合法的随身携带的物理介质，例如智能卡中存储用户的个人化参数，以及访问系统资源时必须要有的智能卡。

(3) 用户所具有的某些生物学特征，如指纹、声音、DNA 图案、视网膜扫描等，这些认证方法一般造价较高，多半适用于保密程度很高的场合。

2) 信息认证

随着网络技术的发展，通过网络进行购物交易等商业活动日益增多。这些商业活动往往通过公开网络进行数据传输，这对网络传输过程中信息的保密性提出了更高的要求。因此，认证机构或信息服务商应提供以下几方面的认证功能。

(1) 对敏感的文件进行加密，这样即使别人截获文件也无法得到其内容。

(2) 保证数据的完整性，防止截获人在文件中加入其他信息。

(3) 对数据和信息的来源进行验证，以确保发信人的身份。

通常采用秘密密钥加密系统(Secret Key Encryption)、公开密钥加密系统(Public Key Encryption)或者两者相结合的方式，以保证信息的安全认证。对于加密后的文件，即使他人截取信息，由于得到的是加密后的信息，因此无法知道信息原始含义；同时加密后，他人也无法加入或删除信息，因为加密后信息被改变后就无法得到原始信息。为保证信息来源的确定性，可以采用加密的数字签名方式来实现，因为数字签名是唯一的而且是安全的。

2. 安全认证技术

安全认证技术主要有数字摘要、数字信封、数字签名、数字时间戳、数字证书等。在前面的章节中对主要的安全认证技术已经作了介绍，这里不再赘述。

3. 数字证书的分类

数字证书通常分为 3 种类型，即个人证书、企业证书、软件证书。

1) 个人证书(Personal Digital ID)

个人证书是为某一个用户提供证书，以帮助个人在网上进行安全的电子交易操作。个人身份的数字证书通常是安装在客户端的浏览器内，并通过安全的电子邮件进行交易操作。

个人数字证书是通过浏览器来申请获得的，认证中心对申请者的电子邮件地址、个人身份及信用卡号等进行核实后，就开始发放个人数字证书，并将数字证书安置在用户所用的浏览器或电子邮件的应用系统中，同时也给申请者发一个通知。个人数字证书的使用方法是集成在用户的浏览器的相关功能中，用户其实只要做出相应的选择就行了。

个人数字证书有 4 个级别，第一级别是最简单的，只提供个人电子邮件地址的认证，它仅与电子邮件地址有关，并不对个人信息进行认证，是最初级的认证；第二级别提供个人姓名、个人身份(驾照、社会保险号、出生年月等)等信息的认证；第三个级别是在第二级别之上加上了充当信用支票的功能；第四级别包括证书所有人的职位、所属组织等，但这一级别还没有最后定型。

2) 企业证书(Server ID)

企业证书，也就是服务器证书，它是对网上的服务器提供一个证书，拥有 Web 服务器的企业就可以用具有证书的 Internet 网站(Web site)来进行安全电子交易。

拥有数字证书的服务器可以自动与客户进行加密通信，有证书的 Web 服务器会自动地将其与客户端 Web 浏览器通信的信息加密。服务器的拥有者(相关的企业或组织)，有了证书，就可以进行安全电子交易。服务器证书的发放较为复杂。因为服务器证书是一个企业在网络上的形象，是企业在网络空间信任度的体现。

权威的认证中心对每一个申请者都要进行信用调查，包括企业基本情况、营业执照、纳税证明等；要对该企业对服务器的管理情况进行考核，一般是通过事先准备好的详细验证步骤逐步进行，主要考虑是否有一套完善的管理规范；要对该企业的技术条件进行考核，是否有完善的加密技术和保密措施；也要对其设备的安全可靠性进行检查，包括是否有多层逻辑访问控制、生物统计扫描仪、红外线监视器等，认证中心经过考察后决定是否发放或撤销服务器数字证书。一旦决定发放后，该服务器就可以安装认证中心提供的服务器证书，安装成功后即可投入服务。服务器得到数字证书后，就会有一对密钥，它与服务器是密不可分的，数字证书与这对密钥一起表示该服务器的身份，是整个认证的核心。

3) 软件证书(Deve ID)

通常是为网上下载的软件提供证书，应用并不广泛。软件(开发者)证书通常为 Internet 中被下载的软件提供证书，该证书用于和微软公司 Authenticode 技术(合法化软化)结合的软件，以使用户在下载软件时能获得所需的信息。

上述 3 类证书中前两类是常用的证书，第三类则用于较特殊的场合，大部分认证中心提供前两类证书，能完全提供各类证书的认证中心并不普遍。

数字证书的管理非常重要。它包括两方面的内容：一是颁发数字证书，二是撤销数字证书。在一些情况下，如密钥丢失或被窃，或者某个服务器变更了，就需要一种方法来验证数字证书的有效性，要建立一份证书取消清单并公之于众，这份清单是可伸缩的。由于数字证书也要有相应的有效期，为此，认证中心一般都制定相应的管理措施和政策，来管理其属下的数字证书。目前，数字证书可用于电子邮件、电子贸易、电子基金转移等各种用途。数字证书的应用范围和效果目前还是有限的。现在的网络认证体系很不健全，在 Internet 上的信任度还很低。

一些国家的银行和信用卡公司也在建立自己的认证体系，以保障它们自身的利益。

7.3.2 证书的发放

对于 SET 的用户，有多种方法向申请者发放证书，可以发放给最终用户签名或加密的证书，向持卡人只能发放签名的证书，向商户和支付网关可以发放签名并加密的证书。

1. 注册机构

电子商务授权机构(CA)也称为电子商务认证中心(Certificate Authority)，在电子交易过程中，无论是数字时间戳服务还是数字证书的发放，都不是靠交易双方自己完成的，而需要有一个具有权威性和公正性的第三方来完成，如图 7.10 所示。

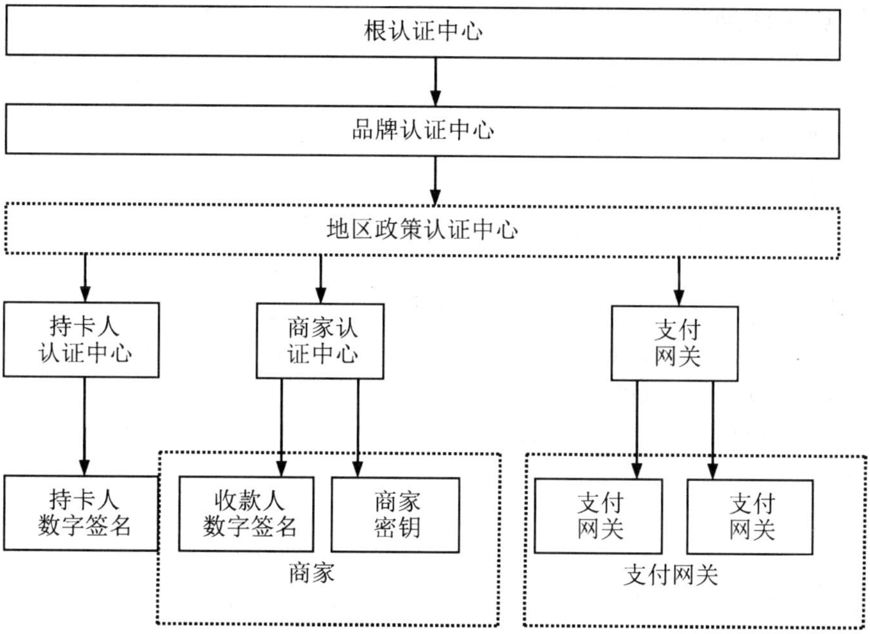

图 7.10 认证中心的结构示意图

认证是采用层级式的架构，而无论是付款人、收款人或收单银行都需要经过认证才能参与交易。如果甲想和乙通信，他首先必须从数据库中取得乙的证书，然后对它进行验证。如果他们使用相同的CA，事情就很简单。甲只需验证乙证书上CA的签名；如果他们使用不同的CA，问题就复杂了。甲必须从CA的树形结构底部开始，从底层CA往上层CA查询，一直追踪到同一个CA为止，找出共同的信任CA。

图中的地区政策认证中心并不一定存在，品牌认证中心可能直接认证付款人、收款人及金融机构。

1) 认证中心功能的实现

(1) 证书发放。通过注册中心的初始身份认证后，注册中心将用户申请提交给认证中心，认证中心根据证书操作管理规范定义的颁发规则在证书中插入附加信息并设置字段，并采取不同的方法将证书返回给用户(如用电子邮件形式)。

(2) 证书更新。证书更新包含两个方面内容：一是用户证书已经过期或者与证书相关的密钥到了它有效生命终点，或者证书中一些属性已经改变，这都需要更新用户的证。二是CA本身的证书也存在以上的问题，所以CA根证书也是需要更新的。

(3) 证书注销。在某种情况下，证书的有效性要求在证书结束日期之前终止或者要求用户与私钥分离时，证书要被撤销。例如签署者状态发生改变，证书中信息可能已经修改，与用户相关的私钥可能以某种方式泄露。大多数情况下，CA用来公布已更改的证书状态机制是一个证书撤销列表(CRL)。CRL 包括已被撤销证书的序列号和撤销日期，还有标志撤销原因的状态。

(4) 证书验证。它包括如下内容：一是证书是否包含一个有效的数字签名，以此证明证书内容没被修改；二是颁发者的公开密钥是否可以验证证书上的数字签名，以确认数据是否来源于真正的数据发送方；三是当前使用的证书是否在证书的有效期内；四是证书是否用于最初分发给它的目的；五是检查证书撤销列表 CRL，验证证书是否被撤销。

2) 选择认证中心时应考虑的问题

(1) 在提供证书对受托申请进行管理方面的运营服务经验。

(2) 灵活性。系统能够适应于支持多种选择或性能，如多种证书类型或算法。

(3) 选择性。能为用户提供引进的认证中心服务或认证中心产品许可证，并在今后由服务转向产品。

(4) 实用性。根据用户需求进行设计，使产品能够满足用户的特殊需求。

(5) 可靠性。认证中心的提供商和用户能够产生一种将会被大范围用户社区所接受的系统，同时无需过分考虑依赖证书可靠性的问题。

(6) 认证中心提供商的财务稳定性。认证中心能够产生并维持业务，对各种各样的用户做出承诺。

(7) 可调节性。在不做大的修改和重新设计的情况下，确保认证中心能够满足迅速增长的需求。

(8) 认证中心提供的保证程度。由认证中心提供的保护措施，用于降低在系统运行中的损害和风险。

(9) 咨询范围。技术人员和商业人员可以随时为用户使用证书提供帮助，以便实现其商业目标。

(10) 认证中心还应能够为由一个认证中心解决方案支持的不同社区提供多种服务。最典型的例子应该是银行。在银行里，雇员在一个区域里进行操作，而账单持有人在一个完全不同的区域里操作。

2. 申请

认证中心的功能实际上是由两部分完成的，认证中心和注册机构 RA(Registration Authority，注册审批机构)。这两个功能可以都分配给认证中心，也可以由不同机构提供。将这两个功能分开使其中一个机构做出重要管理决定，另一个机构提供证书有效期限及系统安全的管理技术。注册机构负责做出诸如谁有权获得证书、何时吊销证书等决定，而另一机构，即认证中心，可以负责管理证书的有效期限。注册机构可以是一家使用雇员访问证书的公司，也可以是使用证书为其账单持有人从事电子银行业务的银行。

1) RA 的功能

(1) 主体注册证书的个人认证。

(2) 确认主体所提供的信息的有效性。

(3) 对被请求证书属性确定主体的权利。

(4) 确认主体确实拥有注册的私钥。

(5) 在需要撤销时报告密钥泄露或终止事件。

(6) 为识别身份的目的分配名字。

(7) 在注册初始化和证书获得阶段产生共享秘密。

(8) 产生公/私密钥对。

(9) 认证机构代表最终实施开始注册过程。

(10) 私钥的归档。

(11) 开始密钥恢复处理。

(12) 包含私钥的物理环网(例如智能卡)的分发。

2) 证书的申请操作流程

证书的申请操作流程如下。

(1) 用户带相关证明到证书业务受理中心申请证书。

(2) 用户填写证书申请表格和证书申请协议书。

(3) 证书业务受理中心录入人员将数据录入并提交给 RA 中心。

(4) 业务受理点的审核员通过离线方式审核申请者的身份、能力和信誉等。

(5) 审核通过后，RA 中心向 CA 中心转发证书的申请请求。

(6) CA 中心响应 RA 中心的证书请求，为该用户签发证书并返回给 RA 中心。

(7) RA 中心将签发的证书返回到地、市级业务受理中心。

(8) 如果证书介质是 IC 卡方式，则由印卡操作员对相应的 IC 卡进行印刷操作。

(9) 证书业务受理中心的制作操作员打印相应证书的密码信封，并将该用户的证书灌制到证书介质中后通知用户领取。

(10) 用户根据用户应用指南使用相关的证书业务。

3. 证书发放

1) 持卡人证书

它是支付卡的电子化表示，是金融机构以数字化形式签发的，不能被第三方改变。持卡人证书并不包括账号和终止日期，而是用单向哈希算法，根据账号、截止日期和密码值即可导出这个码值，反之则不行。在 SET 协议中，持卡人需向支付网关提供他的账户信息和密码值。持卡人向发卡行申请证书时，用自己的软件生成一对公用密钥和私有密钥，将账户信息和公用密钥交给发卡行保存，私有密钥自己保存。当持卡人的发卡行批准后，他就能获得持卡人证书，持卡人还需保存认证授权的公用密钥，用于验证商户证书和支付网关证书。当持卡人想通过电子方式购物时，该证书将与购买要求和加密的支付指令一起发往商户，当商户收到持卡人证书时，它至少能确认该账户信息曾被发卡行证实过。

2) 商户证书

商户证书就像是贴在收款台小窗上的付款卡贴面，以表示可以用什么卡来支付，它是由金融机构签发的，不能被第三方改变。在 SET 环境中，一个商户至少应有一对证书，与一个收单银行打交道。一个商户可以有多对证书，表示它能接受多种付款卡。

3) 支付网关证书

它可以被收单行获取，用于处理授权和购买信息，持卡人从该证书获得网关的加密密钥，授权该密钥用户保护持卡人的账户信息。支付网关证书由付款卡机构发给收单行。

4) 收单行证书

收单行必须拥有证书以便作为认证来接收和处理来自商户的证书申请，收单行证书由付款卡机构颁发。

5) 发卡行证书

发卡行必须拥有证书以便作为认证授权来接收和处理来自持卡人的证书申请，发卡行证书由付款卡机构颁发。

如果收单行和发卡行选择付款卡机构来处理证书申请，就不需要收单行证书和发卡行证书，因为这样它们就不需要处理 SET 信息了。

4. 证书的更新

数字证书网上更新流程如图 7.11 所示。具体步骤如下。

第一步，插入需要更新的电子令牌，并打开证书管理工具。单击“开始提交更新申请”按钮。第二步，申请提交成功后出现页面，按照提示，单击“下一步”按钮，继续进行更新。(注意：一旦申请提交成功，不得返回再次提交申请，以免造成证书更新失败而无法使用证书。中途若有对话框弹出，请全部选择“是”选项。第三步，选择证书类型，单击“下一步”按钮，在弹出的对话框中输入用户的电子令牌的密码。

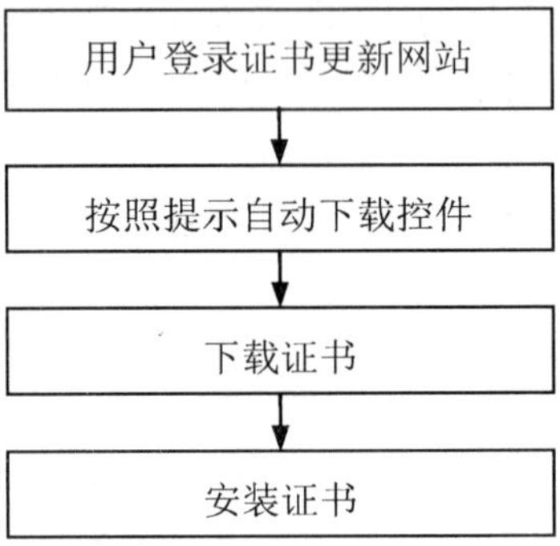

图 7.11　证书的更新流程图

5. 证书撤销

证书的撤销可以有许多理由，如私有密钥被泄密，身份信息的更新或终止使用等。对持卡人而言，他需要确认他的账户信息不会发往一个未被授权的支付网关，因此被撤销的支付网关证书需包含在撤销清单中并散发给持卡人。由于持卡人不会将任何敏感的支付信息发给商户，所以，持卡人只需验证商户证书的有效性即可。对商户而言，被撤销的支付网关证书需散发给商户。对支付网关而言，需检查持卡人不在撤销清单中，并需与发卡行验证信息的合法性；同样支付网关需检查商户证书不在撤销清单中，并需与收单行验证信息的合法性。

7.3.3　案例：中国电信 CA 认证系统(CTCA)

目前，中国已有近 40 家 CA 认证中心，既有行业性认证中心，如中国人民银行认证中心(CFCA)、中国邮政认证中心、外经贸部认证中心等；也有地域性 CA 认证中心，如上海 CA 认证中心、广东 CA 认证中心等。

1. 中国电信CA认证系统的定位

中国电信CA认证系统目的是在163/169网上建立安全保障体系，为中国电信2000万网络用户提供端到端的安全服务。如果将163/169比喻成中国电信修的马路的话，中国电信CA认证系统就是马路上的安全警察。中国电信CA认证系统如图7.12所示。

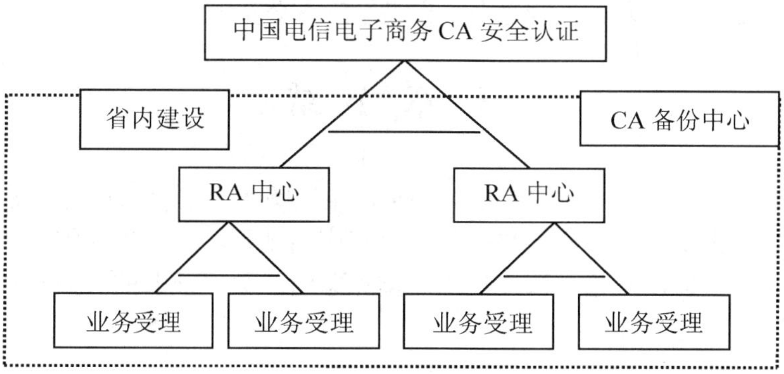

图7.12 中国电信CA认证系统

2. 中国电信CA认证系统的发展历程

1998年上半年进行CA认证系统的研究和开发，1998年8月在湖南进行试点，建立了中国电信CA认证中心。

1999年8月3日，通过国家密码办和信息产业部联合鉴定，并通过国家软件产品安全测评中心的测试，成为首家允许在公网上运营的CA认证系统。

1999年底，按全国CA认证中心、省RA审核中心、业务受理点三级结构在全国范围内进行大规模推广。到2000年8月，31个省建立了RA审核中心，也建立了上百个业务受理点。

目前，中国电信CA认证系统已经为各类用户发放10多万张数字证书(2006年统计数)，基于CTCA系统开发的电子商务应用项目有15类。中国电信CA认证系统是目前国内覆盖最广、用户最多的、应用项目最多的CA认证系统。

3. 中国电信CA认证系统的技术特点

遵循国际PKCS、PKIX系列标准，签发证书符合ITU－T、X.509V3标准。全部采用通过国家密码办规定的加密设备和加密算法。根据不同应用，系统可签发通用数字证书、SSL证书、S/MIME证书，可与标准浏览器、Web服务器实现互通。

根据安全强度不同，系统支持512位和1024位公钥证书的签发。根据业务系统实时性的不同要求，系统具备两种黑名单查询方式，即实时证书状态查询(OCSP)和定期证书黑名单列表(CRL)。

4. 加快建立完善的电子商务CA认证系统

建立完善的运行维护体系，提供7(天)×24(小时)不间断服务。建立全国CA技术支持中心、区域 CA 技术支持中心两级技术支撑体系。建立完善的数字证书业务营销体系，鼓励与社会合作，建立证书代理机制。

5. 中国电信CA认证系统与其他CA相比的优势

中国电信拥有丰富的运行维护经验，拥有资金、极大的无形资产优势，拥有IT人才优势，具有极强的技术支持力量，很适合于充当第三方公正的角色。

本章小结

本章简要介绍了电子商务对安全性的要求，重点阐述了安全通信协议SSL和SET，分析了其优缺点，分析了其他的安全协议的内容和应用规则。同时也详细介绍了客户认证中的身份认证、信息认证以及相关认证技术。重点总结了数字证书的分类，认证机构，证书的申请、发放、撤销等内容。

关键术语和概念

SSL　SET　握手协议　记录协议　警告协议　网上支付协议会议(NIST)　公钥加密算法　私钥加密算法　安全外壳协议　SOCKS协议　安全超文本传输协议　客户认证CA　身份认证　信息认证　数字摘要　数字信封　数字签名　数字时间戳　数字证书　个议

综合练习题

一、单项选择题

1. (　　)是由VISACard和MasterCard合作开发完成的，在互联网上实现安全电子交易的协议标准。

A. SSL　　B. SET　　C. DES　　D. RSA

2. EDI软件具有将用户数据库系统中的信息译成(　　)的标准格式以供传输交换的能力。

A. EDI　　B. 文本文件　　C. 图形　　D. 脉冲电流

3. 1996年2月 VISA与MasterCard两大信用卡国际组织发起制定保障在Internet上进行安全电子交易的(　　)协议。

A. SSL　　B. IPSEC　　C. SET　　D. 数字签名

4. SET采用优良的密钥体制，把(　　)与非对称密钥体制的有效性结合在一起。

A. 不对称密钥的有效性　　B. 对称密钥的低成本而快速

C. 非对称密钥的低成本而快速　　D. 对称密钥的有效性

5. SET协议工作在TCP/IP的哪个层次？(　　)

A. 网络层　　B. 数据层　　C. 应用层　　D. 会话层

6．SET 协议涉及的对象不包括(　　)。
A．消费者　　B．离线商店　　C．收单银行　　D．认证中心(CA)
7．SET 协议通过(　　)技术保证数据的一致性和完整性。
A．公共密钥　　B．数字信封　　C．数字签名　　D．对称密钥
8．SET 协议主要保障(　　)的安全。
A．网站数据
B．网站之间通信信道
C．客户、商家和银行之间通过信用卡支付
D．电子邮件
9．SSL 安全协议的主要功能不包括(　　)。
A．维护数据的完整性，确保数据在传输过程中不被更改
B．能绝对安全地传递数据
C．加密数据以隐藏被传递的数据
D．认证用户和服务器
10．SSL 协议层包括两个协议子层：记录协议和(　　)。
A．握手协议　　B．牵手协议　　C．拍手协议　　D．拉手协议
11．SSL 协议是由(　　)公司推出的一种安全通协议。
A．NETSCAPE　　B．IBM　　C．MasterCard　　D．VISA
12．SSL 协议是属于网络(　　)的标准协议
A．对话层　　B．网络层　　C．应用层　　D．传输层
13．采用数字签名进行远程授权的支付方式是(　　)。
A．银行卡在线刷卡记账　　B．银行卡从 ATM 机提款再支付
C．银行卡 POS 结账　　D．银行卡网上支付

二、多项选择题

1．关于数字证书的原理说法错误的是(　　)。
A．数字证书采用公钥体制，即利用一对互相匹配的密钥进行加密、解密
B．每个用户自己设定一把公有密钥，用它进行解密和签名
C．当发送一份保密文件时，发送方使用接收方的私钥对数据加密，而接收方则使用自己的私钥解密
D．设定一把公共密钥为一组用户所共享，用于加密和验证签名
2．互联网电子商务交易中网络安全要素应包括(　　)等方面。
A．信息传输的保密性　　B．数据交换的完整性
C．交易场所的安全性　　D．交易者身份的确定性
3．顾客不能进行网上支付，往往因为(　　)。
A．网上商店的硬件系统有故障　　B．银行的支付系统有故障
C．银行的通信网络有故障　　D．顾客自己不熟悉支付流程

4．SSL 协议可用来对以下哪个协议进行加密？(　　)

A．FTP 协议　　B．Telnet 协议　　C．HTTP 协议　　D．IP 协议

5．SSL 协议能确保两个应用程序之间通讯内容的保密性和数据的完整性，以下对 SSL 协议的解释错误的是(　　)。

A．SSL 协议属于网络应用层的标准协议

B．SSL 记录协议基本特点：连接是专用的、连接是可靠的

C．SSL 握手协议基本特点：连接是专用的、连接是可靠的

D．SSL 可用于加密任何基于 IPX/SPX 的应用

三、简述题

1．简述电子支付协议的种类。

2．简述与电子支付相关的协议。

3．简述电子支付系统的要求

4．简述电子支付的标准。

5．简述电子支付系统的特点

四、分析题

1．分析电子支付系统的功能。

2．分析中国电子商务支付体系的结构及实现原则。

第8章 网络证券与网络保险的应用

学习目标

通过对本章内容的学习，要了解网络证券的一般内容，熟悉网上证券交易模式和网上证券交易程序；了解网络保险的一般内容，熟悉网络保险优势及其营销；了解网上财险产品服务和网上寿险产品服务。

教学要求

知识要点	能力要求	相关知识
网络证券与交易	(1) 理解网络证券的基本概念、特点和创新性 (2) 掌握网络证券的一般内容 (3) 熟悉网络证券交易程序	(1) 中国网络证券的特色 (2) 网络证券的营销管理
网络保险与应用	(1) 理解网络保险的基本概念、特点和创新性 (2) 掌握网络保险的一般内容 (3) 熟悉网络保险交易程序	(1) 网上直销保单业务 (2) 网上保险的商业模式

引例

1. 韩国大宇证券网上交易

韩国大宇证券1997年开始网上交易，营业部从业人员在4年里减少了70%，营业部经营面积减少61%。大宇目前80%交易都来自于网上，因为网上交易手续费仅为传统方式的1/5～1/3。根据韩国大宇证券数据仓库的统计数据，当一个传统股民转换到网上进行交易时，下单频度会增加3倍。境外市场曾经对网上交易客户的交易情况进行过调查，结果也发现：网上交易客户交易的频率远远高于传统交易客户，资金周转率平均高出传统交易客户4倍。然而，大宇的佣金收入并没有因为手续费率的降低而下降，仅用3～4年便完成了自身业务模式的改造和转型。同样，佣金自由化后，日本也出现了类似的增长情况。

2. 人保财险推出第二代e系列网上专用保险产品

中国人民财产保险股份有限公司在电子商务(www.e-picc.com.cn)开通两周年之际隆重推出了网上专用的第二代e系列保险产品，该产品也是目前国内唯一的网上自助式组合保险产品。

此次人保财险推出的第二代e系列自助式组合产品，包括“e-神州逍遥行”、“e-神州商务行”、“e-四海逍遥行”、“e-四海商务行”、“e-自驾逍遥行”5个产品，保险责任包括境内(外)旅行意外伤害及医疗、家庭财产、境外救援等多项保障内容，为境内(外)旅游、商务出行及自驾车出行人士提供了全方位的保障。

第二代e系列产品在设计上充分考虑了客户自主性，消费者可按照自己的实际需求对产品的各项保障内容和保障期限进行自助选择、组合，真正实现了“我的保险我组合”。同时，该产品还免费为客户提供了价值2.5万元的未成年人意外伤害保障和1000元旅行证件损失保障。另外客户现阶段购买该产品还能够参加“e-PICC相伴生活每一天”网上有奖销售活动，有机会赢取高级数码相机等精美礼品。

e系列网上专用产品是人保财险本着“以市场为导向，以客户为中心”的经营理念，利用自身的产品优势、网络优势为客户设计和推出的新一代网上保险产品，实现了国内网上保险产品的一次创新。今后，人保财险还将推出更多更好的产品，以满足客户多样化的保险需求，为客户提供更多的方便和实惠。

章前导读

网络证券是指在互联网上进行各种证券发行与交易的服务活动的总称。目前国内外网络证券业务发展很快。在我国，网上证券交易经营有“华夏模式”“赢时通模式”和“飞虎证券模式”。网络证券包括三大部分，即网上证券发行服务、网上证券交易服务和网上客户理财服务。网络证券的特征和影响，挑战了传统证券交易的主流地位，促使传统证券交易所和证券公司重新进行战略性定位和改革。

网络保险是指以信息技术为基础、以互联网为载体开展保险业务活动的总称。保险网站的建立，是网上保险应用的基础平台。国外网上保险发展很快，网上保险产品与服务进入到新阶段。在我国，网络保险市场正处于培育与发展的阶段，与国外网络保险业务发展存在一定差距。从保险公司经营的角度看，我国网络保险可以分为3种类型和5种不同模式。网络保险业务的优势在于自主性、高效性和虚拟性。网络保险营销的特点正是它适应市场需求和业务不断发展扩大的关键。

8.1 网络证券概述

网络证券是利用互联网进行的证券发行与交易的各种活动的总称，是网络金融的主要内容之一。网络证券交易应用，不同网站有不同的操作程序，其网上证券交易操作分为网上股票、网上基金和网上国债 3 个部分。

8.1.1 网络证券的一般内容

网络证券是以互联网为业务平台，运用信息网络技术对证券公司业务流程、证券发行与交易进行重组，为客户提供全方位证券投资服务的一种经营模式。

1. 网络证券涉及的概念

从信息网络技术应用的层面来看，网络证券包括三大部分，网上证券发行服务、网上证券交易服务和网上客户理财服务，其内容具体为网上路演、网上信息披露、网上证券咨询、网上证券行情、网上证券交易、网上基金投资与网上理财等。与传统证券市场相比，网络证券更具有效率和潜力，已成为证券市场信息化的主流。

网络证券在网络金融应用中一般涉及的对象包括下述内容。

1) 证券公司

指专门从事证券发行、承销、自营和经纪的金融机构，又称券商。它们是实现网上证券交易和网上证券发行的主导者和实施者。开展网络证券业务的核心要素，要求证券公司确保网上证券交易活动的安全性、稳定性和准确性；受客户欢迎的关键是给客户提供丰富的网上证券信息、手续费减让和优质服务。

2) 客户和上市公司

指证券市场上证券公司提供证券交易经纪或证券发行服务的对象，它们是网上证券交易、发行的主体，包括个人和企业客户(一般是指上市公司)。个人客户一般指股东或证券投资者。证券公司提供证券交易经纪服务，提供即时网上信息和降低交易费用，是吸引客户积极参与网络证券的关键。证券公司与上市公司的关系，在于利用证券公司网站开展网上证券发行和网上路演等，包括发布招股说明书、披露财务信息、传递重大信息等。

3) 网络产业服务商

指专为网络证券提供网络空间和软硬件设备的公司。它们分为两大类：一类是网络服务提供商(ISP)。它们向客户提供互联网接入服务，同时为证券公司的行情服务器提供场地和维护服务。证券公司选择 ISP 应考虑其现有的客户群和未来的发展前景。另一类是设备、软件供应和维护商。它们提供和维护有关的网络、服务器和客户终端，提供和维护网上交易的系统软件和应用软件。

4) 商业银行

指为证券市场上证券结算提供服务的商业银行。它们为个人和企业客户提供转账汇款、交易结算和网上支付，以及开户服务。选择银行应注重其客户群体、网点布局和业务的电子化程度。

2. 国外网络证券发展概述

网络证券发展的历史很短，美国是最早开展网上交易的国家。20 世纪 90 年代，美国一些证券公司开始利用专用电脑网络下达证券交易指令。1995 年，互联网用户首次可以通过互联网完成交易委托。仅几年的时间，美国就已出现了数百家网上券商，一大部分的散户交易是通过互联网交易完成的。目前美国网络证券交易账户数目已超过 3000 万个，涉及资产近万亿美元。

3. 我国网络证券发展概述

我国最早的网上证券交易是闽发证券和中国华融信托投资公司于 1997 年推出的网上交易系统。其中，福建闽发证券深圳营业部在 4 个月内的网上交易开户数达到 1000 多个，而中国华融信托投资公司湛江营业部 1998 年年末的网上交易开户数达到 7000 多个，网上交易占该营业部交易的 20%。此后，君安证券、华泰证券、国通证券等公司相继推出网上交易。

我国网上证券发展很快，目前国内已有 200 多家证券公司以及经营机构开展了网上证券交易委托业务。其中，推广规模较大的有君安证券、银河证券、华夏证券、闽发证券、大鹏证券和港澳信托等。上市公司、证券公司等利用信息网络技术，开展证券发行信息披露、发布招股说明书和配股说明书、上市公司财务信息、业绩推介、增发新股、基金发行等网上路演，提供网上证券发行服务。

应该说，到目前为止，我国网上证券交易的发展程度还是比较落后的。网上交易投资者占投资者总数的比例，远远低于美国的 60%和韩国的 64%(2005 年统计数据)，这说明我国网上交易用户仍然有极大的增长空间。有关专家预计，随着投资者对网上交易方式的逐步接受，以及互联网用户的快速增长，2007 年我国股市的股指大幅上扬，国内网上交易开户数增长到数千万。

8.1.2 网上证券交易模式

目前，世界许多国家纷纷利用互联网开展证券业务，既形成了各国相对独立的网络证券交易系统，也初步形成了全世界不同形式的证券交易系统。在国外，独立电子交易系统和网络虚拟证券交易所是两类典型的证券交易系统；在我国，网上证券交易经营有“华夏模式”、“赢时通模式”和“飞虎证券模式”。

1. 国外网上证券交易系统

1) 独立电子交易系统

它有别于证券交易所和柜台市场的“另类交易系统”。根据美国证券投资委员会(SEC)的定义，独立电子交易系统是指除证券投资所或证券商协会以外，不经过 SEC 注册登记，却能自动集中、显示、撮合或交叉执行证券投资的电子系统。

证券投资者在独立电子交易系统内可自行报价、下单并执行交易。其中有些系统的结构与证券投资相同，但与传统的集中证券投资有所不同。1995 年 9 月在伦敦建立的 TDP 交易系统就属于此类型。据统计，独立电子交易系统交易额在美国纳斯达克市场上的份额已经达到了 22%。

2) 网络虚拟证券交易所

它是网络证券交易的一种形式。虚拟交易是指投资者不通过证券公司和证券交易所而直接在互联网上买卖股票，有点像模拟证券交易。网络虚拟证券交易所没有固定的场所，也没有营业机构，只有一些供投资者选择的互联网站或网上自动撮合系统。网络虚拟交易所交易很像是早期咖啡屋的证券投资，投资者和经纪商通过一对一、一对多或多对多的直面方式完成交易。

网络虚拟证券交易所有两种交易方式：一是公告牌的方式，即证券投资者在网络虚拟交易所或其他站点上挂出公告牌，显示出自己的买卖意向，这是较低层次的网络交易，类似于早期一对一或一对多的证券投资谈判。比如，美国某证券公司的网站已获得证券市场监管机构的许可，可以在网络上开办公告牌，为投资者提供互相交易的场所。二是提供自动撮合系统的方式，网络证券投资者可以直接把订单输入到网络虚拟交易所的撮合系统。

2. 我国网络证券的经营形式

国外网络证券交易服务的系统，一是传统证券经营机构在互联网上设立网站，提供网上证券服务；二是设立网络虚拟证券交易系统，如独立电子交易系统和网络虚拟证券交易所，直接为客户提供服务。在我国，网络证券业务都采取第一种形式，许多规模大的证券公司在互联网上设立网站，为投资者、股东、上市公司提供证券发行和交易的业务及服务。由于资金和技术等原因，从合作伙伴的角度上看，我国证券公司网上证券交易的经营有3种方式。

1) 证券公司独立进行

证券公司自行开发或向软件供应商购置网上交易及后台控制软件，自行安装配置，自行宣传和开发网上客户。这种方法的好处是掌握网上交易的所有控制权，不足之处是投入使用的周期较长，行情信息更新较慢，开户网点少，必须单独宣传，难以利用其他资源的优势。

2) 证券公司和ISP合作

证券公司将行情服务器(由证券公司提供或租用ISP的)放在互联网主干机房或ISP的机房，保证行情和信息有足够高的传输速度，提高用户的访问速度。这种方式的优点是可借助网络产业服务接入商的主页，用户访问速度快，并具有宣传和推广优势。缺点是ISP可能会要价较高，证券公司的业务信息有被其截获的可能。

3) 证券公司和ISP及银行合作

证券公司与银行之间建立专线连接，并将转账服务器(或由银行自购)放在银行主机房，用于网上交易的查询、冻结，以及银行账户和保证金之间的即时划转。这种方式可充分利用银行的营业网点拓宽客户群，并给客户带来凭银行活期账户即可进行证券交易的便利。

由于资金和技术等原因，从证券公司经营的角度，我国证券公司开展网上证券交易的业务有3种模式。

(1) “华夏模式”。即传统证券公司通过建立自己的网站为所有的营业部客户提供网上下单通道，满足那些使用网上证券交易的用户的需要。华夏、银河、平安、国通、青海、中信、光大等各大证券公司，都纷纷出巨资创办起自己的网站，开展网上交易，在自己的网站上提供网上交易、股票行情、财经新闻、投资分析等网上证券交易服务。

(2) “赢时通模式”。该模式为有证券公司背景又具有财经网站背景的网络金融的经营模式。在我国，一些财经类网站本身不是证券公司，没有合法经营网上证券交易的资格，只有通过与证券公司的营业部建立联系，为其提供网上交易的网页。如一些门户类网站，证券之星、和讯、盛润、道博资讯、康熙证券、赢时通、易富、乾通证券等。

(3) “飞虎证券模式”。该模式定位于“交易类证券网站”的网络证券服务商的经营模式，飞虎证券网是其代表。此网站给我国的网上证券交易业务形式引入一种不同于传统的财经资讯类网站的全新商业模式，可以称为在前两类商业模式中延伸出来的第三种模式。该模式使网上证券交易更加简单、快捷、安全、可靠。目前，该模式业已得到认同，青海证券、湘财证券等都不同程度地采用了此种经营方式。

3. 网上证券用户接入

目前，我国网上证券用户主要有6种上网方式：一是使用Modem或ISDN通过拨号接入高速互联网的上网方式；二是ADSL上网方式；三是利用数字传输通道和数字交叉复用节点组成的数字数据传输网的专线上网；四是无需布线，只需将无线网卡插入电脑，再安装其配备的软件，用户即可实现无线上网的方式；五是有线宽带，通过闭路电视线接入，是广播电视系统普遍采用的接入方式，也叫有线电视网络接入上网；六是FTTP，利用数字宽带技术，光纤直接到小区里，再通过双绞线到各个用户的小区宽带上网的方式。

4. 网上证券交易系统

传统证券综合业务系统是在业务变化不大的条件下，以证券营业部柜台交易系统为核心建立的，形成了“交易所+证券公司总部+证券公司营业部”的市场组织模式和信息系统体系。随着证券市场竞争日益加剧和网上证券交易的发展，证券公司需要重新找到自身的市场定位，确定新的商业模式，多层次、针对不同客户群体、提供多种综合服务的新型市场框架，要求支撑证券业务的基础信息系统，形成集中型的证券综合业务系统的应用模式和业务环境。具体包括以下几个方面。

1) 网络证券综合业务系统

整个系统由集中交易、业务管理系统、行情系统三大子系统及多个小系统构成。三大子系统都连接在相同的数据总线上，通过“订阅—发布”技术实现系统之间的数据交换，同时也实现数据推送服务。如行情系统将实时行情播报给交易系统，交易系统则将交易过程中的重大事件播报给业务管理系统。

2) 网络电子交易基础平台系统

该系统为大规模、大容量网络电子交易系统提供基础性平台，基于Java技术自主开发。基础平台通过网络集中监控和配置技术，可以将所有的服务器通过一台集中监控和配置服务器统一管理起来。系统管理员通过集中监控和配置服务器就可以监控所有服务器的运行状态，并进行配置修改、业务模块发布等操作，集中监控和配置服务器提供了信息自动报警、手机短信息发送等功能。

3) 证券公司业务管理系统

该系统是一个集服务、信息、生产、营销、管理于一体的公司级的业务管理系统，包括综合理财、综合信息、网上交易、客户服务、产品研究、营销管理、决策支持、内部交流、知识库管理、风险管理及绩效考核等业务功能。综合业务管理系统是“大”客户的概念，包括公司客户、公司员工、兼职经纪人、管理机构等。综合业务管理系统是证券行业CRM与ERP系统的集合，其设计目标是实现管理自动化与科学化。

4) 多市场、多品种集中型交易系统

该系统是专门针对证券行业未来交易业务集中管理，以及多市场、多品种的交易趋势而设计的交易系统。由于各证券公司的证券交易业务规则是相同的，所以集中交易系统的设计重点在于提高系统的处理性能、安全可靠性和可扩展性。

5) 多市场、多品种行情发布系统

行情发布系统是证券传统业务和网络证券都不可缺少的重要部分。成功的行情发布系统应该能够通过多种手段，以方便用户使用为出发点，将行情信息高速、准确、稳定、可靠地传送给用户。针对未来投资者多市场、多品种组合投资的需要，开发最新的支持多市场、多品种行情的发布系统。

6) 证券客户服务中心系统

在证券公司成功应用客户服务中心系统基础上，通过进一步技术改造完成了i-CCENTER架构，并实现了IVR、ACD子系统及客户端、IVR业务网关的原型，基本实现个性化与自动化的客户服务。

《网络证券应用示范系统》通过“采用先进的中间件技术、海量存储技术、数据仓库技术、并行处理技术、网络通信技术、防火墙技术和异地备份技术等，结合多媒体技术、数据加密技术，以及身份认证技术”等，解决了证券信息系统网上网下交易发展中的技术难题。

8.1.3 网络证券的特征与影响

网络证券的发展前景，就在于自身的优势和特征，适应了社会信息化与互联网发展的需求。

1. 网络证券的特征

网络证券不同于传统证券的交易与服务，它的特征包括下述几点。

1) 信息充分流动，可以提高证券市场资源配置的效率

在市场经济运行中，每个竞争主体都会因信息不对称导致决策失误，从而失去发展的良机，并直接影响交易的数量和质量。证券交易中的信息不对称助长了证券交易中的投机成分，尽管有关法规业已出台，但仍然不能从根本上消除这一缺陷。开展证券网上交易，提供快速方便的信息服务，能大大提高证券市场信息的流通速度，从而使证券投资者之间获得信息的时间差大为缩短，又可以有效地提高证券市场的定价功能和资源配置功能。

2) 网络证券市场的特性，可以促使证券投资者群体不断扩大

网上证券交易市场是无形的交易空间，它利用互联网冲破时空界限，将各地的投资者

聚集在这个无形的市场中。通过互联网进行网上证券交易，不仅使那些有资金又有投资欲望，却无暇进行交易的投资者和机构进行投资成为可能，而且还可以吸引大量银行活期存款客户进行交易。网上证券交易的投资者也是上网爱好者，他们具备一定的计算机专业技术和网络技术知识，通过上网不断从网上获取投资信息，随时可介入网上交易市场，由此实现网民与股民的交叉和同步发展，从总体上扩大证券投资者的队伍。

3) 网络证券的优势，可以促进证券市场的有序竞争

网络证券的优势主要体现在以下 3 个方面。

(1) 对于证券公司而言，网络证券有助于其降低经营成本、扩展业务、开拓市场、扩大市场份额；有助于提高服务质量。网上证券委托交易的实时性和互动性，有利于证券公司为客户提供更加及时、个性和全面的服务，深化和加强券商的服务意识。

(2) 对于投资者而言，网络证券可以得到更加优质快速的证券行情信息和交易服务，可以减少因行情延迟、信息时差或交易不及时等引起的交易损失；可以突破地域限制，在任何一个能够上网的地方参与证券交易，给所有投资者一个公平的交易平台和较平等的信息咨询服务。

(3) 对于证券交易所而言，可以通过互联网的应用提供政策信息咨询和服务，进行证券市场的管理。同时，支持和发展网络证券既有利于国内证券市场的发展和有序竞争，也有利于将来与国际证券交易市场的接轨。

4) 证券业务的重新整合，加剧了证券市场波动

网络证券的发展，往往会影响到各国证券市场的稳定。从美国的网络证券看，使用网络的投资者买卖次数较频繁，他们会紧跟共同基金的表现频频买入或赎回个别的基金。最近的研究显示，美国中小证券投资者的行为会加大市场变动幅度。牛市时，他们纷纷大举买入股票基金，从而进一步推高股价；熊市时，他们又匆匆卖出套现，从而进一步压低股价。证券交易的频繁和换手率过高，会加剧投机因素扩大并带来证券市场的波动。

5) 网络证券的发展，推动了证券公司等中介机构的联合

有关专家估计，未来的世界资本市场，将可能会出现真正受全球欢迎的证券网站，迫使证券公司之间联系得更加紧密，共同合作以求发展。2003 年亚洲 5 家重要的证券公司包括日本蓝泽证券株式会社、中国台湾群益证券股票有限公司、韩国远东证券有限公司和中国香港大福证券集团有限公司、中国香港口亚证券集团有限公司建立了伙伴联盟关系，成立了亚洲第一个跨国和地区界限的网络股票交易联网，参与的证券公司都将开发各自现有的网络交易系统给其他伙伴作为使用界面。投资者只需进入参与联盟的本地证券公司的网站，便可以自动享受其他几家证券商网站的服务，发出网络交易指令。

2. 网络证券的影响

(1) 网络证券的产生与发展，挑战了传统证券交易的主流地位。

一方面，网络交易的发展，特别是独立交易系统和网络虚拟证券交易所的诞生，对传统证券交易所的市场垄断地位提出了挑战。网络证券交易迅速扩大市场份额，给传统的证券交易所带来日益巨大的竞争压力。另一方面，证券交易所还在法律地位上受到独立证券投资系统的挑战。其未来对传统交易所提出的挑战也许是致命的，甚至可能会导致有形交易场所的逐步消亡。

(2) 网络证券的发展，将促使传统证券交易所重新进行战略性定位和改革网络证券及其交易的迅猛发展，可能会降低传统证券交易所作为交易场所而提供的增值价值，但对其他方面的作用还不能取而代之。网络证券的发展，可以促使传统的证券交易所改革交易模式，提升证券交易技术，转变监管理念，因而也有助于证券交易所不断创新。

8.2 网上证券交易

由于资金和技术等原因，我国证券公司网上证券交易的经营合作有 3 种方式，证券公司独立进行、证券公司和网络接入服务商合作、证券公司和网络接入服务商及银行合作。从证券公司经营的角度看，网上证券交易也有前面提到的 3 种模式，实际上，我国利用互联网技术开展网上证券交易服务的模式很多，网站类型也不相同，各有特色。

8.2.1 网上证券交易网站

从网站业务内容划分，可以将各类证券网站划分为金融证券综合类、证券公司类和证券信息服务类等，通过搜索引擎就可以找到相关网址。

(1) 金融证券综合类型的网站。我国金融证券综合类型部分网站，见表 8-1。

表 8-1 金融证券综合类型网站一览表

上海证券之星	盛润证券 2000	赢时通证券商务网	中国易富-证券网
和讯	财智网站	牛网	全景网络
巨灵信息网	中华网中国财经	金融街	财富(中国)
神光预测网	股易	21cn——财经股市	上海证券报
深圳热线财经股市	中国证券报	新浪财经纵横	中国财经信息网
股文观止	中国证券在线	证券天地	国信证券公司
中国华鼎财经网	中国上市公司资讯网	巨潮互联咨询网	巨丰金融网
中国风险投资网	中国保险信息网	中国上市公司资讯网	金新证券信息网

(2) 证券公司网站。我国主要证券公司网站，见表 8-2。

表 8-2 证券公司网站一览表

长江证券	光大证券	北京证券	申银万国
国泰君安	国信证券	平安证券	蔚深证券
广发证券	广东证券	大鹏证券	华夏证券
湖南证券	江南证券	西南证券	海通证券网

续表

青海证券/数码证券网	华福证券网	中信证券网	闽发证券网
汕头证券	南方证券	三峡证券	湘财证券网
兴业证券	银河证券	辽宁证券	首创证券网

(3) 证券信息服务类网站。我国部分证券信息服务类网站，见表8-3。

表8-3 证券信息服务类网站一览表

中华网—股市评论	证券之星—新闻股评	万国测评	赢时通—股市纵横
神网—市场分析	和讯投资	新浪—股评天地	网易—股市纵横
中国金融在线	股易—分析研究	财经宽网—市场分析	亿唐个股点评
巨灵信息网—名家看盘	金融街—投资纵横	中国证券网—股评在线	新浪—谈股论金
和讯网—股市大家谈	钱龙资讯网—数据下载	零点工作室数据下载	证券天地数据下载
深圳证券交易所	中国证券报	上海证券报	证券时报
上海证券交易所	海融论坛	搜狐—股市分析	中公网—股市分析

8.2.2 网上证券交易程序

网上证券交易服务与传统的证券交易服务相比，其程序是一样的，都包括开户、委托、成交、交割等几个步骤，只不过实现交易的手段不同而已。原来需要投资者在交易所办理的手续，现在大部分或全部都可以通过证券公司的网站进行。网络证券交易包括登记开户、委托交易、交易撮合和清算交割4个步骤。

(1) 登记开户。目前，国外的证券商已经能够支持客户在互联网上开户，只要证券投资者将自己的电脑链接到券商的网站，即可直接在网上登记和开户。投资者将自己的社会保险号、信用卡号和授权等，通过电子邮件通知该公司，在家中即可加入证券交易者行列。

我国目前尚不能直接在互联网上直接开户，但可以在网上预约开设资金账户，然后由本人持资金账户卡、股东账户卡、身份证亲自到营业部柜台申请，填写《网上委托开户申请表》，并签署《网上委托业务协议书》、《风险揭示书》，办理个人数字(CA)证书，这样就完成了在网上开户。

(2) 委托交易。需开通网上证券交易的交易者首先要下载和安装网络证券交易系统软件，与证券公司签订网上证券委托交易合同。证券投资者在进行网络委托交易之前，首先必须安装网上证券交易系统。以中信建投证券交易系统为例，投资者登录中信建投证券网站(http://www.csc108.com)后，下载网上委托交易系统软件 cscjy.exe，然后按照提示即可完成安装。证券投资者进入网上委托交易系统，如需委托，单击“交易”指令，输入证书密码，即可连接主站。选择营业部，输入资金账号或股东账号，输入交易密码，投资者即可进行证券委托。

(3) 交易撮合。上海与深圳证券交易所均采用电脑撮合交易方式。在该方式下，交易所电脑主机与证券商的电脑联网，证券部本部及其分支营业机构通过终端机将买卖指令输入电脑。证券商经纪人在集中市场交易终端上，接到其营业处传来的买卖指令后，需确认无误，再输入交易所的电脑主机。买卖指令经交易所电脑主机接受后，按证券价格、时间排列，自开市开始时按“价格优先、时间优先”原则撮合成交。

(4) 清算交割。在证券买卖成交后，买方需支付一定的款项获得所购证券，卖方需支付一定的证券获得相应价款。清算是交割的基础和保证，交割是清算的后续与完成。清算交割主要在证券登记结算机构与证券经营机构进行，证券经营机构与投资者之间，往往只进行资金清算。证券登记结算机构与证券经营机构之间的清算交割通过计算机网络进行。各类证券按券种分别计算应收应付轧抵后的结果进行交割，价款则以统一的货币单位计算应收应付轧抵净额后交割。投资者的证券往往由证券经营机构集中保管，投资者的证券交割由证券经营机构自动划转。证券经营机构与投资者之间的资金清算，一般通过证券营业部的电脑系统或与该营业部联网的结算银行电脑中心进行处理。当客户证券卖出成交返回后，计算机系统即时将资金增加到用户的账户上。当客户证券买入成交后，则即时将所需资金从用户的账户中划去。

8.2.3 网上证券交易应用

我国网上证券交易应用，不同网站有不同的操作程序，现以国信证券的鑫网和中国工商银行的网站为例。

1. 国信证券网上证券交易

国信证券为我国大型综合类证券公司，是中国证券市场主承销商之一。它的网站名称为鑫网，主要业务和信息服务栏目有“网上营业厅、高速行情、开户与交易、会员专栏、市场咨询、金融顾问、产品中心、关于国信”等。在其首页内容中，包括滚动式的证券市场即时新闻、鑫网股评家的最新观点、证券市场操作技巧基本分析、每日必读的证券市场新闻和网上投资报告会的主题调查。

国信证券的网上交易内容占有很大比例。进入网上营业厅，从“网上交易演示”路径入手，可以看到证券公司提供两大服务：一是提供实时交易委托、查询和开放式基金交易服务；二是提供手机短信服务、个股资料、国信鑫网服务等。从“网上预约开户”路径，用户可以预约开立股东代码卡和开设资金账户。随后，资金存取、交易账户设置、交易与行情、办理增值业务、修改资料等服务项目也按照规范可以进行操作。在网上营业厅，可以找到国信证券遍布全国的营业网点及“银证通”开户的网点。从“网上交易软件下载”路径，用户可以下载最新版本的网上交易软件——“国信通达信网上交易软件(最新版本)”，并进行安装。在相关业务程序全部完成后，从“网上下单”路径，用户可以进行网上证券交易。在用户登录栏目中，用户输入投资者的账号代码、交易密码及附加码，进入网上交易操作程序，根据需要进行股票或基金的交易买卖。

2. 中国工商银行网上证券交易

中国工商银行网站是以银行业务为主要内容，兼有网上证券、网上保险、网上商城等业务的专业性金融网站，网上银行业务栏目有个人金融服务、企业金融服务、电子银行服务、银行卡服务和金融信息等；网上金融业务栏目有网上银行、网上汇市、网上证券、网上保险和网上商城等。从网上证券的路径看，该网站提供证券信息、业务介绍、主要功能等金融服务，为用户提供全面的证券信息和便捷的交易平台。

网上证券业务的具体操作程序分为申请和操作两大部分。

1) 网上证券业务申请

网上证券业务申请必须到证券公司开通网上交易，同时在用户的电脑里安装交易软件，再连上互联网后，方可开始进行交易。在交易前，要对申请过程要有充分的了解。网上证券业务申请包括以下的业务。

(1) 银证通。此功能即为拥有银行和证券公司账户的投资者提供证券交易开户服务。互联网用户需要通过“金融@家”进行网上证券交易，可以到当地工行营业网点办理开通银证通功能，并注册为工商银行“金融@家”客户，才能在网上银行进行股票买卖业务。

(2) 银证转账。此功能即为拥有银行和证券公司账户的投资者提供证券交易中资金流动服务。互联网用户使用银证转账功能也必须在柜台开通银证转账功能，并注册为工商银行“金融@家”用户。目前银证转账只支持证券市场中的A股交易。

(3) 网上基金。此功能即为基金投资者提供网上交易服务。互联网用户在工商银行“金融@家”办理基金业务前，需在工商银行开立灵通卡和理财金卡，在柜台完成基金账户开户、基金交易账户开户、TA基金账号登记等相关手续，并通过营业网点注册或在网上自助注册为“金融@家”用户。

(4) 网上国债。此功能即为国债投资者提供网上交易服务。互联网用户通过“金融@家”进行国债买卖，需在银行营业网点开立二级债券托管账户，指定一个本人的活期存折户作为国债买卖的资金账户，并将该债券托管账户挂到灵通卡或理财金卡上，同时注册成为“金融@家”的用户。

2) 银证通业务操作程序

工商银行网上证券交易操作分为网上股票、网上基金和网上国债3个部分，网上股票分为银证通和银证转账。

(1) 银证通操作程序。客户要进行银证通交易，必须首先凭股东代码和密码登录银证通功能模块，才能选择相关的交易功能。选择进行交易的市场，如深A、深B、沪A、沪B，用户选择后，所进行的交易均是该市场交易，客户可随时重新选择市场。买入委托申报，客户可直接买入股票、认购配股、申购新股。卖出委托申报，客户进行指定委托价格进行股票卖出委托申报。委托撤单，客户可撤销当日已委托成功但尚未成交的委托合同。

(2) 银证转账业务操作程序。在网上证券交易中，客户必须开通银证转账功能，并注册为工商银行网上银行的客户。该功能的服务时间与证券公司的营业时间保持一致。服务内容包括资金账户向保证金账户转账，如客户通过网上银行将银行账户中的资金转入其指定的证券公司的资金保证金账户的处理。保证金账户向资金账户转账，如客户通过网上银行将其指定的证券公司保证金账户中的资金转入银行资金账户的处理。

3) 网上基金业务操作程序

网上基金业务操作程序，分为两大部分：一是网上基金认购流程，二是网上基金申购流程。

(1) 网上基金认购流程包括初始认购金额应为个人最低认购金额的整数倍。追加认购金额应为追加认购基数的整数倍，大于最小追加认购金额；认购金额要大于 0，并且必须大于对公最低认购金额，小于对公最高认购金额；不同的基金有不同的认购金额要求，如果输入的金额不符合认购该基金的金额规定，将提示错误的具体信息，用户需重新填写。基金发行期间，只有认购业务；已认购的基金单位在发行期间不得卖出；网上进行基金认购，交易的确认需要到基金发行期结束时，因此当日认购确认无法查询到有关信息，只能查询当日交易明细。

(2) 网上基金申购流程包括基金申购限于基金存续期间。基金申购时，申购价格未知，申购以金额为单位；基金申购金额应该是最低申购金额的整数倍；在网上进行基金申购，交易的确认至少需要一日，因此当日申购确认无法查询到有关信息，只能查询当日交易明细。

4) 网上国债业务操作程序

目前，个人网上国债买卖仅限于记账式国债买卖；申购债券总面值(元)必须是 100 的整数倍；债券的申购交易需在指定交易日(一般为每周的周一至周五)的指定交易时间(一般为上午 9:00～11:30，下午 13:00～15:00)。

国债申购交易的流程为，登录工商银行网上个人银行，进入网上国债业务，填写申购交易时间，选择债券代码和债券卡号，返回债券代码、名称、发行价、面值和年利率，买入债券总面值，确认交易，国债交易成功。

国债二次买卖交易流程为，登录网上个人银行，进入网上国债业务，填写二次买入或卖出交易时间，返回债券名称、发行价、面值、年利率、净价和全价，买入债券总面值，确认交易，国债二次交易成功。

5) 网上期货业务操作程序

(1) 开户。开户时要进行客户类型的选择，如自然人客户或法人客户。之后要选择开户时间和地点，也就选择某地的某期货公司。签署合同后由该期货经纪公司提供两份空白的《开户合同》，请仔细阅读，无异议后在《开户合同》上签字，并连同开户人、指令下达人及资金调拨人的身份证复印件一同带到期货公司。核实无误后，期货公司盖章并把其中的一份《开户合同》给客户，同时向交易所申请编码。

(2) 开户金额。开户金额不能低于 5 万元。

(3) 开户所需提供资料。如果是个人，客户本人的身份证复印件、指定下单人的身份证复印件、资金调拨人的身份证复印件。如果是法人，则要提供营业执照复印件、税务登记证复印件、法定代表人授权文件、法定代表人身份证复印件、指定下单人的身份证复印件、资金调拨人的身份证复印件，开户后，客户获得在期货公司的资金账户。

(4) 入金。入金可通过银期转账系统。若该期货公司的合作伙伴是中国工商银行，必须办理工行的牡丹灵通卡后，方可进行转账。通过银行划转到期货公司账户，资金到位后视做入金成功。

(5) 申请编码。客户获得在期货公司的资金账户后，由期货公司为客户办理在各个交易所的交易编码，编码获得批复后即可进行交易。

(6) 交易。期货公司全面开通电子化交易，客户入金后，公司将同时请客户签收网上交易登录密码，客户签收后，在第一时间按照初始密码登录系统并更改密码，所有委托均可以通过计算机直接进入交易所场内。

网上客户通过互联网，使用期货公司提供的专用交易软件收看、分析行情、自助委托网上交易客户在网络出现问题时，可通过期货公司工作人员为客户电话委托下单，报上客户的交易账号和交易编码进行电话下单。若期货公司的通信出现故障时，系统会自动转为人工委托下单，客户仍可通过网上自助交易，但下单与回报速度会降低(建议网络出现问题时暂时不要操作，待系统正常后操作)。具体步骤如下。

① 登录下单系统。登录期货公司的网上交易系统并填写登录信息。客户登录成功后，根据公司的设置，客户需要对系统弹出的账单内容进行确认。

② 进入行情看盘系统(免费)。自选合约可以进行分组设置，这里同时可以单击标签页，进行各个页面之间的切换，根据自选合约组名显示指定的自选合约页。

③ 进入委托(下单输入区)。此时，会出现界面说明如下。

合约：同时支持键盘输入、鼠标选择、快捷键输入；在信息提示栏提供快捷键提示。

交易编码：输入合约之后，自动显示该客户对应此交易所的交易编码；如果有多个交易编码，默认显示最后一个。

买卖：支持快捷键输入，在信息提示栏提供快捷键提示。

开平：支持快捷键输入，在信息提示栏提供快捷键提示。

手数：支持合约参数的默认下单手数；如果设置了默认手数，输入的时候自动带入下单手数。

价格：根据合约买卖方向，自动显示合约价格，如果设置委托参数，则根据设置的默认价格类型显示对应的价格(最新价、买入价、卖出价或指定价)。

下单：单击此按钮，发出普通委托单。

预埋：单击此按钮，预埋委托单。

取消：单击此按钮，可以清空已经输入的委托信息。

委托方式：系统提供了多种委托信息的输入方式，可以手工输入，也可以从行情带入部分信息；同时支持键盘和鼠标操作。

④ 查询(查询区)。查询有“查委托”“查资金”“查成交”“查预埋”“查合约”“查持仓”6种，都是分页显示，用鼠标单击标签页(标签页显示的数字)可以进行各个页面之间的切换，单击“查询”按钮，查询相应内容。查询的结果可以按“全部”“可撤”“不可撤”对结果集进行分类。

⑤ 出入金。选择菜单栏“查询”→“出入金”，可以查询一段时间内的出金、入金或全部，查询条件包括：开始日期、结束日期、出入金类型。

⑥ 结算。期货公司的电子化系统进行实时动态结算，客户于交易中即可查阅账户上的情况。每日闭市后，由期货公司结算部进行盘终结算，客户可以选择书面、传真、电子邮件、网上查询等方式收看结算结果。

⑦ 撤户。客户在办理完我期货公司规定的撤户手续后，双方签署终止协议结束代理关系(指客户与期货公司)。

⑧ 出金。客户出金，可以通过银期转账系统，将资金转入您的牡丹灵通卡内(可由期货公司工作人员代为办理)。

8.2.4 网上证券实务

随着全球电子商务发展迅猛，其应用形式和应用领域日益广泛，投资者也开始利用互联网网络资源，获取证券的即时报价，分析市场行情，并通过互联网委托下单，实现实时交易，就产生了网上证券交易。

1. 证券之星

1) 证券之星网站(www.stockstar.com)简介

证券之星是在网络技术方面有一定优势的证券网站，创建于 1996 年，它是由上海美宁计算机软件有限公司投资经营，主要股东有中国电信(上海)、上海联创投资基金等。它是中国最早的理财服务专业网站，是专业的投资理财服务平台，是中国最大的财经资讯网站与移动财经服务提供商，同时也是中国最领先的互联网媒体。2000 年证券之星成为中国第一家通过 ISO 9001 国际质量体系认证的互联网企业，在中国互联网络发展状况的历次各项权威调查与评比中，证券之星多次获得第一，连续 5 年蝉联权威机构评选的“中国最优秀证券网站”榜首，注册用户超过 750 万，是国内注册用户最多、访问量最大的证券财经站点。它以客观、理性、务实的作风，在国内开创证券资讯行业之先河，首次提出个人投资理财产品概念，是中国最领先的互联网媒体及电信增值服务运营商。

证券之星网站证券之星以金融理财产品为核心，通过网站、短信、WAP、IVR、行情分析软件等渠道，依托中国领先的理财产品研究分析专家团队，以及国内最具实力的理财技术创新开发团队，为中国理财用户提供专业、及时、丰富的财经资讯，无线智能移动理财产品，个人理财应用与咨询等多方位专业理财信息服务。

证券之星金融证券产品包括行情分析软件、手机信息服务、股票、WAP、丰帆理财等系列产品，将金融证券信息服务产品全方位地渗透到国内外具有投资理财要求的大众用户，作为证券之星的系列产品的基础和枢纽，证券之星金融证券新产品是一个传统证券与财经媒体联合打造的主流服务平台，向大众化用户提供海量信息，资料查询及综合信息分析。并且通过该平台，证券之星向广大用户提供了证券之星行情分析软件，该软件提供了基于标准行情上的适度理性信息服务。

2) 证券之星分析软件

证券之星分析软件是由证券之星推出的金融分析工具，该软件集多年市场经验和听取近百万股民的炒股心得，汇总多位专家的日常操作手法，建立一套以操作股票流程为线索的符合逻辑的股市操作系统。该软件具有提供行情、外汇、证星魔棒、飓风轨迹、新闻提示、信息红旗、智慧 F10、财务选股、特色指标、在线面对面、持仓管理等功能。证券之星分析软件具有以下方面的优点。

(1) 符合投资者的看盘习惯。尤其对使用过钱龙、胜龙的用户，其界面特别友好。

(2) 使用高手指标。例如，结合股市民间预测师殷保华的全套指标，可使用江恩 3 号、4 号、9 号……，请用线上阴线买入、线下阳线卖出进行验证。

(3) 自动完成历史数据的添加。利用网络技术，不需要做收盘作业，也无需转换周线、月线。

(4) 证券之星独特的真实指数。为用户还原股市的真实走势。

(5) 证星精确复权功能。不仅还原送配股前的真实股价，还能还原送红利之前的微小变化。

(6) 公告提示。将股市 10 年间的数十万条公告标注于 K 线上，方便用户参考基本面与技术面的关联。

(7) 汇市行情。24 小时不间断的汇市行情，让用户在休息时也能进行投资。

(8) 多汇同列将同屏。让用户了解多个币种的实时走势，不让机会在换屏中溜走。

证券之星的主界面如图 8.1 所示。

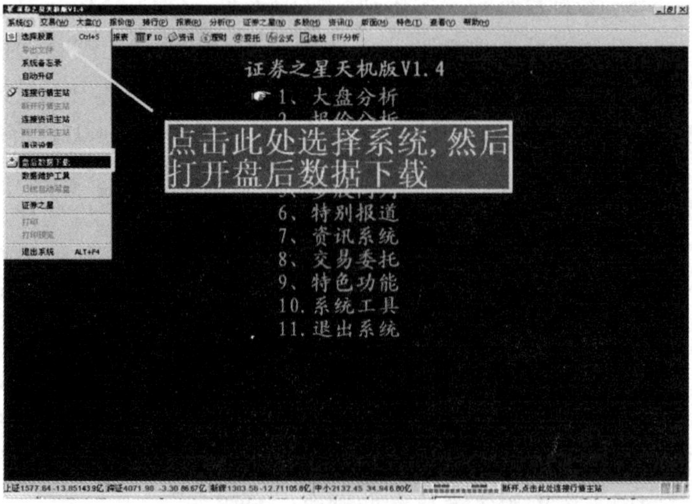

图 8.1　证券之星主界面

2. 华泰证券

1) 华泰证券的背景

华泰证券有限责任公司前身为江苏省证券公司，1990 年经中国人民银行批准设立，1991 年 5 月 26 日在南京正式开业，注册资本 1000 万元，经过 5 次增资扩股目前华泰证券注册资本为 22 亿元。1999 年公司更名为华泰证券有限责任公司，是中国证监会首批批准的综合类券商之一。2005 年 3 月，经中国证券业协会从事相关创新活动证券公司评审委员会第四次会议评审通过，华泰证券获得创新试点资格。

华泰证券目前在全国拥有 34 家证券营业部，其中江苏省内 23 家，省外 11 家，省外营业部主要分布在国内经济发达地区或具有较大影响的大中城市。依托营业部设有证券服务部 15 个。有沪、深 A 股、B 股、债券、基金、代办股份转让等交易品种。可为投资者提供电话委托、磁卡委托、小键盘委托、钱龙自助委托、可视电话委托、网上委托(含页面委托)、

STK 卡手机炒股、GPRS 手机炒股、固定电话“家家 E”证券短消息炒股等交易手段。目前，华泰证券与中国银行、中国工商银行和中国建设银行等银行开通了银证通业务，证券投资更加方便快捷。华泰证券网站主页如图 8.2 所示。

图 8.2　华泰证券网站主页

华泰证券在上海设有地区总部，在北京、深圳设有办事处，在全国大中城市设有近 50 家营业网点，在南京、上海、北京、深圳设有投资银行业务机构。经中国诚信证券评估有限公司按国际评级标准测评，华泰证券信用等级为 AA+级。

2) 华泰证券网站功能

华泰证券网共有 9 个一级栏目，35 个二级栏目，105 个三级栏目以及众多的底层内容栏目和功能操作栏目。可以通过首页的网站导航进入所需要的具体栏目。一级栏目包括：首页、我的主页、资讯中心、行情交易、在线交流、产品服务、华泰研究、移动证券、走进华泰。

(1) 全面完善的服务体系。华泰证券网站栏目分类清晰，功能齐全，便于访问和使用。财经资讯内容丰富，并注重自主资讯和研究内容的开发。在线交易方面也很有特色，项目多。除“专家门诊”栏目已成为网站的品牌栏目外，还设有“专题论坛”，可根据需要随时开设热点话题进行交流，可随时解答用户在网上交易方面遇到的各种技术问题，方便了网上交易的用户。

(2) 网上交易业务。投资者通过华泰证券网进行网上证券交易。首先投资者应该持本人有效证件、证券账户卡到开户营业部柜台填写《网上交易开户申请书》、《网上交易委托协议书》申请经营业部交易员确认并输入电脑，立即可以网上交易。也可以在华泰证券网上进行开户预约，用户只需要输入真实姓名、身份证号、在营业部下拉菜单中选择对用户方便的营业部、输入电话、手机号任一种，并确定上门时间和上门服务地址，完成“发送”后，用户即可在 24 小时内得到华泰证券公司的开户预约服务，及时为用户办理网上证券交易所需的各种相关手续。华泰证券网上交易流程如图 8.3 所示，交易系统如图 8.4 所示。

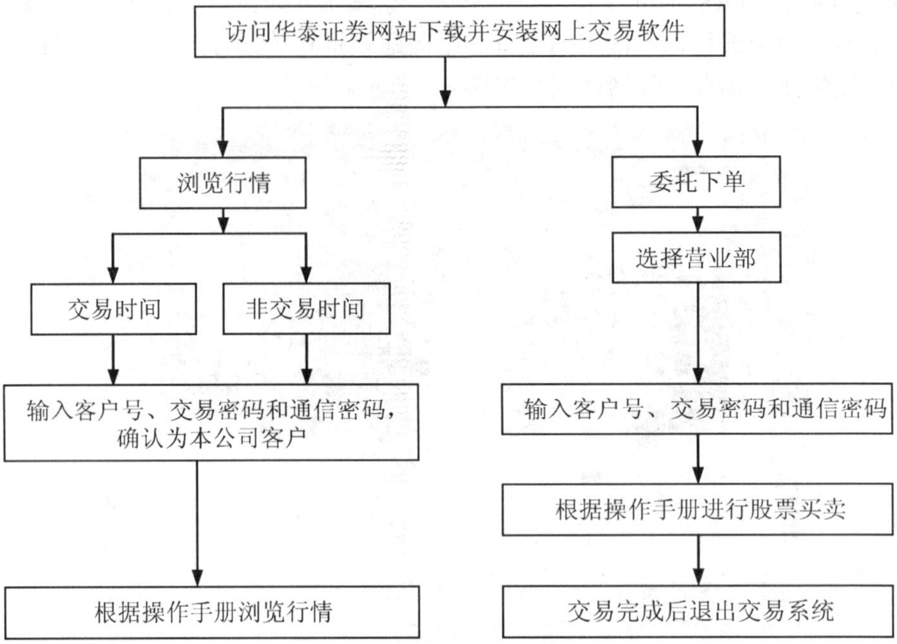

图 8.3　网上交易操作流程

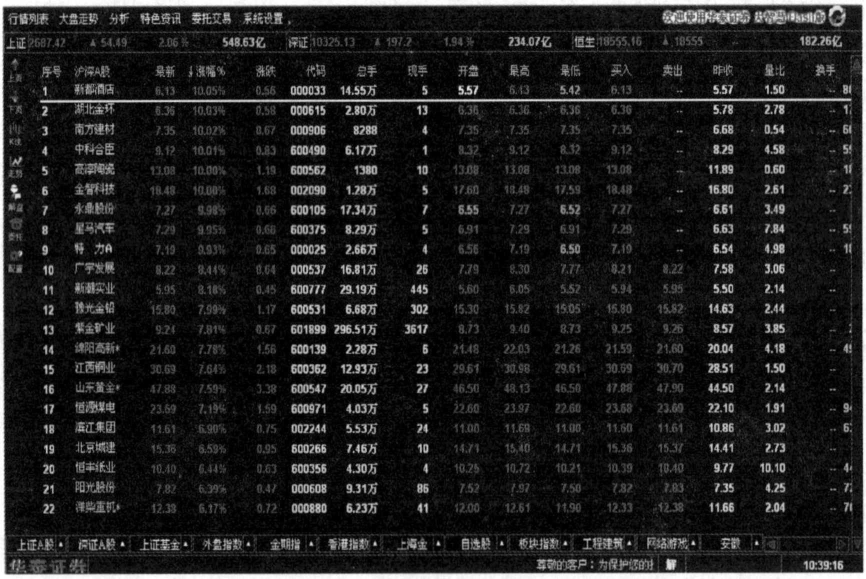

序号	沪深A股	最新	涨幅%	涨跌	代码	总手	现手	开盘	最高	最低	买入	卖出	昨收	量比	换手
1	新都酒店	6.13	10.05%	0.56	000033	14.55万	5	5.57	6.13	5.42	6.13	--	5.57	1.50	-- 8
2	湖北金环	6.36	10.03%	0.58	000615	2.80万	13	6.36	6.36	6.36	6.36	--	5.78	2.78	-- 1
3	南方建材	7.35	10.02%	0.67	000906	8288	4	7.35	7.35	7.35	7.35	--	6.68	0.54	-- 6
4	中科合臣	9.12	10.01%	0.83	600490	6.17万	1	8.32	9.12	8.32	9.12	--	8.29	4.58	-- 5
5	高淳陶瓷	13.08	10.00%	1.19	600562	1380	10	13.08	13.08	13.08	13.08	--	11.89	0.60	-- 1
6	金智科技	18.48	10.00%	1.68	002090	1.28万	5	17.60	18.48	17.59	18.48	--	16.80	2.61	-- 2
7	永鼎股份	7.27	9.98%	0.66	600105	17.34万	7	6.55	7.27	6.52	7.27	--	6.61	3.49	--
8	星马汽车	7.29	9.95%	0.66	600375	8.29万	5	6.91	7.29	6.91	7.29	--	6.63	7.84	-- 5
9	特　力A	7.19	9.93%	0.65	000025	2.66万	4	6.56	7.19	6.50	7.19	--	6.54	4.98	-- 1
10	广宇发展	8.22	8.44%	0.64	000537	16.81万	26	7.79	8.30	7.77	8.21	8.22	7.58	3.06	--
11	新潮实业	5.95	8.18%	0.45	600777	29.19万	445	5.60	6.05	5.52	5.94	5.95	5.50	2.14	--
12	豫光金铅	15.80	7.99%	1.17	600531	6.68万	302	15.30	15.82	15.05	15.80	15.82	14.63	2.44	--
13	紫金矿业	9.24	7.81%	0.67	601899	296.51万	3617	8.73	9.40	8.73	9.25	9.26	8.57	3.85	--
14	绵阳高新*	21.60	7.78%	1.56	600139	2.28万	6	21.48	22.03	21.26	21.59	21.60	20.04	4.18	-- 4
15	江西铜业	30.69	7.64%	2.18	600362	12.93万	23	29.61	30.98	29.61	30.69	30.70	28.51	1.50	--
16	山东黄金*	47.88	7.59%	3.38	600547	20.05万	27	46.50	48.13	46.50	47.88	47.90	44.50	2.14	--
17	恒源煤电	23.69	7.19%	1.59	600971	4.03万	5	22.60	23.97	22.60	23.68	23.69	22.10	1.91	-- 9
18	滨江集团	11.61	6.90%	0.75	002244	5.53万	24	11.00	11.69	11.00	11.60	11.61	10.86	3.02	-- 6
19	北京城建	15.36	6.59%	0.95	600266	7.46万	10	14.71	15.40	14.71	15.36	15.37	14.41	2.73	--
20	恒丰纸业	10.40	6.44%	0.63	600356	4.30万	4	10.25	10.72	10.21	10.39	10.40	9.77	10.10	-- 4
21	阳光股份	7.82	6.39%	0.47	000608	9.31万	86	7.52	7.97	7.50	7.82	7.83	7.35	4.25	-- 7
22	潍柴重机*	12.38	6.17%	0.72	000880	6.23万	41	12.00	12.61	11.90	12.33	12.38	11.66	2.04	-- 7

图 8.4　交易系统 FLASH 行情

(3) 华泰银证通业务。为了适应证券市场的发展，近年来，华泰证券依托网上交易委托系统、手机炒股、全国统一委托电话等电子商务优势，分别与中国工商银行、中国银行、中国建设银行、中国农业银行、交通银行、邮政储蓄等金融机构进行了电子商务方面的业务合作，并签订了“银证通”合作协议。

华泰证券“银证通”业务是指银行储蓄系统和华泰证券保证金系统进行联网，在银证转账基础上推出的更高层次的银证合作产品，它为投资者提供了“券商+银行+互联网”的新型证券电子商务模式，同时提供了“电话炒股、网上交易、手机证券短信息炒股”三位一体的炒股新方式。“银证通”的证券买卖功能，是指客户的资金由银行办理，证券交易由证券公司处理，并且实现客户银证账户间的自动资金划转。客户在合作银行开通“银证通”业务的任何一个营业网点办理“银证通”开户后，不需人工办理保证金转账手续，即可进行证券交易和查询。

与传统的证券理财工具相比，“银证通”业务具有 3 个方面的优点：一是炒股自动转账。即买入股票时资金自动从活期储蓄账户转出，卖出股票时资金自动转入活期储蓄账户，客户无须再进行银证转账操作，资金自动划转，安全方便；二是存取款自由方便，由于投资者买卖股票的资金直接存放在银行的活期储蓄账户上，借助 ATM，投资者可实现 24 小时随时取款；三是提供优质的全方位服务，在遍布城乡的众多的银行网点即可办理证券开户等手续，将证券投资理财与银行理财有机结合起来，实现资金的增值最大化。

银证通与银证转账的主要区别如下。

① 银证通是自动转账，无需办理保证金转账，银证转账必须进行电话转账后才能进行证券交易。

② 银证通在合作银行开通“银证通”业务的营业网点均可办理，银证转账的开户须在证券营业部办理。

③ 银证通在银行直接开户，而银证转账开户是先到银行办理活期存折开户，再到证券公司办理银证转账开户。

④ 银证通业务还从技术上保护了投资者资金的安全。中国证监会专门出台了有关规定，严禁证券公司挪用客户保证金。银证通采用银行管资金、券商管股票的新分工模式，使投资者的资金安全性大大提高，避免了被挪作他用的可能。

(4) 银证通业务特色。所有证券业务通过银行便可完成，充分利用了银行网点多、信誉度高、服务面广的优势；资金全部由银行保管，存取款更方便，也更安全；券商、银行提供多种快捷委托方式，炒股弹指一挥间便可完成；券商、银行提供多样化服务方式，在家中享受专业化服务不再是梦想；多种优惠措施，炒股成本更低廉；可同时进行主板、开放式基金、三板交易。

(5) 银证通业务功能。股东账户开户与挂失；银证通开户；银证通销户；上海股东账户指定交易；深圳股票转托管；证券交易密码、资金密码预设与重置；选择交易委托方式(电话委托、网上交易、手机证券短信息与电话银行等)；资金存取；开户资料修改；查询和打印交易明细；银证通客户转非银证通客户；新股配售；红利领取；证券买卖委托、撤单，银证通操作流程如图 8.5 所示。

注：华泰证券“银证通”业务，目前暂停，华泰证券的银证通已转为银证转账。

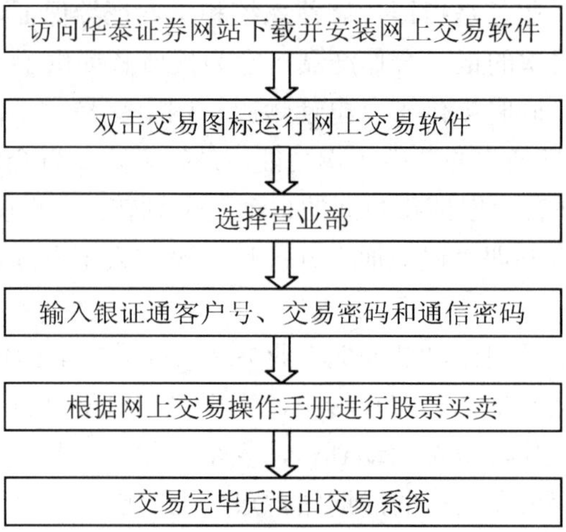

图 8.5 银证通操作流程

8.3 网络保险概述

随着信息技术和互联网的高速发展，全球保险业的营销模式日新月异，一种全新概念的保险——网络保险应运而生。所谓网络保险是指保险企业以信息技术为基础，以互联网为主要渠道来支持企业一切活动的经济行为。其核心内容是指保险企业建立网络化的经营管理体系，并通过互联网与客户交流信息，利用网络进行保险产品的宣传、营销和提供服务，其最终目标是通过网络实现投保、核保、理赔、给付等一系列保险经营活动。我国网络保险主要有网上经纪人和全程网上交易两种业务模式。

8.3.1 网络保险及其网站

网络金融应用的扩大，将对保险业产生包括“改善保险双方信息不对称、价格竞争转为技术服务竞争、保险公司的组织与管理和保险业的监管工作”4 个方面的影响。网上保险的应用分为网上直接投保、网上财险产品服务、网上寿险产品服务 3 个方面。

1. 网络保险的概念

网络保险，是指保险公司和保险中介机构以信息技术为基础，以互联网为载体来支持保险业务开展的活动总称。它包括两个层次的内容：一是保险人利用互联网进行内部管理，即利用互联网对公司员工和代理人进行培训，利用互联网与公司股东、代理人、被保险人进行信息交流和开展网络营销活动；二是指保险公司通过互联网开展网上保险，即利用互联网与客户交流信息，提供保险产品咨询和网上保险服务，其中，网上投保和网上理赔是两项主要的特色内容。

网络保险是随着互联网信息技术发展而产生的，是网络金融应用的主要内容之一。尽管它与网上银行、网上证券业务发展同步，但网络保险产品、服务与网上银行、网上证券业务的开展还存在差距，尤其是在新兴工业化国家和发展中国家。

2. 网络保险网站的构架

保险网站的建立，是开展网络保险业务的平台。保险网站的建立，在逻辑上可分为6个层次：Web网页结构设计、网上保险业务、安全的客户通信机制、Web局部设施、防火墙与网络安全、硬件设备及安全的操作系统。

保险网站的建立，主要设计内容包括以下几个方面。

(1) 申请国际、国内域名，在互联网上进行企业形象宣传。互联网是跨地域、跨行业的共享网络。保险公司在互联网上申请国际、国内域名后，就多一个发展的空间。在网站上对保险公司自身的组织结构及业务经营状况进行介绍，可以加强宣传力度、扩大宣传范围。

(2) 为客户提供查询业务。保险公司将面向大多数客户公开销售的产品或险种放到网站上，供客户查询比较。客户信息的收集或反馈意见，通过相关路径传递到相关部门。整理收集这些信息和客户投保意向，要尽量方便客户。

(3) 保险公司对客户意向和业务的确认。保险业务的投保，可以通过一组表格来实现，这些表格的设计可以建立在大多数普通保户需求的共同特征上，采用多条件选择的方式引导客户按自身的需求进行选择。网络软件系统比较分析后，再从后台险种数据库中选择条件相近的险种提交客户选择。投保确认的主要功能是，如果客户想购买建议中一些简单的、投保条件较为宽松的险种，保险公司可以在网上提供电子保单，客户填写后通过在线支付或网下支付手段交付保费，保险公司通过电子邮件或信函与用户确认。

(4) 投保业务管理系统，即典型案例及营销业务员管理。保险公司将一些典型的人情理赔、异地理赔、骗保理赔、营销诈骗理赔等案例放在网上，供客户和业务员参考(如图8.6所示)。

图 8.6　中国太平洋网上保险主页

8.3.2 网络保险的一般内容

我国保险市场业务开展的主体有几大类。从业务内容划分，有人寿险和财产险。寿险公司包括中国人寿、平安人寿、新华人寿、泰康人寿、太平洋人寿、美国友邦、中英人寿等以经营人身保险业务为主的保险公司；财险公司包括人民保险、太平洋财险、华安财险、平安财险、美亚财险和瑞士丰泰财险等经营财产保险业务的保险公司。从所有制内容划分，有股份制、外国独资、合资、兼有国有经济和混合经济的保险公司。保险中介机构包括上海东大保险经纪公司、深圳富安达保险代理等保险经纪公司。另外，世界上许多著名保险公司在我国都设立了办事处和代表处，中国保险同业协会和地方同业协会也在担负起应有的职责。

1. 保险公司网上经营模式

从保险公司经营的角度，我国网络保险可以分为两种类型。

1) 自行开发保险网站

这是经营传统保险业务的保险公司与互联网嫁接，自己开发的网站。这类网站最有代表性的是“平安18”、“中国人寿”、“人保财险”、“泰康在线”、“新华人寿”等。他们主要侧重于改进保险公司的服务内容和管理，大力推广自家公司的险种产品和服务，开拓网络营销的新方式。在这里，互联网作为媒介的特点更为明显。它的主要特点有：一是提升保险服务水平，二是扩大服务功能，三是推介保险产品，四是开拓保险市场。因此，要求保险公司必须对内部资源和管理系统进行调整，合理设计网上保险产品，建立一种以客户为核心的服务体系和经营理念。

2) 综合门户保险网站

这类网站是保险公司与专业财经网站或综合门户网站合作开通的网上保险栏目，其目的在于利用一些网站的客户资源和信息资源，满足客户群中网络保险消费者的市场需求。例如和讯网、中国货币网、中国工商银行网和上海热线等网站的保险栏目。这些保险栏目，多为人身保险，而尤其以人寿保险为多。这些网上保险业务的开展，在网站内容中占有一定的比例，但最大的问题是身份问题。由于我国实行金融业分业经营，它们所从事的只能是保险经纪服务的内容，只能收取保险网站平台的使用与服务费用，而不能收取佣金费用。

在国外，有虚拟网上保险公司，也称第三方网站。它们不属于任何保险公司，也不附属于任何大型网站。网上虚拟保险公司可以经营网上保险，提供个性化保险产品和服务，具有在线投保、在线咨询和在线理赔等功能。目前我国还没有虚拟网上保险公司。

2. 网络保险的网站模式

在我国，由于网络保险正处于探索发展的初期阶段，有公司网页模式、产品网站模式、综合网站模式、信息平台模式、网上保险经纪人模式等。

1) 公司网页模式

这是最初级的网上保险业务模式。目前，随着信息技术的发展，网络金融应用范围逐渐扩大，几乎所有的保险公司都拥有一个网页，其目的在于宣传自己的公司，推介保险产品和服务，发布保险业信息。许多保险公司的网页还开通了网上投保、网上理赔和网上保险服务等。太平洋保险公司长沙分公司的网页中有新品速递，如律师责任险、校园方责任险、商场责任险、医疗责任险等；险种介绍，如安居综合险、个人住房保险、机动车辆保险、企业责任险、企业财产保险和货物运输保险；投保指南，有网上保险的作用、网上保险合同如何签订等；案例分析中，包括有关意外事故、汽车被盗再保险和理赔等。此公司网页模式的优点是成本低、投入小，但用户的访问率低，网上保险功能不能充分发挥。

2) 产品网站模式

这是扩大专业网上保险业务的模式。与简单地设立一个网页不同，保险公司投资建立产品网站的目的，在于推介保险产品和扩大保险营销。除了强化网页模式的一般功能外，产品网站设立在线投保、在线理赔等网上营销的功能。一些保险公司针对自身的经营特点，比较详细地介绍了保险产品，以产品带动市场，以市场扩大营销力度，逐步拥有和扩大市场份额。如泰康在线网站(http://www.taikang.com)推出亿顺旅行保险计划，包含吉顺、常顺、康顺、至顺四个子系列。同时，此网站专门介绍亿顺旅行保险计划与其他旅行险相比的 3 个鲜明特点：一是意外全部保险，涵盖保险期间内的所有风险；二是选择康顺或至顺，即可获得 24 小时紧急救援保险；三是家庭优惠，一家三口出行，孩子可以免费获得境外紧急救援保险。对于在旅途中发生意外事故导致身故或残疾，保险公司按保险金额给付意外身故保险金和残疾保险金。

3) 综合网站模式

这是资本实力雄厚和业务市场份额大的保险公司开展网上保险的商业模式。这类网站的服务和产品不限于网上保险业务，还包括提供网上银行、网上证券、网上期货等金融产品和服务。

中国平安保险(集团)是国内综合性的股份制保险公司，该集团控股设立平安人寿、平安财产保险、平安保险海外(控股)公司、平安证券(参股)等。由于平安保险集团形成了以保险为主，融证券、信托、投资和海外业务为一体的紧密、高效、多元的集团控股经营架构，其网站业务内容也体现了这一综合经营的特色。

此类网站的优点是，金融产品丰富和服务功能齐全，以保险产品与服务为先导，客户可接受全方位的网上金融服务。但此网站模式将不可能使网上专业产品与服务实现最优化，一时还不能扩大市场份额，拥有更多的客户群。

4) 信息平台模式

这是为开展保险业务提供信息政策宣传、交流、沟通的经营模式。在我国，受金融业分业经营政策的约束，信息平台模式一般是由一些非保险公司类的机构设立的。这些机构一般具有保险业的背景或信息优势的背景。如中国保险业协会和中国保险监督委员会共同设立的中国保险网(http://www.china-insurance.com)，是我国保险业最大的信息政策平台。同时，专门设立栏目，为保险业务的保险人、投保人、经纪人提供信息交流的平台“保险大家谈”，并分寿险论坛、财险论坛和百姓杂谈 3 个 BBS 窗口；专门设立保险代理人从业资格考试的信息平台，专门设立我国重大保险实务中热点、理赔、诈骗案例并推出保险业信息汇编等。

此网站的优点是信息量即时、丰富，政策性强，是从事保险业人们关注的焦点。缺点是商业性和市场化运作的程度低。

5) 网上保险经纪人模式

这是保险业中介机构设立的网站或网页，保险业市场份额的扩大和保险业务的逐步推进，取决于保险经纪人的市场营销。与信息政策平台不同的是，创办这类网站的机构一般是保险经纪人公司，或者非保险类网站，如财经、金融类网站。网上保险经纪人模式的网站提供众多保险公司的产品及服务价格，使客户可以在不同保险公司的同一保险品种中进行内在比较；同时可以利用自身的人才营销优势，为客户设计合适的保险方案、保险规划，制订最佳的风险管理计划，协助客户在线咨询、在线投保和在线理赔等。

8.4 网上保险的应用

网上保险使公司经营与服务的核心转向客户，其全时段、宽地域以及信息交互性等特点，将带来保险各方经济利益的提高，并提高市场运行效率。首先，网络的利用使“保险运行”整体提速，使保险的搜寻、谈判、销售、签单等方面的费用减少，有利于提高保险公司的经营效益；其次，网上投保公正透明，在很大程度上可以减少中间环节由于利益驱动给保险机构带来的不可避免的承保风险；再次，由于网络对时空的突破，以及对潜在需求的深层把握，有利于创新险种、拓展业务提高经营效益；最后，网上保险有利于公司的发展规划。

8.4.1 网上直接投保

过去，传统的保险展业主要通过报纸、电视、咨询等方式进行，收集反馈信息也主要通过问卷、书面投诉等形式，工作量大、耗时长、费用高、准确性差。现在保险公司通过网络可以把险种和个性化服务全部介绍给保户，瞬时覆盖全国。

1. PA18 网站网上保险

网上保险的应用，可以从中国平安集团的网站(http://www.pa18.com)开始。选择 PA18 网站的网上交易与服务，有下述几个方面的因素。

(1) 安全保障高。PA18 网站采用世界先进的防火墙技术和高强度数据加密，两级密码操作方式，加强网站的安全审计功能，最大限度确保客户的信息安全，客户可以放心地进行网上交易。

(2) 3A 委托快捷便利，多种渠道进行交易。3A(Anytime，Anywhere，Anyway)，即任何时候、任何地方、任何方式，网上交易不受地域、时间的限制。无论客户身在全球何方，只要客户办理了网上交易手续，均可通过互联网实现客户的投资意愿，满足客户的需求和习惯。

(3) 开户方便简单，网上填表，上门服务。PA18 网站与平安证券、平安保险等各营业部合作，专门为客户提供柜台服务，并可根据客户的需要上门开户，无论是平安证券的新客户还是老客户，甚至是没有办理股东代码卡的新股民，都可以很快地实现网上保险的投资意愿。

(4) 保证金存取方便。PA18 网提供多家银行的银证转账功能，只要客户在所选的营业部办理了指定银行的银证转账手续，客户就可以在网上划转资金，安全便利。

打开 PA18 网站，从金融业务中选择第一栏目“保险”路径进入网上保险业务的主页，有家财险、车险、交通旅行险、财产险、个人寿险、选代理人、业务员天地和寿险分站等。就保险产品与服务，客户可选择预约开户申请，即在网上填写开户预约申请后，业务员可安排为客户办理相关手续。

2. 网上直接投保内容

目前，在 PA18 网站上网上直接投保的产品不多，以交通旅行险为例。该网站设计了一年乘坐飞机时的“航空平安”、外出旅游时的“旅行平安”、乘坐公共交通工具时的“路路畅通”和乘坐私家车的“一路平安”等产品。客户在线填写“网上投保意向书”后，可以看到在线投保须知和网上支付方式的说明，有关内容包括以下几个方面。

(1) 投保规定。本系列险种只接受投保人以自己为被保险人投保，并只能指定被保险人的父母、配偶及子女为保险金受益人。

(2) 保额限制。网上投保航空平安险，每一被保险人的累计保险金额不能超过 100 万元；网上投保路路畅通、一路平安与旅行平安险，每一被保险人的累计保险金额之和不能超过 50 万元。

(3) 支付方式。该列险种既可以通过购买自助保险卡进行投保，也可以用网上支付方式直接投保。在该网站进行投保时，可采用“网上支付卡支付”“网下现金支付”两种方式支付保费，用户还可进行“网上转账支付”。

(4) 告知义务。依据我国《保险法》的规定，投保人、被保险人应如实告知，否则保险人有权依法解除保险合同，并对于保险合同解除前发生的保险事故不负任何责任。

(5) 保险人承保。保险合同自投保人交纳首期保险费并且保险公司审核同意承保方可成立。平安旅行意外保险的保单生效日自投保人指定的保险期限起始日零时起。

8.4.2 网上财险产品服务

我国财险市场业务开展的主体有几大机构。财险公司包括人民保险、太平洋财险、华安财险、平安财险、美亚财险和瑞士丰泰财险等经营财产保险业务的保险公司。这些机构有股份制、外国独资、合资、兼有国有经济和混合经济的保险公司。

客户可以从人保财险的产品中，看到该公司保险业务的开展情况。单击该公司网站进入主页后，有公司概况、新闻中心、投资者关系、PICC 保险大超市、客户服务、防灾中心和保险课堂等栏目，从“PICC 保险大超市”的路径进入，可以看到我国财产保险产品的全部业务。

(1) 机动车辆保险。为了适应保险市场的变化，人保财险 2003 年启用的机动车辆保险条款，体现了细分市场需求、细分客户群体、细分风险特性，量体裁衣，实行个性化产品、差别化费率的方案。设计开发了 8 个主险条款和配套的 11 个附加险条款，以满足客户的多样化选择。

(2) 家庭财产保险。家庭财产保险产品有“金锁”家庭、普通家庭综合保险，个人贷款抵押房屋综合保险，金牛投资保障性保险等。“金锁”家庭财产综合保险包括“金锁”组合型保险和“金锁”自助型保险两种。“金锁”组合型保险是由综合险和附加险相互搭配组合而成的，包括家安保险、家顺保险、家康保险、家泰保险4种款式。

(3) 企业财产保险。企业财产保险主要有财产保险综合险、财产一切险、财产基本险和计算机保险等。财产保险综合险是人保财险公司专为企事业单位提供保障的一个险种。任何属于被保险人所有或与他人共有而由被保险人负责的财产、由被保险人经营管理或替他人保管的财产、其他具有法律上承认的与被保险人有经济利害关系的财产都可在保险标的范围内。投保金银珠宝等珍贵物品需事先与人保财险公司进行特别约定，但有价证券等不在本保险范围内。

(4) 船舶保险。船舶保险是为其船壳、救生艇、机器、设备、仪器、索具、燃料和物料提供的保险保障，分为船舶全部损失保险和包括船舶全损、部分损失、责任和费用在内的一切险。

(5) 货物运输保险。在我国，进出口货物运输最常用的保险条款是CIC中国保险条款，该条款是由中国人民财产保险股份有限公司制订，中国人民银行及中国保险监督委员会审批颁布的。CIC 保险条款按运输方式分为海洋、陆上、航空和邮包运输保险条款四大类；对某些特殊商品，还配备有海运冷藏货物，陆运冷藏货物，海运散装桐油，及活牲畜、家禽的海陆空运输保险条款。以上8种条款，投保人可按需选择投保。

国内水路、陆路货物运输保险适用于国内水路、铁路、公路或联运方式，是保险货物遭受保险责任范围内的自然灾害或意外事故时，据以得到经济补偿的保险。保险责任开始于签发保险凭证，且保险货物运离起运地发货人的最后一个仓库或储存处所；终止于货物运到保险凭证上注明的目的地的收货人在当地的第一个仓库或储存处所。被保险人需一次性交纳保险费。当货物发生损失时，收货人应在货物运抵目的地的10天内向当地保险机构申请检验。

(6) 责任保险。责任保险有十几种产品，以产品责任险为例。产品责任险分为涉外和国内两种情况。产品责任险承保被保险人(生产厂家和经销商)所生产、出售的产品或商品，在承保区域内发生事故，造成使用、消费或操作该产品或商品的人或其他任何人的人身伤害、疾病、死亡或财产损失，依法应由被保险人承担责任时，中国人民财产保险股份有限公司在约定的赔偿限额内负责赔偿。出口商品通常根据国际惯例要求必须投保产品责任险，以满足进口商的要求。

8.4.3 网上寿险产品服务与实务

中国人寿的网站内容主要是宣传性和政策性的，这是因为各分公司可以根据自己的实际情况设立网站或网页，开展网上保险业务。在中国人寿网站的首页，除了有关保险业务的新闻和信息外，还设计了个人客户、团体客户、营销社区、团险业务员、中介机构等业务栏目。从个人客户路径进入，可以看到中国人寿为个人保险提供的产品和服务，见表8-4。

表 8-4 中国人寿保险产品和服务

保险产品	保障保险、健康保险、意外保险、养老保险、少儿保险、终身或两全保险、分红保险
保险计划	潇洒人生、幸福家庭、闲适人生、呵护未来、康禧人生、吉星高照、雨后彩虹
客户服务	客户知识、在线服务
寿险知识	基础知识、投保知识、保单售后服务知识

保障保险是指被保险人在保险期内身故(或全残)可获得的保险金给付，主要是定期保险。定期保险是指在保险合同约定的期间内，被保险人如发生死亡事故，保险公司会依照保险合同的约定给付身故保险金。如果购买了定期保险，就意味着被保险人在保险期间内将得到身故保障。保障保险的种类有十几种可供客户选择。

1. 网上保险的业务流程与业务类型

1) 保险公司的基本业务流程

传统保险公司实施网上保险经营管理模式战略转移的关键点在于转变经营观念，充分利用信息技术，重新设计业务流程，调整组织结构，实现“以客户为中心”的市场拉动型的营销管理战略，才能真正发挥互联网络的信息平台优势，展现网上保险的市场潜力。

通常，代理商给承保人提供的价值有收集名单、引导客户对保险的需求、提供个性化的服务、收集信息并处理申请单、评估索赔等内容。当他们熟悉，并且能够销售众多险种时，代理商能够为客户提供的附加价值有下述几个方面。

(1) 为客户保险需求提供一站式服务。

(2) 为客户以合适的价格选择满足个人需求的、合适的产品和服务。

(3) 能够实现数据录入和档案存储的一站式服务。

(4) 能有效地处理申请单和购买活动。

因此，无论是开展网上保险还是传统保险，最关键的仍是基本的业务流程。保险公司的基本业务流程如图 8.7 所示。

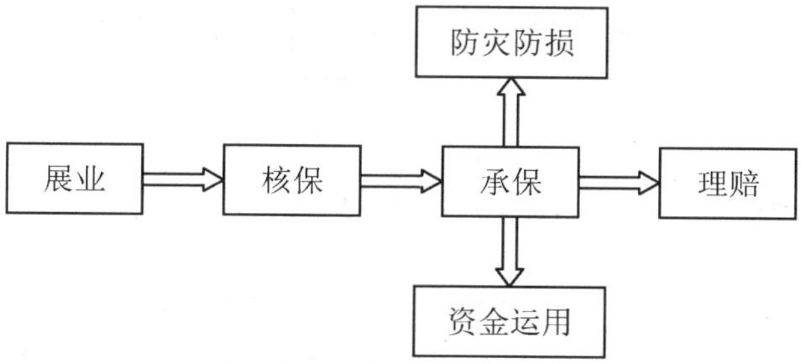

图 8.7 保险公司的基本业务流程

2) 网上保险的业务类型

目前，网上保险的基本业务内容可以大致分为以下几种类型。

(1) 信息咨询业务。

(2) 网上直销保单业务。

(3) 在线投保业务。网络投保流程如图 8.8 所示。

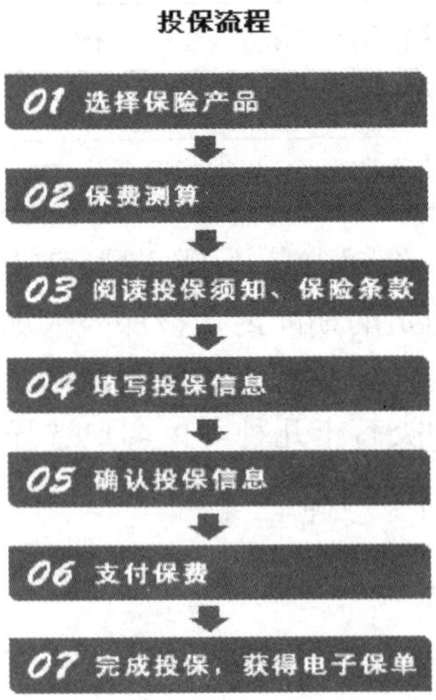

图 8.8　泰康在线投保

3) 网上保险的业务处理

需要说明的是，目前网上保险并不能改变保险公司的展业、承保、核保、理赔等基本业务流程，由于信息技术的有力支持，所改变的只是这些基本业务流程的处理方式。

从信息技术的层面来看，保险公司的一个完整的网上保险系统是保险公司网站和其内联网(Intranet)的集成，如图 8.9 所示，它们发挥着保险公司业务流程的传导载体的作用。

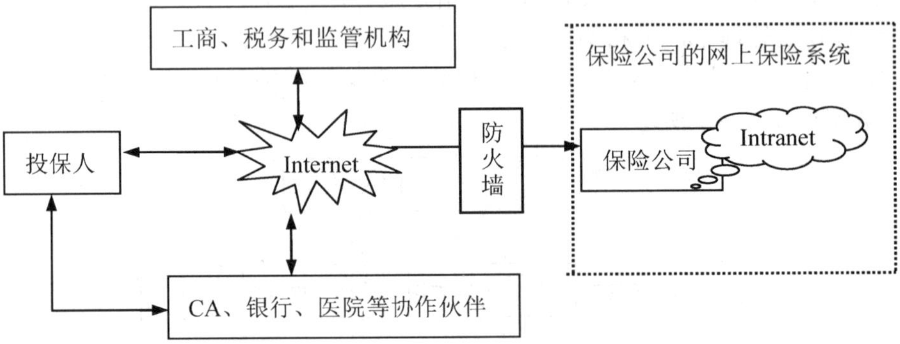

图 8.9　完整的网上保险系统结构图

现以 AAA Michigan 保险公司为例，说明一个较为完整的网上保险业务。它在网上开展的具体的保险业务，从报价(Quote)、产品信息(product information)、网上交易(Online transactions)到网上理赔(Online Claims)等服务一应俱全。住在密歇根的公司成员可以通过网络得到 AAA 公司通过汽车俱乐部保险协会(Auto Club Group Insurance Company)开展的业务及服务。用户可以得到最新的汽车险、家庭财产险、船舶险和寿险产品的信息。网上还详细介绍了保险单和条款。

顾客可以通过网上表格得到汽车险、家庭财产保险和船舶保险的报价。在交易环节中，可以通过安全交易系统付款，或者用户可以要求进行保单变更，包括地址、汽车状况或增加新驾驶员的变更。如果用户发生事故或丢失财产，可随时在网上提出索赔。

(1) 得到报价(Get A Quote)。在完成了一份表格后，用户可以得到 AAA Michigan 的会员保险公司为用户的家庭财产保险、汽车或船舶给出的报价。

(2) 产品信息(product Information)。网上实际上提供了许多不同的保险产品：汽车、家庭财产、流动家庭财产、摩托车、船主及生命保险说明。

(3) 网上交易(Online Transactions)。在网上交易，可以要求变更保单或选择交易选项决定付费方式。保单变更所要求被重新审查以确定所有要求事项都已填好，公司会告诉用户何时进行。

(4) 网上理赔(Online Claims)。该服务提供一个理赔号码，开始处理用户的索赔，或向用户提供有关用户提出的索赔报告的信息。

AAA Michigan 保险公司提供上述服务的保险种类有：汽车保险、房主保险、流动家庭财产保险、船主保险、生命保险、旅游保险、洪水保险、摩托车保险等。

案例1

我国第一份通过国际互联网促成的保单

1997 年 11 月 28 日，中国大陆第一份通过国际互联网促成的保单在新华人寿保险公司诞生。该保单的投保人是北京商学院医生张女士，她一直想给自己在对外经济贸易大学的儿子买保险。28 日下午，儿子在同学的电脑上浏览时，偶然发现了新华人寿保险公司的网址。看完险种介绍，他觉得条款不错，便与母亲取得联系，并给新华公司发了一份电子邮件，表达了自己的投保意向。下午 4 点 18 分，新华公司员工在检查自己的主页时收到这份电子邮件。根据电子邮件留下的联系电话，公司指派寿险代理人立刻前去客户家拜访。

5 点多钟，寿险代理人赶到了张女士家，向她转达了公司的谢意，并为其详细介绍了条款的内容，张女士爽快地填写了投保单。这份特殊的保单在新华公司备受重视，晚上 8 点多钟顺利出单，投保拿到了保单。

这份保单的诞生标志着互联网已经进入中国保险业。

案例2

我国第一份电子保单诞生了

对于“泰康在线”、泰康人寿保险股份有限公司以及我国的保险行业而言，2000 年 9 月 22 日是一个历史性的日子。在这一天，中国的第一张通过网上交易实现投保的保险单诞生了。

在这天，泰康人寿保险股份有限公司的客户刘巍女士通过“泰康在线”提供的网上平台，在网上完成了购买旅游险保险单的全过程交易。这一交易已经由泰康人寿保险股份有限公司确认成功。也许，刘巍女士在购买这份保单的时候并没有意识到，她将以这份“中国在线投保第一单”的购买者身份，而永远地载入我国的保险发展史册。

继完成国内第一笔网上投保交易后，“泰康在线”又于9月23日率先实现了保单的网上变更，向客户发出了国内第一张电子批单。

“泰康在线”是由泰康人寿保险股份有限公司建设，以实现在线投保、网上保户服务和代理人展业支持等功能为核心，金融保险知识普及、保险信息传播、保险法律咨询等服务为一体的大型保险电子商务网站。由于“泰康在线”所提供的网上平台十分便捷，目前客户访问量很大，而且在线投保、网上变更等网上交易十分活跃。

对于“泰康在线”提供的这种新型服务方式，广大用户普遍表示欢迎，认为这将推动我国保险业迈入新的发展阶段，为保险业全面进入e时代而做好准备。

2. 网上保险的营销决策

1) 保险市场的特质

保险市场的状况和保险产品自身的特点，使其天生适合于在网上进行经营。保险作为一种特殊商品，与一般意义上物化的商品有着显著的不同。

(1) 保险是一种承诺，属于诺成性合同，同时也是一种格式合同。保险商品的表现形式为契约。

(2) 保险是一种无形产品。它不存在实物形式，唯一的形物可能只是一纸合同，而且合同还不一定要打印出来。

(3) 保险是一种服务商品。保险服务是保险企业为顾客提供的从承保到理赔的全部过程，主要是一种咨询性的服务。

保险产品本身的这一特质，在一定程度上使它适合于在网上经营。首先，在网上发布保险条款内容，并做出详细的、互动的解释，将避免因为极少数代理人销售时的夸大保险责任导致的理赔纠纷，有利于维护良好的行业形象。其次。保险服务内容主要是一些无形服务，所以也使保险适合在网上进行。互联网的优势与保险业这些特征的结合，使网上保险发展成为具有竞争优势的新生力量。

2) 网上保险营销决策支持系统

保险产品不同于一般的有形产品，也有别于其他一些金融产品，具有无形性、契约性等特征。正因为如此，保险营销基本上是一个由保险公司发动的推销过程，对保险公司的营销管理提出了很高的要求。网上保险的营销策略必须重视客户需求，利用网络信息的传播特性，吸引大量潜在客户，并与优质客户建立长期稳定的关系。而网上保险系统利用在线客户关系管理系统，将网上保险前台业务和后台业务处理系统管理集成，其技术核心就是利用数据挖掘技术和数据仓库技术，从而实现销售自动化。保险营销决策系统的逻辑结构如图8.10所示。

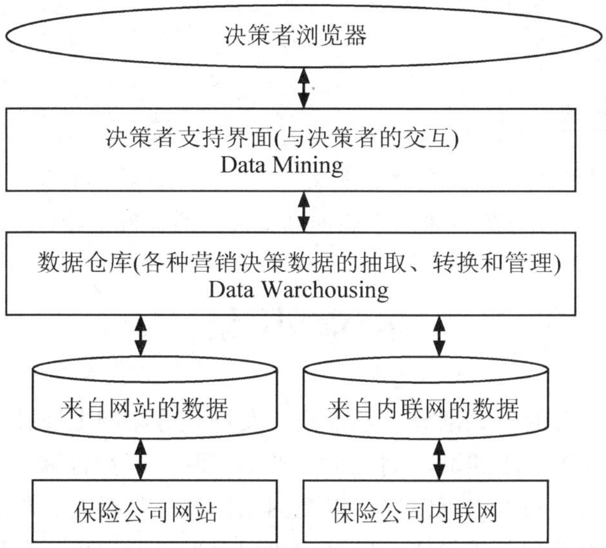

图 8.10 保险营销决策支持系统的逻辑结构

3) 网上保险营销的基本步骤

开展网上保险营销电子商务活动，目前大致要经历以下 4 个具体步骤。

(1) 市场定位和保险营销主页的制作。Internet 网络营销主页制作前，市场定位要明确网络营销想做些什么，怎样做以及对象是谁。

(2) 搭建 Internet 服务器。Internet 服务器是保险营销主页的驻留地。目前，搭建 Internet 服务器有两种方法：第一种是自建，这种方式投资大并且需要专线连接和专门人员维护，运行成本较高；第二种是托管，即通常所说的虚拟主机，这种方式非常经济，适合于大多数公司。

(3) 宣传 Internet 保险营销主页。宣传主页的主要方法有两种：一种是利用公众媒体推荐(比如当地的日报、晚报、杂志等)；另一种方法是在国内外的著名搜索引擎上注册(比如人们非常熟悉的 Google)。

(4) 网络营销和客户服务紧密地结合。保险公司还应组织专门的人力、物力配合网络营销活动，及时对网上客户的访问和咨询做出反馈，做好营销服务工作。

4) 网上保险商业运作趋势

(1) 营销模式网络化。网络时代的保险公司将是智能化、重创新的保险公司，不仅传统意义上的保险公司与保户的关系发生改变，而且会改变保险服务的传递方式，产品的推销方式和交易处理等一系列营销方式。

(2) 运作模式扁平化。网络时代的保险公司运作更趋向于虚拟化、智能化。一方面不需要在各地区设置分支机构等实体机构，而只需一个 Internet 接口即可将业务伸到世界任何一个角落。另一方面，网上保险公司不再主要借助传统的物质资本、人力资本向客户提供服务，而是主要借助网络智能资本，靠少数的智力劳动者。

(3) 服务模式人性化。网络时代的保险公司业已突破了传统的经营和服务模式，变成以客户为中心的全功能的、个性化、网络化、超越时空的“3A”式服务。

关键术语和概念

网络证券　“华夏模式”　“赢时通模式”　“飞虎证券模式”　发行路演　业绩路演　网络保险　网上投保　网上保险市场　产品网站模式　综合网站模式　人保财险　中国人寿

本章小结

本章介绍了网络证券的三大部分，网上证券发行服务、网上证券交易服务和网上客户理财服务，其内容具体为网上路演、网上信息披露、网上证券咨询、网上证券行情、网上证券交易、网上基金投资与网上理财等，以及网上证券交易模式、程序与应用。详细阐述了网络保险的发展、内容和营销模式。通过阐述网上保险的应用，分别叙述了网上直接投保、网上财险产品服务、网上寿险产品服务和网络保险的应用。

综合练习题

一、单项选择题

1．网上保险是电子商务环境中保险业(　　)的产物。

A．衍生　　B．创新　　C．改革　　D．竞争

2．保险电子商务的最终目标是实现(　　)，即通过网络实现投保、核保、理赔、给付。

A．电子交易　　B．实现投保　　C．实现理赔　　D．实现支付

3．网上保险的最终目标是实现(　　)，即通过网络实现投保、核保、给付、理赔等业务工作。

A．快捷方便　　B．保险安全交易

C．利益最大化　　D．保险电子交易

二、多项选择题

1．网上支付系统涉及(　　)，网上支付系统把银行的柜台延伸到客户端，因此，网上支付是传统支付系统的创新和发展。

A．付款人　　B．收款人　　C．银行　　D．客户

2．网上支付方式主要有(　　)等。

A．信用卡支付　　B．电子支票　　C．电子现金　　D．电子钱包

3．网上证券交易系统一般提供即时行情、金融资讯、下单、查询成交回报、资金划转等一体化服务。整个系统必须由(　　)协作完成。

A．电信　　B．券商　　C．银行　　D．投资者

三、判断题

1．利用电子商务，保险公司不仅可以通过网络直接接触成千上万的新客户，而且随时可以为老客户提供详尽周到的服务，与各行各业开展广泛的交流与合作，精简业务环节，降低运营成本，提高企业的效益与效率。（　）

2．信息技术的迅速发展进一步加剧了全球范围内的企业竞争，减少了合作。（　）

3．电子支票的支付是在商户与银行相连的网络上以密文的方式传递的。（　）

四、简述题

1．网上证券的运营平台主要有哪几种？

2．简述证券经纪业务电子化应用方案。

3．简述网上开展保险业务的主要模式。

4．简述网络保险市场的特点。

5．简述网上保险的营运模式。

五、分析题

1．分析网上证券交易的模式选择。

2．分析发展网上保险业的现实意义。

第9章

网络金融应用管理

学习目标

通过对本章内容的学习，了解网络金融风险的基本特征和管理方法；了解网络金融的法律、法规现状，网络金融监管的内容与措施，熟悉银监会、证监会、保监会履行金融业具体的监管职能，准确识记本章的基本概念，掌握基本知识点。

教学要求

知识要点	能力要求	相关知识
网络金融风险管理 网络金融监管 金融机构网络管理	(1) 了解网络金融机构的基本风险 (2) 熟悉网络金融机构的风险管理 (3) 掌握网络金融监管措施的主要内容	(1) 网络金融机构的风险控制 (2) 我国金融机构网络管理
网络金融监管网络金融的法律法规	(1) 了解国内外对网络金融的监管 (2) 熟悉网络金融监管的基本原则 (3) 掌握网络金融监管措施	(1) 网络金融管理的网站 (2) 网络金融非现场监管体系

引例

天津交通银行网络管理应用案例

2003年年底，天津交通银行在游龙科技的协助下，成功地实施了Site View网管系统。该系统可分层分级表现网络设备及应用拓扑图，集中监测服务器及网络设备运行状况，提供声光、邮件、短信等报警方式，自动生成完备的日志和报表统计等，功能非常完善。

1. 主动管理，构筑高效银行网管模式

近年来，随着金融行业的飞速发展，天津交行的业务得到不断的发展，而银行内部网络的普及，也将银行的业务发展推到一个新的高度。与此同时，网络的运用也带来了一系列的隐患。网络不仅要保证银行内部各分支的连接畅通，还要保证与外部的交流沟通，尤其是要为客户提供便利畅通的网上银行服务。在交行资金大集中之后，天津交行的每一笔数据都需要通过网络传送到数据中心的主机中进行处理，因此，网络的可靠性、稳定性都对网络管理人员提出了巨大的挑战。天津交行网络的建设急需一个成熟、稳定的网络管理保障来确保网络的可靠、安全与稳定。为此，天津交行引进了Site View网络管理系统。

2. Site View解决方案

在对天津交行网络运行状况进行充分有效的分析之后，Site View采集了天津交行网络运行的大量基础数据，并对网络系统的可用性、安全性、可靠性进行了评估。通过引进Site View网管系统，对天津交行网络系统、服务器、网络设备进行7×24的全面监控。网管系统以轮询的方式，全面地对天津交行网络中的每一笔数据进行实时监控，以达到全面监测天津交行网络运行情况的目的。

3. Site View可行性

Site View网管系统对于天津交行网络的监测，采用了7×24轮询的方式。这样就减轻了网络管理人员的压力，其监测的全面性也实现了对网络监测的安全操作。

(1) 全面、系统的监测功能。

(2) 方便、直观的拓扑图。

(3) 直观、便捷的识别错误功能。

(4) 完美的保密性。

(5) 智能化的报警功能。

4. 实施效果

Site View在天津交行的应用非常成功，为天津交行的正常运行与安全管理提供了有力地保证，无论是在功能设计、技术支持还是性价比上，Site View都达到了完美、完善、个性化、人性化的服务水准，得到了天津交行的肯定与认可。

(注：该案例经过删改)

章前导读

网络金融应用管理是有关政府、职能部门通过互联网提供金融政策信息咨询和信息服务等主要内容的活动。我国推行金融业分业经营政策，中国人民银行通过银监会、证监会、保监会履行金融业具体的监管职能。与此业务相联系的中国银行、证券、保险同业协会以及深圳和上海证券交易所，都在各自的业务管理范围设立网站，履行职责，对金融业务进行管理。中国人民银行是货币政策的制定者和执行者，是我国金融业监督管理的最高机构。

9.1 国内外网络金融监管

由于网络金融正在发展之中，对于网络金融的监管及研究也处于起步阶段。目前，巴塞尔委员会也还没有形成较为系统和完整的网络银行监管制度。许多国家的监管当局对网络金融监管都采取了相当谨慎的态度，主要是考虑到本国金融业的创新、竞争力与监管之间的协调问题。

9.1.1 国外对网络金融的监管

一些国家的监管当局成立了专门工作机构或小组，负责及时跟踪、监测网络金融业的发展情况，适时提出一些指导性建议，同时制定一些新的监管规则和标准。例如，美国货币监理署(OCC)认为网络银行是指一系列银行系统，利用这些系统，银行客户通过个人电脑或其他的智能化装置，进入银行账户获得一般银行产品和服务信息。

以对网络银行的监管为例，各国政府对网络银行的监管主要分为两个层次：一个是企业级的监管，即针对商业银行提供的网络银行服务进行监管；另一个是行业级的监管，即针对网络银行对国家金融安全和其他管理领域形成的影响进行监管。

1. 网络银行的监管内容

业务扩展的监管主要包括两个方面的内容：一是业务范围，除了基本的支付业务外，是否以及在多大程度上允许网络银行经营存贷款、保险、证券、信托投资以及非金融业务、联合经营等业务所采用的竞争方式等；二是对纯网络银行是否允许其建立分支或代理机构等。

总的来看，对网络银行提供服务的监管内容主要体现在7个带有全局性的具体问题上，如图9.1所示，包括加密技术及制度、电子签名技术及制度、公共钥匙基础设施(PKI)、税收中立制度、标准化、保护消费者权益以及隐私和知识产权保护。

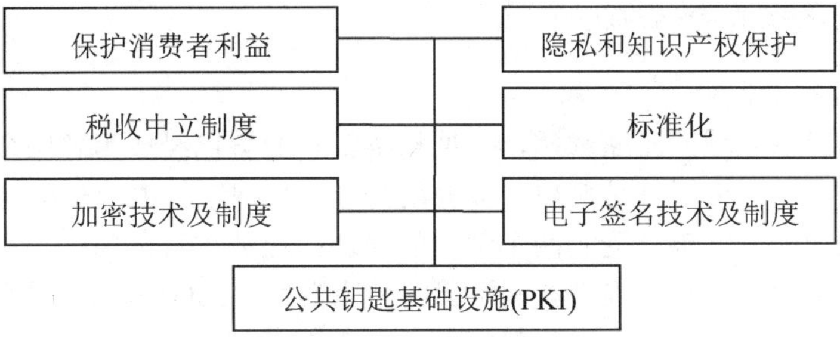

图 9.1 网络银行提供服务的监管内容

(1) 对网络银行安全性能的监管，主要包括前 3 项。如政策允许在国内使用任何高密度的加密技术，无密钥匙恢复的强制要求及为企业和消费者提供关于电子记录的数码签名法律框架等。

(2) 网络银行的国内及国际标准化框架和税收中立制度。如对网络银行标准化水平进行监管和对网上交易采取税收中立政策，免征网上交易税等。

(3) 对消费者的权益进行监管，主要包括保护消费者的隐私权及维护知识产权在网络中不受侵犯等。行业级监管主要包括：网络银行对国家金融风险和金融安全乃至国家经济安全的影响的评估与监管；对网络银行系统风险的监管，包括对产生系统风险的各种环境及技术条件的监管，特别是系统安全性的监管，如对病毒的监管等；对借用网络银行方式进行犯罪活动的监管。

2. 国外对网络银行的监管模式

国外对网络银行的监管形成了美国和欧洲两种模式。美国监管当局对网络银行采取了审慎宽松的政策，基本上通过补充新的法律、法规使原有的监管规则适应网络电子环境。因而，在监管政策、执照申请、消费保护等方面，网络银行与传统银行的要求比较相似。

欧洲对网络银行的监管，采取的办法较新，其监管目标主要有两点：一是提供一个清晰、透明的法律环境；二是坚持适度审慎和保护消费者的原则。欧洲中央银行要求其成员国采取一致性的监管原则，欧盟各国国内的监管机构负责监管统一标准的实施。它要求成员国对网络银行业务的监管保持一致，承担认可电子交易合同的义务，并将建立在“注册国和业务发生国”基础上的监管规则替换为“起始国”规则，以达到增强监管合作、提高监管效率和适时监控网络银行风险的目的。

9.1.2 我国对网络金融的监管

我国的网络银行同电子商务、商业网站的发展相似，在相关法规几乎空白的情况下，迅速出现并不断演进，带有浓厚的自发性。管理部门面对快速变化的情况，不得不对出台新的管理措施持慎重的态度，这就导致了目前对网络银行的管理规则仍然较少，管理体系也还不明确。从我国目前的情况来看，对网络银行进行适当的监管是非常必要的。

1. 我国网络金融监管的现状

1) 对网络银行的监管

随着网络向经济领域的不断渗透，发展网络银行业务已经成为各国金融领域新的经营契机和利润增长点。网络银行是典型的金融创新，它是网络与银行有机结合的产物。

总体上，我国的网络银行受到两个部门的管理：业务主管部门——中国人民银行和信息主管部门——工信部。对于提供新闻资讯的网络银行，2000 年 11 月后，还需要接受公安部门和新闻出版署的管理。在这些部门中，后 3 个部门主要负责的是信息技术和新闻的管理，与现有银行业务的关系不大，人民银行是主要的管理部门。

目前，我国对于网络银行业务监管的法律已经确立，正在逐步发展之中。中国人民银行于 2001 年发布了专门调整和管理网络银行业务及其风险的《网上银行业务管理暂行办法》，2002 年发布了《中国人民银行关于落实<网上银行业务管理暂行办法>有关规定的通知》

我国网络银行业务的基础还较薄弱，发展过程中不可避免地暴露出了许多问题，其中有相当多的法律问题是不容回避且又亟需解决的。

当前，我国的网络银行业务发展尚不均衡，监管体系的构建及网络银行市场准入机制不健全，金融体系自身的防范风险能力不足，网络银行缺乏对客户利益的保护等相关问题比较突出。

完善我国网络银行监管首先应加大网络银行业务的监管范围，如网络上小额定购业务交易金额的总量不可小觑，目前很多客户通过网购在线支付完成交易。其次，制定与之相配套的网络银行管理办法实施细则。我国已经颁布并实施了网络银行管理办法，该管理办法作为行业行政法规，原则性较强，但是在实际的操作中，网络银行的监管需要很多具体的量化标准，实施细则可以将网络银行监管中的许多具体问题予以规定，将网络银行监管的具体措施具体标准予以细化；第三，建立和完善相关配套电子金融法现行法律规范对于传统金融发展起到了较好的规范作用，但面对电子金融新兴业务和网络银行的发展，难以起到良好的规范作用。

同时还应建立网络银行业务的安全保障体系，建立信息披露制度，维护客户合法权益。

2) 对网络证券的监管

国际证券管理委员会组织(IOSCO)于 1998 年 9 月与 2001 年 6 月两次发布报告，并就与网上证券监管相关的问题提出诸多建议，以供各国证券监管机构参考。IOSCO 的监管建议主要有两个方面：网络讨论区监管、投资者教育，并建议各国证券监管机构利用网络以加强彼此的合作努力，并结合各国证券监管机构对网络上的违法网站进行清查。

网络证券在我国起步较晚，对其的监管也还处于探索阶段，中国证监会是网络证券的主要监管机构。2000 年 4 月 14 日，中国证监会出台了《网上证券委托暂行规定》，是我国第一部有关网上证券交易的法规。现阶段，在网络证券的监管与政策问题上，存在着较强的干预的问题，以下两方面表现得较明显：一是固定手续费佣金制度。网络经济中价格水平的确定应该完全由市场来决定。目前我国的证券交易手续费仍然由政府来确定。而这种以法律形式固定的手续费将在很大程度上抹杀网络证券在交易费用上的优势。二是相关法规滞后以及相关法律的冲突问题。网上证券交易是一种新的交易方式，涉及更复杂的利益关系，必须对参与各方的行为进行规范，这就需要更新原有的法规体系，使其适应证券市场新的需要。

3) 对电子货币的监管

我国电子货币出现较晚，但发展较迅速，到目前大多数商业银行都已开办网上转账、网上支付等业务。电子货币是开放网络上的支付工具，它所带来的欺诈风险、运行风险和法律风险与传统的支付工具不同，这些风险使支付系统和金融企业产生了新的不确定性。

防范电子货币风险是一项技术性强、涉及面广的工作，不仅与计算机网络系统有关，还与电子货币应用的环境、人员素质、法制建设等有关。

主要发达国家一般都成立了专门的工作机构，研究、监测和管理电子货币业务。而我国目前基本上将这一业务划归各部门的科技机构负责，着重于技术上的管理，而忽视了其对于经济发展、金融稳定可能产生的深刻影响。

2. 促进网络金融监管机制更好更快地发展

我国经济信息化程度不高，网络金融的发展尚处于起步阶段，因此我国对网络金融业务监管的政策、方针的制定与实施应采取慎重态度，既不限制它的发展又不能放弃监管，通过适当的金融监管，促进我国网络金融更快更好地发展。

(1) 完善现行法律，补充适用于网络金融业务的相关法律条文。首先，要对现有法律不适应的部分进行修订和补充，其次，要对未来发展情况进行预测，分析可能出现的问题，进行先行立法保护。

(2) 结合网络金融业务的特点，完善现行业务营运监管办法。要从业务经营的合法合规性、资本充足性、资产质量、流动性、盈利能力、管理水平和内部控制等方面根据网络化条件来适时进行调整、补充，构造一个符合网络金融生存、发展的金融监管指标体系和操作系统。

(3) 督促开展网络金融业务的金融机构强化内部管理，从内控制人手降低金融风险。

(4) 加强金融监管部门的技术力量，提高监管水平。应逐步实现利用先进的电子网络技术对网络金融进行非现场监管，建立诸如资产负债比例管理、信贷台账管理、预警分析和智能化决策等运作系统，通过网上实时控制，提高监管的现代化管理水平。

(5) 密切与其他国家监管机构联系，提高网络金融的监管效率。中国人民银行等监管机构应加强同外国金融监管当局合作，定期开展监管情况交流，切磋网上金融监管措施。同时加强与网络金融发展较快的国家之间的人才交流，加大监管人员的培训力度，引进先进的监管理念和技术。

9.1.3 我国金融机构的网络管理

在我国，金融业务管理部分措施是通过有关政府、职能部门网站的政策信息服务和政策信息咨询服务等完成的。我国推行金融业分业经营政策，中国人民银行依法制定和执行货币政策，发行人民币，管理人民币流通，监督管理金融市场，防范和化解系统性金融风险，维护国家金融稳定。

1. 中国人民银行网站

我国银行业的政策信息咨询和政策信息服务最大的平台是中国人民银行的网站(http://www.pbc.gov.cn)。在网站首页上主要有“银行简介、行领导讲话、新闻、金融法规、支付结算、报告与统计数据、人民币、内设机构和分支机构”等栏目。这些栏目内容主要体现了金融政策信息、金融政策咨询和金融政策信息服务。在“金融法规”栏目，凡是由中国人民银行颁布的通知、规定、条例、法规等规范性文件，按时间顺序在网页上公布，供大家查阅及掌握文件精神。其网页中的政策法规达400多篇，集我国近年来金融法规之大全。“报告与统计数据”栏目的内容包括：近几年的金融机构人民币信贷收支表、货币当局的资产负债表、货币概览、银行概览、汇率报表、黄金与外汇储备报表、全国股票交易统计表、外汇交易统计表、企业商品价格指数及全国城镇居民收入与物价信心指数表等。

2. 中国银监会网站

中国银行业监督管理委员会(简称银监会，http://www.cbrc.gov.cn)是经全国人民代表大会批准设立的国务院银行业监督管理机构。2003年4月中国银监会对外挂牌并正式履行监督管理职责，下设36个银监局和296个银监分局。中国银监会系统机构组织体系的初步建立，为加强对银行业金融机构的监管奠定了组织基础，也标志着我国银行业监管工作进入了新阶段。

中国银监会的网站内容主要有“简介、要闻导读、领导讲话、公告、法律法规、统计数据、公众服务、国际交流、改革与发展”等栏目。在整个网站的内容中，政策信息、政策咨询和政策信息服务的内容占主要地位。在“公告”栏目中，最新的政策信息都公布于众，只要单击相关标题就可以查阅相关政策内容。

今后，中国银监会还将扩大会员银行的范围，吸收外资银行参加。中国银监会有三大职能：①加强同业约束，依据国家法律、法规和政策，制定行业规章，规范从业行为，制止不正当竞争；②为中央银行加强监管发挥补充作用，督促各家银行贯彻执行国家金融法律法规和方针政策；③提供行业服务，抵制侵害银行合法权益的行为，开展行业信息交流和咨询服务，充当会员单位与海内外联系的桥梁和纽带，调解业务纠纷，组织员工培训等。

3. 中国证监会网站

中国证券业监督管理委员会(简称证监会，http://www.csrc.gov.cn)是经全国人民代表大会批准设立的国务院证券业监督管理机构。中国证监会的主要职责是监督管理证券发行、证券交易和维护证券市场的秩序正常运行，制定和执行有关证券市场法律法规。其下设的证券机构监管的主要职责为草拟监管证券经营机构、投资咨询机构的规则、实施细则；审核各类证券经营机构、网络金融应用投资咨询机构的设立以及从事证券业务的资格，并监管其业务活动；审核证券经营机构、投资咨询机构高级管理人员任职资格，并监管其业务活动；审核境内机构在境外设立从事证券业务的机构；审核境外机构在境内设立从事证券业务的机构，并监管其业务活动。

4. 中国保监会网站

中国保险监督管理委员会(简称保监会，http://www.circ.gov.cn)是根据国务院授权履行行政管理职能、依照法律和法规统一监督管理全国保险市场而成立的。该网站内容包括“保监会简介、监管动态、业界动态、保监会公告、条款费率、法律法规、保险常识、行政审批、文件下载、统计数据和各地监保局”等栏目，提供有关我国保险业所有的政策信息咨询和政策信息服务。

“保监会”栏目，详细介绍了中国保监会的主要职责。

(1) 研究和拟定保险业的方针政策、发展战略和行业规划；起草保险业的法律、法规；制定保险业的规章。

(2) 依法对全国保险市场实行集中统一的监督管理，对中国保险监督管理委员会的派出机构实行垂直领导。

(3) 审批保险公司及其分支机构、中外合资保险公司、境外保险机构代表处的设立；审批保险代理人、保险经纪人、保险公估行等保险机构的设立；审批境内保险机构在境外设立机构；审批境内非保险机构在境外设立保险机构；审批保险机构的合并、分立、变更、接管、解散和指定接受；参与、组织保险公司、保险机构的破产、清算；审查、认定各类保险机构高级管理人员的任职资格；制定保险从业人员的基本资格标准。

(4) 制定主要保险险种的基本条款和费率，对保险公司上报的其他保险条款和费率审核备案。

(5) 按照国家统一规定的财务、会计制度，拟定商业保险公司的财务会计实施管理办法并组织实施和监督；依法监管保险公司的偿付能力和经营状况；负责保险保障基金和保证金的管理。

(6) 同有关部门研究起草制定保险资金运用政策，制定有关规章制度，依法对保险公司的资金运用进行监管等。

保监会政策信息服务，有关我国保险业务开展中存在的具体问题，通过网站上颁布保监会的公告，及时提供保险业的政策信息咨询和政策信息服务。保险业政策信息服务的路径，通过网站首页上的“保监会公告”栏目单击进入“公告标题”网页，然后单击进入“公告全文”网页。

9.2 网络金融的法律法规和监管措施

银行高科技和网络金融的发展，使监管当局面临着重要抉择，即迅速适应这一变化的市场，建立新的监管标准，调整监管的结构和更新技术，改变传统的银行监管方式，建立全方位和系统性、更强调运用高科技手段进行监管的框架。由于网络银行正在发展之中，网络银行的监管及其研究也处于初步阶段。

目前，巴塞尔委员会也只是就网络银行的监管制度进行研究，还没有形成较为系统和完整的网络银行监管制度。许多国家的监管当局对网络银行监管都采取了相当谨慎的态度，主要是考虑到本国银行业的创新、竞争力与监管之间的协调问题。从目前情况来看，网络银行监管主要涉及法律实施、消费者权益的保护、国内国际监管的协调、监管机构和监管范围以及监管方式的调整等几个方面。一些国家的监管当局成立了专门的工作机构或小组，负责及时跟踪、监测包括网络银行在内的电子金融业的发展情况，适时提出一些指导性建议，并同时制定一些新的监管规则和标准。

9.2.1 网络金融的法律法规和监管问题

根据巴塞尔委员会的定义，网络银行是指那些通过电子通道，提供零售与小额产品和服务的银行。这些产品和服务包括：存贷、账户管理、金融顾问、电子账务支付以及其他一些诸如电子货币等电子支付产品与服务(BCBS，1998)。欧洲银行标准委员会将网络银行定义为那些利用网络通过使用计算机、网络电视、机顶盒及其他一些个人数字设备连接上网的消费者和中小企业提供银行产品服务的银行(ECBS，1999)。美国货币监理署(OCC)认为，网络银行是指一些系统，利用这些系统，银行客户通过个人电脑或其他的智能化装置，进入银行账户，获得一般银行产品和服务信息(OCC，1999)。

由于网络银行严格法律定义还未出现，同时网络银行发展较快，需要严格管理，因此一般的做法是根据网络银行机构设置的特点，将其划分为分支型网络银行和纯网络银行，分别加以界定和管理。

法律实施主要涉及原有的一些要求银行对诸如洗钱、欺诈等非法交易进行跟踪、报告的法令的有效性和范围以及由于网络银行无法实施而享有的豁免，政府机构及监管当局出于执法或监管的需要，对已加密金融信息的解密权限、范围等。美国和新加坡等国家已经明文规定数字签名与手写签名具有同等的法律约束力，从而有利于使当地的虚拟金融服务市场得到一个被法律有效保护的发展空间。网络银行的破产、合同执行的情况、市场信誉、银行资产负债情况和反欺诈行为等方面，政府制定的网络银行法或管制条例可以起到一定的作用，但是，有效的网络信息市场上的信息披露制度能够将各种可能诉诸法律的事件降到相当低的水平。消费者权益主要涉及网络银行推出的虚拟金融服务的价格；通过电子手段向客户披露、提示、传递相关业务信息的标准与合法性；信息保存的标准和合法性；客户个人信息、交易信息和账务信息的安全；隐私权；纠纷处理程序等规则。

总的来看，各国对网络银行的监管方式主要仍以原有的监管机构和监管范围的划分为主，但加大了监管机构之间、监管机构与其他政府部门之间的协调。国内国际协调主要是对网络银行自然的跨洲、跨国界的业务和客户延伸所引发的监管规则冲突的协商与调整。具体措施如下。

1. 建立和完善相应的法律、法规及金融监管规则

(1) 市场准入条件。法律要设置必要的市场准入条件，以确保金融交易的安全，对于一些特殊的交易还有必要做出特别的要求。

① 网络金融机构的技术设施条件。

② 完善的交易操作规程。

③ 交易种类的区分、许可与限制。

(2) 电子签字的合法性。法律要对电子签字的法律效应给予统一、确定的定义，明确

安全签字的构成要求，规定当事人对有关电子签字风险的责任。

(3) 交易证据问题。由于数据电文的真实性直接影响到数据电文的证据效力，法律必须强制要求金融机构维护好有关数据电文的真实性，这不仅对未来发生的纠纷的解决有重要意义，而且对金融监管机构、税务、审计部门的执法也是极为必要的。

(4) 事故、故障造成损失时当事者的责任。立法有必要对于网络系统的事故和障碍所引发的法律责任进行规范，明确各种不同情况下的损失分担责任，对免责的范围做出规定。

除了法律、法规之外，金融监管当局本身尚需要针对网络金融业务制定相应的风险监管指引、准则和监管手册等。

2. 金融监管与机构自律有机结合

在网络经济中，任何由监管当局单方面制定的规则，金融企业都可能利用网络的全球性便利性、网络有效的匿名性和海量的数据及内容而有效规避。因此，金融监管当局只有承担起网络金融发展的合作者、促进者和协调者的角色，加强基础设施建设、金融信息沟通，提供积极的服务，才能在这一过程中较好地实现其管理的职能。

任何外部监管行为只是起到提示性作用，真正能够减少甚至避免风险发生还依赖于金融机构本身。由此，除了要求网络金融机构接受必要的监管外，同样还应要求其制定完善的内控制度。金融监管当局应注重督促和协助金融机构加强内部管理，采取有效的内控措施，具体包括如下几个方面。

(1) 计算机软、硬件条件。

(2) 金融机构内部职员系统操作技能、职业道德。

(3) 交易的实时检测、跟踪、记录和校验。

(4) 系统备用方案和应急计划。

(5) 对可疑交易、犯罪行为的模拟处理演练。

(6) 业务操作管理制度和权限制约的建立等。

3. 确立统一监管体制，强化对业务创新的管理力度

金融监管体制应从“机构监管型”转向“功能监管型”。在统一的监管主体下，监管客体需要由仅包括金融机构，扩展到同时涵盖一些提供资讯服务的非金融机构；网络金融条件下，由于非金融机构涉足金融或准金融业务，从而使金融监管的范围随之扩大。监管的重点也需要由资产负债和流动性管理转向金融交易的安全性和客户信息的保护。

4. 健全非现场监管体系，规范信息披露要求

金融交易的虚拟化使金融活动失去了时空限制，交易对象变得难以明确，交易时间和速度加快，现场检查的难度将会加大，非现场检查将愈加显示出其重要作用。非现场监管具有覆盖面宽，连续性强的特点，通过非现场监管有利于发现新问题、新情况和对现场检查的重点提出参考意见，有利于信息的收集并对金融机构潜在问题提出预测、预警。非现场监管的这种特点将使其成为网络金融环境中的一种有效的监管方式。金融监管当局要逐步从现场稽核监管为主转到以现场稽核监管和非现场稽核监管相结合，并逐渐转到以非现场稽核监管为主的轨道上来，拓宽非现场稽核的检查面，缩短检查周期，把事后稽核监管

转变为事前稽核监管，为现场监管提供预警信号；实现金融机构的业务信息系统与监管当局监测系统的联网，使数据转换接口标准化，建立科学的监控指标体系，由计算机将大量的金融业务数据进行自动分析，综合评估金融机构内部业务发展的风险状况，以达到非现场稽核监管高效准确的目的。网络金融机构应及时向社会公众发布其经营活动和财务状况的有关信息，良好的信息披露制度可以促使投资者和存款人对其运作状况进行充分的了解，影响他们的投资和存款行为，发挥社会公众对网络金融机构的监督制约作用，促使其稳健经营和控制风险。Internet 上的虚拟金融服务需要有不断创新的信息披露方法来维持有效的信息监管。

5. 建立统一的金融认证中心

电子商务活动中，为保证交易、支付活动的真实可靠，需要有一种机制来验证活动中各方的真实身份。目前最有效的方式是由权威的认证机构为参与电子商务的各方发放证书。金融认证中心是为了保证金融交易活动而设立的认证机构，其主要作用是对金融活动的个人、单位和事件进行认证，保证金融活动的安全性。

金融认证中心扮演着金融交易双方签约、履约的监督管理角色，交易双方有义务接受认证中心的监督管理。在整个网络金融服务过程中，认证机构有着不可取代的地位和作用。在网络金融交易过程中，认证机构是提供身份验证的第三方机构，它不仅要对网络金融交易双方负责，还要对整个网络金融的交易秩序负责。因此这是一个十分重要的机构。

鉴于金融认证中心在网络金融中的重要地位和作用，有必要制定相关的法律法规，对其严格管理。

(1) 认证中心必须以信誉为基础，获得公认的权威性与可靠性。

(2) 认证中心以独立于认证用户和参与者的第三方地位证明网上交易的合法有效性。其本身不从事商业银行等业务，不进行网上采购和消费活动。

(3) 认证中心必须严格履行自己的义务和责任，发挥授信、信誉补偿和金融交易控制作用，认证中心通过向用户颁发证书来确定用户在网上交易的合法可靠性。

(4) 认证中心必须确保认证信息的安全，包括管理、储存、传输过程中的安全。

(5) 认证中心必须保护用户有关信息的秘密，不能以任何方式泄露私人信息。

(6) 认证中心必须依据国家有关金融、网络、信息、安全等规定进行活动。

6. 加强金融监管的国际性合作与协调

金融领域里的国际监管合作近些年来取得了很大的进展。世界贸易组织的《金融服务开放协议》和巴塞尔委员会以 1975 年最早制定的《对国外银行机构监督的原则》为雏形逐渐修改演变而来的、并于 1997 年正式通过的《有效银行监管核心原则》，对现实中日趋明显的跨国金融机构的监管做出了积极而有效的反应。这对控制跨国银行的风险，维护存款人的资金安全，促进国际金融机构的公平竞争和相互开放起了积极的作用。但是，这些监管规则是针对现实中的砖瓦型金融机构而制定的，其主要目的在于适应金融国际化。因此，这些监管规则相对网络金融而言已不能完全适应需要。

9.2.2 网络金融监管措施

从根本上说，网络经济的实质是信息化、全球化和一体化。随着网络在世界范围内的延伸，从长远来看，各国监管当局都将面临跨国性的业务和客户。对此，仅靠单个国家的力量无法达到既保护本国居民的利益，又保持金融市场的对外开放原则，金融监管的国际性协调更显得日益重要。它要求管理当局要建立与国际体系中其他金融体制相适应的新规则和合乎国际标准的市场基础设施。由于网络金融是一种无需跨国设立分支机构即可将业务伸向他国的全新的金融组织形式，由此，国际的金融监管合作的内容和形式必须根据这种特点而展开。

1. 网络金融监管内容

金融监管当局对网络金融机构的监管，主要体现在对网络金融机构推出的虚拟金融服务的价格进行监管。政府对网络金融机构的监管可以分为两个层次：一是企业级的监管，即针对金融企业提供的网络金融服务进行监管；二是行业级的监管，即针对网络金融机构对国家金融安全和其他管理领域形成的影响进行监管。

1) 企业级的监管内容

在实际的操作中，现阶段政府监管当局对网络金融机构的监管，不体现在网络金融机构提供的虚拟金融服务价格上，而是体现在 7 个带有全局性的具体问题上，包括加密技术及制度、电子签名技术及制度、公共钥匙基础设施(PKI)、税收中立制度、标准化、保护消费者权益以及隐私和知识产权保护。

金融监管当局对网络金融业务的监管可以划分为三个层次：一是对网络金融机构安全性能的监管，包括对公共钥匙基础设施(PKI)、加密技术及制度和电子签名技术及制度的监管等。二是向企业和各级政府部门提供电子商务和网络金融的国内及国际标准化框架和税收中立制度。对网络金融的标准化水平进行监管，以实现全国各金融企业之间电子信息的互联互通。对网上交易采取税收中立政策，免征网上交易税，促进民族电子商务的发展。三是对消费者的权益进行监管。避免网络金融机构利用自身的隐蔽行动优势向消费者推销不合格的服务或低质量高风险的金融产品，损害消费者利益。这主要包括保护消费者的隐私权及维护知识产权在网络中不会受到侵犯，同时也广泛地保护网上交易的消费者权益。为此，监管部门需要向企业和消费者权益保护组织提供保护网上交易消费者的非强制性商业指导规则。

网络金融机构的网上广告是金融监管当局的主要监管内容之一，目的是保护网络金融的消费者不被网上虚假广告欺骗。

2) 行业级的监管内容

网络金融的行业级的监管内容包括以下 3 个方面。

(1) 评估与监管网络金融机构对国家金融风险和金融安全乃至国家经济安全的影响。即评估网络金融机构风险对国家金融风险形成的影响及其程度，确定金融监管当局对网络金融机构各种虚拟金融服务品种的监管内容。

(2) 对网络金融机构系统风险的监管。包括对产生系统风险的各种环境及技术条件的监管，特别是系统安全性的监管。

(3) 对借用网络金融方式进行非法避税、洗黑钱等行为的监管。保证绝对安全是困扰网络金融监管当局的一个问题，因为无论在 Internet 上还是在私营网络上的网络金融机构，都面临着安全问题。然而，政府管制又涉及避税、洗黑钱等问题。基于这些理由，政府监管部门坚持反对私人采用牢固的电子加密方式保护网站的安全。但是，政府监管当局不能普遍地向它们认为合法的网站提供安全性高的加密技术援助。

2. 网络金融监管措施

金融监管当局对网络金融机构的监管，主要包括 3 个方面，除了完善法律和司法制度，还需制定相应的行业性激励机制以及不断形成创造性的、具有替代效应的实施手段。

1) 完善法律和司法制度

完善法律和司法制度有两层含义：一是建立和健全各种相关的网络金融机构法律及管制措施，二是形成确保这些法律及管制措施得以执行的执法系统。

我国国内网络金融机构采用的基本上是类似会员守则这样的协议来约束客户的行为。网络金融机构首先向客户说明其权利和义务以及与银行的关系，协议的签署以客户自愿为原则，这种协议没有真正的法律约束力。我国已经在新的《中华人民共和国合同法》中承认电子合同与纸张式的书面合同具有同等的法律效力，但是，数字签名的技术问题及相应的制度还没有解决或建立起来。这样，按照现有中国的法律制度，数字签名不具有法律效力，在纸张上签名才具有法律效力。然而，美国和新加坡等国家已经明文规定数字签名与手写签名具有同等的法律约束力，从而使当地的虚拟金融服务市场得到一个被法律有效保护的发展空间，并不断创造出新的虚拟金融产品。对于网络金融机构的破产、合同执行情况、市场信誉、网络金融机构资产负债情况和反欺诈行为等方面，政府制定的网络金融法或管制条例可以起到一定的作用。但是，有效的网络信息市场上的信息披露制度能够将各种可能诉诸法律的事件降低到相当低的水平。因此，在政府制定的各种法律及管制措施中，对违规的网络金融机构的惩罚莫过于在 Internet 上公布其“劣迹”，这将是管制当局对违规网络金融机构的最高惩罚之一。

2) 制定相应的行业性激励机制

网络金融机构形成的虚拟金融服务市场是一个高度的信息非对称市场，网上银行“看”不到其客户，更难以把握客户的风险水平。金融监管当局也同样“看”不到其监管对象的网上活动，不断进步的信息技术更可以使被监管对象与监管当局“玩猫抓老鼠”的游戏，如利用屏蔽技术阻拦监管当局的实时监管等。因此，制定相应的行业性激励机制是保证或鼓励在最低限度上将网络金融机构推上法庭诉诸法律的有效制度。按照信息经济学激励机制设计原理，金融监管当局不是努力去了解网络金融机构做什么，而是通过政策选择努力去诱惑网络金融机构做什么。在这里，诱惑的基本原理是成本选择。例如，当监管当局希望网络金融机构不能在现阶段推出某种金融产品时，在制定的监管政策中就需要包含这样的成本选择结果，即网络金融机构在现阶段推出该金融产品的成本高于它不推出该金融产品的成本。或者说，让网络金融机构在现阶段推出该金融产品的收益，还不如不推出该金融产品的收益。在这种情况下，监管当局不用关心网络金融机构会利用它们的隐蔽信息来欺骗监管人员。

3) 不断形成创造性的、具有替代效应的实施手段

以法律制度作保障，以有效的激励机制为基础，可以比较有效地达到监管当局的监管目标。如果能够在此措施的基础上，再加上不断形成创造性的具有替代效应的实施手段，将会使金融监管当局对网络金融机构的监管效果更好。

金融监管当局可以创造出多种监管方式，如在网络上采取“制定规则，然后警察巡逻抽查”的方式，对网络金融机构的运行状况进行抽查，一旦“抓”到后，则按照规则“重罚”。或者要求网络金融机构定期通过电子邮件向监管当局发送“汇报”文件，或者监管当局随机对网站进行抽样调查等。无论是哪种监管方式，都需要围绕一个中心问题来设计，那就是针对网络市场上的信息非对称问题来设计。从传统的柜台式的金融服务，到电子化的 ATM 和 POS 金融服务，到 Internet 上的虚拟金融服务，都需要有不断创造的信息披露方法来维持有效的信息监管。网络金融监管的一个基本观念是通过制度的安排使网络金融机构“自觉地”在被监管的平台上履行职能并确保履约。监管当局可以充分利用经济体系中各个利益集团之间的矛盾创造出多种有效的监管效果。例如，利用网络金融机构之间的竞争者地位对其他的竞争者进行监管，利用消费者集团对网络金融机构的服务质量及价格进行监管，利用独立的市场调查公司或会计咨询公司对网络金融机构的服务进行监管等。

总之，网络金融机构所依赖的网络技术突破了传统的地理边界而实现全球化的信息资源共享。以这种技术为基础进行的市场拓展可以轻而易举地越过有形的国界，给网络金融机构提供商带来了一系列风险。尽管目前国际银行业务也面临类似的问题，但相比之下基于网络金融机构的电子货币和虚拟金融服务面临的问题更加普遍，也更为严重。对这些问题的研究，正在成为网络金融机构部门或监管当局的一项重要工作。在这个领域内，国外的研究已经持续了至少 10 年以上，而国内正处于起步阶段。但可以相信，随着信息社会的发展，这方面的研究将会具有变得日益深入和具体的可能性。

9.3　金融风险管理应用平台

金融业务的国际化竞争越来越激烈，防范和化解金融风险是金融监管机关和金融企业的重中之重，建立有效的金融风险监管应用平台更是迫在眉睫。金融监管的关键是整合金融业务数据，在此基础上进行分析、预警和风险评价，防范和化解金融风险，提高金融企业的整体素质和核心竞争力。

电商数据(中国)公司凭借其对金融业务的深刻理解和强大的软件开发力量，借助惠普公司性能卓越、安全可靠的网络计算硬件平台和高质量的服务，联合推出 HP/INTELLGENT FIRM BUILDER(Financial Risk Management Builder)金融风险监管应用软件平台，其集数据元管理组件技术、服务器集群技术和商业智能(BI)技术于一体，提供直接、可靠、智能的金融风险管理应用平台。

1. 系统功能

(1) 实现横、纵数据的无限制交换。提供各种物理环境下的远程数据采集和管理，数据传输快速及时，可完成物理位置遍布全国乃至世界各地的管理部门、被管理部门及其分支机构之间的数据协同处理，及时有效地掌握金融风险动态。

(2) 高效完备的数据整合。基础版和专业版通过不同的数据整合产品来实现整合被管理对象的各类联机业务系统的数据。能适应各种异构环境下的数据源，确保数据来源真实可靠，利于加强风险管理，为消除营私舞弊、防范和化解管理风险提供可靠的数据依据。

(3) 统一数据结构、实现数据永久共享。系统数据结构与业务无关，可以按照风险管理信息单元的最基本要素建立统一的数据存储结构，使数据的存储和组织不再依赖于具体的报表形式，从而实现数据与应用程序之间的独立性和数据的永久共享性。

(4) 灵活性、适应性和可扩展性。自定义业务管理规则和历史管理机制，使系统能够管理机构、管理业务内容和管理报表格式要求的变化。同时为适应中国式报表结构复杂、形式灵活的特点，专门提供功能强大任意格式报表的可视化设计工具。

(5) 提供多维分析和展现。针对金融业面向客户服务的特点，从时间和空间、广度和深度进行不同角度、不同层面、多维度的数据分析，提供表格和图形等方式展现数据和分析结果，并可进行数据的定制钻取。

(6) 安全性和易用性保证。对处理的数据进行标准的加密处理，从硬件网络、操作系统、数据库、应用系统4个层次提供可靠的安全机制，坚决防止数据的非法篡改和窃取，保证数据完整和安全。用户访问界面根据用户需要提供C/S和B/S两种模式，易学易用。

下面介绍HP/INTELLGENT FIRM BUILDER主要功能。HP/INTELLGENT FIRM BUILDER通过业务管理和机构管理定义，实现针对不同类型的金融企业、不同业务内容的上级管理部门对众多下级管理对象业务数据的电子化、网络化、自动化收集和监督管理，并利用商业智能分析技术，为金融企业各级管理部门的提供风险发现、风险化解以及经营战略制定的数据支持。

(7) 可实现的功能。

① 定义各管理层次的组织结构、管理权限。

② 定义各类业务内容及业务规则。

③ 制定数据管理策略、构建各管理层面向风险管理等主题的数据(仓)库。

④ 对被管理对象的联机业务(OLTP)数据进行整合。

⑤ 各类管理部门的灵活动态报表处理功能。

⑥ 管理部门根据业务规则检查各被管理对象数据的合理性和有效性。

⑦ 对相关数据进行汇总和多维分析，并以多种方式展现和挖掘数据，预示和发现潜在风险。

⑧ 对被管理对象的业绩进行综合评价，对风险进行评估和预警。

(8) 业务内容定义。

针对金融企业数据管理内容，完成各层次的业务数据库创建和管理。

① 机构管理定义。针对金融企业组织机构，定义数据管理规则、访问权限以及系统配置。

② 报表管理中心。提供功能强大的任意格式报表可视化设计/填写上报工具。

③ 管理业务构造。针对金融行业特点，通过组件化技术，提供快速管理业务系统构造服务。

(9) 数据整合工具。

按照管理部门定义的管理主题和时间要求整合被管理对象的业务数据库中并存储数据到中央数据库，适应各种异构数据源。

2. 风险分析

数据的多维度分析和丰富的图形显示功能，及时发现金融风险，并对管理风险进行评估。同时可提供辅助经营决策数据支持，其内容包括以下两大部分。

(1) 经营分析。经营状况分析、资产负债分析、客户行为分析、风险分析、投资业务分析。

(2) 客户分析。存款状况、资产结构、运营能力、偿债能力、行业风险、贷款比例分析。

3. HP/INTELLGENT FIRM BUILDER 产品及监管性能

1) HP/INTELLGENT FIRM BUILDER 基础版

针对小规模金融企业提供风险管理、业务经营决策数据支持。

支持硬件平台：PC 服务的小规模数据。

支持数据库：各种桌面数据库如 Sybase SQL Anywhere 及主流关系数据库。

2) HP/INTELLGENT FIRM BUILDER 专业版

针对中大规模金融企业、政府监管机构，采用先进的数据整合、数据仓库技术提供金融风险管理数据服务。

支持硬件平台：Web 服务器、HP 应用服务器、HP 数据(仓)库服务器、PC 工作站。

支持操作系统：Windows 9X、NT Server/Workstation、Windows 2000、Windows XP、HP-UX。

支持数据库：DB2、Oracle、Sybase、Informix、SQL Server 等。

3) 金融监管职能

(1) 金融监管职能部门以及大型集团企业的数据监管。如中央银行及其分支机构、商业银行总部及其分支机构、证监会及其分支机构、保监会及其分支机构、保险公司总部及其分支机构、证券公司总部及其分支机构、大型企业集团总部及其分公司。

(2) 中小规模金融企业的内部数据监管。包括小规模城市商业银行、农村信用联社和中小型企业。

(3) 各级各类政府机构。包括国家财政部及其分支机构、税务总局及其分支机构、发改委等。

4. 银行业解决方案

该系统实现从总行到分行、从支行到分处理层监督，适应于数据大集中或分布式数据的管理模式。无论哪级监管都能及时方便地提供分析决策数据，同时也为人民银行监管各商业银行提供有效的数据来源。监管的内容包括资金计划监管、信贷监管、风险监管、行政管理、财务管理，及时提供各种监管和分析数据的查询，方便输出各类报表，提供风险预警。

按照统一数据采集、统一监管平台的思想，针对中央银行主线的监管可以通过 FIRM BUILDER 的管理中心设置形成“双线四级”的监管模式。在构造中心针对人民银行对各商业银行的监管内容进行监管指标、监管报表、监管频度等定义。在人民银行各下级行和被监管的商业银行进行监管数据采集、汇总、上报，并可以在任意级别进行对所辖范围内的商业银行的上报数据进行分析、监管指标预警、经营风险排队以及指标趋势预测。

商业银行的内部监控则采用树型结构，实现总行、分行、支行、营业部的逐级监管。我们根据商业银行的业务开展现状及对未来发展的展望，提出建立商业银行智能管理信息平台的思想。基于此思想，对 FIRM BUILDER 进行客户化改造，完成大部分对管理业务的监督需求，如针对各行不同时期的管理重点，设置内控指标，完成统计信息及少量业务信息的逐级采集、上报、汇总、统计分析、预警等功能，并实现初级层次上的辅助决策支持。

对银行业的监管，主要表现在以下几方面。

(1) 有效采集基础监管数据，建立完整统一的风险监管基础数据库。

(2) 通过数据整合，建立以客户为中心的基础数据收集方式，从而为建立客户经理管理平台提供基础数据。

(3) 通过按照一定频度对基础数据的分析，有效掌握业务变化情况，以便调整业务经营方式。

(4) 通过所辖对不同支行或者营业网点的比较，科学配置资源，提高劳动生产率。

(5) 建立常规汇总、分析、预警、预测模板，为管理人员业务工作提供支持。

(6) 通过收集基础数据，进行科学预测，为领导决策提供依据。

(7) 通过监管平台的应用，及时发现存在的问题，进行重点监控和整改，防患于未然。

5. 证券业解决方案

该系统可为证券公司及下属机构的监控提供解决方案，并符合人民银行及证监会的多级监管方式。监管的内容包括交易指标的监管、异常情况报警、历史数据监管，可提供对深圳、上海交易所的数据标准的支持，各类客户数量、成交量及资金的走势等数据，各种监督统计分析方式，系统安全、方便、稳定。

与中央银行的“双线四级”监管类似，FIRM BUILDER 可以实现证监会的双线多级监管体系。同时还为证券公司总部提供了对各下属证券营业部的实时监控系统解决方案。

(1) 接通任一下属营业部，可在总部实时监察该营业部实时的交易情况：实时综合交易指标(实时委托/成交金额)、满足设定条件的任一笔交易数据、异常情况并报警、自营交易数据等。

(2) 查询任一营业部的历史数据，包括异常情况历史记录、自营交易历史记录、满足设定条件的任一笔历史交易等。

(3) 以图表的方式直观形象地反映任一营业部历史数据的纵向分析结果：综合交易指标走势、各类客户数量比重、各类客户成交量、成交金额比重与走势、各种交易方式成交数量、成交金额比重与走势、资金情况走势。

(4) 以图表方式表示营业部间历史数据的横向比较：综合交易指标比较、客户情况比较、交易方式比较、资金情况比较。

(5) 有效监控营业部客户保证金管理情况。

(6) 建立证券公司资产负债情况分析模型，有效进行数据展现，为领导决策提供依据。

6. 保险行业解决方案

保险行业针对监管机构(保监会及其分支机构)和运营机构(保险公司)应可以实现双线多级风险监管，以及保险公司内部的树状逐级监管。包括业务行为监管以及财务监管两个方面。前者完成登记和查询各类业务相关信息，建立对保险公司日常检查的登记管理。日常检查的内容包括资本金或者营运资金是否真实、充足(作为财务监管的评价结论)、是否超业务范围经营、是否违章、违法经营、业务经营状况是否良好(作为财务监管的评价结论)、营业场所和安全设施是否符合要求、建立内部各类管理控制制度情况等。

后者完成资本金监管、资产/负债及其比例监管、偿付能力监管、资金运用监管四大类，同时还可以建立其他各类相关的财务报表管理，如损益表、利润表等及其在此基础上的分析。财务监管的基础数据来源为各级保险公司，根据公司规模可以选用专用数据整合产品(如 D2K)完成数据整合，并在此基础上进行各类数据分析、信息发现，防范运营风险，提高保险公司的总体运营能力。

本 章 小 结

本章详细介绍了网络金融机构的基本风险和网络金融机构的风险管理以及网络金融监管的具体措施，分析了国内外网络金融监管体系；系统地介绍了网络金融的法律法规和监管措施。随着我国改革开放的深化以及金融业的逐步对外开放，越来越多的外国银行及其他金融机构将加盟我国市场，无论从金融机构监管还是从规范金融市场的角度出发，均需要一套完备的金融法律制度，银行保密法的制定和完善无疑是极为关键的。

关键术语和概念

网络金融安全　信息对称　国家经济风险　信息系统风险　黑客风险

综合练习题

一、单项选择题

1. 网上银行还面临(　　)等其他方面的法律风险。

A. 洗钱　B. 客户隐私权　C. 网络交易　D. 以上全是

2. 信用证业务中主要法律风险的防范内容是(　　)。

A. 无真实贸易背景问题　B. 担保问题

C．法院裁定冻结、支付问题　　D．货物和货款控制问题

E．以上全是

3．网上银行的系统风险不仅会给网络金融企业带来直接的经济损失，而且会影响到(　　)。

A．网络客户的流失

B．网络金融企业形象和客户对金融企业的信任

C．政府监管不力

D．黑客的入侵

二、多项选择题

1．目前政府对网上银行的监管方式主要有(　　)。

A．市场准入　　B．业务扩展管制

C．日常检查　　D．信息报告

2．网络时代金融服务的特点可以简单概括为(　　)。

A．任何时间(Anytime)　　B．任何地点(Anywhere)

C．任何方式(Anyhow)　　D．任何人(Anybody)

3．网上银行的法律风险控制包括(　　)。

A．身份确认　　B．损失承担

C．举证责任和证据形式　　D．防范和化解

4．信用证业务中的一般法律风险有(　　)。

A．打包贷款问题　　B．单证审查不严

C．欺诈问题　　D．内控问题

E．部门协作问题　　F．备用贷款合同问题

5．信用证业务中一般法律风险的内容防范是(　　)。

A．信用证打包贷款的风险防范　　B．单证审查问题

C．欺诈问题　　D．内控及部门协作问题

E．备用贷款合同问题　　F．金融企业内部管理制度的法律效力问题

三、判断题

1．清算系统的国际化，大大提高了网上银行国际结算的系统风险。　　(　　)

2．在网上银行的系统风险中，最具有技术性的风险不是网上银行信息技术选择失误的风险。　　(　　)

3．网上银行面临的法律风险，实际上属于没有任何法律调整或者现有法律不明确造成的风险。　　(　　)

四、简述题

1．网络银行的监管机构有哪些？

2．如何加强网络证券的监管？

3．如何改进金融监管，促进我国网络金融健康发展？

五、思考题

1．谈谈你对网络金融风险的基本认识，并就如何防范和化解风险谈谈你的设想。
2．谈谈你对网络金融监管的理解，加强网络金融监管的策略是什么？
3．如何认识网络金融是未来的发展趋势？
4．什么是信息系统风险？如何防范网络金融交易的风险？
5．结合金融网站内容，进一步认识网络金融安全的重要性。
6 为什么说网络金融面临的风险与传统金融业有所不同？
7．网络金融监管的复杂性表现在哪些方面？
8．如何建立健全网络金融监管的法律法规？

六、实训题

1．结合网络金融应用实际，查阅有关部门网站及其金融监管职责。
2．安装、操作网上杀毒软件。

第10章

互联网金融

学习目标

通过本章学习，了解互联网金融的发展历史以及国内外研究的现状，掌握互联网金融管理的相关理论和不同发展阶段的特点，研究中国互联网金融的特色，掌握互联网金融与支付一般性的技术要点，更好地发挥互联网金融在经济发展和社会进步中的作用。

教学要求

知识要点	能力要求	相关知识
互联网金融的发展与实践	(1) 了解互联网金融的相关概念 (2) 熟悉互联网金融平台基本概念、特点和新定律 (3) 掌握网络经济与传统经济的区别与联系 (4) 了解网络营销与传统营销的区别与联系	(1) 互联网金融经济的特色 (2) 国内外互联网金融的历史发展阶段、特点及未来的发展趋势
移动信息技术的金融模式	(1) 熟悉移动支付平台方案设计的基本体系与功能 (2) 了解虚拟信用卡支付平台与互联网金融、电子商务的关系，掌握基本知识点	(1) 互联网金融的相关内容 (2) 互联网金融与电子支付相关知识

引例

“阿里金融”

国内互联网金融发展最为典型的案例即为阿里巴巴的小额信贷业务，即阿里金融。和传统的信贷模式不同，阿里金融通过互联网数据化运营模式，为阿里巴巴、淘宝网、天猫等电子商务平台上的小微企业、个人创业者提供可持续性的、普惠制的电子商务金融服务。其所开发的新型微贷技术的核心是数据和互联网。

阿里金融利用阿里巴巴 B2B、淘宝、支付宝等电子商务平台上客户积累的信用数据及行为数据，引入网络数据模型和在线视频资信调查模式，通过交叉检验技术辅以第三方验证确认客户信息的真实性，将客户在电子商务网络平台上的行为数据映射为企业和个人的信用评价，向这些通常无法在传统金融渠道获得贷款的弱势群体批量发放“金额小、期限短、随借随还”的小额贷款。同时，阿里金融微贷技术也极为重视网络。其中，小微企业大量数据的运算即依赖互联网的云计算技术，不仅保证其安全、效率，也降低阿里金融的运营成本；另外，对于网络的利用，也简化了小微企业融资的环节，更能向小微企业提供 365×24 的全天候金融服务，并使得同时向大批量的小微企业提供金融服务成为现实。这也符合国内小微企业数量庞大，且融资需求旺盛的特点。阿里金融已经开发出订单贷款、信用贷款等微贷产品。从其微贷产品的运作方式看，带有强烈的互联网特征。类似淘宝信用贷款，客户从申请贷款到贷款审批、获贷、支用以及还贷，整个环节完全在线上完成，零人工参与。

随着电子商务市场发展迅速，2011 年中国电子商务交易总额高达 5.88 万亿元人民币，同比增长 29.2%，电子商务已经广泛渗透进入金融产品消费等领域。比如，2010 年平安、安邦等多家保险公司集体入驻淘宝网开展保险产品销售业务。基金管理公司等基金销售机构自有网络平台受制于多种因素，业务发展缓慢，希望可以利用第三方电子商务平台的用户群和用户体验优势，提升自身的网上基金销售业务能力。

章前导读

互联网金融是基于互联网为代表的现代信息科技，特别是移动支付、云计算、社交网络和大数据挖掘等相关技术主导金融的行业称之为互联网金融。简而言之是以现代信息科技主导金融的行业。

互联网金融是传统金融行业与互联网和云计算等现代信息技术相融合的新兴事物。主要有传统金融业务网络化、互联网企业切入新金融领域等模式，两者共同追求满足多样和复杂化的金融新需求，而这必然激发对于支付模式革新突破的持续要求。

随着各种新型互联网技术出现，用户的互联网化和以利率市场化为代表的国内金融环境转变，商业银行凭借“水泥+鼠标”的经营思路和网上银行先发优势打造起的互联网金融王国尽管在业务、功能等方面有所改善，但始终未能走出“替代柜台”的定位，服务和产品差异化更逐渐丧失，商业银行服务模式的“创新革命”势在必行。作为一个无论产品还是服务数字化程度都极高的行业，金融业互联网化趋势十分明显，网上企业银行的跨越式发展就是这一趋势的具体表现。

3G+WLAN+RFID/NFC 能够使商业银行的客户在不同的环境中，享受更灵活、更便利的金融服务。3G、4G 网络提供更快速的传输速度，突破了移动网络传输速度的瓶颈。终端短距离传输技术的突破，比如 RF-SIM 和 NFC 技术，让用户使用手机作为近距离支付的主要手段成为可能，这大大提升了用户的便利性。

10.1　互联网金融概述

本书前面几章所提到的电子支付，有些是不属于金融支付的(也不能称之为互联网金融)，如支付宝和财富通等均属于非金融机构支付；非金融支付行业是从两个领域分别发展起来的：一个领域是互联网支付，另一个领域是跨行业预付卡。所谓互联网金融是指支付机构在银行卡收单业务上全面运行了互联网接入，收单后台在完成与多种支付渠道的集成整合后又再与商户 ERP 系统无缝集成(如快钱集成支付，详见图 10.1)，便形成了金融支付系统，亦属互联网金融的范畴。

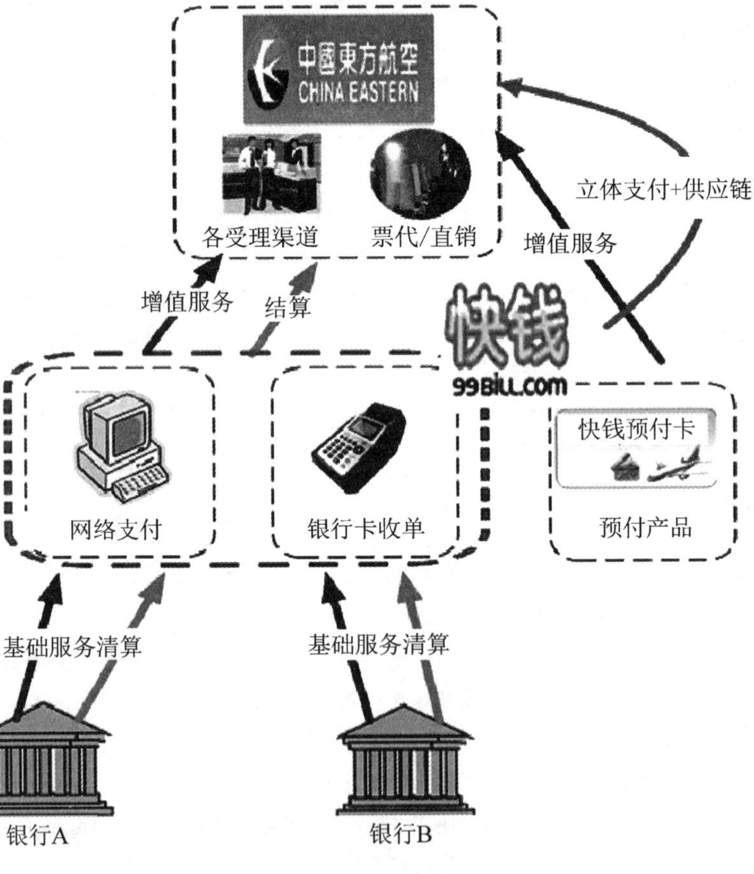

图 10.1　快钱集成支付-东方航空

图示资料来源：http://wenku.baidu.com/link?url=wnp7K8jjv

10.1.1 互联网金融的相关概念

互联网金融(The Internet Finance；The on line financial)是传统金融行业与互联网精神相结合的新兴领域。互联网“开放、平等、协作、分享”的精神往传统金融业态渗透，对人类金融模式产生根本影响。

1. 互联网金融的界定

互联网金融是指以依托于支付、云计算、社交网络及搜索引擎等互联网工具，实现资金融通、支付和信息中介等业务的一种新兴金融。互联网金融不是互联网和金融业的简单结合，而是在实现安全、移动等网络技术水平上，被用户熟悉接受后(尤其是对电子商务的接受)，自然而然为适应新的需求而产生的新模式及新业务。是传统金融行业与互联网精神相结合的新兴领域。互联网金融与传统金融的区别不仅仅在于金融业务所采用的媒介不同，更重要的在于金融参与者深谙互联网“开放、平等、协作、分享”的精髓，通过互联网、移动互联网等工具，使得传统金融业务具备透明度更强、参与度更高、协作性更好、中间成本更低、操作上更便捷等一系列特征。理论上任何涉及广义金融的互联网应用，都应该是互联网金融，包括但是不限于为第三方支付、在线理财产品的销售、信用评价审核、金融中介、金融电子商务等模式。互联网金融的发展已经历了网上银行、第三方支付、个人贷款、企业融资等多阶段，并在融通资金、资金供需双方的匹配等方面更加深入传统金融业务的核心。

2. 定义

互联网金融是传统金融行业与互联网精神相结合的新兴领域。互联网开放、平等、协作、分享的精神往传统金融业态渗透，对人类金融模式产生根本影响，从广义上讲，具备互联网精神的金融业态统称为互联网金融。

理论上任何涉及广义金融的互联网应用，都应该是互联网金融，包括但是不限于为第三方支付、在线理财产品的销售、信用评价审核、金融中介、金融电子商务等模式。从狭义的金融角度来看，互联网金融则应该定义在跟货币的信用化流通相关层面，也就是资金融通依托互联网来实现的方式方法都可以称之为互联网金融。

3. 特点

互联网金融是数据产生、数据挖掘、数据安全和搜索引擎技术，是互联网金融的有力支撑。社交网络、电子商务、第三方支付、搜索引擎等形成了庞大的数据量。云计算和行为分析理论使大数据挖掘成为可能。数据安全技术使隐私保护和交易支付顺利进行。而搜索引擎使个体更加容易获取信息。这些技术的发展极大减小了金融交易的成本和风险，扩大了金融服务的边界。其中技术实现所需的数据，几乎成为互联网金融的代名词。

互联网金融与传统金融的区别不仅在于金融业务所采用的媒介不同，更重要的在于金融参与者深谙互联网“开放、平等、协作、分享”的精髓，通过互联网、移动互联网等工具，使得传统金融业务具备透明度更强、参与度更高、协作性更好、中间成本更低、操作上更便捷等一系列特征。归纳为五个主要特性：低成本、人人组织、外部性、平台效应和大数据。

可以通过互联网技术手段，最终可以让金融机构离开资金融通过程中的曾经的主导型地位，因为互联网的分享，公开、透明等的理念让资金在各个主体之间的游走，会非常的直接，自由，而且低违约率，金融中介的作用会不断地弱化，从而使得金融机构日益沦落为从属的服务性中介的地位。不再是金融资源调配的核心主导定位。也就是说，互联网金融模式是一种努力尝试摆脱金融中介的行为。

4. 优势与劣势

互联网从事金融优势主要包括：一是接触客户更广；二是节省客户时间；三是销售成本低；四是可销售多行业产品。

但劣势也很明显：一是复杂产品卖不了；二是品牌信任度较低；三是客户习惯还需时间培养；四是未来或将受监管限制。根据以上优缺点及参照美国互联网金融企业的经验，缺乏产品开发能力的互联网金融难以颠覆传统金融行业。

10.1.2 互联网金融的发展

近年来，以第三方支付、网络信贷机构、人人贷平台为代表的互联网金融模式越发引起人们的高度关注，互联网金融以其独特的经营模式和价值创造方式，对商业银行传统业务形成直接冲击甚至具有替代作用的趋势。

1. 国外互联网金融发展状况

20世纪90年代美国互联网发展迅速，当时美国经济增长的1/4以上都归功于信息技术，其中计算机和电信业的发展速度是美国经济增长速度的两倍，美国国内生产总值的增长量中，1/3是由与信息工业相关的产业做出的贡献；美国互联网金融典型企业，如亚马逊、eBay、雅虎和Google等大型互联网企业均是在20世纪90年代兴起并蓬勃发展的。随之，互联网业务涉足金融系统，形成了网络金融的雏形，如图10.2所示。

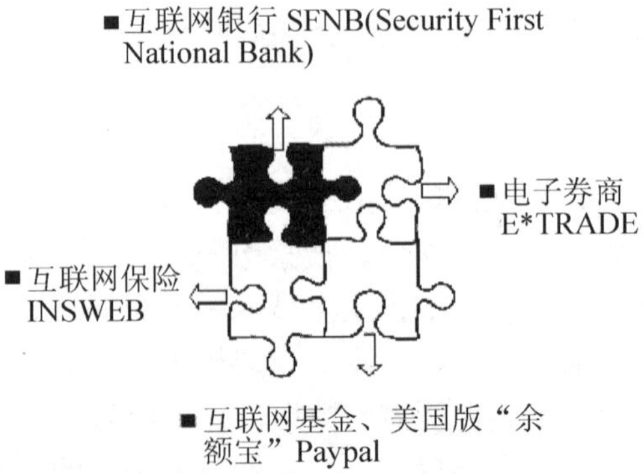

图10.2 美国互联网金融典型企业

互联网金融的出现与发展，美国依然是领跑者。1998年，PayPal公司成立，并于次年就设立了账户余额的货币市场基金，基金通过PayPal网站向在线投资者开放，前提是投资者须成为PayPal用户。初始及追加投资的最小额均为0.01美元，最高账户余额为10万美元。该货币基金在2000年曾创下5.56%的年收益率。

Lending Club成立于2006年，目前已经获得6轮融资，最新一轮投资方是谷歌，融资估值是15.5亿美元，Lending Club有非常多的知名投资机构和个人，KPCB、摩根斯坦利前CEO John Mack、前美国财政部长Larry Summers、有“互联网女皇”之称的KPCB合伙人Mary Meeker等。

Lending Club通过网络平台接受借款客户的借款请求，并在得到用户授权后从Experian、Trans Union和Equifax三大征信局获取用户的信用分数，将高于某个分数线的借款人的借款请求放置于平台上进行筹资。

截止到2013年3月底，Lending Club的贷款者用户，平均FICO信用积分为706，他们负债收入比(除房屋贷款之外)为16%，人均14年以上的信用记录，个人人均年收入为70491美元，其中12855美元使用来进行信用支出和还款的。

Lending Club的利润主要来自对借款人收取的手续费以及对投资人收取的管理手续费，前者会因为贷款者个人信用条件和贷款额度等因素的不同而有所变化，一般情况下是贷款总额的1.1%～5%；后者则是统一收取1%的投资者手续管理费。2013年6月，Lending Club已经达成20亿美元的贷款。

亚马逊在2012年才推出基于亚马逊平台的供应链融资项目Amazon Lending，由亚马逊旗下资本服务公司(Amazon Capital Services)处理贷款业务，PayPal也于今年4月发布消息，称在英国测试推出针对ebay等平台商家的融资服务。而这两家的共同竞争对手则是跨平台的在线商家融资服务的创业公司Kabbage。Kabbage通过向获贷款的商家收取费用来创收，具体费用视贷款期限(最长6个月)和偿还风险而定，费率从2%到7%不等。Kabbage目前支持来自eBay、亚马逊、雅虎、Etsy、Shopify、Magento等平台的网上商家，同亚马逊，Paypal不同的是，Kabbage的商家信用数据并不单纯来源于交易平台，而是企业Facebook上的客户互动数据、地理信息分享数据、物流数据，或者是通过eBay，Amazon或者Esty的转化数据。

Kabbage目前已经获得累计5600万美元的融资，2012年，Kabbage借出约7000万美元的贷款。

2. 国内互联网金融的发展

互联网金融在国内的火热程度如日中天，各种模式更是层出不穷。尽管中国的商业经营讲究“中国特色”，中国互联网的商业模式，却一直没有能打破海外模式汉化版的惯例。如支付宝的余额宝、P2P、人人贷、宜信、陆金所、阿里和苏宁小贷，第三方支付(易宝支付、快钱等)供应链融资等。

互联网改造传统金融的趋势不可逆转，而中国的制度红利的确给了市场更大的想象空间，开创性的、成熟的互联网金融模式，能不能在互联网金融这次大浪中，淘沙而现，可以拭目以待。

事实上，由于中国金融市场的不充分竞争、监管政策同美国的差异、信用机制的严重缺失，很多美国模式在中国都进行了大变样，有些是华丽转身，比如余额宝；有些则存在严重的风险隐患，以 P2P 市场来说，由于进入门槛低，模式相对容易复制，目前国内已有 2000 多家 P2P 公司，坏账率和倒闭的负面新闻不绝于耳。

我国互联网金融行业现状，中国金融业的改革是全球瞩目的大事，尤其是利率市场化、汇率市场化和金融管制的放松。而全球主要经济体每一次重要的体制变革，往往伴随着重大的金融创新。中国的金融改革，正值互联网金融潮流兴起，在传统金融部门和互联网金融的推动下，中国的金融效率、交易结构，甚至整体金融架构都将发生深刻变革。

3. 互联网金融的发展趋势

目前在全球范围内，互联网金融产业链已经逐渐形成(图 10.3)，并且出现了 3 个重要的发展趋势。

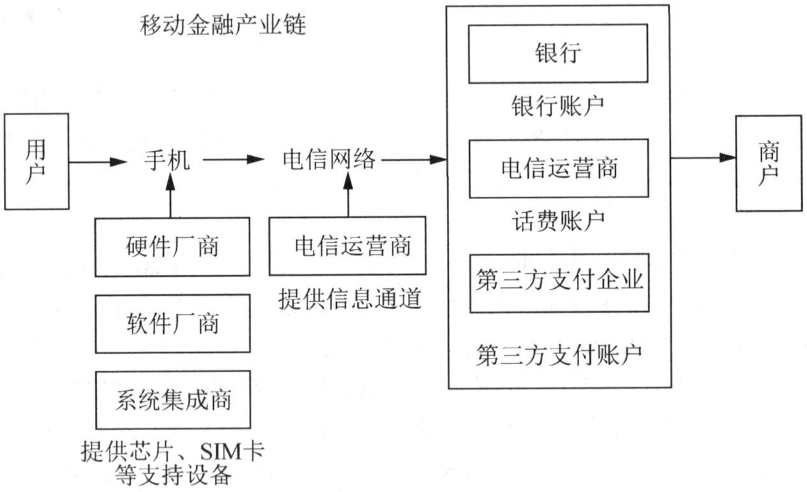

图 10.3 移动金融产业链示意图

(1) 移动支付替代传统支付业务。随着移动通信设备的渗透率超过正规金融机构的网点或自助设备，以及移动通讯、互联网和金融的结合，全球移动支付交易总金额 2011 年为 1059 亿美元，预计未来 5 年将以年均 42%的速度增长，2016 年将达到 6169 亿美元。在肯尼亚，手机支付系统 M-Pesa 的汇款业务已超过其国内所有金融机构的总和，而且延伸到存贷款等基本金融服务，而且不是由商业银行运营。

(2) 人人贷替代传统存贷款业务。其发展背景是正规金融机构一直未能有效解决中小企业融资难问题，而现代信息技术大幅降低了信息不对称和交易成本，使人人贷在商业上成为可行。比如 2007 年成立的美国 Lending Club 公司，到 2012 年年中已经促成会员间贷款 6.9 亿美元，利息收入约 0.6 亿美元。

(3) 众筹融资替代传统证券业务。所谓众筹，就是集中大家的资金、能力和渠道，为小企业或个人进行某项活动等提供必要的资金援助，是最近几年国外最热的创业方向之一。以 Kickstarter 为例，虽然它不是最早以众筹概念出现的网站，但却是最先做成的一家，曾被时代周刊评为最佳发明和最佳网站，进而成为“众筹”模式的代名词。2012 年 4 月，美国通过 JOBS(Jumpstart Our Business Startups Act)法案，允许小企业通过众筹融资获得股权资本，这使得众筹融资替代部分传统证券业务成为可能。

4. 互联网金融在我国的主要经营模式

我国的互联网金融的主要经营模式有以下几种。

第一种，传统的金融借助互联网渠道为网民提供服务。这个是我们熟悉的网银。互联网在其中发挥的作用应该是渠道的作用。

第二种，类似阿里金融，由于它具有电商的平台，为它提供信贷服务创造的优于其他放贷人的条件。互联网在此发挥的作用是信用。

第三种，人们经常谈到的人人贷的模式、P2P，这种模式更多的提供了中介服务，这种中介把资金出借方与需求方结合在一起。

在互联网金融模式下，因为有搜索引擎、大数据、社交网络和云计算，市场信息不对称程度非常低，交易双方在资金期限匹配、风险分担的成本非常低，银行、券商和交易所等中介都不起作用；贷款、股票、债券等的发行和交易以及券款支付直接在网上进行，这个市场充分有效，接近一般均衡定理描述的无金融中介状态。

在这种金融模式下，支付便捷，搜索引擎和社交网络降低信息处理成本，资金供需双方直接交易，可达到与资本市场直接融资和银行间接融资一样的资源配置效率，并在促进经济增长同时，大幅减少交易成本。

10.1.3 互联网金融平台

当前国内主要互联网金融平台模式除了大家熟悉的网银和电商的平台外，大家经常谈到的 P2P 的模式，这种模式更多的提供了中介服务，这种中介把资金出借方需求方结合在一起。发展至今由 P2P 的概念已经衍生出了很多模式。中国网络借贷平台已经超过 2000 家，平台的模式各有不同，归纳起来主要有以下几类。

1. 担保机构担保交易模式

这也是相对安全的 P2P 模式。此类平台作为中介，平台不吸储、不放贷，只提供金融信息服务，由合作的小贷公司和担保机构提供双重担保。此模式首先在人人贷平台创立，由人人贷与中安信业共同推出产品“机构担保标”。此类平台的交易模式多为“1 对多”，即一笔借款需求由多个投资人投资。此种模式的优势是可以保证投资人的资金安全，中安信业、证大速贷、金融联等国内大型担保机构均介入到次模式中。

2. P2P 平台下的债权合同转让模式

这种模式可以称之为“多对多”模式，借款需求和投资都是打散组合的，甚至有由机构负责人自己作为最大债权人将资金出借给借款人，然后获取债权对其分割，通过债权转让形式将债权转移给其他投资人，获得借贷资金。因其特殊的借贷模式，制定了“双向散打”风险控制，通过个人发放贷款的形式，获得一年期的债权，公司将这笔债权进行金额及期限的同时拆分，这样一来，公司利用资金和期限的交错配比，不断吸引资金，一边发放贷款获取债权，一边不断将金额与期限的错配，不断进行拆分转让。

这种模式的特点是可复制性强，发展快。其构架体系可以看作是左边对接资产，右边对接债权，其平衡系数是对外放贷金额必须大于或等于转让债权，如果放贷金额实际小于转让债权，等于转让不存在的债权，根据《关于进一步打击非法集资等活动的通知》，属于非法集资范畴。

3. 大型金融集团推出的互联网服务平台

此类平台有大集团的背景，且是由传统金融行业向互联网布局，因此在业务模式上金融色彩更浓，更“科班”。再拿风险控制来说，这类 P2P 业务依然采用线下的借款人审核，并与担保公司合作进行业务担保，有些公司甚至还从境外挖了专业团队来做风险控制。线下审核、全额担保虽然是最靠谱的手段，但成本并非所有的网贷平台都能负担，无法作为行业标配进行推广。值得一提的是其所采用的“1 对 1”模式，即 1 笔借款只有 1 个投资人，需要投资人自行在网上操作投资，而且投资期限一般为 1～3 年。

4. O2O 平台

以交易参数为基点，结合 O2O(Online to Offline，将线下商务的机会与互联网结合)的综合交易模式。例如阿里小额贷款为电商加入授信审核体系，对贷款信息进行整合处理。这种小贷模式创建的 P2P 小额贷款业务凭借其客户资源、电商交易数据及产品结构占得优势，其线下成立的两家小额贷款公司对其平台客户进行服务。线下商务的机会与互联网结合在一起，让互联网成为线下交易的前台。O2O 的详细内容我们将在后面进行详细论述。

5. 微金融平台

互联网金融服务平台很适合有短期小额融资需求的小微企业，快捷高效，利率也不算很高。该领域以“爱投资”为主，是国内首个 P2C 互联网小微金融服务平台，对申请融资的企业进行资质审核、实地考察，筛选出具有投资价值的优质项目在网站上向投资者公开；并提供在线投资的交易平台，实时为投资者生成具有法律效力的借贷合同；监督企业的项目经营，管理风险保障金，确保投资者资金安全。

微金融是近几年新兴的一种金融模式，很多人可能还不是很理解。微金融信息服务是金融领域内，对贷款、投资、理财规模较小，时间较短的金融行为的统称，是相对于大型金融机构、大规模的资金转移运作来说的。通常情况下，指的是为中小微企业、创业者、个体工商户、小额投资者等提供的金融服务。随着微金融信息服务体系的不断壮大，微金融信息服务的概念也在扩大，现在其最为准确的定义是：专门向小型和微型企业及中低收入阶层提供的，小额度的、时间短的、可持续循环的微金融产品和服务的活动。

微金融信息服务的特点有两点：一是以中小微型企业以及贫困或中低收入群体为特定目标客户；二是由于客户有特殊性，它会有适合这样一些特定目标阶层客户的金融产品和服务。

6. App 平台

(1) App 移动服务。App(Application)是挖财类的手机理财应用程序的简称；App 移动服务，就是针对手机这种移动连接到互联网的业务或者无线网卡业务而开发的应用程序服务。APP 取代企业 WAP 网站成为手机主流移动应用，这已经是有目共睹的事实，在经历了一个时代的更替后得出这个结论："只要手机风靡全球，移动互联网发展达到高峰，推动了 App 应用行业，企业 App 营销是 WAP 营销的新时代。"

(2) 移动支票支付服务。Zipmark 公司发布了 App 开发商平台，这种支付方式相当于支票，只是并非纸质，也不用去银行，为用户支票转账提供简单便捷的服务，不论是收款还是汇款，公司都会为用户提供一种无缝体验。手续费非常低，每笔交易收 1%手续费，若金额较大，无论多少都 5 美金封顶。

商家或 App 开发商即可同时利用 Zipmark 在线或移动交易支付系统实现交易，管理收款。Zipmark 还会发布一个面向消费者的 iPhone 应用，让用户直接扫描 QR 进行支付。

使用的时候用户真实支票账户连到 Zipmark App 开发商平台，随后就能实现转账支付，由于 Zipmark 的服务基于已有的支票操作设施，当交易被认证时，Zipmark 无需使用长期留存资金应急。商家可以将形式发票上的 QR 码扫到 Zipmark 中，方便客户扫描支付。公司还用 Check21 数字支票，保障交易安全性，公司的目标就是实现支票本的现代化。

伴随着移动互联网的不断发展，越来越多的开发者开始清楚地认识到移动互联网蕴含的巨大商机，纷纷投入 APP 开发的行列中去。而手机 APP 应用程序，也乘着这股东风，较之前有了极大的发展。可以说，APP 之路已经走了很远，但依然还有很遥远的路要走。

事实上，移动支付还不完善，开发者更应该着眼于优化商品信息的搜索、对比等功能，以及信息显示、操作方式等方面，放低对商品推荐、支付购买等方面的比重，而对创业者来说，这样进行数据搜集和处理的应用，其实要比真正进行购物消费的门槛要低一些，相对和已经成熟的各大电商平台竞争风险也较低，只不过这样抓取网页数据还需要和电商网站进行协商，才能避免偏颇再度发生。

10.2 移动互联网的商业应用

随着人们访问互联网的方式延伸到移动终端，虽然主体理论是真实准确的，但也不乏带来误导的、让人迷惑的，甚至是错误的描述。我们在这里通过详细地介绍移动互联网的主要商业模式和盈利模式，摆正移动互联网在互联网金融中的重要地位，以期更翔实地论述移动金融支付相关理论。

10.2.1 移动互联网的主要商业模式

移动互联网有广义和狭义之分，广义的移动互联网是指用户能够通过手机、PDA 或其他手持终端以无线的方式通过各种网络(WLAN、WiMAX、GSM、CDMA、WCDMA 等)接入互联网，狭义的移动互联网是指用户通过手机、PDA 或其他手持终端通过无线通信网络接入互联网。这里所指为狭义移动互联网。

目前，移动互联网上网方式主要有WAP和WWW两种，其中WAP是主流。WAP站点主要包括两类网站：一类是由运营商建立的官方网站，如中国移动建立的移动梦网。这也是目前国内最大的WAP门户网站；另一类是非官方的独立WAP网站，建立在移动运营商的无线网络之上，但独立于移动运营商。

关于商业模式的含义，理论界还没有形成统一的权威解释。我们认为商业模式是包括了产品模式、用户模式、市场模式、营销模式和盈利模式在内的一个不断变化的、有机的商业运作系统。其中，盈利模式是商业模式体系中最为核心的子模式，其他几个子模式最终的目标都是为了实现盈利模式。

随着移动互联网产业价值链的逐渐形成，其商业模式就成为时下业界的焦点话题。移动互联网主要有以下3种商业模式。

1. 内容类商业模式

内容类商业模式是指内容提供商通过对用户收取信息、音频、游戏、视频等内容费用盈利，典型例子如付费信息类、手机流媒体、UGC类应用。

内容提供商可分为两种：官方内容提供商和独立内容提供商，如图10.4所示。官方内容提供商通过运营商建立的官方网站为用户提供信息内容，并由运营商代为收费，运营商提取一定比例的利益分成。计费的方式包括包月收费和按次收费两种。后者又可分为按照联网的时间、登陆的次数和发给用户信息的数量等方式。独立内容提供商则通过自己独立的WAP网站为用户提供信息内容，通过第三方进行结算，并支付一定的佣金。

该模式下内容的形式是多种多样的，在所有内容目录下的内容服务都可以收费。用户愿意支付费用的项目包括视频下载、游戏下载、音乐下载、电子杂志订阅等，每个收费的网站都会提供一部分免费的内容或免费的时段，这有助于用户试用后再决定是否对此服务付费。此种模式为目前移动互联网最主要的盈利模式，其中官方网站又占据着绝大部分份额。

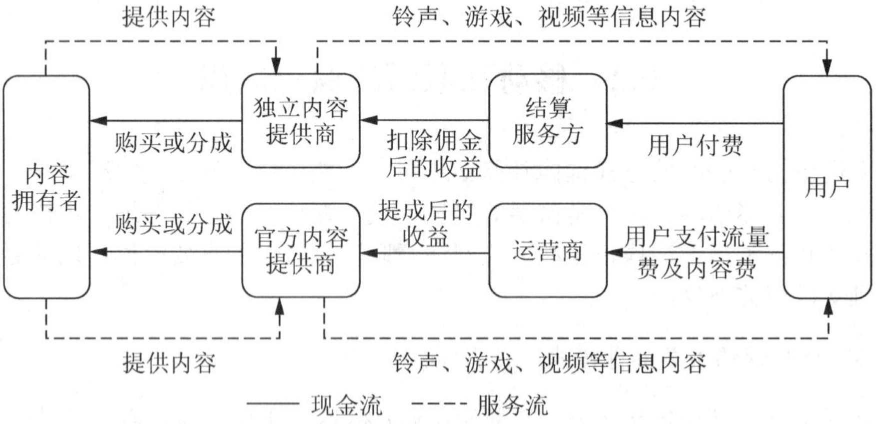

图10.4 内容类商业模式

2. 服务类商业模式

服务类商业模式是指基本信息和内容免费，用户为相关增值服务付费的盈利方式(如图 10.5 所示)，移动 IM、手机网游、移动导航和移动电子商务均属于此类。

移动 IM 最主要的运营模式是 IM 服务提供商和移动运营商合作，IM 服务提供商开发 IM 业务平台和软件，并负责系统的运行维护；移动运营商则提供接入和计费服务。目前一般采用按使用计费的模式，对于短信方式，接收消息免费，发送消息收费；对 WAP 方式，一般按流量计费。对于服务提供商而言，以移动 QQ 为例，其基础业务基本不收费，但通过特定头像下载、会员服务等增值业务实现收入。现在广泛采用的“电子货币”也成为重要支付手段。

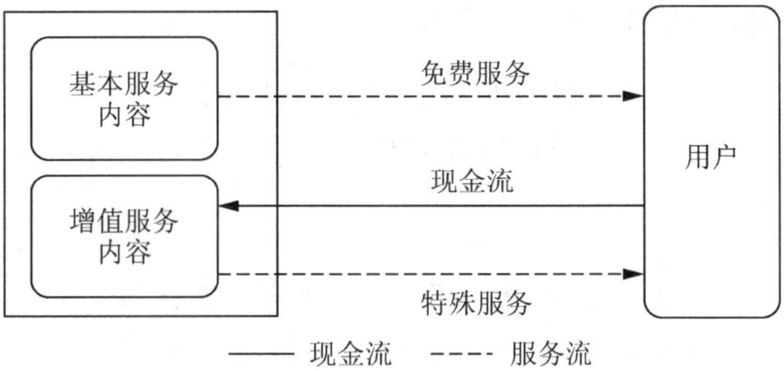

图 10.5 服务类商业模式

手机网游通过手机终端实现随时随地的游戏与娱乐，大部分的服务提供商采取免费注册的方式吸引游戏玩家。其收入主要来自增值服务，包括销售道具、合作分成、比赛赞助、周边产品销售等。另外对于游戏平台内的免费用户，推出游戏与广告相互融合的形式——广告游戏，游戏玩家为了提高游戏技能而不停地重复玩广告游戏，提高了广告的投放效果。并获得后向收费。

3. 广告类商业模式

广告类商业模式是指免费向用户提供各种信息和服务，如图 10.6 所示；其盈利则是通过收取广告费来实现。典型的例子如门户网站和移动搜索。由于移动运营商对广告的限制政策，本模式更多的是由非官方网站采用。

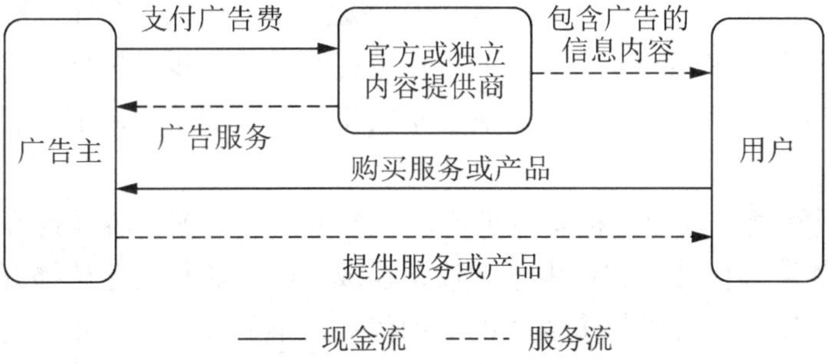

图 10.6 广告类商业模式

和传统互联网一样，WAP门户网站和广告主之间通过Page View和点击率来构建双方的合作模式。相比于传统互联网，移动互联网在广告方面有很多的限制因素。最大的限制来自于手机的屏幕尺寸，过小的尺寸和较慢的传输速度无法向用户展示有吸引力的图片，同时用户支付流量费来阅读广告也并不符合商业常理。这就要求手机广告的内容一定要对用户有吸引力，同时通过手机用户深度参与讨论，直接促进广告产品的营销。

互联网的搜索业务主要靠竞价排名和广告链接收费，网络架构的差异以及手机屏幕和带宽的限制决定了移动搜索无法完全复制互联网搜索盈利模式，目前移动搜索市场的盈利模式尚未成熟。移动搜索服务商可以利用手机的便携性、移动性向用户提供简洁而有针对性的实用信息内容。从而不断创新盈利模式。

10.2.2 移动互联网的主要业务与盈利模式

目前，业务发展已成为影响和拉动移动通信行业最主要的市场导向，总结和挖掘市场，未来移动互联网业务前景看好，目前移动互联网有十大业务及盈利模式。

1. 主要业务

(1) 移动社交。移动社交将成为数字化生存的平台，在移动网络虚拟世界里面，服务社区化将成为焦点。社区可以延伸出不同的用户体验，提高用户对企业的黏性。宽带的增加将促使移动互联网的服务创新，用户的许多需求将在手机上得到满足。而手机具有随时随地沟通的特点，从而使SNS在移动领域发展具有一定的先天优势。以个人空间(相册/日记)、多元化沟通平台、群组及关系为核心的移动SNS手机社交将发展迅猛。

(2) 移动广告。手机广告是一项具有前瞻性的业务形态，可能成为下一代移动互联网繁荣发展的动力因素。在Mobile Web2.0浪潮的推动下，互联网业务正在向移动互联网过渡，而作为互联网繁荣的根本盈利模式，广告无疑将掀起移动互联网商业模式的全新变革，带领移动互联网业务走向繁荣。

(3) 手机游戏。PC游戏带动个人计算机的热卖，网络游戏可以说拯救了中国的互联网产业，手机游戏将引爆下一场移动互联网的商战。随着产业技术的进步，移动设备终端上会发生一些革命性的质变，可以预见，手机游戏作为移动互联网的杀手级盈利模式，无疑将掀起移动互联网商业模式的全新变革。

(4) 手机电视。手持电视用户主要集中在积极尝试新事物、个性化需求较高的年轻群体，这样的群体在未来将逐渐扩大。随着手机电视业务进一步规模化，广告主也将积极参与到其中。市场的进一步细分将刺激和满足不同年龄层次的用户需求，有效促进手机电视产业的发展。

(5) 移动电子阅读。因为手机功能扩展、屏幕更大更清晰、容量提升、用户身份易于确认、付款方便等诸多优势，移动电子阅读正在成为一种流行迅速传播开来。内容数字化使电子阅读内容丰富，结合手机多媒体的互动优势，不但增加了音乐、动画、视频等新的阅读感受，还可将这种感受随时带在身边，移动电子阅读市场的繁荣是可以预见的。

(6) 移动定位服务。随着随身电子产品日益普及，人们的移动性在日益增强，对位置信息的需求也日益高涨，市场对移动定位服务需求将快速增加。随着社会网络渗入到现实世界，未来移动定位功能将更加注重个性化信息服务。手机可提醒用户附近有哪些朋友，来自亲朋好友甚至陌生人的消息会与物理位置联系起来。父母能够利用相同的技术追踪他们的孩子。随着移动定位市场认知、内容开发、终端支持、产业合作、隐私保护等方面的加强，移动定位业务存在着巨大的商机，只要把握住市场的方向，将获得很高的回报。

(7) 手机搜索。手机搜索引擎整合搜索概念、智能搜索、语义互联网等概念，综合了多种搜索方法，可以提供范围更宽广的垂直和水平搜索体验，更加注重提升用户的使用体验。

手机搜索给用户提供方便快捷的移动内容搜索，搜索结果更具相关性，用户可以定制自己的搜索引擎和确定的互联网内容，这给用户相当程度的自由和灵活性，让用户对条理清晰的手机搜索服务沉迷不已。对运营商来说，加大对搜索领域的投入与积极参与，加速手机搜索引擎和移动增值业务的融合，帮助搜索引擎向信息化产品集成平台转变。

(8) 手机内容共享服务。手机图片、音频、视频共享被认为是 3G、4G 手机业务的重要应用。在未来，网上需要数字化内容进行存储、加工等，允许用户对图片、音频、视频剪辑与朋友分享的服务将快速增长。随着终端、内容、网络等三个方面制约因素的解决，手机共享服务将快速发展，用户利用这种新服务可以上传自己的图片、视频至博客空间，还可以用它备份文件、与好友共享文件，或者公开发布。开发共享服务，可以把移动互联网的互动性发挥到极致，内容是聚揽人气，吸引客户的基础。

(9) 移动支付。支付手段的电子化和移动化是不可避免的必然趋势，移动支付业务发展预示着移动行业与金融行业融合的深入。不久的将来，消费者可用具有支付、认证功能的手机来购买车票和电影票、打开大门、借书、充当会员卡，可以实现移动通信与金融服务的结合以及有线通信和无线通信的结合，让消费者能够享受到方便安全的金融生活服务。

支付工具的创新将带来新的商业模式和渠道创新，移动支付业务具有垄断竞争性质，先入者能够获得明显的先发优势、筑起较高的竞争壁垒，从而确保自身的长期获益。

(10) 移动电子商务。移动电子商务可以为用户随时随地提供所需的服务、应用、信息和娱乐，利用手机终端方便便捷地选择及购买商品和服务。移动电子商务处在信息、个性化与商务的交汇点，是传统商务信息化的结果，承载于信息服务又为信息服务提供商务动力。

未来，移动电子商务与手机搜索的融合，跨平台、跨业务的服务商之间的合作，电子商务企业规模的扩大，企业自建的电子商务平台爆发式增长将带动移动电子商务的成熟。

2. *移动互联网盈利模式*

移动互联网产业链已经形成，商业模式也初步建立，市场环境正在日趋规范和完善。从苹果、奇虎 360、阿里巴巴、百度等众多互联网企业盈利模式来看，移动互联网盈利模式方向基本是清晰的，概括起来，移动互联网的盈利模式主要包括以下几个方面。

(1) 内容付费。内容付费只要使用者持续使用，随着时间流逝就要定期付出费用。这种模式的变形也许不一定是时间，而是使用量。而订阅内容也会是可以运用此模式的方式，如图 10.7 所示。

(2) 前向/后向收费。前向收费，即面向信息使用者或浏览者收费。这里指的是除了主程序之外，持续推出可以额外付费下载的附属功能像是游戏的新场景或是拍照软件的新滤镜效果等，让收入可以持续增长(详见图 10.8)。

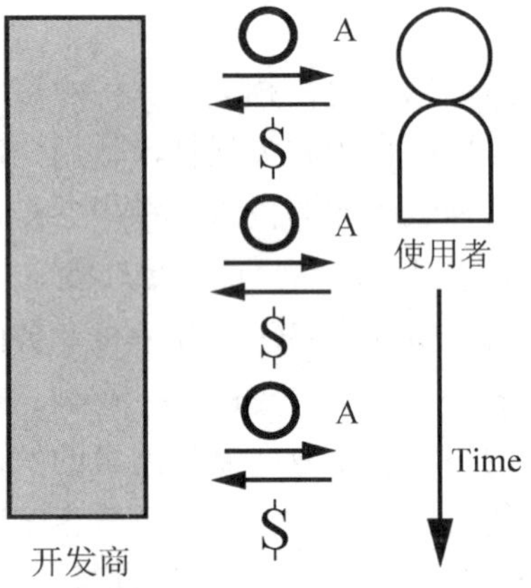

图 10.7　月租费模式

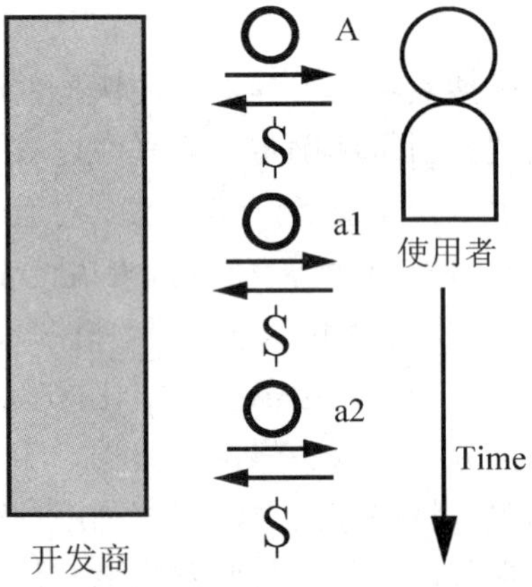

图 10.8　持续更新附属功能模式

后向收费，主要通过对企业单位或信息提供者收取费用。包括有广告发布费、竞价排名费、冠名赞助费、会员费等费用，如图 10.9 所示。

(3) 平台分成模式。百度云战略有一点盈利模式就是平台分成。内容与信息不一定要由开发者自己产生或者只能使用 Open 的内容，也可以以取得授权的方式与其他企业合作(见图 10.10)。

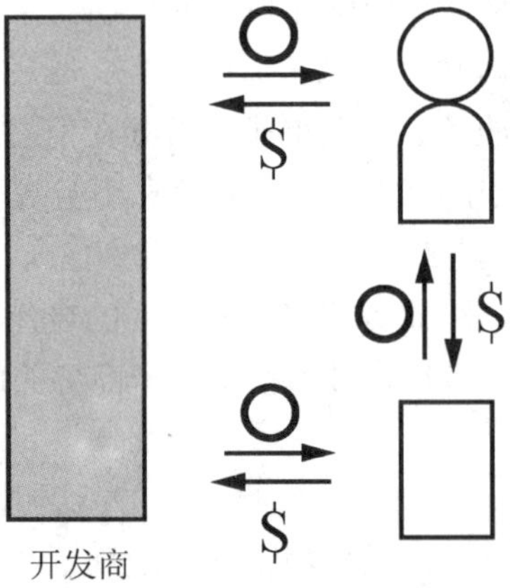

图 10.9　后向收费模式

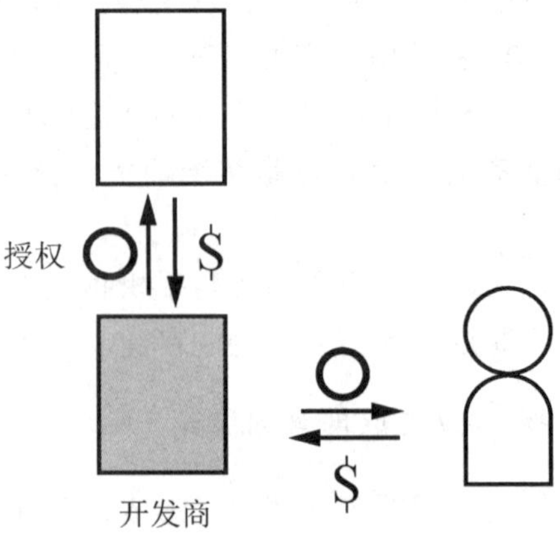

图 10.10　授权模式

(4) 广告模式。而此一模式的获利主要就是靠广告，因此要尽可能冲高 App 下载量，所以如果可以结合使用者有需要的服务例如信息或情报，一来需求已经存在，二来广告媒合效果也会更明显(见图 10.11)。

(5) 单纯出售。这种应该就是最单纯的模式——开发者制作 App，透过 App Store 或 Market 销售给使用者(见图 10.12)。

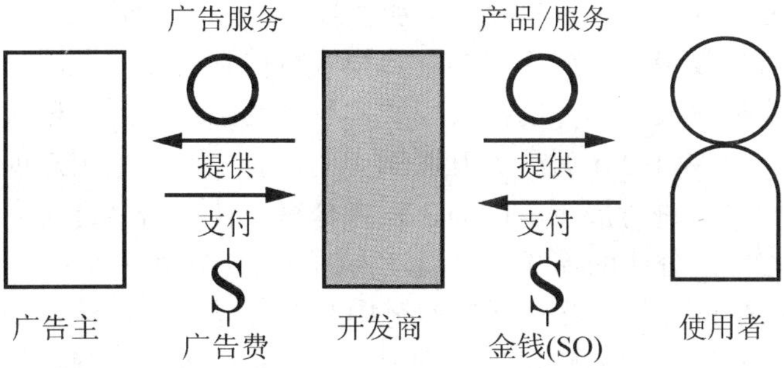

图 10.11 广告模式

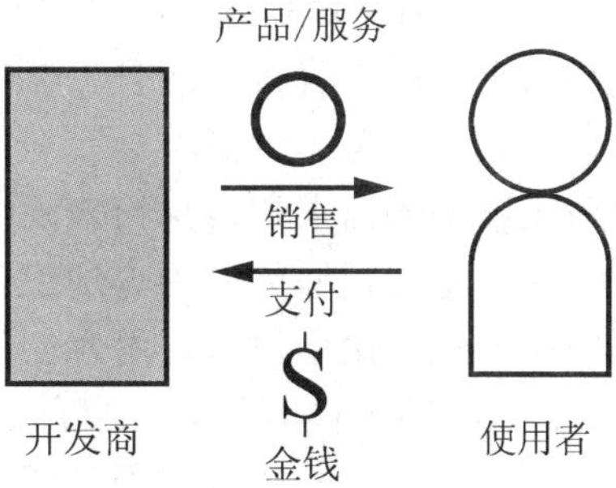

图 10.12 单纯出售模式

(6) 代开发模式。是相当单纯的模式，就是帮有需要的企业代为开发 App，固然也许营收有限，但是不失为练功或是维持组织固定营收的方式(见图 10.13)。

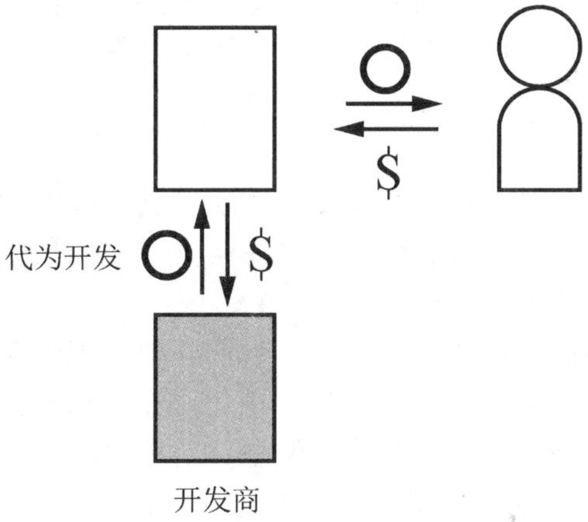

图 10.13 代为开发模式

(7) 出售商品。如京东商城的 App 移动商务采用的就是出售商品收费模式。

10.2.3 移动互联网的发展与创新模式

尽管移动互联网商业模式近年来不断创新，但总体看依然不成熟。特别是广告类商业模式，由于手机屏和带宽的限制。目前还无法完全移植互联网的商业模式。随着移动通信技术的发展，以及产业价值链的相关方对移动互联网产业认识的深入，新的商业模式将会不断涌现。产业规模将会不断扩大。

1. *发展趋势*

(1) 价值链网络化。随着终端企业进入移动互联网业务领域以及互联网进入终端软件领域，促进多功能终端和应用导向终端的发展．将使得以移动终端为载体、不通过门户或搜索的移动互联网业务种类不断增多，这些业务简单易用、新快捷，将获得各层次用户的青睐。业务种类的增多反映出社会专业化分工的细化，业务组成移动互联网产价值链中的各个“结点”。每个结点都是一个功能模式。整个价值链体系将变得更加有序，呈现出网络化结构。

(2) 盈利模式复合化。新型移动互联网业务的盈利模式更加多样化，不但可以凭借流量和内容向用户收费，而且可以实现后向收费，后向收费的广告模式将得到快速的发展。移动互联网服务提供商不会完全按照或依赖某种单一的商业模式，更多的是组合各种模式来适应市场的需求和自身的来源约束。在 Web 2.0 时代。互联网上的内容主要是由用户创作，用户将自己原创的内容通过互联网平台进行展示。Blog、视频分享、社区网络都是主要应用形式。由用户参与内容创作，与用户分成的模式也会逐渐占据一部分市场。

(3) 市场主体多元化。目前运营商在整个移动互联网产业链中具有主导地位，他们的谈判能力来自于其庞大的用户资源。运营商不仅扮演接入商的角色，还是服务提供商，同时对终端制行业与内容提供都有着一定的影响力和控制力。

随着新一代无线通信技术的发展，以及移动互联网产业价值链的不断延伸，传统的服务提供商与内容提供商的结构和组成正在发生变化，越来越多掌握优势资源或者拥有庞大用户资源的传统厂商进入移动互联网领域，比如强势的媒体机构、金融机构以及传统互联网巨头，实际上市场主体多元化的趋势在全球已经不可避免。

2. 创新模式

移动互联网的创新商业模式主要体现在产业链的利益分配模式，这里的利益不仅包括经济利益，也包括对用户及产业链其他环节的影响力。而如果在产业链的各个环节能够有所改进、创新，都属于商业模式创新的范畴。

对于移动数据业务的商业模式创新方向，目前主要体现为对传统话音业务的支持，增强用户的活跃度和黏性。未来，数据业务将泛在化，充分结合到传统行业中去，人们不会刻意说我们在使用的是哪类移动数据业务，但是移动数据业务又无所不在。

从移动梦网到 MM，所发生的商业模式创新不是根本性、结构性的改变。无论是移动梦网还是 MM 都起源于日本 NTT DoCoMo 的 i-mode 在线商店模式，只是所处的发展阶段不同。移动梦网处于产业链构建的初期，而随着产业链的开放和延伸，加入的环节越来越多，“商品”的提供者从传统 SP 延伸到目前的企业开发者，未来还包括个人开发者。

目前运营商最关心的不是商业模式的创新问题，而是其能否在所构建的产业链中占据主导地位。事实上，近年来移动互联网产业发生的最大改变就是大家都在做平台，比拼的也是构建、管理平台的能力。而运营商在这方面有先天的优势。之前的移动梦网背后已经有了平台运营的理念，对于运营商来说，关键不是能否设计出非常有创意的业务模式，而是能够建立一个“规则”，让好的业务不断涌现。

而这也是考虑到目前运营商运营机制的现实打算。运营商的机制使得他们没有办法利用一些新的理念，如 Web 2.0 进行创新。运营商追求的是通信的稳定和安全，而不是业务的丰富。此外，其企业运作的机制与环境也与移动互联网所需要的灵活的机制不相符合。

对于一些炙手可热的业务模式等。目前运营商面临的问题是其只是整个产业环节的一个相对边缘部分。如移动支付，在账户、载体、支付环境这三个关键环节方面，运营商只有载体，而银行方面三者都具备，因此运营商很难去主导整个商业模式的建立。

10.2.4 移动支付与电子支付的区别

目前，手机支付的业务模式其实是多种多样的。按照用户办理支付业务的方式可以分为短信模式、移动网银模式、移动 POS 模式和电子钱包。

1. 移动支付的现状与特点

根据运营主体可以分为移动通信运营商、商业银行、非银行支付服务。按照结算方式划分可以分为银行结算账户、虚拟账户及手机话费结算三种模式。如果按照支付指令的传输渠道划分可以分为移动通信网络传输和专用交易网络传输两种模式。

移动支付，也称为手机支付，就是允许用户使用其移动终端(通常是手机)对所消费的商品或服务进行账务支付的一种服务方式。整个移动支付价值链包括移动运营商、支付服务商(银行、银联等)、应用提供商(公交、校园、公共事业等)、设备提供商(终端厂商、卡供应商、芯片提供商等)、系统集成商、商家和终端用户。

移动支付主要分为近场支付和远程支付两种，所谓近场支付，就是用手机刷卡的方式坐车、买东西等，很便利。远程支付是指：通过发送支付指令(如网银、电话银行、手机支付等)或借助支付工具(如通过邮寄、汇款)进行的支付方式，如掌中付推出的掌中电商，掌中充值，掌中视频等属于远程支付。虽然移动支付标准的制定工作已经持续了数年，但目前支付标准不统一，给相关的推广工作造成了很多困惑。

移动支付的主要特点如下所述。

(1) 支付灵活便捷。用户只要申请了移动支付功能，便可足不出户完成整个支付与结算过程。

(2) 交易时间成本低，可以减少往返银行的交通时间和支付处理时间。

(3) 利于调整价值链，优化产业资源布局。移动支付不仅可以为移动运营商带来增值收益，也可以为金融系统带来中间业务收入。

移动支付流程如图 10.14 所示。

2. 电子支付的发展现状与特点

所谓电子支付，是指从事电子商务交易的当事人，包括消费者、厂商和金融机构，通过信息网络，使用安全的信息传输手段，采用数字化方式进行的货币支付或资金流转。电子支付使用的是最先进的通信手段，如 Internet、Extranet；而传统支付使用的则是传统的通信媒介。电子支付对软、硬件设施的要求很高，一般要求有联网的计算机、相关的软件及其他一些配套设施；而传统支付则没有这么高的要求。电子支付是采用先进的技术通过数字流转来完成信息传输的，其各种支付方式都是采用数字化的方式进行款项支付的；而传统的支付方式则是通过现金的流转、票据的转让及银行的汇兑等。

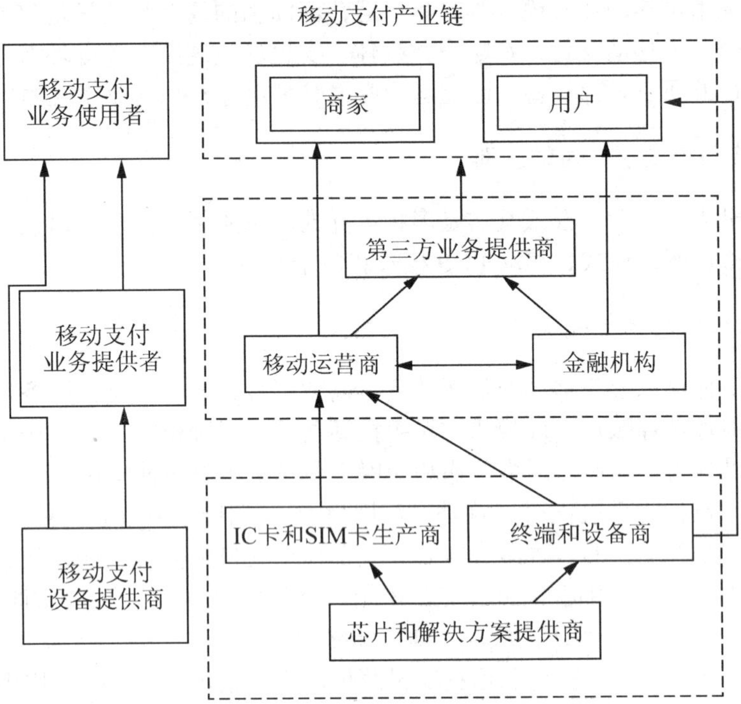

图 10.14　移动支付流程图

(1) 电子支付的发展与现状。

电子支付经历了以下五个发展阶段：

第一阶段是银行利用计算机处理银行之间的业务，办理结算；

第二阶段是银行计算机与其他机构计算机之间资金的结算，如代发工资等业务；

第三阶段是利用网络终端向客户提供各项银行服务，如自助银行；

第四阶段是利用银行销售终端向客户提供自动的扣款服务；

第五阶段是最新阶段也就是现阶段，它是基于 Internet 的电子支付，它将第四阶段的电子支付系统与 Internet 整合，实现随时随地的通过 Internet 进行直接转账结算，形成电子商务交易支付平台。

(2) 电子支付特点。与传统的支付方式相比，电子支付具有以下特点：①采用先进信息技术完成信息传输(其他支付方式都是采用的数字化方式)；②工作环境基于一个开放的系统平台；③采用先进的通信手段，如互联网、外联网；④方便、快捷、高效。

电子支付流程如图 10.15 所示。

电子支付的工作环境是基于一个开放的系统平台(即 Internet)之中；而传统支付则是在较为封闭的系统中运作。

电子支付具有方便、快捷、高效、经济的优势。用户只要拥有一台上网的 PC 机，便可足不出户，在很短的时间内完成整个支付过程。支付费用仅相当于传统支付的几十分之一，甚至几百分之一。

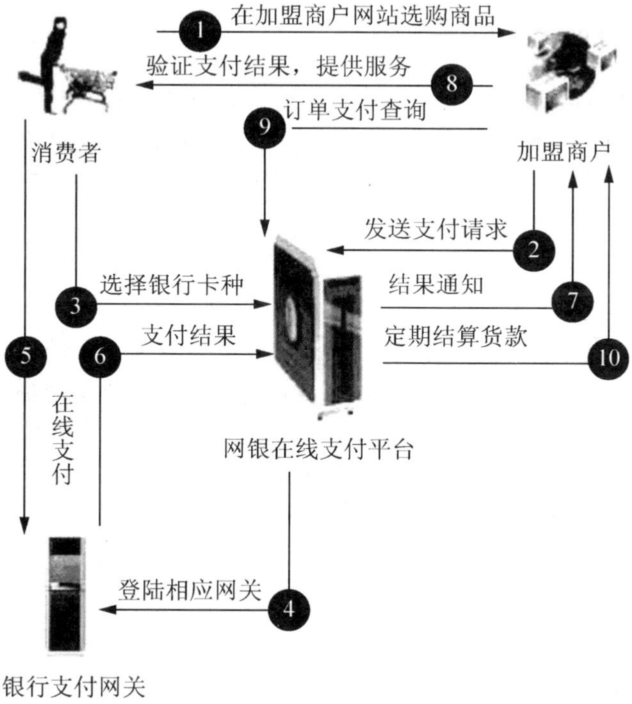

图 10.15 电子支付流程图

图示资料来源：http://image.baidu.com/i?ct=503316480&z=&tn

3. 移动支付与电子支付的区别

移动支付是随时随地的，而电子支付不可以，但是电子支付安全性高，终端稳定，出现错误几率很小，而移动支付在没有网络保证的情况下可能在支付过程中出现连接网络失败。

对于两者的发展来看，电子支付或者移动支付的模式还需要深入更多的行业，普及这种支付模式的方便与快捷，从而为移动支付赢得广泛的用户基础和行业基础。

10.3 移动金融

当前，移动信息技术发展的主线是移动通信网络从 2G 到 3G，再到 4G 的演进。与此同时，WLAN、WiMAX 等无线宽带技术和 RFID、Zig-Bee 等短距离无线技术相继涌现，并不断扩大应用范围。移动信息技术出现多样化的新格局。随着移动信息技术的不断发展和网络的演进，3G 与各种宽带无线接入技术及短距离无线技术不断融合，为商业银行创新提供了广阔的空间。

10.3.1 移动信息技术的金融模式

当前，金融行业的信息化应用方兴未艾，消费者对金融服务的便利性、安全性的要求越来越高。随着移动信息技术的发展，移动商务(如移动银行、移动支付、移动证券、移动保险等)在现代金融行业的应用，有效促进了金融服务质量的提升，在为人们带来便利的同时，也提升了金融行业的良好形象。

1. 移动银行

移动银行也称为手机银行，是一类利用移动通信网络及终端办理银行业务的服务。这种业务由手机、GSM短信中心和银行系统构成，主要为用户提供查缴费、购物、理财等服务。手机银行不仅可以使人们在任何时间、任何地点处理多种金融业务，而且使银行能以便利、高效并且较为安全的方式为客户提供创新服务。一般来说，手机银行业务以小额支付为主，加上移动终端的贴身特性，使其成为继ATM、POS之后，银行拓展业务的又一有力工具。

2. 移动支付

移动支付也称为手机支付，该服务允许用户使用移动终端(通常是手机)对所消费的商品或服务进行支付。现在的移动支付业务普遍以微支付和小额支付为主。目前，使用手机进行无线支付已经在很多领域实现，由于无线支付有使用方便、支付即时、手机终端私人性强等优势，因此具有广阔的应用和发展空间。

3. 移动证券

移动证券是近几年迅速发展起来且应用最广泛的移动商务之一，是利用移动通信网的数据传输功能来实现用手机进行信息查询和处理的无线应用炒股系统。在开市时间，移动证券用户可以随时随地进行交易，不受空间限制，克服了传统的网上交易受空间局限的缺点，并且系统数据可以在专用的内部网络上传输，外界互联网上的各种不安全因素无法侵入系统。另外，移动证券还具有操作界面简洁等特点。由于手机具有下单速度快、可靠性高等特点，所以，除了柜台、电话委托和网上炒股这三种方式外，手机已成为最受股民欢迎的炒股方式。

4. 移动保险

移动保险是信息化软件开发商、运营商等厂商，根据保险行业的移动应用需求，专门推出的以手机、平板电脑等设备为移动终端，适用于无线网络的移动应用产品和解决方案。移动保险业务能够有效地提高保险企业移动任务型人员和管理层的办公效率，尤其是出差在外途中的办公效率，从而提高保险企业的业务水平和综合竞争力。与此同时，保险企业客户也将从中受益，客户通过手机轻松接收来自保险企业的短信通知，掌握最新的险种、保费缴纳情况等重要信息。如今，移动保险业务中使用最多的是短信通知，对象包括企业员工和企业客户两类。针对企业员工的短信通知，其内容主要包括开会通知、紧急公告、企业邮件等；针对保险客户的通知，其内容则包括续保提示、保费催缴、保险推广、保户关怀等信息。移动保险业务使保险公司、业务人员及保险客户可在第一时间把握市场变化，全面提升行业和企业的竞争力，在方便客户的同时，也创造了新颖快捷的保险营销新方式。

10.3.2 移动信息技术对商业银行金融服务的影响

移动信息技术的应用，对商业银行金融服务的提供手段产生了重大影响，在便利性、灵活性、安全性等方面使商业银行金融服务方式产生了革命性变革。移动信息技术的发展，使得金融服务具备了移动性的特征，从而打破了金融业固化站点模式，有效地突破了地域、时间的限制，能够为身处各地的用户提供24小时的全方位金融服务。移动信息技术对商业银行金融服务的影响归结为以下3个方面。

1. 提升了便利性

从传统的柜台站点服务，到ATM机自助服务，再到通过互联网的网上银行服务，商业银行在不断地尝试打破地域、时间的限制，向用户提供更紧密、更便捷的接入服务。而如今，越来越多的用户使用手机访问互联网，进一步加快了移动信息技术与金融服务的融合。移动设备具备了较高的灵活性，并拥有高普及率和低成本的优势，无论对用户还是银行机构来说，以移动设备作为交易服务媒介，都能够有效地提高服务的灵活性和机动性。对银行机构来说，将移动金融服务融入自身业务体系中，有利于利用提高传统服务业务的灵活性，并引入新的金融服务模式，从而拓展业务领域和客户范围。对于用户来说，这种融合使得获取服务的方式变得更加方便和灵活。

2. 提高安全性

手机银行通过融合了个人安全属性的安全卡、PIN 卡等控制方式，为用户提供了更多的个性化的安全保护，从而提高交易的安全性。手机终端的私密性最好，通过手机终端进行缴款、转账等操作，有利于客户数据的保密，减少账号泄密的情况发生。

3. 提供近距离通信消费的功能

传统的金融服务在近距离支付方面存在很大的不足，通常需要消费者手持银行卡在终端POS上刷卡，数据传回银行后台服务器进行处理。消费者往往需要携带多张银行卡和消费卡，便利性较低。移动设备不仅能够提供远距离的在线交易管理服务，还能够通过近距离与终端设备交互，实现认证、消费和管理功能，从而大大地提高近距离消费操作的简便性，并能够支持大量的基于位置的服务类型。

随着移动信息技术的不断发展，这种打破了地域、时间限制的生活形态迅速地改变着人们日常生活的各个方面。不可避免地，金融行业也面临着这一快速发展领域的冲击和影响。如何有效地应用移动信息技术，更好地提供金融服务，加强业务管理，是商业银行在从固化物理站点到有线互联网服务，再到当前无线移动化金融服务发展转变过程中所需研究的关键问题。

我国主要商业银行移动金融发展虽然起步较晚，但在提供的产品功能上并不弱于国外的商业银行，安全防范措施也做得较好。但是，我国商业银行在移动金融综合运营能力方面与国外同业还有一定的差距。国外的先进银行在移动金融与传统金融服务的协同、联动方面做得较好，形成了紧密互补的关系。因此，我国商业银行发展移动金融的关键在于通过全面创新，推动移动金融经营水平的提升。

10.4 互联网金融支付平台

微软创始人比尔·盖茨曾预言，传统商业银行如同远古时代的恐龙，终将消失。事实上，有关互联网金融的话题，早在20世纪末，便开始出现在金融界中。

10.4.1 金融支付概述

1995年，世界第一家虚拟网络银行——安全第一网络银行(Security First Network Bank)成立，从而开启了人类互联网金融之路。此后，互联网金融开始快速蔓延到世界各个地区和国家，并带动了在线证券、在线保险、在线期货、在线支付和结算产业发展。

其中，移动支付被称为互联网金融的鼻祖。移动支付也称为手机支付，就是允许用户使用其移动终端(通常是手机)对所消费的商品或服务进行账务支付的一种服务方式。单位或个人通过移动设备、互联网或者近距离传感直接或间接向银行金融机构发送支付指令产生货币支付与资金转移行为，从而实现移动支付功能。移动支付将终端设备、互联网、应用提供商及金融机构相融合，为用户提供货币支付、缴费等金融业务。

移动支付主要分为近场支付和远程支付两种，所谓近场支付，就是用手机刷卡的方式坐车、买东西等，很便利。远程支付是指通过发送支付指令(如网银、电话银行、手机支付等)或借助支付工具(如通过邮寄、汇款)进行的支付方式，如掌中付推出的掌中电商，掌中充值，掌中视频等属于远程支付。

目前，国内外互联网支付方式可大致分为以下几种：近端支付(Proximity payments)、远程支付(Remote Payments)、短信支付、微信支付、QR码支付(二维码支付)、NFC支付、应用内或者移动网页内的支付(Payments Within Apps Or Mobile Websites)、虚拟预付卡(Virtual Prepaid Cards)、移动信用卡读卡器(Mobile Credit Card Readers)。

以下选出了三种值得关注的支付方式，它们或将承载未来互联网金融的末端支付环节。

1. NFC支付

NFC支付是指消费者在购买商品或服务时，即时采用NFC技术(Near Field Communication)通过手机等手持设备完成支付，是新兴的一种移动支付方式。支付的处理在现场进行，并且在线下进行，不需要使用移动网络，而是使用NFC射频通道实现与POS收款机或自动售货机等设备的本地通信。NFC近距离无线通信是近场支付的主流技术，它是一种短距离的高频无线通信技术，允许电子设备之间进行非接触式点对点数据传输交换数据。该技术由RFID射频识别演变而来，并兼容RFID技术。

2. 二维码支付

二维码支付是一种基于账户体系搭起来的新一代无线支付方案。在该支付方案下，商家可把账号、商品价格等交易信息汇编成一个二维码，并印刷在各种报纸、杂志、广告、图书等载体上发布。用户通过手机客户端扫描二维码，便可实现与商家支付宝账户的支付结算。最后，商家根据支付交易信息中的用户收货、联系资料，就可以进行商品配送，完成交易。

3. 虚拟预付卡

虚拟预付卡或者礼品卡实际上是应用软件内提供的“数字支付卡”。尼尔森在今年三月的一份报告中称，目前全球的预付卡市场正在超过信用卡，成为新的非现金结算方式的霸主。

在国内，虚拟预付卡的使用往往建立在与线下实体的结合上，例如财付通上月与新世界百货推出了“微乐付”，集成了会员卡、积分卡、预付卡三个功能。而星巴克也已在全球的各家分店内上线了这一功能，其可完成支付、兑换等多种交易。

10.4.2 电子商务平台支付系统

电子商务通常是指是在全球各地广泛的商业贸易活动中，在 Internet 开放的网络环境下，基于浏览器/服务器应用方式，买卖双方不谋面地进行各种商贸活动，实现消费者的网上购物、商户之间的网上交易和在线电子支付以及各种商务活动、交易活动、金融活动和相关的综合服务活动的一种新型的商业运营模式。

电子商务系统是保证以电子商务为基础的网上交易实现的体系。市场交易是由参与交易双方在平等、自由、互利的基础上进行的基于价值的交换。网上交易同样遵循上述原则。作为交易中两个有机组成部分：一是交易双方信息沟通，二是双方进行等价交换。在网上交易，其信息沟通是通过数字化的信息沟通渠道而实现的，一个首要条件是交易双方必须拥有相应信息技术工具，才有可能利用基于信息技术的沟通渠道进行沟通。同时要保证能通过 Internet 进行交易，必须要求企业、组织和消费者连接到 Internet，否则无法利用 Internet 进行交易。

1. 电子商务平台简介

电子商务平台分为两层，即支撑层和业务层，支撑层为电子商务业务的开展提供了支撑功能，包括认证系统、支付系统、移动终端安全系统以及整个电子商务业务的计费和结算系统；业务层包括各种具体的电子商务业务以及各种业务提供公共服务功能的业务平台。电子商务平台的体系结构如图 10.16 所示。

(1) 支撑层。支撑层包括认证系统、支付系统、计费结算系统和移动终端安全系统。认证系统采用集中建设方式，在总部建设 CA 中心，在部分省建设 RA 中心，利用电信公司现有营业厅和营业终端建设业务受理点。没有 RA 中心的省如果需要开展证书申请业务，可以建设业务受理点并连接到试点省 RA 中心。

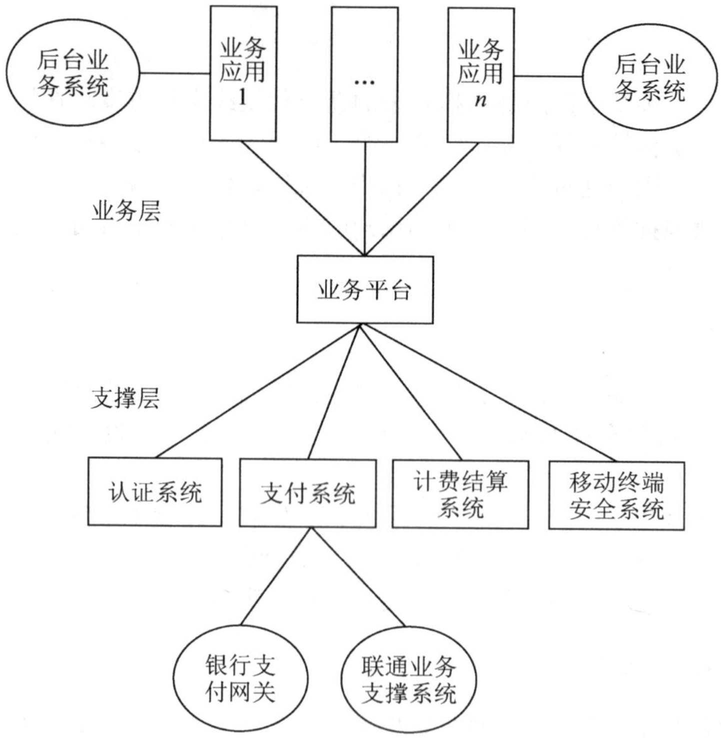

图 10.16　电子商务平台的体系结构图

支付系统采用全国中心和省中心两级结构，全国中心负责全国性的商家接入、跨省的异地支付，并负责省际结算；省中心负责本省内的支付和与本省商家的结算。

计费结算系统为所有电子商务业务提供计费和结算功能，各种业务系统之负责原始话单采集和计费结算参数的维护。

移动终端安全系统为各种基于移动终端的电子商务业务提供安全保证，包括终端身份的确认、从终端到应用系统之间的数据加密等。

(2) 业务层。业务层负责各种电子商务的开展，为便于新业务的开展，降低以后新系统的开发量，将各种业务所需的公共功能作为业务平台建设，各种电子商务业务应用依托业务平台开发。

业务平台包括用户接入认证、交易处理、支付和认证接口、计费和结算接口等功能。

2. 电子商务平台支付系统支付方式

电子商务平台支付系统支持以下支付方式。

(1) 基于计算机终端和电信企业业务资源的支付，用户通过计算机终端和浏览器使用电信企业话费等业务资源进行网上支付。

(2) 基于移动终端和电信企业业务资源的支持，用户通过电信企业手机以 WAP、短信、Java、BREW 等方式使用电信企业业务资源进行支付。

(3) 基于计算机终端和银行账号的支付，这也是目前比较常见的支付方式，需要支持 B2B 和 B2C 业务，同时支持 SET 和非 SET 支付方式。

(4) 基于移动终端和银行账号的支付，用户通过电信企业手机以 WAP、短信、Java、BREW 等方式使用银行账号进行支付，改方式或者提供可靠的安全措施保证只有银行可以获取用户账号、密码等信息，或者由银行对用户账号进行特殊处理，设置专门的电子商务支付账户并进行支付金额的限制。

3. 平台支付系统层次结构

根据电信企业的支付系统的软件功能需求、电子商务平台结构，以及电信企业的业务特点，可以将支付系统软件分为三层：支付接口层、业务逻辑层和业务接口层，如图 10.17 所示。

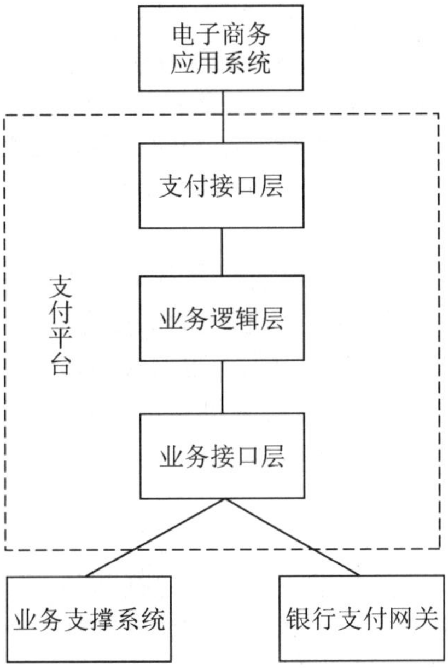

图 10.17 支付系统示意图

(1) 支付接口层，接收电子商务应用系统的支付请求并转发到业务逻辑层，本层应支持与应用系统的身份认证和数据加解密。

(2) 业务逻辑层，处理支付业务数据，完成主要业务功能、系统管理功能，如支付、日志记录、冲正、退款、对账、计费、结算等，具体见支付系统软件功能部分。

(3) 业务接口层，支付业务数据经过处理后，将支付数据转发银行或电信公司业务支撑系统，完成支付处理，与银行或业务支撑系统的接口需要根据银行或业务支撑系统的要求，提供相应的安全功能。

4. 平台支付系统功能

电子商务平台支付系统有如下几个功能。

(1) 提供支付接口。支付接口负责受理用户和商家发送的支付请求，对请求进行处理后转换为标准格式发送到支付处理模块。

支付系统对外提供多种接口方式，对于计算机终端用户提供浏览器重定向方式和支付网关方式的接口模块，商家通过接口模块将用户支付请求转发到支付系统并发送支付参数

(订单信息等)完成支付；对于移动终端用户提供 WAP 方式的浏览器重定向支付接口或直接提供应用层接口，商家可以将用户手机号码、支付金额等信息直接发送到支付系统，也可以由支付系统提供 WAP 页面，用户在页面中输入手机号码、密码等信息。

(2) 完成支付处理。支付处理功能完成具体的支付业务处理，包括转账、退款、冲正、日志记录等，支付处理根据用户的支付种类进行相应的处理，并完成与财务管理相关的各种账户功能。

(3) 与其他系统接口。支付系统处理银行账号支付和电信公司业务资源支付时分别需要连接银行支付网关和电信公司综合账务系统，因此需要与上述系统的地接口，银行接口用户支付请求的转发，需要支持 B2B 和 B2C 方式；电信公司综合账户接口用于扣费请求和确认。上述接口应遵循银行及综合账务系统现有接口标准。

(4) 结算功能。由于支付系统向连接本系统的商家收取支付手续费，因此需要提供与商家的结算功能，由于电子商务平台将建设统一的计费结算系统，因此支付系统负责采集原始话单，将原始话单和结算规则发到结算系统中处理，另外还需要提供与商家的对账功能。

(5) 系统管理功能。系统管理功能包括：①商家管理，在支付平台中注册和管理不同类型的商家资料，商家可以在支付平台查询自己的历史交易记录；②网络管理，采用 SNMP、OCMP 等协议对支付设备进行管理，且提供专用的接口，对系统软件和应用软件进行实时监控；③统计分析，对支付系统的业务记录进行汇总和分析，提供各种统计分析报表；④操作员管理，对支付平台的操作员进行管理。

10.4.3　移动支付平台方案设计

电信公司与银联合作提供给用户的支付类型包括两种：移动终端和网上支付，考虑到电信公司的优势在于大量的移动客户资源，应首先开展基于移动终端的电子商务，包括代收费和手机银行等，在此基础上再开展网上支付。

1. 支付类型

移动终端用户可以通过手机使用短信、WAP、BREW、语音等接入方式完成基于银联卡的支付业务，并首先开展基于电信公司业务的支付服务(缴费、购卡)，然后扩展到社会上其他商家的支付(购买彩票、购物等)。

随着电子商务平台后续工程将开展网上银行、网上购物等商务活动，支付系统将与银联网上银行支付网关相连，完成网上支付功能。

2. 业务模式

电子商务平台上开展的移动支付业务，应遵循以下业务模式运作。

(1) 用户通过银联 ATM/POS 网络建立银行卡号与手机号码绑定关系。

(2) 手机支付系统负责用户接入、商家接入、业务逻辑处理等功能，银联为手机支付系统提供支付功能。

(3) 支付交易过程中以手机号作为交易身份验证标识、不涉及银行账户及密码等敏感信息。

(4) 手机支付系统为银联及商家提供管理服务。

(5) 充分利用银行卡号和手机号码的唯一性，为普通 SIM 卡用户提供手机支付功能。

3. 业务类别

电子商务平台移动支付系统上开展的业务类别主要包括以下 3 类。

(1) 开展电信公司自身业务，如移动话费缴费、电信公司的 IP 卡业务等。资金流是用户根据电信公司业务服务价格转账至电信公司开户行账户。

(2) 为 SP 服务商提供手机支付运行平台，如买彩票、游戏卡类等。资金流程是用户根据商家商品产品或服务价格转账至商家开户行账户。

(3) 通过移动支付系统开展多项业务，如手机缴费业务、银行账户查询、手机购买移动虚拟卡业务、手机购买游戏卡业务、彩票投注业务等。通过电信公司移动支付系统远期开展业务，如交通违章缴款、手机水电费缴费、手机捐款、银行业务，手机购买保险、电子票务、传统票务、网上购物、商场购物等。

4. 逻辑架构

按照支付系统的软件功能需求，电子商务平台结构及电信的业务特点，支付系统软件分为三层：支付接口层、业务逻辑层和业务接口层。支付接口层负责对外提供统一的支付接口；业务逻辑层完成具体的业务处理和各种管理功能；业务接口层完成具体的业务处理和各种管理功能；业务接口层实现与电信公司综合营账系统以及银行系统的接口转换。支付系统的层次结构如图 10.18 所示。

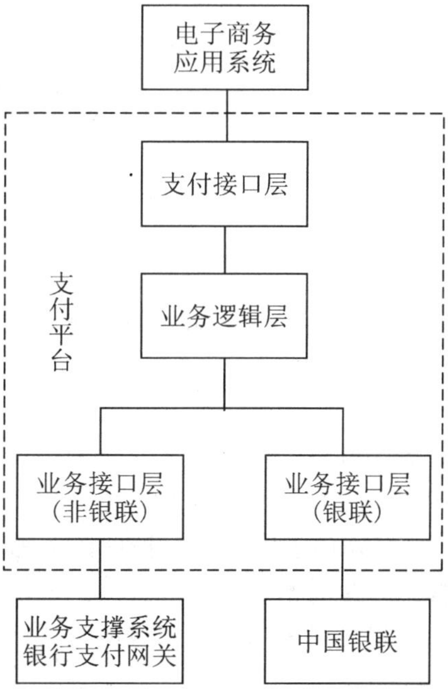

图 10.18 支付系统的层次结构图

银联业务接口层是在支付业务数据经过处理后，通过银联业务接口层将支付数据转发银联，完成支付处理。其次，由于基于银行卡支付方式的特殊性，银行业务接口层还需要承担支付系统业务逻辑层不能完成的功能。

5. 体系结构

按照前述支付系统的层次结构，与银联的接口模块属于支付系统的接口层，该模块负责完成银联支付接口协议与电信公司支付系统内部协议的转换，在本系统中将配置一台专用的银联支付接口机完成上述功能。目前电信公司支付系统采用集中建设(全国中心加虚拟省中心)的方式，银联支付接口由全国中心统一完成，各省支付请求全部转发到全国中心完成；以后各省建设独立的支付省中心后，将由各省完成到当地银联的接口。

6. 用户注册

移动终端用户在开展银联支付方式之前，用户必须先在银联的 ATM、POS、IVR 等完成移动终端用户手机号码之间的绑定关系。其次，银联应该把移动终端用户在银联方建立的手机号码与银联卡号之间的绑定关系实时传送给用户。同时以银联的用户绑定关系资料为准，电信公司电子商务平台用户资料同步银联用户绑定关系资料。

7. 对应关系

通过银联(各银行)的 ATM、POS 等银行接口设备，建立移动终端用户手机卡号与银行账户之间的一一对应关系如图 10.19 所示。为方便用户使用，在建立两种的对应关系中，允许多个移动用户手机号码对应一个银行卡号，但一个银行卡号只能对应一个手机号码。

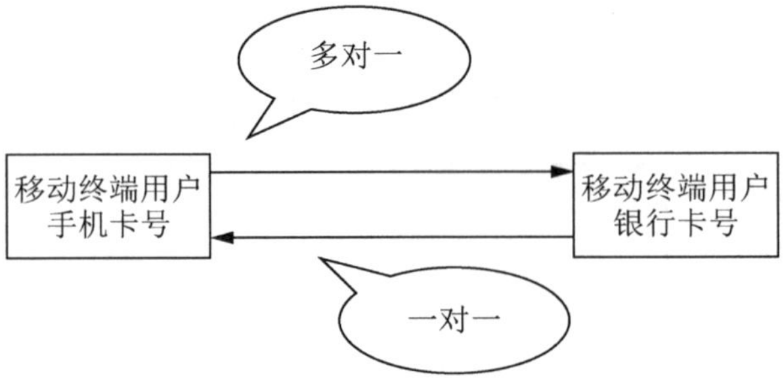

图 10.19　手机卡与银行卡对应关系图

8. 密码管理

电信公司电子商务平台收到银联发送的用户绑定信息后，系统自动为该移动终端年用户产生一个手机支付交易密码，并以短信的方式把该密码发送给用户。以后，移动终端用户通过银行卡进行支付时，电信公司电子商务平台根据该密码对用户进行鉴权认证。其次，用户通过通信等方式查询、修改该交易密码。

对于安全要求比较高的用户也可以采用动态口令的方式，以防止密码被截获。

9. 系统结算

电信公司电子商务平台将建设统一的结算系统，完成与银行和商家的结算。

10. 安全管理

(1) 移动终端安全。电信公司对于移动终端的各种不同接入方式将提供相应的安全手段，除基本的密码方式外，对于短消息方式，不用STK时，采用封闭网络保证安全，使用STK时，在应用层对消息进行加密；对于WAP1.2，通TLS+SSL\TLS保证两端传输安全；对于WAP2.0，通过端到端的TLS保证安全；对于BREW方式有应用层与移动终端动态口令系统共同保证安全。

(2) 银联传输安全。为保证电子商务平台与银联之间的数据安全，对于交易双方在网络上传输的数据都必须进行安全处理，通常情况下采用证书认证系统来进行身份确认和数据加密。与银联进行交易过程中，对于敏感交易信息，可以采用电信公司提供的证书和银行提供的证书进行数字签名和数据加密。

(3) 业务安全管理。手机用户在银联建立手机号码与银行账号的对应关系；支付平台不保留用户账号关键信息，在交易过程中只将手机号码、交易金额等内容发送到银联，并不涉及用户账号及密码，因此避免了支付安全问题。

10.4.4 移动支付业务功能流程

通过移动终端开展的电子商务业务活动，电信企业电子商务平台支持移动终端用户的多种使用方式如短信、BREW、WAP、IVR 等方式，下面以短信方式描述银联支付业务流程。

1. 建立绑定关系流程

为方便移动终端用户使用电信公司电子商务平台业务，同时保证移动终端用户交易的安全，在移动终端用户使用银行账号进行支付之前，通过电信公司电子商务平台和银联为移动终端用户建立移动终端用户卡号与该用户的银行卡号之间的绑定关系，确保用户交易安全。移动终端用户在开展基于银行账户支付方式之前，用户需要通过银行POS、ATM或银行IVR等建立移动终端用户卡号与该用户的银行卡号之间的绑定关系，该关系保存在银联和电子商务两个平台中，如图10.20所示。

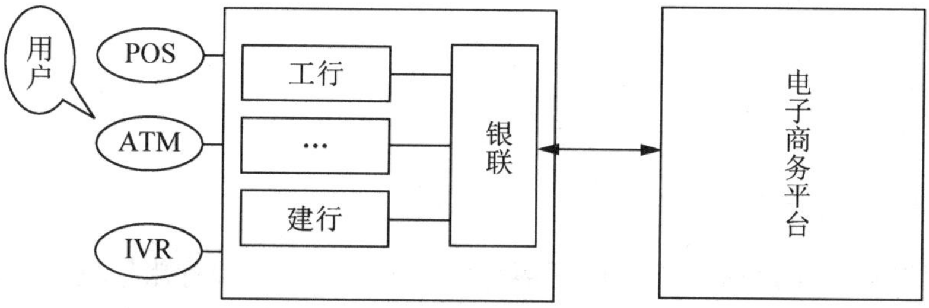

图10.20 移动终端用户卡号与银行卡号之间的绑定关系

在具体的操作过程中，银行或银联修改 POS、ATM 等设备的功能菜单，增加移动终端手机号码与银行卡建立对应关系栏，用户只有通过 POS，ATM 鉴权后，就可以建立手机号码与该用户的银行卡号的对应关系。

图 10.21 是移动终端用户通过银联系统建立银行卡号与移动终端手机号码绑定关系的流程图。

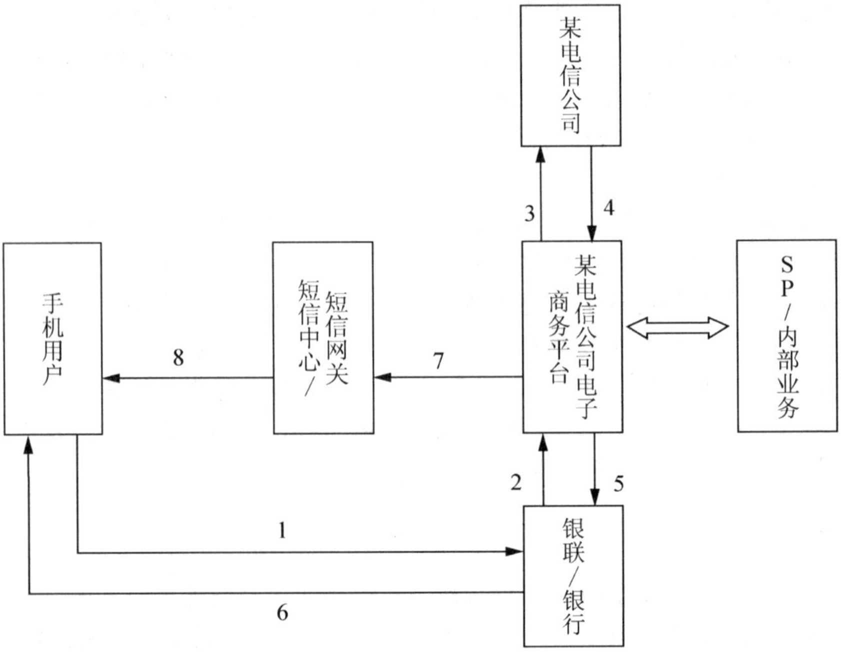

图 10.21　建立手机号码与银行卡绑定关系系统处理流程

(1) 银联/银行 POS 机上根据菜单提示手机号码与银行账号绑定关系请求。

(2) 银联/银行根据用户请求将用户手机号码送到电信公司电子商务平台进行用户鉴权。

(3) 电子商务平台将手机号验证请求发送到 BOSS 进行用户鉴权(BOSS，Business & Operation Support System 的简称，即业务运营支撑系统)。

(4) BOSS 检测用户手机号码是否合法，然后将结果返回给电信企业电子商务平台。电子商务平台收到电信企业 BOSS 返回结果后，将结果返回给银行；同时，如 BOSS 返回结果为合法时，则在电子商务平台建设用户账户辅助管理信息(如 BOSS 和银联/银行对用户绑定关系进行辅助管理)，并通过 7、8 两个步骤发送绑定关系成功短信息给用户。

(5) 电子商务平台收到 BOSS 系统返回结果后，提示用户相应信息，如用户手机合法，则银行建立手机号码与银行账户的对应关系。

2. 取消绑定关系流程

(1) 通过银联/银行 POS 机上或电话银行提出手机号码与银行账号取消绑定关系请求。

(2) 银联/银行根据用户请求将用户手机号码发送到电信公司电子商务平台。

(3) 电子商务平台将请求进行记载，并修改用户资料状态。然后返回信息给银联/银行。

同时通过5、6步骤给用户发送短信息通知绑定关系已被取消。

(4) 银联/银行给用户返回取消绑定关系的结果。

3. 银行账户查询流程

(1) 用户发送账户查询消息到电子商务平台，查询请求送到接入系统(短信网关/短信中心)。

(2) 接入系统(短信网关/短信中心)把消息发送到电子商务平台。

(3) 电子商务平台将查询请求转发到银联/银行。

(4) 银联/银行将查询结果回应给电子商务平台。

(5) 电子商务平台将查询结果转发到短信中心/短信网关。

(6) 短信中心/短信网关将查询结果转发到用户手机。

4. 支付流程

手机支付业务系统支付流程如图10.22所示。

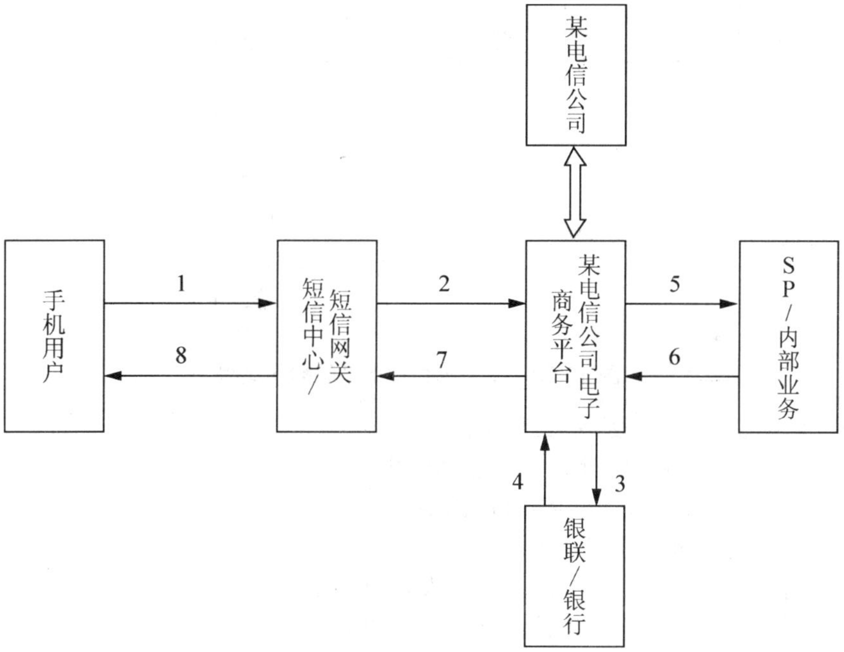

图10.22 手机支付业务系统处理流程

(1) 用户发送账户支付消息到电子商务平台，支付请求送到接入系统(短信网关/短信中心)。

(2) 接入系统(短信网关/短信中心)把消息发送到电信公司电子商务平台。

(3) 电子商务平台将消费请求转发到银联/银行。

(4) 银联/银行验证用户，查询到用户对应的银行账号，扣除费用，将扣款请求处理结果回应给电信公司电子商务平台。

(5) 电子商务平台将业务处理请求转发到SP。

(6) SP 回应业务处理结果。

(7) 电子商务平台将支付处理结果转发到短信中心/短信网关。

(8) 短信中心/短信网关将支付处理结果转发到用户手机。

5. 撤销流程

手机支付业务系统撤销流程如图 10.23 所示。

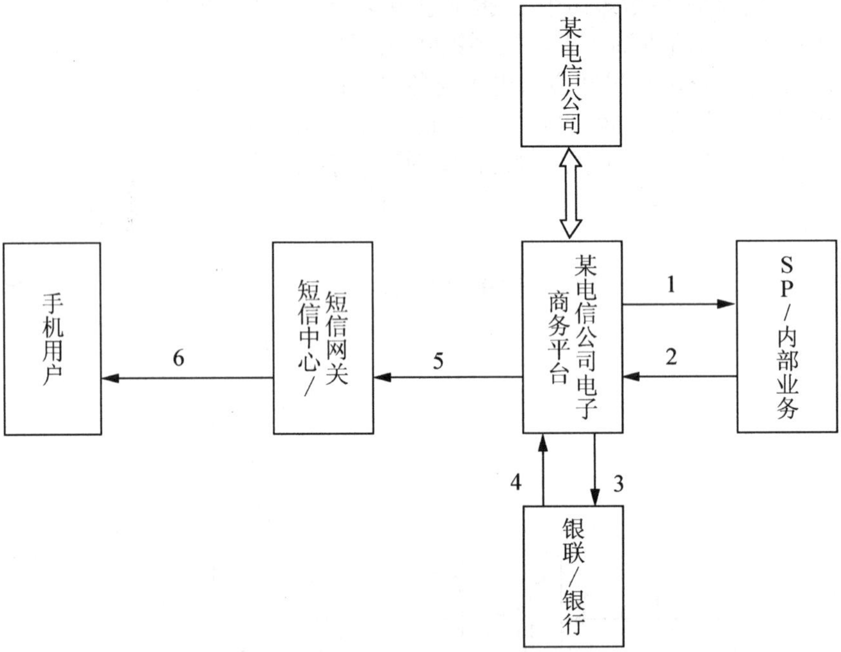

图 10.23 手机支付业务系统撤销流程

(1) 电子商务平台向 SP 发送业务撤销请求。

(2) SP 系统进行业务撤销处理，并返回结果。

(3) 电子商务平台向银联发起消费撤销请求。

(4) 银联返回消费撤销处理结果。

(5) 电子商务平台将交易撤销结果信息发送到短信网关。

(6) 短信网关将交易撤销结果信息转发到手机。

6. 交易对账流程

在对账处理流程中，电子商务平台先与银联对账，以银联的交易记录为准；平账后，再与 SP 系统对账。

(1) 电子商务平台按商户号及终端号发起对账请求。

(2) 银联响应对账请求，并生产该批次明细文件。

(3) 若需要核对交易明细，电子商务平台发起取明细通知，银联将明细文件以 FTP 的方式传送到电信公司电子商务平台。

(4) 银联完成对账明细文件传输后，发送应答消息，电子商务平台验证明细文件，若不合法，则重新发起取对账明细文件通知。然后电子商务平台负责与银联交易的平账处理。

(5) 电子商务平台与银联对账平后，将交易明细生产文件 FTP 到 SP 系统，并发送与 SP 的对账请求。

(6) SP 返回对账结果到电信电子商务平台。

7. 用户资料核对流程

(1) 电子商务平台向银联发起取用户资料通知，银联将用户资料以 FTP 的方式传送到电子商务平台。

(2) 银联完成用户资料文件传输后，发送应答消息；电子商务平台验证用户资料文件，若不合法，则重新发送取用户资料文件通知。电子商务平台负责与银联用户资料同步。

10.4.5 O2O 平台

O2O 即 Online To Offline，也即将线下商务的机会与互联网结合在了一起，让互联网成为线下交易的前台。这样线下服务就可以用线上来揽客，消费者可以用线上来筛选服务，还有成交可以在线结算，很快达到规模。2013 年 O2P 模式出现，成为 O2O 模式的本地化升级版。

1. O2O 对接方式

O2O 绕不开的，或者说首先要解决的是，线上订购的商品或者服务，如何到线下领取？专业的话语是线上和线下如何对接？这是 O2O 实现的一个核心问题。用地比较多的方式是电子凭证，即线上订购后，购买者可以收到一条包含二维码的彩信，购买者可以凭借这条彩信到服务网点经专业设备验证通过后，即可享受对应的服务。这一模式很好地解决了线上到线下的验证问题，安全可靠，且可以后台统计服务的使用情况，在方便消费者的同时，也方便了商家。

二维码的出现，或将成为移动运营商进军移动互联网，布局未来 O2O 电子商务的关键。二维码的普及，这是线上线下的一个关键的入口，也是数据业务传播和销售的新兴事物。

2. O2O 与 O2P

早在团购网站兴起时 O2O 模式就已经开始出现，只不过消费者更熟知团购的概念，团购商品都是临时性的促销，而在 O2O 网站上，只要网站与商家持续合作，那商家的商品就会一直“促销”下去，O2O 的商家都是具有线下实体店的，而团购模式中的商家则不一定。

O2O 电子商务模式需具备四大要素：独立网上商城、国家级权威行业可信网站认证、在线网络广告营销推广、全面社交媒体与客户在线互动。

也有观点认为，O2O 是 B2C(Business To Customers)的一种特殊形式。在 2013 年南京电动车展会上 O2P 模式横空出世，以平板展现网上商城，门店作为配送网点的形式形成一个巨大的本地化电商平台，以此很大程度 O2P 模式就是本地化的 O2O 模式，如图 10.24 所示。

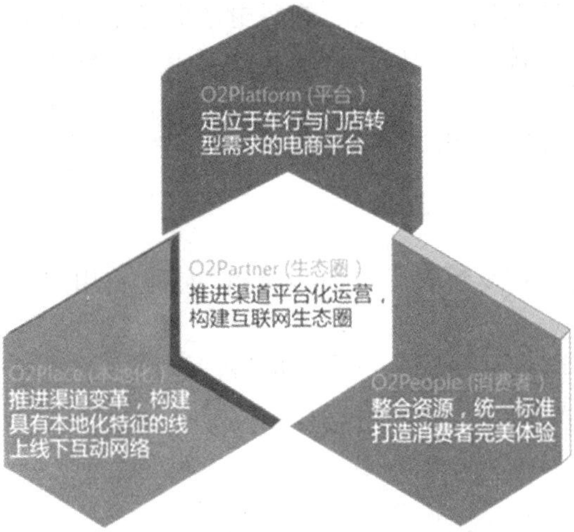

图 10.24　O2P 运营模式

图示资料来源：http:// baidu.com/link?url=Jlms8eHuYgc

3. 关键之处

O2O 商务模式的关键是：在网上寻找消费者，然后将他们带到现实的商店中。它是支付模式和为店主创造客流量的一种结合(对消费者来说，也是一种“发现”机制)，实现了线下的购买。它本质上是可计量的，因为每一笔交易(或者是预约)都发生在网上。这种模式应该说更偏向于线下，更利于消费者，让消费者感觉消费得较踏实。

比较具有代表性的就是盘石网盟广告会员旗下的 O2O 网上商城，它是盘石全球首创的中小企业大型独立网上商城，让中小企业不再简单寄生于大型垄断 B2B、B2C 单一商城，迅速开创专属自己的大型品牌网上商城，其系统功能包括商品管理、会员管理、订单管理、在线支付等数百项大型网上商城所有线上功能。线上会员和实体店会员体系一体的模式，能够满足消费者的不同需求。

4. 支付效果

所谓 O2O 就是 Online To Offline，也就是说将线下商务的机会与互联网结合在了一起，让互联网成为线下交易的前台。这样线下服务就可以线上来揽客，消费者可以在线上筛选服务，还有成交可以在线结算，因此很快达到规模。最重要的是：推广效果可查，每笔交易可跟踪。

随着互联网上本地化电子商务的发展，信息和实物之间、线上和线下之间的联系变得愈加紧密，O2O 被看好会成为电子商务网站的下一个掘金点。实际上，O2O 是将线下商务的机会与互联网的技术结合在一起，让互联网成为线下交易的前台，同时起到推广和成交的作用。

10.4.6 P2P平台

P2P网络借贷平台，是P2P借贷与网络借贷相结合的金融服务网站。P2P借贷是peer to peer lending的缩写，peer是个人的意思，正式的中文翻译为“人人贷”。网络借贷指的是借贷过程中，资料与资金、合同、手续等全部通过网络实现，它是随着互联网的发展和民间借贷的兴起而发展起来的一种新的金融模式，这也是未来金融服务的发展趋势。

1. P2P简介

P2P小额借贷是一种将非常小额度的资金聚集起来借贷给有资金需求人群的一种商业模型。它的社会价值主要体现在满足个人资金需求、发展个人信用体系和提高社会闲散资金利用率三个方面，由2006年“诺贝尔和平奖”得主穆罕默德·尤努斯教授(孟加拉国)首创。

1976年，在一次乡村调查中，穆罕默德·尤努斯教授把27美元借给了42位贫困的村民，以支付他们用以制作竹凳的微薄成本，免受高利贷的盘剥。由此开启他的小额贷款之路。

1979年，他在国有商业银行体系内部创立了格莱珉(意为“乡村”)分行，开始为贫困的孟加拉妇女提供小额贷款业务。

P2P主要是指个人通过第三方平台在收取一定费用的前提下向其他个人提供小额借贷的金融模式。客户对象主要有两种：一是将资金借出的客户，另一个是需要贷款的客户。

随着互联网技术的快速发展和普及，P2P小额借贷逐渐由单一的线下模式，转变为线下线上并行，随之产生的就是P2P网络借贷平台。这使更多人群享受到了P2P小额信贷服务。P2P网络借贷平台发展的另一个重要目的，就是通过这种借贷方式来缓解人们因为在不同年龄段收入不均匀而导致的消费力不平衡问题。

P2P网络借贷平台在英美等发达国家发展已相对完善，这种新型的理财模式已逐渐被身处网络时代的大众所接受。一方面出借人实现了资产的收益增值，另一方面借款人则可以用这种方便快捷地方式满足自己的资金需求。

国外成功的P2P网络借贷平台 Zopa：2005年3月在伦敦成立，已拥有超过24万注册会员，除Zopa UK外开发出Zopa Italy，Zopa Japan，Zopa USA。

国外成功的P2P网络借贷平台Prosper：成立于2006年，拥有超过98万会员，超过2亿的借贷发生额，是目前世界上最大的P2P借贷平台。

国内于2007年8月在上海成立首家P2P网络借贷平台，2012年国内P2P进入野蛮生长期，但并无明确的立法。

2. 运作模式

发展至今由P2P的概念已经衍生出了很多模式。中国网络借贷平台已经超过2000家，平台的模式各有不同，归纳起来主要有以下4类。

(1) 担保机构担保交易模式，这也是最安全的P2P模式。此类平台作为中介，平台不吸储，不放贷，只提供金融信息服务，由合作的小贷公司和担保机构提供双重担保。此类平台的交易模式多为“1对多”，即一笔借款需求由多个投资人投资。此种模式的优势是可以保证投资人的资金安全，由国内大型担保机构联合担保，如果遇到坏账，担保机构会在拖延还款的第二日把本金和利息及时打到投资人账户。

(2) P2P平台下的债权合同转让模式。可以称之为“多对多”模式，是一条非典型的道路——P2P的线下模式。

(3) 大型金融集团推出的互联网服务平台，此类平台有大集团的背景，且是由传统金融行业向互联网布局，因此在业务模式上金融色彩更浓，更“科班”。

(4) 以交易参数为基点，结合O2O(将线下商务的机会与互联网结合)的综合交易模式。例如阿里小额贷款为电商加入授信审核体系，对贷款信息进行整合处理。这种小贷模式创建的P2P小额贷款业务凭借其客户资源、电商交易数据及产品结构占得优势，其线下成立的两家小额贷款公司对其平台客户进行服务。线下商务的机会与互联网结合在了一起，让互联网成为线下交易的前台。

3. 营销模式

这种模式，通过交互式营销，充分借助互联网手段，把传统营销渠道和网络营销渠道紧密结合；将金融业实现由“产品中心主义”向“客户中心主义”的转变；调整金融业与其他金融机构的关系，共建开放共享的互联网金融平台。由于此模式发展时间较短，平台的模式各有不同，归纳起来主要有以下3大类。

(1) 专业P2P(Professional to Professional)模式。在专业的金融服务人员之间建立信息交换和资源共享的平台，在中间从事信息匹配和精准推荐，促进线上信任的建立和交易的欲望。专业P2P模式远非市场上泛滥的P2P贷款模式可比，其从本质上才是符合金融监管的规则，符合当前金融机构自身发展的需求，也更符合互联网精神与特质。

(2) 金融混业经营模式。通过互联网平台对所有金融机构开放共享资源，为金融产品销售人员发布各种金融理财产品、项目信息，为客户打造和定制金融理财产品。在金融混业经营中使用的互联网平台则定位于服务500万金融机构和非金融机构及客户经理，并将囊括房产、汽车、奢侈品销售人员，为他们提供一个开放共享、进行综合开拓交叉销售的平台，悬赏、交易、展示、学习，以及管理和服务自己的客户。

(3) 金融交叉销售模式。打破理财行业的机构壁垒，通过平台上各类理财产品的展卖聚拢投资人资源，促进金融产品销售人员产品的销售。金融产品销售人员可以在平台上进行内部的交流沟通和资源置换，在不同产品领域寻找并组建自己的合作团队，达成利益分享规则后，团队内共享投资人资源，为投资人推介团队内部产品进行资产配置，从而实现金融产品销售人员间的交叉销售合作，取得共赢。

4. 发展趋势

P2P网贷行业的规范化发展已成为行业的共识，初步形成3种发展路径。

(1) 通过民间借贷服务中心予以规范。比如，一些地区成立了民间借贷登记服务中心，以公司的方式引导P2P平台入驻，要求将有关交易数据登记备案，对P2P的业务进行监管，这是一种较规范的方式。

(2) 通过信息服务行业协会进行规范，这种模式在上海已开始尝试。如何给 P2P 平台定性，一直是行业颇具争议性的话题，在法律环境下不能将 P2P 平台定性为金融机构，因为中国对金融机构有着严格的审批制度和准入要求，所以把 P2P 平台定性为信息服务机构较准确，通过行业协会探索自律规范也是可行的解决办法。

(3) 成立 P2P 行业的自律联盟。我们国家要成立一个行业协会需要先找到主管部门，然后才能去民政部门审批。问题是 P2P 没有主管部门，通过审批非常困难。一些 P2P 有关的组织是没有官方背景的民间组织，没有很强的规范作用，更需要靠企业自律。

5. 风险

除了参与者的信用风险，更为重要的是网贷平台自身的风险，其主要集中在以下 3 个方面。

(1) 网贷公司的信用风险。由于资金流量规模较小，多数银行并不给予 P2P 网贷公司资金托管服务，这便给部分恶意创办的网贷平台提供了利用管理不严的资金托管机构进行欺诈的机会，这也是“淘金贷”和“天使计划”诈骗案得以发生的原因。

(2) 激烈竞争下的经营风险。由于网贷平台创立初期往往难以盈利，运营成本较高，加之激烈的行业竞争更是延长了“烧钱”的阶段，长期难以盈利的平台将不得不面临关闭的命运。如 2011 年 7 月，哈哈贷宣布关闭。在其长达一年半的营业时间里，只取得了 30 多万盈利，而相较于每年 200 多万的成本投入，这一部分盈利显然是杯水车薪，资金的捉襟见肘让哈哈贷终于难以为继。而类似的情况未来或许会越来越频繁地出现在这一初期野蛮生长的行业中。

(3) 担保杠杆过高引致市场风险。《中小企业融资担保机构风险管理暂行办法》规定，担保机构担保责任余额一般不超过担保机构自身实收资本的 5 倍，最高不超过 10 倍。而网贷公司担保倍数突破 10 倍警戒线是业内常态，一旦发生系统性风险，大面积的违约将拖垮网贷平台。

就国外成熟的平台 Zopa 和 Prosper 的经验来看，由于二者分属有担保和无担保模式，这决定了二者的风险和收益水平差别非常明显。具体而言，Zopa 历史上的逾期坏账率一直控制在 2%左右的水平，而 Prosper 的平均坏账率水平达到 7.42%，与之对应的是 Zopa 的收益率水平在 5.6%～7.5%，而 Prosper 的平均收益率高达 17.11%。就目前国内网贷平台的收益率水平来看，其普遍在 15%以上，且不同模式之间收益率的差别并不明显。因此，我们认为，这其中很大一部分体现的是投资者对于网贷平台风险所要求的溢价。

就 P2P 网贷的需求侧来看，为市场提供小额贷款的模式除了 P2P 网贷，小贷公司和民间借贷占据了重要的地位。相比较而言，一方面，网贷运营的成本远低于小贷公司，另一方面，其为无法提供担保、抵押的群体提供了便捷的融资渠道，最重要的是 P2P 网贷由于借助网络突破了时空的限制，在规模上的发展空间远大于以自有资本放贷的小贷公司。而相对于传统的民间借贷，P2P 网贷消除了向亲朋好友借款时欲说还休的尴尬，并且高度分散化的投资使得即便发生信用风险也不至于对贷款人构成太大影响。正因为这些比较优势，P2P 网贷在小额贷款这一细分市场中有着生长、发育乃至壮大的基因。

就 P2P 网贷的供给侧来看，由于其为市场提供了一种灵活自主的投资方式，且赋予投资者较高的收益水平，加之成熟平台较为完善的风险保障体系，相比于传统的投资理财渠道有其独到的优势，受到一批投资者的青睐。正因为此，网贷这一模式吸引了大量的资金，具备持续发展的生命力。

由于P2P网贷很大程度上具有民间金融的属性，加之目前国内网贷市场没有受到制度的强制约束，这使得其领先于整个金融系统实现了利率市场化，因此网贷的收益率水平可以成为观察民间信贷市场的窗口。进一步来看，随着网贷平台与区域性金融机构合作的不断推进，本地化趋势将使得其作为区域信贷供求观察窗口的功能不断凸显。而这可以为我们从微观上观察某一地区的经济活动提供一种新的、可行的途径。

6. 防范骗局

随着国内P2P借贷的盛行，越来越多的行骗机构也趁机加入进来，假借“无抵押贷款”的名义，以“只需要凭身份证即可办理”等各种诱惑的条件骗取急需资金者的资金。

(1) 勿图省事贪便利。相比抵押贷款来说，无抵押的信用贷款所需要的风险更大，因此也都有着更为严格的审核标准与申请流程，切忌因为急需资金就轻信这些看上去简单的办理条件流程。要知道，天下没有免费的午餐，任何资金的出借都是有一定的风险的，也就相应有着风险控制措施。

(2) 当面申请。任何从事贷款服务的公司都有其固定的办公场所，而且都是需要申请人当面填写申请的。申请者亲自上门申请，就能有效地对公司的真实性进行评估，极大地降低上当的可能。即使不能亲自上门的，也得亲自见到相关负责人，面谈，加强了对于贷款提供者真实性的直观评估，同时也相应降低了借贷风险。

(3) 勿轻信“贷前费用”。正规的贷款服务公司都不会收取贷前费用的，而预扣利息的行为也是有违相关法律规定的。因此，直接或者变相的“贷前费用”都是不合法的，申请人有权拒绝。

当然，更多的防范措施还需要申请人擦亮双眼，明辨是非，切勿因急需用钱草率从之，从而给了行骗者以可趁之机。

10.4.7 虚拟信用卡支付平台

又称虚拟VISA信用卡、VISA虚拟信用卡、VISA虚拟卡、VISA国际信用卡、任务卡、游戏激活卡、PayPal激活卡、EB激活卡和ioffer激活卡等，是针对没有国际信用卡或者因担心信用卡付款安全的用户需要国外网上购物、激活各类网上账号、充值等情况推出的产品。

1. 简介

(1) 这种模式，办理方便快捷，客户申请办理这种卡，没有复杂的程序，不需要长时间的等待，少则几分钟至多十几分钟即可拿到卡。

(2) 使用安全放心，这种卡属不可透支信用卡，不会发生因信用卡信息提交他人后被恶意透支的风险。同时，客户在使用此卡时，可以有效地避免私人信息泄漏。让您自由使用，没有任何后顾之忧。

(3) 这种卡是标准 VISA 国际信用卡，包含 16 位卡号、有效日期和 3 位 CSC/CVV2 码。其中姓名、电话、地址等个人信息在使用时可根据客户需要填写。

(4) 激活类虚拟信用卡之有效日期(到期年月)为一至二年，很好地保证了激活账号(如 PayPal、EB 等账号)的安全性。(注：众所周知，PayPal 和 EB 系统视添加有效日期低于六个月的信用卡之账户为“高风险账户”，随时有限制此类“高风险账户”使用的可能。)

(5) 这种卡属预存款 VISA 国际信用卡，卡中可根据客户需要申请办理 1 美元到 500 美元之间不同额度的美元信用。

(6) 这种卡全世界通用，您可以在任何一个国际在线网站上购物支付，如在美国的网站上注册域名、购买空间、购买游戏点卡和购买软件等。因为这种卡是预存款 VISA 国际信用卡，相对于普通实物信用卡来说，商家会更喜欢此类付款，因为它没有信用安全问题，商家可以 100%收到付款。

(7) 这种卡可以完美支持激活 PayPal 账号、EB 交易账号、游戏账号、各种任务和其他国际网络账号等，这个账号可以是 PayPal、国际 EB、网络游戏和其他网络账号支持国家中的任何一个，当您在激活过程中进入需要填信用卡的步骤时，这种卡能让您顺利通过，用这种卡激活的账号和您用普通的实物国际信用卡激活的使用效果完全一样。

(8) 这种卡为加入VISA国际组织中的正规银行发行，遵守VISA国际组织的规则和章程。

区别虚拟信用卡与真实的用户信用卡捆绑在一起，提供一个可变的 16 位账号用于网间交易，而不会让真正的信用卡信息在网间泄露。

虚拟信用卡的账号有的是一次性使用的，也有的可以充值继续使用，用于人们在网络上的一次购物或交易行为。由于交易看不到真正的账号，因此即使零售商的数据库被黑客攻击，也可以避免账号的泄露。

例如，当用户在零售商网站的结账中心付款时，一个虚拟的信用卡图像就会出现，它会询问你是否打算用一次性数字付款，还是希望自动输入你的支付信息。

2. 虚拟信用卡第三方支付平台

还有一种“虚拟信用卡”模式出现在第三方支付平台，最典型的标本是 PayPal。它的“虚拟信用卡”提供给那些使用贝宝支付工具但在不支持贝宝的网站上交易的用户，帮助他们快捷、有效购物。

充值各个虚拟信用卡服务商的规定都有所不同，但是可以分为 2 种：现金/非现金/预付费卡。

(1) 现金的话可以用过 WIRE TRANSFER(银行电汇)、WESTERN UNION(西联汇款)、MONEY GRAM(速汇金)等。

(2) 非现金的话可以通过 E-CHECK(电子支票)和 CREDIT CARD(信用卡)。

(3) 预付费卡 PAYSAFE CARD，UKASH，CASHU 等。

这种模式最大的缺点就是没有实体卡，也就是说没有“磁”(卡)。当今网络安全日益增强，绝大多数的商家都开始要求客户提供所用来使用的信用卡扫描件以及签署信用卡安全协议，对于虚拟信用卡的使用者来说，这显然是无法提供的，也就面临无钱可付而被商家质疑其可靠性，所以在使用前，需要询问商家是否接受虚拟信用卡，以免造成不便。

阿里巴巴母公司旗下的淘宝网日前发起“小额贷款需求调研问卷”调查，以阿里巴巴小额贷款公司升级为ABCD银行为假设，向淘宝网上个人买家了解提供存、贷款以及虚拟信用卡服务的可行性。

信用支付业务的资金由与阿里金融合作的商业银行提供，信用支付的额度直接与用户的淘宝、支付宝消费记录挂钩。商业银行与阿里巴巴共担风险，阿里集团为此特别成立了一家担保公司——商诚融资担保有限公司，为客户信用进行担保。在这一过程中，阿里金融的角色只是金融平台。

如果客户超过免息期仍没有向与阿里合作的银行还款，商诚融资担保公司会先进行垫付，再进行催收。如果催收一年仍没有还款，阿里集团将注销该用户的支付宝账户，作为惩罚。阿里金融希望与所有的商业银行结为伙伴，将信用支付和阿里小微企业融资服务开放给所有银行。

10.4.8 手机小额支付平台

市场竞争日益激烈，在企业以产品为中心转变到以客户为中心的今天，服务质量成为企业努力追求的目标。如何让客户方便地付款，是提高客户服务质量的关键因素之一。随着手机的日益普及，采用手机来为小额货款付费的方式，我们称之为“小额支付”，它具有随时随地、无需零钱交易等优点，能够广泛地应用于投注彩票、购买电影票、购买可乐、各种IP卡/上网卡/网络游戏卡、泊车、网站购物、捐款等，前景十分广阔。

1. 网络构成与计费方式

手机小额支付平台将移动通信网络与ICP(Internet Content Provider，互联网内容服务提供者)相连接，手机用户可通过发送短信或登录网站的方式实现小额支付。如果ICP已经具备SP(移动增值服务提供商)的功能，则可直接通过移动梦网方式实现小额支付。如果ICP尚不具备SP的功能，则必须与移动运营商的小额支付服务器相连接，通过生成小额支付话单的方式实现小额支付。当用户支付了费用之后，ICP则向用户提供相应的商品。投注彩票、各种IP卡/上网卡/网络游戏卡等业务可以通过手机短信或网站的方式将卡号、密码等信息告知用户，购买电影票、购买可乐等业务可以通过自动售货机的方式将商品交给用户，网站购买实物则需要通过邮寄的方式进行。

(1) 移动梦网应用方案。移动梦网是目前已经在广泛使用的技术，手机用户通过登录网站、发送短信、拨打特服电话等方式订阅SP所提供的各类短信服务。SP拥有专用的短信特服号，用户可将申请订阅或退订的短信发往SP的短信特服号，SP通过该特服号向用户发送短信，并向用户收费。SP通过短信网关或MISC(Mobile Information Service Center，移动数据管理平台)与移动运营商的短信中心相连接。短信网关计费方式由SP代为计费，SP通过短信网关将携带计费信息的梦网话单传送给移动运营商，由移动运营商向用户收费并与SP进行结算。MISC计费方式由移动运营商通过MISC平台对整个梦网的业务流程进行监控，纳入MISC平台的SP服务均通过严格审核，并通过MISC平台实现统一计费与向用户收费，再与SP进行结算。

如果 ICP 已具备 SP 的功能，可通过移动梦网方式实现小额支付，无需搭建新的网络与设备。手机用户将申请购买商品的短信发送至 SP 的短信特服号，SP 接到短信后对短信内容进行分析，得出用户所需购买的商品与价格。手机用户也可以通过登录 SP 网站或拨打 SP 特服电话的方式将手机号码、密码及所需购买的商品告知 SP。SP 接到手机用户的购买请求后向手机用户发送申请确认的短信。用户向 SP 发出确认购买的短信或是通过网站、特服电话进行确认后，SP 则向用户发出商品已购买的短信回复，至此双方交易成功。如果采用短信网关计费方式，SP 在向用户发出商品已购买的短信回复的同时根据商品价格在短信话单中携带计费信息；如果采用 MISC 计费方式，则由 MISC 系统根据用户账户余额确认交易的可行性，确认用户有能力支付后再向 SP 发出确认短信，并根据 SP 向用户发出的商品已购买的短信回复生成计费话单。

与移动梦网相比，小额支付涉及直接对商品的购买，因而对于 SP 与用户的诚信要求更高。采用 MISC 计费方式能使移动运营商有效地对每一笔小额支付进行控制，防止各类对用户的欺诈行为，同时还可以对用户付费能力进行有效的审核，防止各类恶意欠费的行为。

(2) 小额支付服务器实现方案。对于不具备 SP 功能的 ICP 而言，可通过与移动运营商的小额支付服务器相连接来提供小额支付业务，小额支付服务器与移动运营商的短信中心相连接。ICP 不具有专用的短信特服号，移动运营商可通过小额支付服务器建立一个小额支付的专用特服号供各 ICP 使用，同时制定统一的短信格式，以区别用户发往不同 ICP 的短信。手机用户将申请购买商品的短信发至小额支付专用特服号，或是通过移动运营商的小额支付网站、特服电话进行订购，移动运营商则向用户发出申请购买的确认短信。用户通过短信、网站或特服电话进行确认后，移动运营商将申请购买商品的短信发至 ICP。ICP 接到来自移动运营商的小额支付短信后即向小额支付服务器发送扣款请求，移动运营商对用户扣款后将扣款结果反馈给 ICP，ICP 最后再向用户发出商品已购买的短信回复。

2. 业务信用控制

(1) 用户信用控制。与移动梦网类似，当用户使用小额支付业务时，用户的账户在移动运营商这边，而用户的消费又在 ICP 那边，账户与消费的分离容易产生高额欠费。当用户账户余额不足被停机甚至被销户时，只要用户仍然记着原先的密码，就仍然可以通过网站、特服电话进行小额支付消费。因此，对小额支付行为进行账户余额控制很有必要。如果采用短信网关计费方式，当用户进行小额支付消费时，移动运营商需要与 ICP 之间进行实时用户账户余额的传递，由于各 ICP 的系统处理能力参差不齐，这一方案不具有可行性。而 MISC 计费方式与小额支付服务器计费方式的消费流程由移动运营商控制，都可以对账户余额进行有效的控制。当收到用户的小额支付消费申请时，小额支付系统向 BOSS 系统(Business&Operation Support System，业务运营支撑系统)发出本次小额支付消费金额及用户账户余额确认申请，由 BOSS 系统返回消费的可行性。如果用户采用现金缴费或刮卡充值缴费，用户的账户就在 BOSS 系统中，BOSS 系统可以迅速做出应答。但如果用户采用银行账户缴费时，用户的账户在银行系统中，BOSS 系统需与银行进行账户余额确认，可能会影响到业务响应时间，造成用户较长时间的等待。为解决这一问题，也可以建议用户建立一个小额支付专用账户，采用现金或刮卡方式进行充值。

(2) ICP信用控制。在小额支付业务流程中，用户是先付款的一方，ICP是后交货的一方，ICP的诚信直接影响到用户的利益。一旦发生用户付款后ICP不交货的情况，用户首先投诉的是移动运营商，因为用户的小额支付费用是由移动运营商代收的。因此，对ICP的信用控制是移动运营商必须牢牢把关的一项内容。通过MISC网关或小额支付网关能够方便地控制整个小额支付流程，将信誉差的ICP拒之门外。对于利用短信网关进行小额支付诈骗活动的SP可收回其短信特服号。

3. 手机大额支付业务

与手机小额支付业务相对应的是手机大额支付业务。手机大额支付业务并不是让手机来进行大笔金额的支付，而是将手机与银行账号绑定，用户可以通过手机从银行账号中调拨大笔的资金用于购物，一般通过银行转账的方式进行。目前国内的手机用户约1.7亿户，银行卡共计4亿多张，通过大额支付业务将二者融为一体，将大大拓展手机和银行卡各自的服务功能，并与小额支付业务构成了完整的移动电子商务系统。与小额支付相比，大额支付业务以银行账号为基础，因此在信用控制方面相对简单，移动运营商只需与银行建立链路即可。目前移动运营商已普遍开展了银行缴费业务，与各大银行之间已有通信链路，因此大额支付业务实施的技术条件已经很成熟。

10.5 互联网金融产品创新

以互联网为代表的现代信息科技，特别是移动支付、云计算、社交网络和搜索引擎等，将对人类金融创新模式产生根本影响。若干年后，可能形成一个既不同于商业银行间接融资、也不同于资本市场直接融资的第三种金融运行机制，可称之为“互联网直接融资市场”或“互联网金融模式”。关于互联网金融产品的创新，除了本章所涉及的O2O、 P2P和虚拟信用卡业务外，还有一些互联网金融创新产品如互联网金融相关概念股、互联网基金等不断衍生出来。

10.5.1 收单与线下业务

银行卡收单业务是指签约银行向商户提供的本外币资金结算服务。就是最终持卡人在银行签约商户那里刷卡消费，银行结算。收单银行结算的过程就是从商户那边得到交易单据和交易数据，扣除按费率计算出的费用后打款给商户。

1. 银行卡收单业务

1) 收单业务概述

银行卡收单业务是指签约银行向商户提供的本外币资金结算服务。就是最终持卡人在银行签约商户那里刷卡消费，银行结算。收单银行结算的过程就是从商户那边得到交易单据和交易数据，扣除按费率计算出的费用后打款给商户。

通俗讲就是我们在银行签约商户那里刷卡消费，银行将你刷卡消费的资金在规定周期内结算给商户，并从中扣取一定比例的手续费。

以信用卡为例，收单通常是指某个银行，用户刷卡买东西，签字后走人。商家把用户签字的那张签购单留下，然后把它交给发给刷卡机的银行，这个银行就是收单行。收单行收到用户当时的签购单后，按上面的数目把钱划给商家。商家就得到商品应得的钱款。收单行然后再通过银联平台找发卡行要该笔钱。用户就还钱给发卡行就可以了。这中间当然不是这么简单，各个环节都有手续费的，不然银行和银联就没有利润。其实用户刷卡的瞬时，整个过程都通过银联这个共享中间环节网络实现了。

2) 收单分类

信用卡收单同银行卡收单的过程是一样的，收单分为网络收单、POS收单、ATM收单。

(1) 网络收单。通过网络结算的形式形成的消费交易单据。

(2) POS收单。通过POS机消费形成的交易单据。参与的有各收单行(如农行、工行、建行、交行等)、银联、数字王府井、广东汉鑫、上海杉德、拉卡拉。

(3) ATM收单。自动提款机的交易单。

2. POS概述

POS(Point Of Sale)收单即通过销售终端收取账单的支付方式，随着支付方式及支付功能的不断扩大，POS收单的定义也不断被扩大，现在的POS收单统指通过POS机进行的消费、预授权、余额查询和转账等交易。

信用卡收单同银行卡收单的过程是一样的。收单分为线上收单(即网络收单)，线下收单(即非网络收单)。

(1) POS 收单。参与的有各收单行，如工行、建行、交行银联，以及数字王府井、广东汉鑫、上海杉德等。

(2) ATM 收单。银行卡收单机构是指经各信用卡组织授权办理特约商店签约事宜，并与特约商店清款时先行垫付持卡人交易账款的金融服务机构。

3. POS收单业务参与方

收单业务是指签约机构或银行向商户提供的本外币资金结算服务。就是最终持卡人在银行签约商户那里刷卡消费，银行结算。收单机构结算的过程就是从商户那边得到交易单据和交易数据，扣除按费率计算出的费用后打款给商户。POS收单分为对公和对私两种业务，两种方式的审核内容有所不同。收单业务的参与方如下所述。

(1) 发卡机构。向持卡人发行各种银行卡，并通过提供各类相关的银行卡服务收取一定费用，是银行卡市场的发起者和组织者，是银行卡市场的卖方。

(2) 收单机构。负责特约商户的开拓与管理、授权请求、账单结算等活动，其利益主要来源于特约商户交易手续费的分成、服务费。

(3) 持卡人及潜在持卡人。在银行卡市场中处于中心地位，是产生购买银行卡产品及其衍生产品需求的市场基础，是银行卡的领用者和金融机构、特约商户及银行卡组织利益的创造者，是市场营销的主要对象。

(4) 银行卡组织。关键职能在于建立、维护和扩大跨行信息交换网络，通过建立公共信息网络和统一的操作平台，向成员机构提供信息交换、清算和结算、统一授权、品牌营销、协助成员机构进行风险控制及反欺诈等服务。

(5) 第三方服务供应商。包括除银行卡组织以外的信息交换和转接业务机构、第三方金融服务公司、支付处理支援商等。

(6) 特约商户。是指与收单机构签有商户协议，受理银行卡的零售商、个人、公司或其他组织。

4. 线下收单

线下收单是银行卡收单业务中的一种。银行卡收单业务是指收单机构与特约商户签订协议，在特约商户按约定受理银行卡与持卡人达成交易后，为特约商户提供交易资金结算服务。而线下收单则是为网络特约商户提供银行卡收单服务，收单机构需要获得互联网支付业务许可。

线上线下支付业务融合已是大势所趋，国内主流支付厂商也都有各自的市场布局。

以规模庞大的线下POS收单市场来说，越来越多的第三方支付企业对线下收单市场的拓展，未来线下支付将给整个综合支付市场格局带来重要影响，比如，乐富支付在原有线下POS收单业务的基础上加大金融增值服务端的创新力度。一站式财务管理应用和社会化营销工具的融合，以手机刷卡器为切入点，满足中小微企业的线下收单需求。

POS收单随着智能移动终端的高速发展普及，以及金融脱媒趋势的日益强化，传统金融正在承受前所未有的冲击，以P2P、众筹模式、第三方支付为核心的互联网金融新兴产业正在逐渐形成。支付企业以企业需求为驱动，实现了POS收单业务向全国的覆盖。POS机类型已涵盖电话拨号、无线等多种机型。

5. POS收单

POS(Point Of Sale)收单即通过销售终端收取账单的支付方式，随着支付方式及支付功能的不断扩大，POS收单的定义也不断被扩大，现在的POS收单统指通过POS机进行的消费、预授权、余额查询和转账等交易。

6. POS跨行手续费

POS跨行交易商户结算手续费的分配涉及发卡行，提供POS机具和完成对商户资金结算的收单机构(统称收单方)，以及提供跨行信息转接的中国银联。

POS跨行交易的商户结算手续费收益分配，采用固定发卡行收益和银联网络服务费方式，即每笔商户结算手续费，发卡行获得的固定收益和银联收取的网络服务费执行所规定的标准。银联商务收单与开户行收单在手续费收入的区别如下。

(1) 银联商务收单，是由银联商务与客户签订协议，由银联商务为客户提供资金清算。目前在开户行开户的客户，无论是银联商务发展的，还是由开户行进行发展，由银联商务布放POS机具的，收单主体都是银联商务，开户行只获取开户行银行卡70%的手续费收入。

(2) 开户行收单，是由开户行与客户签订协议，为客户提供资金清算。收单主体为开户行各分支结构，开户行获取本行卡100%和其他行银行卡20%的手续费收入。当然，与银联商务的收益不同，开户行还有一个存款方面的收益。

7. POS 收单 MCC 码

在 POS 机行业中各类商户有自己专门的代码，行业里简称 MCC 码，一般是以 4 位阿拉伯数字体现，如：百货、服装、五金、餐饮、KTV 等，他们的代码都不同，行业又分为一般类、餐娱类、民生类、批发类等，其中民生类手续费最便宜，一般类其次，餐娱类最高，还有批发类可做封顶机。

当持卡人在商家的 POS 机上刷卡消费成功后会打印出小票，上面有商户编号，从第 8 位到 11 位(4 位数)即为商家这台 POS 机的 MCC 码，这个码对应的就是商家经营的行业，现在民生类的是 0.38%的手续费，一般类是 0.78%，餐娱类是 1.25%，有的 POS 机从业人员为了私利就会给商家说装便宜手续费的 POS 机，其实就是将便宜手续费行业的机具装给高费率行业的客户使用，就是套用低费率的代码(MCC 码)，当商户刷卡时出来的小票上面的 MCC 码跟实际的经营项目是不相符的，这种情况被银联发现是要撤机的。

8. POS 收单业务的意义

(1) POS 收单业务是整个银行卡业务的基础。在银行卡产业的价值链中，持卡人是银行卡的最终使用者，是银行卡存在的根据，也是整个银行卡产业赖以产生利润的主要来源。持卡人通过使用银行卡而获得各种便利，并为此支付费用。而发展收单业务就是为持卡人提供使用银行卡的环境并提高使用银行卡的便利程度，因此收单业务是整个银行卡体系运行必不可少的基础。

(2) 促进银行卡使用，增加中间业务收入及盈利。一方面，银行卡只有“活”起来，产生交易，才能带来收益。发展收单业务，改善银行卡受理环境，拉动消费，能够促进银行卡交易的快速增长，从而给信用社带来产生收入的可能性。另一方面，收单业务通过为商户提供资金结算服务本身也能给银行带来收入，是银行卡收入的主要来源之一。再就是收入增加，可以改变目前银行的收入结构，改善资产质量。

(3) 通过交叉营销和增值服务，提高持卡人满意度和忠诚度。发展收单业务，通过与特约商户的合作、交叉营销，为持卡人提供优惠或额外增值服务，是提高持卡人的满意度和忠诚度，打造银行卡核心竞争力的有力手段。

(4) 特约商户受理银行卡刷卡消费的好处。①方便消费者购物消费，帮助商户提升销售量；②比收取现金安全、卫生、减少现金清点环节；③交易速度快，提高商户资金的使用效率；④满足消费者使用现代化支付工具的要求，提升商户形象；⑤帮助商户在市场竞争中建立优势地位。

此外，发展 POS 收单业务还能为进入新的市场类型提供渠道，能为将来开户行发展新的对公结算业务、信用卡业务做好市场准备，并为个人贷款、消费信贷等业务奠定基础。

10.5.2 手机支付增值业务

国内手机网民数量的快速增长所带来的巨大市场规模将使移动互联网成为下一阶段互联网经济最大的新增长点，未来移动互联网的发展将势不可挡。移动增值业务是互联网产业链中最看好的子行业之一，它的发展空间将是无限的。当前，我国的移动增值业务的发展态势非常迅速，在移动业务收入中的占比不断提高。

1. 短信支付

手机短信业务是移动通讯的增值业务，如果用户定制短信包月业务会需要用户进行二次回复确认定制，每个月由移动公司代收包月信息费用。根据运营商等合作伙伴要求，每月将向用户下发一定数量的短信产品信息(注：用户接收到的信息将不再收取任何费用，已含在包月信息费中)，成功接收全部信息是为了保障用户能正常使用您所定制的服务。保持手机畅通且能正常接收短信。

手机短信支付是手机支付的最早应用，将用户手机SIM卡与用户本人的银行卡账号建立一种一一对应的关系，用户通过发送短信的方式在系统短信指令的引导下完成交易支付请求，操作简单，可以随时随地进行交易。手机短信支付服务强调了移动缴费和消费。

目前，中国移动支付业务正处于发展前期，未来几年内仍处于投入期，而在中国银联手机支付方面，基于手机短信支付的全国用户的剧增，可谓前景喜人。

2. 微信支付

微信支付是由腾讯公司知名移动社交通讯软件微信及第三方支付平台财付通联合推出的移动支付创新产品，旨在为广大微信用户及商户提供更优质的支付服务，微信支付的支付和安全系统由腾讯财付通提供支持。财付通是持有互联网支付牌照并具备完备的安全体系的第三方支付平台。

用户只需在微信中关联一张银行卡，并完成身份认证，即可将装有微信App的智能手机变成一个全能钱包，之后即可购买合作商户的商品及服务，用户在支付时只需在自己的智能手机上输入密码，无需任何刷卡步骤即可完成支付，整个过程简便流畅。

微信支付支持所认证银行发卡的借记卡及信用卡。其他银行也在陆续接入中。

1) 流程

(1) 首次使用，需用微信“扫一扫”扫描商品二维码或直接点击微信官方认证公众号的购买链接。

(2) 点击立即购买，首次使用会有微信安全支付弹层弹出。

(3) 点击立即支付，提示添加银行卡。

(4) 填写相关信息，验证手机号。

(5) 两次输入，完成设置支付密码，购买成功。

2) 应用

(1) 线下扫码支付。用户扫描线下静态的二维码，即可生成微信支付交易页面，完成交易流程。

(2) Web扫码支付。用户扫描PC端二维码跳转至微信支付交易页面，完成交易流程。

(3) 公众号支付。用户在微信中关注商户的微信公众号，在商户的微信公众号内完成商品和服务的支付购买。

(4) 以QQ充值为例(已完成首次使用微信支付绑卡)。

① 关注“服务号”QQ充值，点击功能菜单中的“充话费”进入充值页面。

② 填写手机号并选择充值金额，立即充值。

③ 输入微信支付密码。

④ 支付成功，7 秒内收到成功充值确认短信。

3) 安全

微信作为一个社交工具，在安全上离金融级别的要求差距还比较大。和 QQ 一样，很多微信用户都碰到过账号被盗的问题，因此用微信直接绑定支付后，一旦账号被盗，后果不堪设想。因此安全性是微信支付的一大硬伤，媒体和很多公安系统的官方微博经常对微信的安全性做出预警。不过，在微信支付看来，自己有五大安全保障为用户提供安全防护和客户服务。

(1) 技术保障。微信支付后台有腾讯的大数据支撑，海量的数据和云计算能够及时判定用户的支付行为是否存在的风险。基于大数据和云计算的全方位的身份保护，最大限度保证用户交易的安全性。同时微信安全支付认证和提醒，从技术上保障交易的每个环节的安全。

(2) 客户服务。24 小时客户服务，加上微信客服，及时为用户排忧解难。同时为微信支付开辟的专属客服通道，以最快的速度响应用户的提出问题并做出处理判断。

(3) 业态联盟。基于智能手机的微信支付，将受到多个手机安全应用厂商的保护，如腾讯手机管家等，将与微信支付一道形成安全支付的业态联盟。

(4) 安全机制。微信支付从产品体验的各个环节考虑用户心理感受，形成了整套安全机制和手段。这些机制和手段包括：硬件锁、支付密码验证、终端异常判断、交易异常实时监控、交易紧急冻结等。这一整套的机制将对用户形成全方位的安全保护。

(5) 赔付支持。如果出现账户被盗被骗等情况，经核实确为微信支付的责任后，微信支付将在第一时间进行赔付；对于其他原因造成的被盗被骗，微信支付将配合警方，积极提供相关的证明和必要的技术支持，帮用户追讨损失。

3. 手机 RFID 支付

手机支付产业链“手机支付”是指借助手机，通过无线方式所进行的缴费、购物和银行转账等商业交易活动。按照支付距离分类，可分为远程支付和现场支付。其中，远程支付以银行的“手机银行”为代表业务，而现场支付则利用 RFID 使手机和自动售货机、POS 终端等终端设备之间的本地化通讯成为可能，通过手机完成面对面的现场交易。

对于手机现场支付，RFID(射频识别技术)将是其核心技术，所以，主要受益厂商是 RFID 的发射和接收两头的设备制造商。其中，发射设备包括芯片的设计商、供应商和封装商三大部分；而接收设备制造商则主要是 RF-POS 机的制造商。

手机的远程支付主要涉及网络支付平台的问题。通过这一平台，用户可以用移动公司的充值卡直接为手机支付账户充值，另外，也可以用移动充值卡以第三方支付形式为电子商品业务尤其是虚拟商品的交易业务提供服务。该平台将有效助推手机远程支付的快速发展。

10.5.3 互联网金融经典案例

随着银行、证券、保险、信托等金融行业纷纷以互联网作为载体开展日常业务，许多用户逐渐习惯通过网络购买理财产品，形成了互联网理财的概念。近期引起广泛关注的P2P借贷和余额宝，则以“互联网金融”的名义丰富了互联网理财的途径，也使得人们认识到：良好的用户体验和较低的理财门槛是互联网金融对于互联网理财的重要贡献，超越单纯的渠道意义。

然而，好体验与低门槛更多起到的是市场培育和投资者教育的作用，可以激活一部分市场。除却购买力限制外，金融产品的复杂性以及人们对于风险的恐惧，才是阻碍一般用户(尤其是不了解金融产品的用户)倾力投入理财市场的主要障碍。这一问题存在传统的解决方式，即专业化的理财咨询或理财规划服务。但在国内，类似的服务要么沦落为赤裸裸的产品推销；要么需要存在高昂的门槛。而互联网所带来的数字化洪流以及智能化的数据分析能力，国外(主要是美国)基于互联网的低门槛、自动化理财咨询/规划平台纷纷涌现，吸引到大量的国外用户，展现出良好的发展前景。

下面介绍几个美国的类似平台，想必能为国内的互联网金融企业打开理财市场提供重要的借鉴价值。

1. Mint

Mint是一个“老牌”的个人理财网站，于2007年9月上线，2010年10月被著名的会计软件公司Intuit收购。Mint拥有多项创新性功能，首先它可以通过授权把用户的多个账户信息(例如支票、储蓄、投资和退休金等)全部与Mint的账户连接起来，自动更新用户的财务信息；其次，它能够自动把各种收支信息划归入不同的类别(例如餐饮、娱乐、购物等)。这两项功能结合起来，用户相当于拥有了个人财务中心，可对自己的财务状况与日常收支一目了然。更重要的是，Mint可利用数据统计功能，帮助用户分析各项开支的比重、制订个性化的省钱方案和理财计划。

如此贴心的功能外加简便、易用的操作和逆天的免费策略(其收入主要来自向用户推荐“帮你省钱”的金融产品佣金)，使得Mint网站备受青睐，它在成立后的两年内获得三轮融资，并最终以1.7亿美元的价格被Intuit收购。目前，它是美国最负盛名的免费个人理财网站，注册用户超过1千万。

2. SigFig

与侧重于日常财务管理的Mint不同，正式上线于2012年5月1日的SigFig更专注于用户的投资行为。同样它可以自动同步用户分散在各个投资账号上的数据，在网站上予以集中展示。通过对这些投资数据进行分析，SigFig每周都会自动诊断用户的投资组合，给出个性化的建议，帮助用户节省成本、提高收益，例如：定位收益不佳的投资，发现并削减隐藏的经纪费用，检测理财顾问是否多收了你的费用，推荐收益更高的股票/基金，等等。另外，SigFig还提供简洁、易读的图表帮助用户评估风险、比较收益。

SigFig网站所做的，就是一般投资顾问要做的事情，但是它完全依靠算法，而且对个人用户完全免费。它的收入主要源于授权财经媒体使用其投资工具，以及推荐券商或投资顾问的推介费。2013 年 7 月初，SigFig 获得 1500 万美元的 B 轮融资，其平台上的用户资产达 750 亿美元。

3. Personal Capital

作为 SigFig 的主要竞争对手，Personal Capital 直接喊出了“你的下一代财务顾问”的口号。它更倾向于个人财富管理，利用分析工具确保用户的长期财务健康。它的业务包括两个部分，一部分是网站形式的投资分析工具，另一部分是专职财务管理顾问(通过电话和 Email 进行服务)。前者免费，后者则只收取低廉的年费。PayPal 的前 CEO 认为：“我们所做的以客户为中心、提供整体建议的消费科技，将是这个产业未来 10 到 15 年的代表。”

2013 年 6 月初，Personal Capital 获得 2500 万美元的 C 轮融资。截至当时，它的平台拥有 20 多万用户，跟踪的资金超过 200 亿美元；其专职财务管理顾问则拥有 700 多位客户，管理着近 2 亿美元。

4. WealthFront

较之 Personal Capital 成为“下一代的个人资本顾问”的雄心，WealthFront 则直接瞄准下一代的“高富帅”——硅谷的科技员工，致力于提供投资组合管理服务来最大化客户的税后净收益。在注册账号之前，WealthFront 会以调查问卷的形式了解用户的风险偏好，然后根据评估结果为用户量身定制投资计划。如果用户接受该计划，平台则随时监控该投资组合的动态，并定期对计划进行更新，以便合理控制风险，使之始终落在用户的容忍范围之内。WealthFront 的投资建议同样由计算机算法给出。为了贴合硅谷的需要，它们还提供了相应的工具帮助硅谷员工确定如何操作股票期权，因而受到硅谷人士的青睐。

WealthFront 根据用户的投资额收费，低于 1 万美元的投资不收取任何费用，超过这个额度则每年收取 0.25%的服务费。截至 2013 年 6 月，WealthFront 管理的资产超过 2.5 亿美元，仅在 2013 年就增长了 150%。

5. Motif Investing

Motif Investing 同样是投资组合服务提供商，它的投资组合被称为 Motif。一个 Motif 包含一组具有相似主题或理念的多只证券(包括股票、证券等，最多达 30 只)，例如云计算、移动互联网、3D 打印。用户可以根据自己的投资理念，从平台上选择已有的 Motif 直接使用，也可修改(包括调整其中包含的股票/基金组成和比重)后使用，更可以创建自己的全新 Motif。该平台的新颖之处在于以下两个方面。

(1) 提供了强大的自助式投资组合设计工具，用户可非常方便、直观的修改、创建、评估 Motif，只需要几分钟便可拥有个性化的投资组合。

(2) 引入社交机制，用户可以把自己的 Motif 分享给好友或者选定的圈子，大家共同对 Motif 进行讨论和优化。

Motif Investing 的实质是应用先进的技术手段和社交机制，帮助每个用户成为自己的基金经理。其收费策略也非常独特，无论用户在某个 Motif 上的总体投资额是多少(最低不能低于 250 美元)，也无论该 Motif 由平台提供还是用户定制，用户每按照该 Motif 购买或出售一次股票/基金组合，平台都会收取 9.95 美元。如果只是交易其中的一只证券，则每次收取 4.95 美元。

2013 年 4 月份，Motif Investing 获得 2500 万美元 C 轮融资。截至当时，用户们共创建了 7500 个 Motif。

以上理财规划平台具有若干共同特征，如下所述。

① 以互联网为主要服务渠道。

② 以自动、智能的算法为用户提供服务，显著降低了服务成本。

③ 注重个性化和定制化，面向长尾市场。

④ 理财方案清晰、透明，用户享有完全的知情权和选择权。

⑤ 操作简单，用户无需过多的金融知识便可独立进行理财。

⑥ 资金门槛低，普遍门槛在数百美元左右，与动辄十万、百万量级资产要求的传统理财咨询业大相径庭。

⑦ 大多拥有移动应用，用户可充分利用碎片化的时间与碎片化的资金进行理财。

⑧ 费用透明、低廉。

这些特征源于互联网技术与理念在理财规划/咨询事务上的深入应用，体现出鲜明的互联网精神(普惠、平等和选择自由)，而不仅仅是理财规划/咨询行业的网上渠道拓展。因而它们既是对传统理财规划/咨询行业的革新与反动，亦可将市场扩展至传统理财规划/咨询行业无法覆盖的人群，正如 Personal Capital 的 CEO Bill Harris 所说："这是我见到过的最庞大的市场。美国的个人可投资资产管理市场达到 32 万亿，是美国全国 GDP 的两倍。而且，这个市场还没有统治者出现。甚至行业巨头富达(Fidelity)和嘉信(Schwab)也只占很小的市场份额。"

而国内方面理财市场的发展本身就远远落后于发达国家，庞大的个人储蓄存款额意味着大多数人的投资渠道极为单一。这一状况的形成有多方面的原因，却也为日益兴起的互联网金融带来了广阔的想象空间。毕竟，几十万亿的个人储蓄存款正躺在银行的保险柜里等待被更高的收益唤醒。如果互联网金融企业能够借由互联网的渠道、技术与思想，通过投资者教育、专业理财服务、金融需求与供应的有效对接等途径撬动个人储蓄的大盘子，不但可为自己赢得充分的生存空间，也方能接近"改变银行的梦想"。

而在这个过程中，自动化的理财规划服务将是一项重要内容，也有望成为一个突破口。对于普通人来说，如何让"小钱"获得方便、省心的投资渠道；对于富裕阶层来说，如何让财富保值、增值，都离不开理财规划的指引，其首要任务在于解决规划成本与投资门槛问题。有利的是，互联网理财规划所依赖的智能化数据处理、个性化用户体验正是互联网企业擅长的领域。而针对长尾市场，提供低成本的线上解决方案，更是大量互联网企业的立身之本。因此低价(甚至免费)、有效、方便的理财规划服务对于互联网企业来说并不存在根本的技术性困难。

当然，理财规划毕竟是一个专业领域，除了数据分析与处理能力外，还需要精深的金融行业知识和模型。这也是上述美国的互联网理财规划服务多由前华尔街人士领衔或支持的重要原因。此外，自动理财规划需要大量用户数据的支撑，而在我国投资账号之间的数据难以共享、互通，将会限制初始数据的获得，进而限制模型的生成与应用。一个合理的解决路径是首先建立金融产品的网上超市(正如阿里的梦想)，借由第三方支付实现用户所有投资数据的汇总与积累，在此基础之上逐步验证和优化相应的规划模型，为后续的更多用户服务。

关键术语和概念

互联网金融　移动互联网　移动金融　互联网金融支付平台　移动支付平台　虚拟信用卡　O2O　P2P　人人贷　众筹融资　微金融　App　收单与线下业务　手机支付增值业务

本章小结

本章重点介绍了互联网金融的特点、职能和应用现状与趋势，详细论述了互联网金融平台、互联网金融支付平台、移动互联网的商业应用。简单介绍了移动互联网的发展与创新商业模式和移动信息技术的金融模式；详细介绍了电子商务平台支付系统、移动支付平台方案设计、O2O 平台、P2P 平台、虚拟信用卡支付平台等重要技术要点。通过案例和实证分析，将互联网金融理论与应用有机的结合在一起。

综合练习题

思考题

1. 试述互联网金融的应用范畴和优势。
2. 简要叙述互联网金融的主要经营模式。
3. 简述电子商务平台支付系统以及支付方式。
4. 利用所掌握的知识，设计出移动支付平台解决方案。

参考文献

[1] 岳意定．网络金融学[M]．南京：东南大学出版社，2005.

[2] 黄运成．证券市场监管：理论、实践与创新[M]．北京：中国金融出版社，2001.

[3] 马敏．电子金融概论[M]．北京：中国财政经济出版社，2001.

[4] 季东生．信息技术与金融发展[M]．北京：中国金融出版社，2004.

[5] 张卓其．网上支付与网上金融服务[M]. 大连：东北财经大学出版社，2002.

[6] 杨天翔，邵燕华，等．网络金融[M]．上海：复旦大学出版社，2004.

[7] 齐爱民．网络金融法[M]．长沙：湖南大学出版社，2002.

[8] 杨坚争．电子商务基础与应用[M]．西安：西安电子科技大学出版社，2004.

[9] 韩宝明，杜鹏，刘华．电子商务安全与支付[M]．北京：人民邮电出版社，2001.

[10] 张云海，赵开元．信用卡大全[M]．北京：中国财政经济出版社，1993.

[11] 李荆洪．电子商务概论[M]．北京：中国水利水电出版社，2002.

[12] 方美淇．电子商务概论[M]．北京：清华大学出版社，2002.

[13] 戴建兵．网络金融[M]．石家庄：河北人民出版社，2000.

[14] 刘刚．网上支付与电子银行[M]．武汉：华中师范大学出版社，2007.

[15] 奚振斐．电子银行学[M]．西安：西安电子科技大学出版社，2006.

[16] 梁循，曾月卿．网络金融[M]．北京：北京大学出版社，2005.

[17] 姜波克．电子金融学[M]．上海：复旦大学出版社，2004.

[18] 张劲松．网络金融[M]．杭州：浙江大学出版社，2005.

[19] Allen, H., J. Hawkins and S. Sato. 2001. *Electronic Trading and its Implications for Financial Systems*, Working paper, Bank of England.

[20] Banks, Erik. 2001. *E-Finance: The Electronic Revolution*. London: John Wiley & Sons.

[21] Franklin Allenm, James McAndrews and Philip Strahan, 2001. *E-Finance: An Introduction*. http://fic.wharton.upenn.edu/fic/papers/01/0136.pdf

[22] Hancock, Diana, David B. Humphrey and James A. Wilcox, 1999. *Cost Reductions in Electronic Payments: The Roles of Consolidation, Economies of Scale and Technical Change*. Journal of Banking and Finance 23, 391-421.

[23] McAndrews, James, and Chris Stefanadis. 2000. *The Emergence of Electronic Communications Networks in the U.S. Equity Markets*. Current Issues in Economics and Finance, Federal Reserve Bank of New York, Vol. 6, No. 12, October.

[24] Mishkin, Frederic S., and Philip E. Strahan. 1999. *What Will Technology do to the Financial Structure*? In The Effect of Technology on the Financial Sector, Brookings-Wharton Papers on Financial Services, edited by Robert Litan and Anthony Santomero, 249-287.

[25] Wilhelm, William J.. 1999. *Internet Investment Banking: The Effect of Information Technology on Relationship Banking*. Journal of Applied Corporate Finance (Spring).

[26] Claessens, S. and Klingebiel D. 2001. *Electronic Finance: A New Approach to Financial Sector Development*? UNCTAD Expert Meeting, Geneva, Palais des Nations, 22-24 October http://r0.unctad.org/ecommerce/event_docs/xmefinoct2001/glaessner-claessens.pdf.

[27] Larson, R.C. 2002. *The Future of Global Learning Networks in The INTERNET and the University*. Forum 2001, EDUCAUSE, Boulder, CO.

[28] Resnick, M.. 2002. *Revolutionizing Learning in the Digital Age in The INTERNET and the University*. Forum 2001, EDUCAUSE, Boulder, CO.

[29] 电子商务研究 http://www.dzsw.org/Article/finance/Index.html

[30] i-research 网上金融研究 http://www.iresearch.com.cn/online_finance/

[31] 价值中国网 http://www.chinavalue.net/category.aspx?id=11

[32] 首信易支付 http://www.beijing.com.cn/paylink/service/teach.jsp

[33] 慧聪网网上银行专辑 http://www.chinavalue.net/category.aspx?id=11

[34] 网上银行业务管理暂行办法 http://www.edu.cn/20031111/3094169.shtml

[35] 易保网上保险广场 http://www.ebao.com/

[36] 保网 http://www.ins.com.cn/foot.asp?action=about

[37] 新浪网网上证券专辑 http://stock.sina.com.cn/iswitch/

[38] 网上证券委托暂行管理办法 http://www.edu.cn/20031111/3094170.shtml

[39] http://www.ccb.cn

[40] http://www.bank-of-china.com

[41] http://chinaepaments.com

[42] http://www.gdchina.com

[43] http://www.neu-nec.sy.in.cn

[44] http://www.intracen.org/e-trade/markacc/finance.htm

[45] http://www.everbank.com/main.asp?affid=eb

[46] http://www.netbank.com/

[47] http://www.etrade.com/

[48] http://www.ameritrade.com/indexl.html

[49] http://www.insweb.com/

[50] http://www.insure.com/

[51] https://www.ehealthinsurance.com/ehi/Welcome.ds

北京大学出版社本科电子商务与信息管理类教材(已出版)

序号	标准书号	书　名	主　编	定　价
1	7-301-12349-2	网络营销	谷宝华	30.00
2	7-301-12351-5	数据库技术及应用教程(SQL Server 版)	郭建校	34.00
3	7-301-17475-3	电子商务概论(第 2 版)	庞大莲	42.00
4	7-301-12348-5	管理信息系统	张彩虹	36.00
5	7-301-13633-1	电子商务概论	李洪心	30.00
6	7-301-12323-2	管理信息系统实用教程	李　松	35.00
7	7-301-14306-3	电子商务法	李　瑞	26.00
8	7-301-14313-1	数据仓库与数据挖掘	廖开际	28.00
9	7-301-12350-8	电子商务模拟与实验	喻光继	22.00
10	7-301-14455-8	ERP 原理与应用教程	温雅丽	34.00
11	7-301-14080-2	电子商务原理及应用	孙　睿	36.00
12	7-301-15212-6	管理信息系统理论与应用	吴　忠	30.00
13	7-301-15284-3	网络营销实务	李蔚田	42.00
14	7-301-15474-8	电子商务实务	仲　岩	28.00
15	7-301-15480-9	电子商务网站建设	臧良运	32.00
16	7-301-23803-5	网络营销(第 2 版)	王宏伟	36.00
17	7-301-16557-7	网络信息采集与编辑	范生万	24.00
18	7-301-16596-6	电子商务案例分析	曹彩杰	28.00
19	7-301-16717-5	电子商务概论	杨雪雁	32.00
20	7-301-05364-5	电子商务英语	覃　正	30.00
21	7-301-16911-7	网络支付与结算	徐　勇	34.00
22	7-301-17044-1	网上支付与安全	帅青红	32.00
23	7-301-16621-5	企业信息化实务	张志荣	42.00
24	7-301-17246-9	电子化国际贸易	李辉作	28.00
25	7-301-17671-9	商务智能与数据挖掘	张公让	38.00
26	7-301-19472-0	管理信息系统教程	赵天唯	42.00
27	7-301-15163-1	电子政务	原忠虎	38.00
28	7-301-19899-5	商务智能	汪　楠	40.00
29	7-301-19978-7	电子商务与现代企业管理	吴菊华	40.00
30	7-301-20098-8	电子商务物流管理	王小宁	42.00
31	7-301-20485-6	管理信息系统实用教程	周贺来	42.00
32	7-301-21044-4	电子商务概论	苗　森	28.00
33	7-301-21245-5	管理信息系统实务教程	魏厚清	34.00
34	7-301-22125-9	网络营销	程　虹	38.00
35	7-301-22122-8	电子证券与投资分析	张德存	38.00
36	7-301-22118-1	数字图书馆	奉国和	30.00
37	7-301-22350-5	电子商务安全	蔡志文	49.00
38	7-301-22121-1	电子商务法	郭　鹏	38.00
39	7-301-22393-2	ERP 沙盘模拟教程	周　菁	26.00
40	7-301-22779-4	移动商务理论与实践	柯　林	43.00
41	7-301-23071-8	电子商务项目教程	芦　阳	45.00
42	7-301-23735-9	ERP 原理及应用	朱宝慧	43.00
43	7-301-25277-2	电子商务理论与实务	谭玲玲	40.00
44	7-301-24930-7	网络金融与电子支付(第 2 版)	李蔚田	45.00